노동사회과학 제4호

20세기 사회주의와
반혁명

노사과연
노동사회과학연구소 부설

차례

권두시 · 5
편집자의 글 · 7

특집: 2차 대전 후 수정주의의 등장과 노동자계급의 후퇴
    채만수   제국주의의 이데올로기 지배와 노동자계급의 후퇴 · 17
    문영찬   쏘련 수정주의의 등장과 중-쏘 논쟁 · 48
    백철현   유로꼬뮤니즘의 배반과 타락으로부터
                 노동자계급이 움켜쥘 정치적 결론은 무엇인가? · 68
    山下勇男 일본 공산당의 변절 · 131
    손미아   제2차 대전 후 미국의 계급투쟁 · 148

문영찬   한국 사회주의 변혁의 전망 · 222
박현욱·최상철 대담: 노동자 문예 창작 과정에서 형식의 문제
                                                           · 252
박석삼   다중 물신론 비판 · 290

벨기에 노동자당 충격(IMPACT) 2002-2006: 우리의 사상적 방향들
                                                           · 319

권두시

오염원

(몰역사적이며 비과학적인 스탈린 비판을 철저히 경계하며)

제 일호(시인, 노동사회과학연구소 회원)

가물치가 살기위해 헤엄치는 연못에
부유물이 떠오르는 것은 세상사, 자연의 법칙이다.
외부에서 미생물을 주입하고 중금속을 투입하는 것은
호수의 죽음이고, 자연에 대한 건방진 거슬림이다.

무엇이 호수를 죽였고, 아니 죽이고 있는데,
가물치를 오염원으로 몰아 솎아내려 하는 것은
가물치의 존재를 거부하고 싶은
핵 이빨의 배스와 블루길이 벌이는 농간과
미꾸라지와 피라미들의 미래가 없는 말장난에 놀아나고 있는
함께 어우러져야할 잉어와 붕어들이 벌이는
몰역사적이며 비과학적인 어설픈 잔치이다.

호수를 사수하려는 가물치를
배스와 블루길이 공격하는 것도 모자라
미꾸라지와 피라미들이 물고 뜯는 것도 모자라

함께 호수를 지켜야 할 잉어와 붕어까지 쪼아대고 물어댄다면
가물치가 온몸으로 저항을 하여
호수가 탁해지는 것은 자연의 법칙이다.

가는 호수마다 강력한 핵 이빨로 점령을 해버리는
배스와 블루길의 야바위에 빠지고,
입만 열면 거짓을 씹어대는 똥구멍으로 숨쉬는
미꾸라지와 피라미의 속임수에 놀아난
잉어와 붕어들의 서글픈 몸짓은
호수를 살린다는 이름으로
역사적 성과마저 거부한 채 강으로만 가면 된다는 무대포의 전형이다.
결과로서 모든 것을 추론해내는
오만함의 선부른 일반화이다.
과학이고 이론이고 치열한 역사의식이고 모두 버리고
천국으로 가자는 것이다.
계급투쟁의 역사는 피의 역사이지 기도의 역사가 아니다.

호수 끝에 막아서서 핵 이빨로
호수를 점령하고 있는 배스와 블루길
영혼까지 팔아서 살아남는 기회주의 미꾸라지와 피라미
가물치를 적으로 오인하여 쪼아대는 잉어와 붕어의
잔인한 공격 속에서도 가물치는 헤엄을 쳤었고,
새끼 가물치는 오늘도 헤엄을 치고 있고.
새끼의 새끼 가물치는 내일, 아니 그 다음 날도 헤엄을 칠 것이다.
그리하여 호수를 정화시킨 다음 강에 이르게 될 것이다.

편집자의 글

치열한 자기비판과 성찰을 통해
해방의 전망에 다가서자!

2008년에 세계대공황이 발발하고 나서 벌써 4년차에 접어들고 있다. 대공황은 소강상태를 보이다가도 유럽의 재정 위기에서 보듯이 심화되는 양상을 보인다. 유럽의 재정위기는 자본주의의 최후의 보루인 국가의 기능이 마비된다는 것인데 이는 국가독점자본주의 체제 자체의 위기를 말하는 것이다. 더불어 공황의 조건에서 자본주의의 불균등 발전으로 말미암은 중국의 부상은 미제국주의의 패권을 심대하게 약화시키고 세계질서를 변동시키고 있다. 뿐만 아니라 대공황의 상황에서 노동자계급과 민중의 계급투쟁도 격화하고 있는데 유럽 노동자들의 투쟁에 이어 아랍에서 민중혁명이 불붙고 있다. 쏘련 붕괴 후의 기나긴 반동기가 마감되고 새로이 변혁의 시대가 시작되려는 징후로 읽힐 수 있다.

이러한 정세 속에서 ≪노동사회과학≫ 4호는 특집으로 <2차 대전 후 수정주의의 득세와 노동자계급의 후퇴>를 다루고 있다. 이 특집의 문제의식은 20세기 사회주의의 실패를 수정주의의 득세로 인한 노동자계급의 후퇴로 파악한다는 것인데 비단 쏘련만이 아니라 유럽, 일본, 미국 등에서 노동자계급의 후퇴가 일어난 현상들, 그리고 그 결과들을 다루고 있다. 이러한 쓰라린 역사적 패배를 다루는 것은 현실을 미화하거나 왜곡하거나 그리고 결정적으로는 청산하는 관점을 거부하고, 현실을 직시하고 패배의 역사 속에서 승리의 전망을 찾아내기 위해서이다. 사회주의 운동은 비판과 자기비판 속에서 발전하는 것이다. 그런 점에서 이번의 특집은 세계사회주의 운동의 역사에 대한 자기비판과 성찰이라 할 수 있다. 이러한 자기비판과 성찰 속에서만 오류를 정확히 발견할 수 있고 나아가 21세기의 새로운 사회주의 운동의 전망과 건설의 계획을 논할 수 있을 것이다.

특집 <2차 대전 후 수정주의의 득세와 노동자계급의 후퇴>에는 5개의 원고가 실려 있다. 채만수의 "제국주의 이데올로기 지배와 노동자계급의 후퇴"에서는 이데올로기 차원에서 노동자계급의 후퇴를 가져온 원인을 분석하고 있다. 대표적으로 뜨로츠끼주의자들의 왜곡, 유럽의 사회민주주의의 왜곡, 그리고 쏘련 내에서 흐루쉬쵸프 수정주의의 왜곡 등이 이데올로기 차원에서 노동자계급의 후퇴를 가져온 원인으로 분석되고 있다. 뜨로츠끼주의자들이 국가독점자본주의라는 현대 자본주의에 대한 접근을 스딸린주의라 비판하면서 거부하고 있는 것이 노동자계급이 현대 자본주의의 본질을 인식하고 자본주의 질서와 정면 대결하는 것을 가로막고 있다는 것을 폭로하고 있다. 국가독점자본주의론은 스딸린의 산물이 아니라 레닌 자신에 의해서 전개된 것으로서 국가가 사적 독점의 위기를 방어하고 사적 독점의 이윤을 위해 경제에 적극 개입하여 경제를 떠받치지 않으면 안 될 정도로 자본주의의 위기가 항구화되었다는 것의 표현이고 나아가 현재 유럽의 재정위기는 이러한 국가독점자본주의 자체의 위기임에도 불구하고 뜨로츠끼주의자들이 국가독점자본주의 이론을 거부하고 왜곡하는 것은 기회주의에 다름 아니라는 것을 드러내고 있다. 한편 이데올로기 차원에서 유럽의 사민주의 또한 전 세계적으로 복지국가라는 환상을 퍼뜨리는 주범인데 실제로는 복지국가가 혁명에 대한 방어를 위한 독점자본가들의 보수적 정책의 산물에 지나지 않으며 사민주의는 독점자본가계급의 좌파로서 자본주의 체제의 유지에 기여하는 것에 지나지 않는다는 것을 폭로하고 있다. 이것은 현재 한국사회에서 차기 대선의 쟁점으로 복지국가담론이 대두하고 있는 것에 대한 원칙적 입장이라 할 수 있다. 그리고 20세기에 노동자계급의 후퇴는 사회주의 국가 쏘련에서도 발생했다는 것을 지적하고 있는데 즉, 흐루쉬쵸프 수정주의의 등장으로 사회주의 국가의 후퇴가 일어났음을 지적하고 있다. 이렇게 20세기 사회주의의 후퇴, 2차 대전 후 노동자계급의 후퇴를 이데올로기 차원에서 조명하고 이데올로기 투쟁의 중요성을 강조하는 것은 비판적 성찰로서 의의가 있다.

특집의 또 하나의 글은 문영찬의 "쏘련 수정주의의 등장과 중-쏘 논쟁"이다. 이 글의 문제의식은 흐루쉬쵸프의 쏘련 수정주의의 등장이 세계사회주의 진영의 분열을 가져왔고 이것이 자본주의 세계의 공산당의 개량주의화를 불러왔다는 것이다. 그러한 입장에서 중-쏘 논쟁에 대해 평가한다. 전쟁과 평화의 문제, 평화공존에 대한 태도, 스딸린에 대한 평가, 유고슬라비아에 대한 평가, 민족해방투쟁들에 대한 평가 등이 중-쏘 논쟁의 쟁점이었는데 이러한 쟁점에 대해 쏘련 측은 수정주의의 입장에서 임했고 중국 측이 맑스-레닌주의의 입장에서 임했다고 평가한다. 이 글은 중-쏘 논쟁이라는 세계적 차원의 논쟁이 세계 변혁과 세계공산주의 운동에 미쳤던 영향에 대해 평가하는데 프롤레타리아 국제주의를 추상적 차원에서 접근해서는 안 되며 현실의 운동과 세계사회주의 건설의 기준으로서 프롤레타리아 국제주의에 접근해해 한다는 것을 주문한다.

이번 호의 특집은 또한 유로꼬뮤니즘을 전면적으로 다루고 있다. 백철현은 "유로꼬뮤니즘의 배반과 타락으로부터 노동자계급이 움켜줄 정치적 결론은 무엇인가?"라는 글에서 유로꼬뮤니즘의 역사가 맑스-레닌주의에 대한 왜곡의 역사이고 공산주의라는 이름하에 개량주의로의 변절의 역사였음을 밝힌다. 유로꼬뮤니즘의 기원으로서 인민전선전술에 대한 왜곡된 이해를 비판하고 유로꼬뮤니즘이 쏘련의 붕괴와 더불어 같이 몰락했다고 하지만 실제로는 시퍼렇게 살아서 오늘날의 노동자계급의 운동을 왜곡하고 있음을 폭로한다. 이러한 유로꼬뮤니즘이 현실적으로 발생하고 확대된 것은 스딸린을 탄핵한 쏘련공산당 20차대회에서 흐루쉬쵸프 수정주의에서였음을 말하고 있다. 이어서 유로꼬뮤니즘에서 혁명에 대한 왜곡, 맑스-레닌주의 원칙에 대한 수정이 이루어졌는데 특히 기존의 국가기구를 분쇄하는 것이 아니라 '변형'하여 사용할 수 있다는 유로꼬뮤니즘의 국가기구 변형론을 비판한다. 그리하여 이들 유로꼬뮤니즘 공산당들의 왜곡된 노선이 가져온, 68혁명에서 공산당의 잘못된 모습에 대해 비판하는데 68혁명에서 공산당들은 제도적 정당으로서 역할하며 분출하는 노동자와 민중의 투쟁을 억제하는 데 주력했음을 폭로한다. 그런데 이 글은 약간의 논쟁점을 남기고 있다. 예를 들면 유로꼬뮤니즘의 반독점 전략의 오류를 비판하는 가운데 "자본주의 변혁과 사회주의 변혁 사이에 중간

단계를 설정하는 잘못된 반독점 전략은 이후 한국 신식민지국가독점자본주의 노선에서도 그대로 나타나고 있다"는 부분은 유로꼬뮤니즘의 개량주의 노선을 신식민지국가독점자본주의 노선과 등치하는 비약을 범하고 있다. 나아가 올바른 반독점전략에 대한 구체화가 결여되어 있음도 지적될 수 있다. 또한 유로꼬뮤니즘의 기원을 통일전선 전술인 인민전선 전술의 왜곡에서 찾는 가운데 꼬민테른 6차 대회와 7차 대회를 분리하여 보는 통속적인 관점에 필자가 머물러 있는 것도 지적될 수 있다. 통일전선 전술에 대한 그간의 통속적인 견해는 6차 대회와 달리 7차 대회에서 '전환'이 일어났다고 보는데 필자가 이러한 점을 간과하고 있는 것은 논쟁의 여지가 있다.

한편 이번 ≪노동사회과학≫ 4호에는 일본에서 글을 보내주셨다. 노동사회과학연구소와 긴밀히 교류하는 일본의 운동단체 <활동가집단 사상운동>의 회원인 야마시타 이사오(山下勇男)는 "일본 공산당의 변절"이라는 주제로 일본공산당의 개량주의화의 궤적을 추적하고 있다. 일본의 운동단체인 <사상운동>의 발생 자체가 일본 공산당의 개량주의화를 비판하면서 분리된 일부 그룹을 모태로 한다. 그런 점에서 필자의 일본공산당 비판은 아픈 스스로의 역사를 되짚어 보는 것이기도 하다. 필자는 일본 공산당의 개량주의화의 역사가 프롤레타리아 국제주의에 대한 배신과 부르주아 민족주의로의 변절의 역사라는 것을 지적하고 그러한 변절을 합리화한 것이 부르주아 의회주의당으로의 전환이라는 것을 밝힌다. 이른바 건설적 야당을 내세우고 "룰(rule)이 있는 자본주의"를 목표로 하는 "민주적 개혁노선"을 일본공산당이 채택하여 사실상 혁명을 포기했다는 것, 일본공산당의 중국, 베트남, 쿠바 등의 공산당과의 교류도 프롤레타리아 국제주의에 입각한 교류가 아니라 이들 공산당이 집권당이기 때문에 건설적 야당으로서 야당외교를 하기 위해 이들과 교류한다고 하고 있다. 그리고 일본 공산당의 이른바 자주독립 노선도 실제로는 프롤레타리아 당으로서의 국제적 의무를 방기하는 과정에 다름 아니었다고 말한다. 필자는 끝으로 스스로 자기비판을 하는데 일본공산당의 개량주의화의 역사가 "노동자계급의 계급의식의 형성을 위한 토양을 일구는 <사상운동>을 전개하면서 일본공산당의 재생을 지향해 온 우리 자신의 패배이기도 했다"고 뼈저린 자기비판을 한다. 즉, <사상운동>의 정체성이 일본 공산당의 재생인데 일본공산당의 현재와 같은 타락은 <사상운동> 자신의 패배이기도 하다는 것이다. 이러한 자기비판은 일본의 변혁적 운동의 현주소를 나타내는 것인데 그러한 아픈 자기비판 속에 일본 운동의 발전 가능성을 볼 수 있는 것은 희망적이다.

특집의 또 하나의 글은 손미아의 "제2차 대전 후 미국의 계급투쟁"이다. 이 글은 미국의 공산주의 운동이 2차 대전 후에 왜 절멸하게 되었는가를 탐구하고 있다. 이 글은 그간 미국 공산주의 운동의 절멸의 원인에 대해 꼬민테른의 인민전선 전술이 원인이라는 입장에 대해 비판하고 있다. 반대로 1930년대 후반과 40년대 초에 오히려 인민전선이라는 통일전선 전술로 인해 노동운동과 공산주의 운동이 발전했다는 것을 지적하고 있다. 인민전선에서 미국공산주의 운동의 쇠퇴의 원인을 찾는 것은 일정하게 문제가 있는 것으로 보인다. 왜냐하면 노동운동과 공산주의 운동의 성장은 프롤레타리아 국제주의에 입각할 때만 가능한 것인데 30년대 후반과 40년대 초·중반의 상황은 세계적 차원에서 반파시즘 운동의 발전을 요구했고 미국의 공산주의 운동은 충실히 이에 입각하여 반파시즘 운동을 전개하고 세계적 차원에서 특히 2차 대전에서 반파시즘 동맹의 결성을 가능하게 하는 데 기여했기 때문이다. 필자는 2차 대전 후 미국노동운동의 쇠퇴를 매카시즘에서 찾는다. 그리고 이러한 매카시즘에 따라 미국의 주요 노동조합인 CIO에서 우파 자유주의자들의 반공주의의 득세, 공산주의자에 대한 탄압을 직접적인 원인으로 들고 있다. 2차 대전까지 반파시즘 동맹에 따라 공산주의자와 부르주아지 중 자유주의 세력과의 연합이 가능했고 필요했다면 2차 대전 후의 정세는 달라진 것이었다. 특히 한국전쟁으로 인한 매카시즘의 득세가 반공주의의 강화와 공산당의 쇠퇴와 밀접한 연관이 있는 것인데 필자는 이러한 조건을 제외한다면 미국 공산주의 운동의 쇠퇴는 미국공산당의 한계라고 파악하고 있다. 미국공산당의 한계는 더 연구되어야 하지만 2차 대전 후의 정세에서 미국공산당이 새로운 상황에 맞는 새로운 전략을 수립하는 데 있어서 지체했던 것이 하나의 원인이 아닌가 볼 수도 있을 것이다.

위와 같은 특집 글 이외에 "한국 사회주의 변혁의 전망", "대담: 노동자 문예 창작 과정에서 형식의 문제", "다중 물신론 비판"의 글과 1개의 번역 글이 실렸다.

문영찬의 "한국 사회주의 변혁의 전망"은 종합적인 글이다. 지금 시기 운동의 현실은 변혁의 전망의 부재로 고통 받고 있으며 특히 지난 2010년의 6.2 지방선거에 대한 평가를 통해 운동이 자유주의 세력에 용해되지 않기 위해서 변혁의 전망이 제출되어야 한다는 문제제기를 한다. 이를 위해 20세기 사회주의에 대한 평가와 21세기 사회주의의 전망에 대한 소묘를 제출하고 있고 쏘련의 붕괴를 진영체제의 소멸로 파악하여 현 단계의 세계체제는 제국주의 단일체제라는 것, 그리고 한국의 신식민지국가독점자본주의가 발전하여 이제는 변혁의 성격이 사회주의 변혁으로 바뀌었다는 제기를 한다. 이렇게 변혁의 성격이 바뀐 근거는 김대중, 노무현 등의 자유주의 세력의 집권으로 계급대립구도가 바뀌었다는 것을 들고 있다. 또한 8, 90년대의 민족민주변혁이 유산되고 부르주아 민주주의로 이행이 개량의 방식으로 이루어지고 파쇼적인 국가보안법이 존재한다는 점을 들어 사회주의 변혁에 있어서 단계를 나눌 것을 제기하고 있다. 그리고 민족적 과제와 민주적 과제가 당면의 사회주의 변혁과 어떻게 결합되어야 하는지를 밝히고 있는데 반제투쟁과 사회주의 변혁의 통일, 민주주주의 확장과 변혁적 과제의 통일을 주장하고 있다. 강령적인 문제로서는 노동운동에서 사회주의 노동운동의 과제를 제기하고 있고 농민운동에서 개량주의와의 단절과 혁명적 전망과의 결합을 통한 농업과 농민운동의 재건을 제기하고 있다. 끝으로 반독점 전략을 제기하고 있는데 세계적 차원에서 반독점전략이 변혁전략으로 성공한 사례가 없음에도 불구하고 그것은 서유럽의 공산당들의 개량주의화 때문이며 이를 극복하고 독점자본에 의해 압제받는 다양한 민중과 운동들의 연합으로서 반독점 동맹을 제기하고 있다. 이렇게 변혁의 전망이 그 단초나마 제기되었는데 운동진영의 논의의 활성화에 기여하기를 기대해 본다.

최상철, 박현욱의 "대담: 노동자 문예창작 과정에서 형식의 문제"는 오랜만에 보는 문예창작에서의 쟁점을 다루는 글이다. 민중가요에서 채용되는 뽕짝풍의 형식, 재즈풍의 형식, 록의 형식 등에 대해 어떠한 입장을 가져야 하는지를 논하고 있는데, 형식의 문제와 그에 담겨지는 민중성이라는 내용의 통일의 문제를 탐구하고 있다. 특히 박현욱 동지가 직접 작사한 <길 그 끝에 서서>를 둘러싼 대담은 운동과 예술적 형식의 문제에 대한 보다 깊이 있는 방향을 제시하고 있다. 즉, 박현욱 동지가 직접 노동현장에서 부딪히며 체득한 대중의 감성을 노래에 녹여내어서 대중들로부터, 예를 든다면 장기투쟁사업장 동지들로부터 좋은 반응을 얻고 있고 이에 대해 최상철 동지는 그 노래에 비판적이었던 자신을 반성하고 있다. 이는 민중가요라는 형식을 통해서 대중운동에 접근하는 하나의 전형적 사례를 보여주는데 대중사업을 고민하는 동지들에게 영감을 줄 수 있을 것이다. 그리고 <몸짓 선언>의 활동 또한 하나의 분석 대상이 되고 있는데 문예도구주의에 대해 직설적으로 "혁명의 도구로 쓰일 수 있기를 바랄 뿐"이라는 박현욱 동지의 말은 진한 당파성을 보여준다. 또한 몸짓 선언의 동작 하나하나가 많은 노력 끝에 얻어진 것이라는 내용이 있는데 이는 운동이 발전하기 위해서는 내용을 담는 형식에 대해서도 또한 전문적인 노력이 있어야 한다는 보편적인 주장으로 읽힌다. 독자들은 이 글을 읽으면서 문예와 그 형식, 그리고 당파성과 민중성, 그리고 문예에 대한 변증법적 접근 등의 개념을 접하면서 오랜만에 향기가 나는 글을 읽는 기쁨을 느낄 수 있을 것이다.

박석삼의 "다중 물신론 비판"은 박석삼 동지의 지속적인 작업과 투쟁의 산물이다. 오랫동안 자율주의와 투쟁해온 박석삼 동지는 ≪배반당한 개미떼들의 꿈≫이라는 제목의 2008년 촛불항쟁에 대한 책을 썼는데, "다중 물신론 비판"은 그 책의 보론으로 실린 글이다. 원래 ≪노동사회과학≫ 4호에 먼저 실리고 나중에 책으로 출판될 예정이었는데 ≪노동사회과학≫ 4호의 출판이 늦어져서 책이 먼저 발행된 것이다. 박석삼 동지는 예전에도 자율주의의 다중 개념을 비판한 적이 있다. 그런데 이번의 글은 촛불과 관련하여 이택광과 조정환 사이의 논쟁을 계기로 한 것이다. 조정환은 촛불이 다중이고 다중이어야 한다고 주장했고 이택광은 이에 대해 반박한 것인데 박석삼 동지는 촛불을 둘러싼 논쟁을 계기로 다시 한 번 조정환과 자율주의의 다중 개념의 반동성을 전면적으로 폭로하고 있는 것이다. "민중에서 다중으로, 당에서 네트워크로, 국가에서 코뮌으로"라는 조정환의 주장이 극단적인 소부르주아 개인주의라는 것인데 "다중은 특이성들의 집합이고 특이성은 그 차이가 동일성으로 환원될 수 없는 사회적 주체, 차이로 남아 있는 차이를 뜻한다"는 다중 개념이 실은 산업노동자와 비물질 노동자를 가르고 차이와 특이성으로 남아 있어야 한다는 것으로서 노동자계급의 단결을 해치는 것임을 말한다. 박석삼 동지의 비판은 통렬하다. "다중의 고유한 특성이란 정치를 바꾸고 세상을 바꾸는 데 관심이 있는 구심력적인 것이 아니라 특이성을 고집하면서 일자로 환원되지 않고 떠나는 유목민과 같은 원심력적인 특성이다. 그러나 촛불은 그러한 특성이 없었다. '명박 퇴진'과 '재협상'을 요구하는 촛불이 어떻게 원심력적일 수 있는가? 그것은 국가와 중앙정치에 관심을 갖고 변혁시키려는 전형적인 구심력적인 운동이었다. 촛불을 다중이라고 하는 것은 모욕이다." 이러한 박석삼 동지의 비판은 다중 개념이 갖는 무정부주의적 성격을 비판한 것인데 촛불은 국가권력에 대항하는 정치적 성격을 갖고 있었다는 점에서 다중과는 거리가 멀다는 것이다. "뭉치기를 죽기보다 싫어하는 자율주의자들은 통일성을 인정할 수 없다. 소부르주아의 절대적이고 극단적 이기주의에 기반한 그리하여 차이(개인)에 대한 어떠한 억압도 없는 민주주의가 바로 네그리가 선동하는 이상사회"라는 비판에서는 자율주의와 다중 개념이 극단적인 소부르주아적 개인주의라는 것을 폭로한다.

이번 호에는 번역 글로 벨기에 노동당의 강령적 문서를 소개하고 있다. "충격(IMPACT) 2002-2006: 우리의 사상적 방향들"이라는 제목의 이 글은 2002년 벨기에 노동당 대회에서 채택된 강령적 문서이다. 벨기에 노동당은 서유럽에서 보기 드물게 혁명적인 맑스-레닌주의 원칙을 견지하고 발전시키고 있는 당이라는 점에서 주목된다. 서유럽의 조건에서 특히 벨기에라는 작은 나라라는 조건에서 맑스-레닌주의 운동을 어떻게 발전시킬 것인가에 대한 창조적 고민이 엿보인다. 특히 문서에서 국제화에 대한 포괄적인 전망을 제기하여 '일국사회주의론'에 대한 창조적 해석과 유럽적 혁명의 전망을 고민하는 것은 주목할 만하다. 또한 현대화에 대한 제기에 있어서도 최신의 과학기술과 통신수단의 발달, 즉, 자본주의 생산력의 발달을 운동의 혁신에 접목하려는 데서는 창조성이 돋보인다. 이외에 직업적 운동가로서 거듭날 것, 당의 대중적 기반을 확장하는 문제, 노동자계급 외의 인민의 다른 부분과 연합하는 문제에 대해 서유럽적인 감각으로 고민하고 있는 것은 독자들에게 많은 영감을 줄 수 있는 대목이다. 이 글은 20세기 사회주의에 대한 평가는 들어 있지 않은데 그 부분은 벨기에 노동당의 다른 문서 ≪스딸린에 대한 또 하나의 시각(*Another View of Stalin*)≫에 담겨 있다.

2011년 5월 1일
문영찬(노동사회과학연구소 연구위원장)

특집

2차 대전 후 수정주의의 등장과 노동자계급의 후퇴

- 제국주의의 이데올로기 지배와 노동자계급의 후퇴 (채만수)
- 쏘련 수정주의의 등장과 중–쏘 논쟁 (문영찬)
- 유로꼬뮤니즘의 배반과 타락으로부터
  노동자계급이 움켜쥘 정치적 결론은 무엇인가? (백철현)
- 일본 공산당의 변절 (山下勇男)
- 제2차 대전 후 미국의 계급투쟁 (손미아)

제국주의의 이데올로기 지배와 노동자 계급의 후퇴

채만수 | 노동사회과학연구소 소장

장기간 지속되고 되는 대공황으로 삶을 파괴당하고 있는 노동자·민중의 저항과 투쟁이 도처에서 거세게 일고 있다. 특히 (남부) 유럽 국가들과 북부 아프리카 및 중동의 국가들에서 일고 있는 노동자·민중의 투쟁은 가히 혁명적이어서, 부르주아 언론은 그것들을 서슴없이 봉기(蜂起)라고 부르고 있다.

저들 노동자·민중으로 하여금 투쟁으로, 봉기로 나서지 않을 수 없게 하는 것은 분명 자본주의적 생산의 거대한 위기, 즉 대공황이고, 이 위기에 대응하여 자본주의적 생산의 생명을 연장하려는 (독점)부르주아 국가의 반노동자적·반인민적 제반 정책이다.

그렇다면, 적어도 논리적으로는, 저들 노동자·민중의 투쟁과 봉기는 직접적으로 자본주의적 생산 그 자체를 겨냥해야 할 것이다. 그러나, 물론 당연히 과도기적 현상이긴 하지만, 상황은 대부분 그렇지 못하다. 그리스의 노동자들은 뛰어난 예외이지만, 다른 국가와 지역에서는 극소수의 선진 노동자들을 제외하면, 투쟁은 기껏해야 '신자유주의 반대'로, 즉 자본주의 자체와의 투쟁이 아니라 자본주의의 특정한 형태와의 투쟁으로 왜소화되어 있다.

왜 이러한 사태가 벌어지는 것일까?

한마디로 이는 노동자계급의 정치적 후퇴를 표현하는 것이다. 그리고 거기에는 당연히 간단히는 대답할 수 없는 대단히 복합적이고 역사적인 요인들이 작용하고 있다. 따라서 그 원인을 분석하고, 대응책을 마련하는 것은 대단히 복잡하고 거대한 문제이며, 따라서 이 작은 글이 감당할 수 있는 문제가 결코 아니다.
 따라서 이 글은 노동자계급의 그러한 정치적 후퇴를 초래한 주요 요인으로서의 몇 가지 이데올로기적 측면만을 간략히 다루려고 한다.
 우선 최근 전개되고 있는 대공황과 관련한 측면에서부터 얘기를 시작해 보자.

1. 국가독점자본주의의 파탄과 노동자·민중의 투쟁

 일찍이 (독점) 부르주아 이데올로그들이나 독점 부르주아 국가들은, '수정자본주의'니, '혼합경제체제'니, '케인즈주의 혁명'이니, '신경제'니 하는 온갖 요설(妖舌)을 농하면서, 더 이상 자본주의적 생산의 필연적이고 주기적인 위기로서의 공황, 즉 종국적으로는 자본주의적 생산 그 자체의 종언(終焉)으로 끝날 수밖에 없는 공황은 없다고 강변해왔다. 그런데 지금은 그렇게 강변해 오던 그들 스스로 '1930년대 대공황 이후 가장 심각한 공황'임을 인정하지 않을 수 없는 상황에 이르러 있다. 그리고 이러한 위기 상황이, 특히 이 위기를 탈출하려는 몸부림으로서의 독점부르주아 국가들의 국가자본주의적 정책들이 노동자·민중의 삶을 파괴하면서 그들로 하여금 투쟁과 봉기에 나서지 않을 수 없게끔 강제하고 있다.
 따라서 현재 전개되고 있는 위기와 노동자·민중의 투쟁·봉기의 최대의 의의와 특징은 그것들이 모두 국가독점자본주의의 파탄을 입증하고 있다는 점에 있다. 상황을 허심탄회하게 있는 그대로 관찰하는 사람에게는 이는 명확하다.
 그리스를 위시하여 스페인, 포르투갈, 이태리 등의 남부 유럽 국가들뿐 아니라 아일랜드나 벨기에, 나아가서는 프랑스나 영국 같은 서부 유럽 국가들까지도 직접적으로 위협하고 있는 재정위기가 국가독점자본주의의 파탄의 표현이며, 그들 국가에서 세차게 벌어지고 있는 대중의 투쟁·봉기가 그에 의해서 강제당하고 있는 것임은 사실상 누구에게나 그 자체로서 명확하다. 공황을 모면하고 완화하려는 지난 수십 년 동안의 재정지출, 특히 대공황을 맞아 줄줄이 도산의 위기에 처해가는 독점금융자본들을 구제하기 위한 국가의 거대한 재정지출이 재정위기를 불러왔기 때문이고, 그 부담을 노동자·민중에게 전가하려는 소위 '긴축정책'이, 공황 자체에 따른 고율 실업과 더불어, 노동자·민중의 투쟁과 봉기를 불러오고 있기 때문이다.

북부 아프리카 및 중동의 여러 국가들에서 터져 나오고 있는 노동자·민중의 봉기 역시 공황과 국가독점자본주의가 강제하고 있는 것, 즉 국가독점자본주의의 파탄의 표현임은 마찬가지이다.

부르주아·소부르주아 언론은 이들 지역과 국가에서의 노동자·민중의 투쟁과 봉기를 주로 '장기집권에 대한 저항', 혹은 민주화 투쟁, 민주화 혁명이라는 관점에서 보도·해설하고 있다.

그들 투쟁과 봉기가 물론 '장기집권에 대한 저항', 민주화 투쟁 혹은 민주화 혁명이 아닌 것은 아니다. 그러나 이를 그 투쟁과 봉기의 주요 성격, 주요 측면으로 파악하는 것은 그 투쟁·봉기의 원인과 성격을 크게 축소하고 왜곡하는 것이다. 저들 노동자·민중으로 하여금 떨쳐 일어나게끔 하고 있는 것은 무엇보다도 폭등하고 있는 물가와 고율 실업, 복지의 축소 내지 파괴, 즉 공황과 그에 대응한 국가독점자본주의적 정책들이기 때문이다.

참고로, '폭등하고 있는 물가'가 국가독점자본주의, 그 파탄의 표현이라는 데에 대해서는 많은 독자에게 약간의 설명이 필요할지 모르겠다.

부르주아 경제학자들은 대부분 물가의 변동을, 한편에서는, '수요와 공급'의 관계로서 설명하면서도, 동시에 다른 한편에서는, 그러한 설명과는 전적으로 충돌하는 현상인 인플레이션을 아무렇지도 않게, 즉 자신들의 설명의 기본선인 수요와 공급 관계와의 어떤 연관도 설명함이 없이, '지폐의 증발에 의한 물가등귀'라고 설명한다. 그러고는 다시 또 나아가서 물가의 모든 등귀현상을 인플레이션이라고 규정한다. 즉, 인플레이션은 '지폐의 증발에 의한 물가등귀'라는 스스로의 규정을 무(無)로 돌려버린다.

이러한 설명, 혼란되고 사실상 의도적으로 혼란을 불러일으키는 이러한 설명 속에서는 인플레이션은 자본주의 일반, 나아가서 상품경제 일반에 고유한 것으로 되고, 따라서 자본주의의 위기, 그 전반적 위기와의 연관이, 그 계급적 성격이 은폐된다.

그러나 인플레이션은 물가등귀 일반이 아니다. 그것은 '지폐의 증발에 의한 물가등귀'이며, 위기에 처한 자본주의의 **국가자본주의적 정책이 유발하는 물가등귀**이다. 다시 말하면, **위기에 처한 자본주의 국가가 통화의 금태환을 정**

지하고 국가지폐를 —현대 국가독점자본주의에서는 국가지폐화한 중앙은행권을— 남발함으로써 그 지폐의 가치가 저락하면서 발생하는 **명목상의 물가등귀**가 인플레이션이다.

　지금은 과잉생산 공황, 그것도 대공황으로 대중의 구매력도, 생산적 소비를 위한 자본의 수요도 대폭 떨어져 있는 상황이기 때문에, 본래라면, 즉 금태환제가 시행되고 있는 상황이었다면, 자본주의 각국의 물가는 현저하게 저락해 있을 것이다. 그러나 상황은 그렇지 않다. 일부 국가의 부동산처럼 공황의 타격으로 그 가격이 저락한 부문이 없는 것은 아니지만, 대부분 상품의 가격은 떨어지지 않고 있거나 오히려 폭등하고 있기조차 하다. 이는 모두가 국가독점자본주의적 정책 때문이며, 그 파탄의 표현이다. 1930년대 대공황 이후 자본주의 각국은 파산해가는 독점자본을 구제하기 위한, 즉 돌아오는 어음 등 채무를 변제하기 위한 거대한 자금을 마련하기 위해서 금태환을 정지하고 소위 '관리통화제'로 이행하지 않을 수 없었으며, 자본주의의 이러한 전반적 위기와 그 격화가 강제하는 국가독점자본주의의 통화 남발이 공황의 한복판에서 물가 폭등이라는 사태를 야기하고 있는 것이다.

　지금 북부 아프리카 및 중동의 여러 국가 등에서 노동자·인민을 봉기로 나서게 하고 있는 물가폭등은 바로 그러한 것이다.

　이러한 물가폭등은 이미 한국에서도 시작되고 있다. 대공황이 발발한 후 기축국제통화인 미국의 달러화와 유럽의 유로화가 가히 천문학적 규모로 살포되어 원유나 원자재, 곡물 등의 국제시장가격이 폭등해온 데다가, 한국 정부 역시 파산해가는 독점자본을 구제하기 위해서 거대한 자금을 살포해왔고, 특히 최근 수개월간에도 무더기로 쓰러져가는 저축은행들과 건설사들을 구제하기 위해서 그렇게 살포하고 있다. 그리고 바로 그 때문에 물가가 폭등하기 시작하고 있고, 이에 이명박 정권은 공정거래위원회나 국세청 등의 단속과 협박을 동원하여 이를 억제하려 하고 있다. 하지만, 물가는 그렇게 행정권력으로 억제되는 것이 아니다.

2. 국가독점자본주의를 둘러싼 이데올로기 투쟁과 뜨로츠끼주의

이렇게 현재 전개되고 있는 공황 그 자체의 전개 양상도, 그에 의해서 강제 받고 있는 노동자·민중의 투쟁·봉기도 국가독점자본주의의 파탄을 표현하고 있고, 입증하고 있다.

그런데도 현재 전개되고 있는 위기의 양상을 국가독점자본주의의 파탄이라는 관점에서 분석하고 설명하는 예는 그다지 많지 않다. (독점)부르주아지의 측으로부터는 물론이고, 노동자계급 이데올로그들의 측으로부터도 그다지 많지 않다!

(독점)부르주아 이데올로그들이 그것을 그러한 관점에서, 즉 국가독점자본주의의 파탄이라는 관점에서 분석하지 않고 설명하지 않는 것은 그들의 계급적 이해에 비추어 지극히 당연하다. 독점자본주의, 국가독점자본주의라는 규정 자체가, 자본주의적 생산체제의 구조변화와 그에 따른 운동법칙의 변용을 과학적으로 파악한 것이어서, 그러한 규정을 인정하는 것 자체가 곧 자본주의적 생산체제의 종말이 임박했음을 인정하는 것이기 때문이다.

예컨대, 레닌은 독점자본주의를 "기생적 혹은 썩어가는 자본주의"이자 "죽어가는 자본주의"[1]라고 규정하고 있고, "국가독점자본주의는 사회주의를 위한 가장 완벽한 **물질적** 준비이며, 사회주의의 직접적인 **전단계**"[2]라고 규정하고 있다. 독점자본주의 혹은 국가독점자본주의가 의미하는 바가 이러한데, (독점)부르주아들이 어떻게 독점자본주의라는 규정, 국가독점자본주의라는 규정을 받아들일 수 있겠는가?

그러나 그렇다고 해서, 즉 부르주아 이데올로그들이나 부르주아 국가가 독점자본주의나 국가독점자본주의라는 규정을 받아들이지 않는다고 해서 국가(독점)자본주의일 수밖에 없게끔 하고 있는 위기에 그들이 손 놓고 있는 것은 물론 아니다. 그 계급적 인식의 한계 때문에, 그리고 이데올로기적 이유와 목적 때문에 그러한 규정을 부인하는 것일 뿐, 그리고 바로 그 때문에 자신들이 조만간 최후를 맞을 것임을 인식하지 못하고 부인하고 있을 뿐, 그들은 그 위기에 적극 대응하고 있다. 그리고 바로 위기에의 그들의 그러한 대응, 즉

---

1) 레닌, "제국주의와 사회주의의 분열", *W. I. Lenin Werke*, Bd. 23, Berlin, 1978, S. 102.
2) 레닌, "임박한 파국, 그리고 그것과 어떻게 싸울 것인가", *W. I. Lenin Werke*, Bd. 25, Berlin, 1981, S. 370.

경제적 재생산과정에 대한 국가의 전면적인 개입이 현대 자본주의를 국가독점자본주의이게끔 하는 것이다.

1917년 제1차 세계대전의 와중에서 레닌이 지적한 것처럼, "전쟁이", 즉 제1차 세계대전이 "독점자본주의의 국가독점자본주의로의 전화를 엄청나게 촉진"[3])시켰다면, 1930년대의 대공황과 제2차 세계대전을 계기로 본격화된 자본주의의 전반적 위기는 국가독점자본주의, 즉 자본주의적 생산체제의 종말을 모면하려는 부르주아 국가의 경제적 재생산과정에의 전면적 개입을 되돌릴 수 없는 항상적 체제로 만들어 버렸다. 사실, 저들 부르주아 이데올로그들과 그 국가가 자본주의의 영구성, 그 영구번영을 강변하기 위해서 내세웠던 '수정자본주의'니, '혼합경제체제'니, '케인즈주의 혁명'이니 하는 규정들이 사실은 국가독점자본주의에 대한 부르주아적 규정이었던 것이다. 그리고 일찍이 1970년대 말에 저들 스스로 '케인즈주의의 파산'을 선언하며 '신보수주의' 혹은 '신자유주의'를 내세웠을 때, 그것은 이미 자본주의적 생산의 전반적 위기가 재차 격화되어 국가독점자본주의가 파탄해가고 있다는, 독점부르주아지 스스로의 고백이었다.

자본주의의 현 발전단계를 국가독점자본주의로 규정하고, 위기와 그 전개양상을 그러한 관점에서 분석하고 설명하느냐 그렇지 않느냐는 이렇게 그 자체가, 현대 자본주의와 그 위기에 대한 시각과 분석의 과학성 여부의 문제일 뿐 아니라, (독점)부르주아지와 노동자계급 간의 **치열한 이데올로기 투쟁, 치열한 계급투쟁이며 그 표현**이다.

우리는 앞에서 "상황을 허심탄회하게 있는 그대로 관찰하는 사람에게는" 현 상황이 국가독점자본주의의 파탄임이 명확하다고 얘기했다. 하지만, 노동자계급의 전위임을 자임하는 사람들 중에는, 이렇게 "상황을 허심탄회하게 있는 그대로 관찰하는" 대신에, 그것을 종파주의적으로 왜곡하여 설명하는 자들이 많다. 그리고 쏘련을 위시한 20세기 사회주의 세계체제가 해체된 이후의 대반동기에 그들의 목소리는 더욱더 널리 요란하게 퍼져왔다.

대표적으로 뜨로츠끼주의자들이, 그리고 일반적으로는 반(反)쏘・반스딸린주의를 내세우는 자들이 그들이다.

---

3) 레닌, 같은 곳.

특히 뜨로츠끼주의자들은 스스로 레닌의, 맑스-레닌주의의 정통 계승자라고 주장한다.

그러면서도 자본주의 발전의 현단계를 국가독점자본주의로 규정하는 데에 대해서는, 그것을 스딸린주의라고 규정하면서, 한사코 반대, 아니 적대한다. 앞에서 확인한 것처럼, 1917년에 레닌이 이미 "전쟁이 독점자본주의의 국가독점자본주의로의 전화를 엄청나게 촉진"시켰으며, "국가독점자본주의는 사회주의를 위한 가장 완벽한 **물질적** 준비이며, 사회주의의 직접적인 **전단계**"라고 규정하고 있는데도 말이다. **그들은 그렇게 레닌의 명문(明文)에도 불구하고 국가독점자본주의 규정을 부정하면서도 '레닌의 정통 계승자'임을 강변할 만큼 파렴치한 자들이다.** (하기야, 1917년 여름에 혁명의 풍향이 급격히 볼쉐비끼의 승리로 기울고 있음을 간파하고 나서야 볼쉐비끼 진영에 합류하기까지 그토록 레닌과 볼쉐비끼에 적대적이었고 볼쉐비끼 진영에 합류한 이후에도 대독강화(對獨講和)나 노동조합 문제 등을 둘러싸고 그토록 레닌과 대립하던 뜨로츠끼 자신이 파렴치하게도 레닌의 정통 계승자임을 자처하던 전통, 나아가 1927년의 당원 투표에서 10분의 1의 지지도 받지 못하고 축출된 그가, 맑스-레닌주의적 민주집중제를 부인하면서, 몰염치하게도 볼쉐비키 당의 정통 계승자임을 자처하던 전통, 즉 교조(敎祖)로부터의 전통에 따른 것이겠지만!)

혹시 저들 뜨로츠끼주의자들은 레닌이 국가독점자본주의로의 전화를 얘기한 것은 전쟁과의 관련에서였다고 항변할지도 모른다. 그러나 그래 봤자 소용이 없다. 레닌은, "**전쟁이 독점자본주의를 국가독점자본주의로 전화시켰다**"고 쓰고 있는 것이 아니라, "**전쟁이 독점자본주의의 국가독점자본주의로의 전화를 엄청나게 촉진시켰다**(die Umwandlung ... ungeheuer beschleunigte)"고 쓰고 있기 때문이다. 즉, 독점자본주의의 국가독점자본주의로의 전화는 독점자본주의의 내재적·필연적 법칙의 관철이며, 극도로 집중된 위기로서의 전쟁, 구체적으로는 제1차 세계대전은 "그 전화를 엄청나게 촉진시켰다"고 말하고 있기 때문이다.

아무튼, **뜨로츠끼주의자들의 국가독점자본주의 규정의 부인은 노동자들로 하여금 자본주의적 생산체제의 현단계의 위기의 양상과 그 역사적 의의를 보지 못하게 하는 것이다.** 따라서 **이 점에서도** 노동자계급 내에서 그들의 목청이 커지면 커질수록 노동자계급의 정치적 이데올로기적 후퇴는 그만큼 심각해질 수밖에 없다.

3. 뜨로츠끼주의자 등의 반쏘·반스딸린주의와 노동자계급의 후퇴

뜨로츠끼주의자들이 한사코 국가독점자본주의라는 규정을 거부하는 것은 순전히 국가독점자본주의 그것이 현대 자본주의에 대한 쏘련에서의 지배적인 규정, 사실상 공인의 규정이었기 때문이다. 그것을 그들은 스딸린주의라는 요설(妖舌)로 정당화하려 든다.

그리고 이때 그들이 말하는 이른바 스딸린주의란 맑스-레닌주의와는 다른 무언가 악마적인 것이다. 손에 잡히는 대로, 뜨로츠끼주의의 수많은 갈래들 중에서도 가장 저질의, 가장 비열한 그것인 자칭 '국제사회주의자들(International Socialists)'의 한국 그룹인 '다함께'의 '국제연락간사' 최일붕의 고담(高談)을 들어보자.

> 정치적으로 레닌이 ... 스탈린을 낳았고, 스탈린은 구소련 블록을 해체시킨 공포정치와 경제 정체를 낳았다는 레닌-스탈린의 정치적 연속성 명제를 받아들인다면 10월 혁명의 전통 전체를 내동댕이쳐버리는 일은 그다지 어렵지 않을 것이다.
> 그러나 이런 주장을 뒷받침하기 위해 레닌-스탈린 연속성론자들은 가장 기본적인 사실을 무시할 수밖에 없다. 1929년에서 1953년 사망 때까지 스탈린의 권력 기반 전체가 1917년 10월에 세워졌던 것과는 완전히 달랐다(...). 혁명 정부는 노동자 평의회의 선출된 대의원들에 기반을 두었다. ...
> 이와 대조적으로 스탈린 치하에서는 노동자 평의회가 없었다. 스탈린의 1936년 헌법에 규정된 이른바 '최고 소비에트'는 가짜 의회 구조물이었다. 게다가 자유 선거도 치러지지 않았으며, 당은 하나밖에 없었다. 모든 신문과 정간물은 그 당의 방침에 맹종했다. 당원의 다수는 노동자가 아니라 국가 관료, 당 관료, 기업 관리자들이었다. 고위 당원이든 하급 당원이든 스탈린의 정책과 다른 정책을 내놓는 것은 허용되지 않았다. 재판받는 사람은 누구든

구속됐고 십중팔구 처형당했다.
　스탈린의 당은 '공산당'을 자칭했지만, 실제로 그 당은 1917년의 당과 아무런 공통점도 없었다.4)

　흥미롭다. 논리 전개와 논증의 수법이 참으로 흥미롭고 가증스럽다.
　무엇보다도 우선 "정치적으로 레닌이 … 스탈린을 낳았고, 스탈린은 구소련 블록을 해체시킨 공포정치와 경제 정체를 낳았다는 레닌-스탈린의 정치적 연속성 명제를 받아들인다면" 운운할 때, 그의 말하는 대로라면, 이견이 발생하는 지점, 논쟁의 여지가 있는 문제는 오로지 이른바 "레닌-스탈린의 정치적 연속성" 여부일 뿐이다. "스탈린은 구소련 블록을 해체시킨 공포정치와 경제 정체를 낳았다"는 가장 사실에 반하고, 가장 악질적인 중상모략은 어떤 이견이나 논쟁의 여지도 없는 역사적 사실로 전제되어 버리고, 그리하여 많은 경우 순진한 독자의 뇌리에 그렇게 각인되어 버린다. 저들이 비열하게 노리는 대로 그렇게 각인되어 버리는 것이다.
　그러나 우선, '스딸린이 경제 정체를 낳았고, 그래서 쏘련이 해체되기에 이르렀다'? —— 천하의 철면피한(鐵面皮漢)들이 아니고서는 천연덕스레 이런 주장을 할 수가 없다. (저들의 용어를 빌어서 '스탈린 치하'라고 하자.) '스딸린 치하'에서, 즉 "1929년에서 1953년 [스딸린의] 사망 때까지", 쏘련 경제가 비약적으로 발전했다는 사실은, 보다 자세히 얘기하면, 1929년에 제1차 5개년 계획에 의한 사회주의 경제 건설이 시작된 이후 히틀러의 나찌 독일이 쏘련을 침략할 때까지 나찌의 위협 하에서 낭비적일 수밖에 없는 군비(軍備)에 엄청난 물적·인적 자원을 할당하지 않을 수 없도록 강제당하면서도, 그리고 제2차 대전 후 짧은 기간에 엄청난 전쟁의 파괴를 딛고, 쏘련 경제가 비약적으로 발전했다는 사실은, 천하의 철면피한들이 아니고서는, 부르주아들조차, 아니 반쏘·반공주의자들조차 인정하지 않을 수 없는 엄연한 역사적 사실이기 때문이다.
　예컨대, 당시 국제적으로 널리 알려진 법률학자이자 영국의 의회의원이던

---

4) 최일봉, "1917~1928년 러시아: 혁명에서 반혁명으로, 소비에트 러시아에서 스탈린주의 러시아로", 경상대학교 사회과학연구원 편, 《마르크스주의 연구》 03, 제2권 제1호, 한울, 2005, pp. 87-88.

D. N. 프리트(Pritt)는 이미 1936년에 이렇게 쓰고 있다.

> 갖은 어려움과 결점에도 불구하고, 외부 세계의 군사적·교역상의 적대에도 불구하고 쏘련 사회주의는 엄청나게 후진적이었던 한 아시아적 국가(Asiatic State)를, 약 19년 만에 세계적으로 중요한 국가로, 산업이 크게 발전한 국가로, 그리고 무엇보다도, 대략 인도의 가난한 사람들의 그것과 비슷했던 생활수준을 이미 동유럽의 여러 민족의 그것을 뛰어넘어 곧 산업이 발전한 서유럽 상류층의 그것과 비교할 수 있는 국가로 끌어올렸다.[5]

이것이 편견 없이 쏘련 사회와 그 재판제도를 바라본 한 부르주아 법학자, 부르주아 정치인의 쏘련과 쏘련 공산당에 대한 평가였다. 게다가 스딸린 지도하의 쏘련 공산당, 스딸린 지도하의 쏘련 정부에 반대하여 반혁명 음모를 꾸몄던 까메네프조차 그 반혁명 조사과정에서 이렇게 진술했다고 하지 않는가?

> ... 하지만, 국가가 겪고 있던 어려움들을 극복하기 어려울 것이라는 우리의 기대, 그 경제의 위기 상황에 대한 우리의 기대, 당 지도부의 경제 정책이 실패할 것이라는 우리의 기대는 이미 1932년 후반기에 이르면 분명히 무너졌습니다. 쏘련공산당 중앙위원회의 지도하에 그 어려움들을 극복하면서, 국가는 성공적으로 경제 성장의 길을 걷고 있었습니다. 우리는 이를 인정하지 않을 수 없었습니다. 우리가 투쟁을 멈췄어야 했다고 생각할지 모릅니다. 그러나 반혁명 투쟁의 논리, 즉 권력을 잡으려는 노골적으로 무원칙한 노력은 우리를 다른 방향으로 이끌었습니다. 역경으로부터의 그러한 탈출, 즉 쏘련 공산당 중앙위원회의 정책의 승리는 우리에게 당의 지도부들에 대한, 그리고 누구보다도 먼저 스딸린에 대한 새로운 적개심과 증오를 불러일으켰습니다."[6]

---

[5] 마리오 소사 저, 노사과연 편집부 역, ≪진실이 밝혀지다: 쏘련 역사에 대한 거짓말≫, 노사과연, 2010, p. 125. (다만, 번역이 여기에서의 인용과 동일하진 않다.); D. N. Pritt, "The Moscow Trial was Fair(모스끄바 재판은 공정했다)", http://www.marxists.org/history/international/comintern/sections/britain/pamphlets/1936/moscow-trial-fair.htm.

"역경으로부터의 그러한 탈출, 즉 쏘련 공산당 중앙위원회의 정책의 승리"가, 결국 내외의 어려움을 극복하고 승승장구하고 있는 '스딸린 치하'의 쏘련 경제 상황이, 저들에게 "당의 지도부들에 대한, 그리고 누구보다도 먼저 스딸린에 대한 새로운 적개심과 증오를 불러일으켰(고)", 반혁명 음모를 하도록 몰아갔다는 얘기다. 물론, 뜨로츠끼주의자들을 위시한 반쏘·반공주의자들이나 흐루쉬쵸프 등의 수정주의자들처럼, 모든 것이 고문에 의한 것이었다고 떠들어대면 또 다른 논쟁을 불러일으킬 수밖에 없는 것이긴 하지만 말이다.7)

아무튼 다시 최일붕의 고담으로 돌아가 보면, —— 그는 "스탈린은 구소련 블록을 해체시킨 공포정치와 경제 정체를 낳았다"고, '공포정치'를 거론한다.

공포정치! 다름 아니라 파렴치하게도 '레닌의 정통 계승자'임을 강변하는 뜨로츠끼가 레닌을 향해서 퍼붓던 욕설, 바로 그것이다. 뜨로츠끼가 1904년에, 훗날 러시아 10월 혁명을 "근대사에 유례가 없는 역사적 범죄(historical crime without parallel in modern history)"라고 규정하게 되는 자신의 "친애하는 스승" 악셀로드(Pavel Borisovich Axelrod, 1850-1928)에게 헌정한 저서 ≪우리의 정치적 임무들≫8)은 "반동배의 두목(head of the reactionary

---

6) *Report of Court Proceedings — The Case of the TrotskyiteZinovievit Terrorist Centre*, Moscow, 1936, p. 14.; 마리오 소사, 같은 책, p. 120에서 재인용. (다만, 2010년 11월에 간행된 번역 초판에는 이 인용문이 오역되어 있다.)
7) 그러나 이른바 '모스끄바 재판들'에서의 피고인들의 증언이 고문에 의해서 강요된 것이라는 반쏘·반공주의자들의 주장에 대해서는 그 "재판들은 공정했다"는, 앞에서 인용한 D. N. 프리트의 증언뿐 아니라, 다름 아니라, 누구보다도 반쏘적이고 반공주의적인, 당시 모스끄바 주재 미국 대사 조셉 데이비스(Joseph E. Davies)나 스웨덴 대사 윌렌스티에르나(Eirc Gyllenstierna) 등의 현지 보고들이 있다(마리오 소사, 같은 책, pp. 124-130, 147-149, 151-153 참조). 따라서 그 재판에서의 증언들이 강요된 거짓 증언임을 책임 있게 주장하기 위해서는 D. N. 프리트뿐 아니라 미국 대사나 스웨덴 대사 등의 현지 보고들이 거짓임을 먼저 입증하거나, 그러한 증언이나 보고들은 존재하지 않으며 그것들은 여기서 우리가 제시하고 있는 ≪진실이 밝혀지다: 쏘련 역사에 대한 거짓말≫의 저자 마리오 소사에 의해서 날조된 것임을 입증해야 할 것이다.
8) *Our Political Tasks*(1904) — Trotsky Internet Archive(www.marxists.org/archive/trotsky/index.htm)에서 영역본 전문(全文)을 볼 수 있다.

wing)"인 "막시밀리앙 [로베스삐에르: 인용자] 레닌(Maximilien [de Robespierre] Lenin)"과 그 지지자들이 음모를 통해 당내에 공포정치를 꾀하고 있다는 비난과 모략으로 가득 차 있다. 그리고 훗날 뜨로츠끼 자신과 뜨로츠끼주의자들이 스딸린과 쏘련에 대해서 퍼붓는 비난과 모략은 사실 이때 뜨로츠끼가 레닌과 그 지지자들에게, 볼쉐비끼에게 퍼부었던 비난과 모략의 확대재판(擴大再版)이다.

1904년의 비난과 모략이야 그렇다 치고, 스탈린 시대의 '공포정치' 운운하는 뜨로츠끼와 뜨로츠끼주의자들이 맑스-레닌주의의 '정통 계승자'임을 강변하고 있다는 사실을 상기하자. 왜냐하면, 뜨로츠끼와 뜨로츠끼주의자들이, 그리고 반쏘·반공주의자적 자칭 사회주의자들, 자칭 공산주의자들, 자칭 꼬뮌주의자들 일반이 쏘련의, 특히 스딸린 시대의 이른바 '공포정치'를 반(反)맑스-레닌주의적, 혹은 비(非)맑스-레닌주의적이라고 비판하고 있기 때문이며, 그들의 그러한 '비판'이야말로 사실은 바로 그들이야말로 반(反)맑스-레닌주의적이고 비(非)맑스-레닌주의적임을 입증하는 것이기 때문이다. 그리고 그들의 그러한 '비판', 즉 **맑스-레닌주의의 의상(衣裳)을 입은 그러한 반공주의**야말로 20세기 후반에 노동자계급을 정치적·사상적으로 후퇴시키고, 드디어는 20세기 사회주의 체제를 붕괴·해체시키는 데에 커다란 역할을 해왔기 때문이다.

여기에서 제기되고 있는 문제의 핵심은 **이행기의 문제**, 즉 **자본주의로부터 사회주의 혹은 공산주의로의 혁명적 이행기**의 문제이고, 그에 대한 **혁명적 이해·태도와 기회주의적=반혁명적 이해·태도**의 문제이다.

저들이, "재판받는 사람은 누구든 구속됐고 십중팔구 처형당했다"며 나찌와 극우 반쏘·반공주의자들의 과장된 모략선전을 그대로 반복하면서,9) '공포정치'라고 비난하는 것은 필시 스탈린 시대 쏘련 정부와 공산당이 반혁명분자들에게 취한 단호한 정치적·사법적인 조치들이다.

그런데 우리는, 저들이 '공포정치'라고 비난하는 조치들에 대하여 **맑스-레닌주의의 창시자들은 저들 '맑스-레닌주의의 정통 계승자들'과는 정반대의**

---

9) 마리오 소사의 저서 ≪진실이 밝혀지다: 쏘련 역사에 대한 거짓말≫은 바로, 저들의 그러한 악의적 과장과 왜곡, 모략을 폭로하면서, 당시 1930년대에 쏘련에서 어떠한 일들이 벌어지고 있었던가를 밝히는 책이다.

가르침을 주고 있다는 사실과 만나게 된다. 예컨대, 빠리 꼬뮌 직후인 1873년 1월에 엥겔스는 "권위에 대하여"라는 글에서 "반권위주의"니, "자치주의"(오늘날의 소위 '자율주의')니 운운하는 무정부주의자들을 비판하면서 다음과 같이 쓰고 있다.

이들 신사분들이 혁명을 구경이나 한 적이 있는가? 혁명은 분명 이 세상에서 가장 권위적인 일이다. 그것은 주민의 일부분이 다른 부분에게 소총과 총검, 대포를 사용하여, 그리하여 생각할 수 있는 가장 권위적인 수단들을 통해서 자신의 의지를 강제하는 행위이다. 그리고 승리한 당은, 이 전쟁을 헛되이 끝내려 하지 않는다면, 그들의 무기가 반동들에게 불러일으키는 공포를 통해서 이 지배를 지속시키지 않으면 안 된다. 만약 빠리 꼬뮌이 무장한 인민의 이 권위를 부르주아지에 대해서 행사하지 않았다면, 그 꼬뮌이 하루인들 지탱될 수 있었겠는가? 그와는 반대로, 꼬뮌이 이 권위를 충분히 광범히 사용하지 않은 것을 나무라야 하지 않는가?10)

혁명은, "주민의 일부분이 다른 부분에게 소총과 총검, 대포를 사용하여, … 자신의 의지를 강제하는 행위"이며, 혁명전쟁에서 "승리한 당은, 이 전쟁을 헛되이 끝내려 하지 않는다면, 그들의 무기가 반동들에게 불러일으키는 공포를 통해서 이 지배를 지속시키지 않으면 안 된다"고, 그리고 빠리 꼬뮌이 비난받아야 한다면, 그것이 무력과 공포를 사용했기 때문이 아니라, 그것을 "충분히 광범히 사용하지 않은 것" 때문에 비난받아야 한다고 엥겔스는 언명하고 있는 것이다.

그리고 레닌은 그의 저서 ≪국가와 혁명≫에서 사회주의 운동 세력 내의 기회주의자들을 비판하기 위해서 엥겔스의 이 언명을 인용하면서,11) 이렇게 덧붙이고 있다.

엥겔스는 이렇게 질문함으로써 황소의 뿔을 [=문제의 급소를: 인용자] 쥐고 있다. — 꼬뮌은 **국가의**, 즉 지배계급으로 조직된 무장한 프롤레타리아트

---

10) 엥겔스, "권위에 대하여", *MEW*, Bd. 18, S. 308.
11) *Lenin Werke*, Bd. 25, S. 451.

의 **혁명적** 권력을 더 행사해야 하지 않았는가?12)

부르주아지에 대해서, 반혁명분자들에 대해서 단호하고 광범하게 혁명적 권력을, 혁명적 무력을, 혁명적 공포를 행사해야 한다는 엥겔스나 맑스,13) 레닌의 주장은 분명 저들 '맑스-레닌주의의 정통 계승자들', 즉 뜨로츠끼주의자들의 '공포정치' 비판·비난과는 정반대이다. 그리고 쏘련을 위시한 20세기 사회주의 세계체제의 붕괴를 초래하고, 오늘날 노동자계급의 정치적·이데올로기적 후퇴를 초래한 책임의 커다란 일단도, 저들이 주장하는 것처럼 소위 스딸린주의, 스딸린주의적 '공포정치'에 있는 것이 아니라, 정반대로 흐루쉬쵸프에 의한 스딸린 격하운동 이후 득세하게 된 수정주의, 기회주의, 즉 맑스-레닌주의로부터의 일탈과 부르주아 자유주의에의 굴신에 있다. 그리고 뜨로츠끼주의자 등의 반쏘주의, 반스딸린주의와 그에 따른 자본주의 세계 노동자계급의 분열 및 그 안에 배태된 반쏘주의야말로 그러한 일탈과 노동자계급의 후퇴에 커다란 공헌을 해왔다는 사실도 지적하지 않으면 안 될 것이다.

뜨로츠끼주의자로서의 최일붕은 다시, "1929년에서 1953년 사망 때까지 스탈린의 권력 기반 전체가 1917년 10월에 세워졌던 것과는 완전히 달랐다"며, "혁명 정부는 노동자 평의회의 선출된 대의원들에 기반을 두었"으나 "이와 대조적으로 스탈린 치하에서는 노동자 평의회가 없었다"고 주장한다. 그러면서 "스탈린의 1936년 헌법에 규정된 이른바 '최고 소비에트'는 가짜 의회 구조물이었다"는 것이다.

우선, "스탈린의 1936년 헌법에 규정된 이른바 '최고 소비에트'는 가짜 의회 구조물이었다"? ── 그런 독단의 논법이라면, 우리가 이렇게 규정한 들

---

12) 같은 책, S. 452.
13) 레닌도 지적하고 있는 것처럼, 1873년에 "맑스는 정치를 부정하는 무정부주의자들을 조롱하며 이렇게 쓰고 있다."(*Lenin Werke*, Bd. 25, S. 449.) ─ "노동자계급의 정치투쟁이 혁명적 형태를 띠게 되면, 즉 노동자들이 부르주아지의 독재 대신에 그들 자신의 혁명적 독재를 실시하게 되면, 그들은 무서운 원리모욕죄를 범하게 되는 것이다. 왜냐하면, 자신들의 가련하고 비속한 일상적 욕구를 채우기 위해서, 부르주아지의 저항을 쳐부수기 위해서, 노동자들이 무기를 버리고, 국가를 폐지하는 대신에, 국가에 혁명적이고 과도적인 형태를 부여하기 때문이다." (맑스, "정치적 무관심", *MEW*, Bd. 18, S. 300.)

저들이 무슨 할 말이 있겠는가? —— "인간의 형상을 띠고 있는 최일붕 등 뜨로츠끼주의자들은 가짜 인간 구조물이다!"

그러나 나의 이러한 반론은 결코 정확한 것이 아니다. 문맥상 명백히 '최고 소비에트는 참된 의회 구조물이었어야 하는데, 스탈린의 1936년 헌법에 규정된 이른바 '최고 소비에트'는 가짜 의회 구조물이었다'는 최일붕의 독단에 대한 대구(對句)로서는 정당한 것이지만, 그렇다고 그 자체로서 결코 정확한 것은 아니라는 뜻이다. 왜냐? 쏘비에뜨는, 그것이 최고 쏘비에뜨든, 보다 하위의 쏘비에뜨든, 본래 결코 '의회 구조물'이어서는 안 되기 때문이다. **쏘비에뜨**, 혹은 **노동자 평의회**는, 부르주아적 **의회 구조물이 아니라**, 빠리 꼬뮌이 그러했던 것처럼, **입법기구이자 동시에 집행기구**인 것이다. 부르주아 의회주의자들과, 입으로는 혁명을 얘기하면서도 실제로는, 실천적으로는 노동자들의 혁명적 진출, 그 성과를 헐뜯고, 그것을 파괴하는 데에 골몰하는 반혁명분자들만이 쏘비에뜨가 '진짜 의회 구조물'이어야 한다고 주장하는 것이다!

"모든 신문과 정간물은 그 당의 방침에 맹종했다"거나, "고위 당원이든 하급 당원이든 스탈린의 정책과 다른 정책을 내놓는 것은 허용되지 않았다"는 주장 역시 모략적 독단이기는 마찬가지이다.

최일붕 그는 또한, "당원의 다수는 노동자가 아니라 국가 관료, 당 관료, 기업 관리자들이었다"고 주장한다. 저들의 이러한 주장은 사회주의 사회에서는 인민 모두가 노동자라는 사실에 대해서 완전히 무지하거나, 쏘련이 사회주의 사회가 아니라 '국가자본주의'라는 저들의 악의적 신앙의 표현일 뿐이다.14)

쏘련을 가리켜 '국가자본주의'라고 하는 저들의 주장을 내가 악의적 신앙이

---

14) 불필요한 오해를 불식하기 위해서 말하자면, 이는 물론 스탈린 시대에 국가나 당, 기업에 관료주의가 없었다는 뜻이 아니다. 그러나 쏘련 사회의 관료주의는 결코 저들이 말하는 '스탈린주의' 탓이 아니다. 그것은 구(舊)체제, 짜르 시대로부터의 잔재였고, 레닌이 그랬던 것처럼, 스탈린 역시 누구보다도 진지하게 그것을 극복하기 위해 싸워왔다. 그에 반해서, 대표적으로 노동조합조차 국가기구화하고 군사적으로 편제하려 했던 노동조합 논쟁에서 드러났듯이, 뜨로츠끼야말로, 물론 전적으로는 아니지만, 쏘련에서의 관료주의에 누구보다도 책임이 있는 인간이다. 그런 그와 그 추종자들이 파렴치하게도 스탈린을 관료주의자라고 비난하고 있다.

라고 규정하는 것은, 예컨대, 다음과 같은 이유 때문이다.

토니 클리프(Tony Cliff)를 우두머리로 하는 이른바 국제사회주의자들(IS)은 일찍이 1948년(—이때는 1930년대 이후 달성한 쏘련 사회의 비약적 발전과 특히 제2차 대전을 승리로 이끈 공로 때문에 쏘련과 스딸린의 국제적 위신과 명예가 고도로 높아져 있던 때이고, 따라서 제국주의는 어떻게 해서든 그것을 훼손시켜야 할 때였다—)부터 '쏘련은 사회주의 사회가 아니라 국가자본주의 사회'라고 주장해왔다. 하지만, 예컨대 우리 사회의 걸출한 IS의 한 사람인 정성진 교수 스스로가 자신의 이론적 교부이자 세계적으로 대표적인 '국제사회주의자', 혹은 '국가자본주의론자'인 캘리니코스(Alex Callinicos)나 크리스 하먼(Chris Harman)에 대해서 다음과 같이 쓰고 있는 것처럼, 그것은 막무가내의 주장일 뿐, 어떤 합리적인 이론적·사실적 근거도 없는 것이다.

> '국제사회주의' 경향의 '국가자본주의론'을 마르크스가 ≪자본≫에서 제시한 자본주의의 운동법칙으로 논증해 보라는 만델(Ernest Mandel)의 집요한 추궁에 대해 캘리니코스도 하먼도 제대로 답변한 것 같지는 않다.15)

캘리니코스도 하먼도 쏘련이 '국가자본주의'임을 이렇게 논증하지 못하고 있다는 사실을 확인하면서도, 정성진 교수는, 걸출한 IS답게, 자신은 "만델-캘리니코스 논쟁에서" "기본적으로 캘리니코스 입장을 지지하는 편"16)이라며, 참으로 강고하게도 '쏘련=국가자본주의'라는 주장을 되풀이하고 있다. 바로 악의적 신앙이 아니면 무엇이겠는가?!17)

---

15) 정성진, "해설" (알렉스 캘리니코스의 "파산한 이론을 은폐할 수 없는 수사학: 에르네스트 만델에 대한 답변"("Rhetoric Which Cannot Conceal a Bankrupt Theory: A Reply to Ernest Mandel", *International Socialism*, Winter 1992)의 번역 '해설'), ≪이론≫ 제4호, 1993 봄, p. 293.
16) 정성진, 같은 곳.
17) 저들이 자신들이야말로 '레닌의 정통 계승자'라고 강변하니까 하는 말이지만, 레닌은 이렇게 쓰고 있다. — "모든 시민이 여기[=사회주의 사회, 혹은 낮은 단계의 공산주의: 인용자]에서는 무장한 노동자들로 구성되는 국가에 고용된 종업원으로 전화된다. 모든 시민이 하나의 전인민적이고 국가적인 '신디케이트'의 종업원과 노동자로 되는 것이다."(레닌, ≪국가와 혁명≫, *Lenin Werke*, Bd. 25, S. 488.) —— **축하한다, '국제사회주의자들'이여! 다름 아니라 바로**

한편 뜨로츠끼주의자 최일붕은, 스딸린 시대에 쏘련에는 "게다가 자유선거도 치러지지 않았으며, 당은 하나밖에 없었다"고 주장한다. "자유선거도 치러지지 않았다"는 말은 그 자체로서는 무엇을 의미하려는지 불분명하지만, 그에 이어서 그가 "당은 하나밖에 없었다"고 '비판'할 때, 그의 계급적 지향이 명백해진다. 그는 다름 아니라 프롤레타리아트 독재의 표현으로서의 공산당 일당제를 부르주아적 다당제를 부인한 "무서운 원리모욕죄"[18]로 고발하고 있는 것이다.

저들은 공산당 일당제가, 자신들의 교조(敎祖) 뜨로츠끼가 아직 당과 국가에서 누구 못지않은 권력과 영향력을 행사하고 있던 시기에, 그리고 나아가서는 레닌 생전에 확립된 것이라는 사실을 물론 은폐한다. 그러면서 은연중에 저들은 쏘련에서의 공산당 일당제가 스딸린 시대에, 그러니까 1928년이나 그 이후에 비로소 확립된 것처럼 암시한다. 그런 기만과 은폐에 기초하지 않는다면, 영광스러운 뜨로츠끼주의자들이 아닐 것이다.

저들이 스스로 맑스-레닌주의자임을 주장할 뿐 아니라 그 '정통 계승자'임을 강병하고 있으니까 묻는 말이지만, 정당이란 것이 계급적 이익을 추구하는 '계급의 전위조직'이라면, 노동자계급 이외의 무계급 사회에서, 그러한 무계급 사회를 혁명적으로 지향하는 사회에서 노동자계급의 전위조직으로서의 공산당 이외의 다른 계급의 전위조직을 허용하지 않는 공산당 일당제가 왜 비난받아야 한단 말인가?! "게다가 자유선거도 치러지지 않았으며, 당은 하나밖에 없었다"는 저들의 고발은, 저들의 지향이 다름 아니라 바로 (소)부르주아 사회, 계급사회, 계급으로 분열된 사회임을 부지불식간에 고백하고 있는 것 아닌가?!

이상에서는 가장 저질의, 가장 비열한 형태의 뜨로츠끼주의로서의, 한 자칭 '국제사회주의자'의 주장을 비판적으로 고찰했는데, 이는 다만 뜨로츠끼주의자들이 오늘날 노동자계급의 역사적인 정치적·이데올로기적인 후퇴에 어떤 공헌을 해왔는가를 가장 명쾌한 형태로 보기 위해서였다. 하지만, 이들뿐만 아니라, 뜨로츠끼주의자들 일반이, 나아가서는 널리 사회주의자, 꼬뮌주의자

여기에 쏘련이, 그 '인민은 노동자요 국가가 유일한 자본가였다'는, 그리하여 '국가자본주의' 사회였다는 전거가 있었구나!

18) 위의 주 13) 참조.

등을 자임하고 있는 각양각색의 반쏘주의자들이, 따라서 각양각색의 실천적 반공주의자들 일반이, 다소간 정도의 차이는 있겠지만, 사실상 동일한 기여, 동일한 역할을 해왔고, 하고 있다는 데에 대해서는 굳이 긴 설명이 필요하지 않을 것이다. 더구나 저들은 한결같이 맑스주의의, 맑스-레닌주의의 가면을 쓰고 있기 때문에 저들이 노동자계급의 전진에 끼친 해악은 그만큼 크고 위험한 것이다.

저들은 모두 스딸린 시대의 쏘련 정부와 공산당의 정책은 기본적으로 반인민적·반노동자적이었으며, 따라서 그들 인민으로부터 광범한 적의를 샀던 것처럼 선전한다. 하지만, 역사는 당시 쏘련의 상황은 저들의 그러한 악의적 선전과 정반대였음을 증언하고 있다. 특히 그 중에서 무엇보다도 다음과 같은 사실, 즉 스딸린 지도하의 당과 정부, 절대 다수의 인민이 혼연일체가 되어, 좁은 의미의 군사력에서의 엄청난 열세와 온갖 어려움에도 불구하고, 나찌의 침략을 물리치고 제2차 대전을 승리로 끝냈다는 사실은 스딸린 시대의 쏘련이 노동자·인민 주체의 사회, 노동자계급의 창의와 적극성, 헌신이 지배하던 시대임을 웅변한다.

그리고, 스딸린이 악마화되지 않을 수 없는 것은, 다름 아니라, 스딸린 지도하의 쏘련이 바로 그러한 사회였기 때문이다. 다시 말하면, 스딸린이 바로 그러한 사회를 건설한 지도자였기 때문에 그는 부르주아 이데올로그들에 의해서, 부르주아 언론, 그 선전도구에 의해서, 그리고 맑스주의의 가면, 맑스-레닌주의의 가면을 쓴 반공주의자들에 의해서 악마화되지 않을 수 없었던 것이고, 악마화되지 않을 수 없는 것이다! 가까운 것을 제쳐둔 정말 비겁한 예들이지만, 필리핀의 막사이사이 같은 반공주의 학살자들을 영웅으로 추앙한다든가, 반제(反帝) 수카르노 정권을 무너뜨리고 친미 괴뢰정권을 세우면서 수백만 인민을 학살한 인도네시아의 수하르토 같은 자들에 대해서는 침묵하면서, 제3세계의 수많은 반제국주의적 정치지도자들을 악마화하는 저들 자본의 이데올로그들, 독점자본의 선전기구들, 대중 이데올로기 조작과 지배에 사실상 전지전능한 제국주의 언론의 행태를 상기하자.

4. 소위 '스딸린주의 비판'에 대하여

'스딸린주의' 운운하는 저들 반쏘·반공주의자들의 대부분, 즉 뜨로츠끼주의자들 등은 한결같이 스딸린과 이른바 스딸린주의를 무언가 음험한 악마, 악마적인 것으로 묘사하면서 '스딸린주의'와 맑스-레닌주의는 전혀 다른 것처럼 주장한다. 앞에서 인용한 글에서 최일붕도 제기한 이른바 '레닌-스딸린 연속성' 여부의 문제이다.

그러나 같은 패거리인 IS 정성진 교수가 편집위원장을 맡은 그 잡지에 나란히 실린 글들에서 또 다른 반쏘·반스딸린주의적 '맑스주의자들'은, 최일붕의 주장과는 반대로, 아무튼 '스딸린주의'는 맑스-레닌주의임을 주장한다.

'새로운 사회를 열어가는 맑스사상연구소 소장' 문국진은, "마르크스주의는 곧 스탈린주의적으로 왜곡되고 변형된 유물변증법으로 치달아왔다"며, "마르크스 사상은 이제 탈스탈린주의적·구소련적 교조주의로부터 해방되고 재구성되어야 한다"고 주장하는데,19) 이때 그는 자신의 '스탈린주의적 철학' 혹은 '구소련적 철학'에 대한 비판이 바로 레닌주의 철학에 대한 비판임을, 즉 맑스-레닌주의에 대한 비판임을 숨기지 않고 있는 것이다. 그는, 예컨대, 이렇게 얘기한다.

> 문제는 유물론에 있다. 레닌의 그것은 천박한 이원론 사상, 즉 물질과 정신의 철두철미한 이원론에 근거한 천박한 반영론이라는 데에 문제가 있다. 오늘날까지 아무런 반성도 없이 이어져온 '변증법적 유물론'이라는 것이 레닌적 사고가 그 주요한 내용으로서 무비판적으로 수용되어왔다는 데에 변증법적 유물론의 비극이 담겨 있는 것이다.
> 코르쉬는 초기(1920년대)에는 레닌주의를 수용했으나, 소련의 정치적 일탈과 변질, '탈노동자 국가화'와 관료에 의한 노동자 통제를 겪으면서 레닌주의로부터 빠져나오게 된다. 그의 비판은 정치적 측면에 한정되지 않고 철학적 레닌주의의 반대로까지 발전하였다. 따라서 본래의 마르크스주의와 그 레닌적 일탈을 분리시키고, 변증법적 사상과의 거리가 먼 편협하고 천박한 반영론적 유물론의 철학적 오류를 지적하는 데에까지 나아간 것이다.20)

---

19) 문국진, "현대철학에서의 헤겔과 마르크스—코르쉬와 마르쿠제를 중심으로", ≪마르크스주의 연구≫ 03, 제2권 제1호, 2005, pp. 291, 292.
20) 문국진, 같은 글, p. 268.

구사회주의권이 해체되었으나 그 이데올로기적 잔재가 아직 미청산된 현재로서, 구소련권의 **마르크스-레닌주의(사실상의 스탈린주의)** 철학의 극복이 또다시 새롭게 우리에게 과제로서 다가오는 시점에서, 코르쉬의 문제 제기와 대안, 그 철학적·정치적 투쟁은 우리에게 새로운 지평으로 향하는 하나의 이정표를 던져주고 있다 하겠다.21) (강조는 인용자.)

그리고 역시 그 잡지에 나란히 실린 글에서 또 다른 반쏘·반스딸린주의적 '맑스주의자' 이성백 교수는 이렇게 쓰고 있다.

> 스탈린주의는 마르크스주의가 그래서는 안 되는 왜곡된 마르크스주의의 한 표본을 보여준다. 마르크스주의를 재구성함에 있어서 스탈린주의 비판을 통하여 마르크스주의가 앞으로 다시 전철을 밟아서는 안 될 이론적이고 실천적인 교훈을 이끌어내야 한다. 사실 20세기 동안 마르크스주의는 스탈린주의의 볼모로 붙잡혀 있었으며, 이로 인해 마르크스주의의 이론적 지체를 비롯해 여러 폐해들이 초래되었다.22)
>
> **마르크스-레닌주의와 스탈린주의는 다른 것인가?** 마르크스-레닌주의는 마르크스, 엥겔스, 레닌의 사상을 가리키고, 스탈린주의는 스탈린의 사상을 가리키는가? 그런데 마르크스-레닌주의라는 용어는 스탈린의 지휘 하에 그의 지배를 정당화하는 사상이 형성되는 과정에서 만들어진 개념이다. 마르크스와 레닌의 이름에 기대어 스탈린은 자신의 지배를 정당화했다. 그렇기 때문에 **마르크스-레닌주의와 스탈린주의는 동의어이다.** 다른 곳은 몰라도 적어도 철학에 있어서는 스탈린주의 철학이란 표현은 자주 사용되지 않는다. 오히려 마르크스-레닌주의 철학이란 표현이 일반적으로 사용된다. 마르크스-레닌주의라는 용어의 의미를 정확히 해두는 것부터가 스탈린주의 비판의 첫걸음이 된다고 할 수 있다.23) (강조는 인용자.)

그래서 마르크스의 사상과 레닌의 사상을 지칭하기 위해서는 마르크스주

---

21) 같은 글, p. 270.
22) 이성백, "스탈린주의 철학 비판", 같은 책, p. 67.
23) 같은 글, pp. 71-72.

의와 레닌주의로 독립적으로 사용해야 한다.24)

결국 이들은 이른바 스딸린주의 비판이 사실은 맑스-레닌주의 비판임을, 이성백 교수는 교수다운 복선을 깔고, 즉 약간은 부정직하게, 그러나 동시에 명확히, 그리고 문국진 소장은 더 없이 솔직하게 밝히고 있다. (맑스주의, 레닌주의, 맑스-레닌주의=스딸린주의에 대한 문국진 소장이나 이성백 교수의 이해에 대한 비판은 여기에서의 주제가 아니기 때문에 생략한다.)

그리고 덧붙여 얘기하자면, 이른바 '스딸린주의 비판'을 빙자하여 사실은 맑스-레닌주의를 가장 철저하고 부정직하게 비판·부정하고 있는 자들은, 앞에서도 본 것처럼, 다름 아니라 뜨로츠끼주의자들이다. 바로 그렇기 때문에 미국의 한 뜨로츠끼주의 비판자는 정당하게도 **뜨로츠끼주의**를 "**위장된 반혁명**"으로 규정하면서 이렇게 얘기하고 있다.

> 파시스트들과 뜨로츠끼주의자들 사이의 차이는 이렇다 — 파시스트들의 기만(欺瞞)이 생각하는 사람이면 누구에 의해서나 쉽게 간파됨에 반해서, 뜨로츠끼주의자들의 기만은, 그것이 '혁명적', '맑스주의적', 심지어 '레닌주의적' 표현으로 뒤덮여 있기 때문에, 그렇게 쉽게는 간파되지 않는다.
> 거기에 뜨로츠끼주의의 위험성이 있다.25)

뜨로츠끼와 뜨로츠끼주의자들의 역사적·실천적 행적은 이 비판, 즉 뜨로츠끼주의란 "위장된 반혁명"이라는 비판을 웅변으로 입증하고 있다. 그리고 이러한 비판은 당연히 뜨로츠끼주의자들에 대한 그것을 넘어서 무릇 반쏘-'맑스주의자들', 혹은 반쏘-'맑스-레닌주의자들' 일반에 해당된다.

한편, 이성백 교수는, "스탈린주의 철학, 즉 마르크스-레닌주의 철학은 마르크스주의 철학을 체계화하는 작업에 있어서 그 첫 단추부터 잘못 끼워졌(고)" "마르크스의 철학적 작업을 이어받아 역사와 사회에 관한 변증법으로서의 마르크스주의 철학을 발전시켜 현실에 개입하는 '실천의 철학'을 확립하지

---

24) 같은 곳, 주 4).
25) M. J. Olgin, *Trotskyism: Counter Revolution in Disguise*, San Francisco: Proletarian Publisher, 1935, pp. 151-152.

못했다"26)고 선언한다. 그러면서 "20세기 초 마르크스주의 철학을 확립하는 작업은 소련이 아니라 서구에서 올바른 방향이 설정되었다"27)고 주장한다. 그리고, "구소련권의 마르크스-레닌주의(사실상의 스탈린주의) 철학의 극복이 또다시 새롭게 우리에게 과제로서 다가오는 시점에서, 코르쉬의 문제 제기와 대안, 그 철학적·정치적 투쟁은 우리에게 새로운 지평으로 향하는 하나의 이정표를 던져주고 있다"고 할 때, 문국진 역시 분명 그렇게, 즉 "20세기 초 마르크스주의 철학을 확립하는 작업은 소련이 아니라 서구에서 올바른 방향이 설정되었다"고 주장하고 있다 할 수 있다.

레닌이 그토록 질타했던, 20세기 초 서유럽에서의 사민주의의 타락, 노동자계급에 대한 역사적 배신을 그들은 '맑스주의의 올바른 방향'이라고 주장하고 있는 것이다. 독점자본의 이데올로기 지배가 얼마나 강고한가를 보여주는 한 장면이다.

5. 맑스-레닌주의의 이행기와 반쏘주의자들의 '이행기'

그런데, 저들이 스딸린 시대의 쏘련을 비판하면서 핵심적으로 노리는 것, 더욱이 화려한 혁명적 수사를 구사하면서 그렇게 노리는 것, 그것은 다름 아니라 '혁명적 프롤레타리아트 독재로서의, 자본주의로부터 공산주의로의 이행기', "장기적인 과정"일 수밖에 없으며 쏘련 역시 그 도중(途中)에 있었고, 있을 수밖에 없었던 그 이행기를28) 실천적으로 부인하는 것, 그리하여 **프롤레타리아트 독재 그것을 실천적으로 부인하는 것**, 다시 그리하여 **반혁명을 위한 길을 여는 것**이다.

실제로 뜨로츠끼주의자들이 자랑스럽게 내세우는 뜨로츠끼(주의)의 소위

---

26) 이성백, 같은 글, p. 83.
27) 같은 곳, 주 17).
28) "[한 계급에 의한 다른 계급의 억압기구로서의 국가의: 인용자] **장래의** '사멸'의 시점을 규정하는 것은 문제로조차 될 수 없다는 것은 명백하고, 이 사멸은 명백히 장기적인 과정일 것이기 때문에 더욱 그렇다." (레닌, ≪국가와 혁명≫, *Lenin Werke*, Bd. 25, S. 471.)

"이행기 강령"이란, 다름 아니라, 맑스주의의 '이행기' 개념에서 혁명성을 제거하기 위해 고안된 것이고, 맑스주의와는 전연 무관한 것, 아니 반(反)맑스주의적인 것이다. 왜냐하면, 맑스주의에서의 이행기는 "자본주의 사회와 공산주의 사이에" 놓여 있는 "한 사회로부터 다른 사회로의 혁명적 변혁의 시대"이고, "이 시기에 대응"한 "정치적 과도기"로서의, 프롤레타리아 국가에 의한 "프롤레타리아트의 혁명적 독재"의 시기임에29) 반해서, 뜨로츠끼와 뜨로츠끼주의자들의 '이행기'란 기껏해야 "부르주아지가 예외적인 곤란에 처해 있는 전쟁이나 혁명의 시기(time of war or revolution, when the bourgeoisie is plunged into exceptional difficulties)"30)에 불과하기 때문이다.

그리하여 그들이 '제4 인터내셔날의 강령'으로 자랑스럽게 강조해 마지않는 이른바 "이행기 강령(transitional program)"이란 것도 단지, "현재의 요구와 사회주의적 혁명 강령 사이의 가교(bridge between present demand and the socialist program of the revolution)", 혹은 "프롤레타리아 혁명을 위해서 대중을 체계적으로 동원하는 데에 그 과제가 있는(the task of which lies in systematic mobilization of the masses for the proletarian revolution)" 강령에 불과하다. 더구나 그것도, 그가 임의로 "고전적 사회민주주의"의 강령이라고 부르는 여타의 사회주의 강령들이, 당연히 그가 보기에는, "서로 독립적인 두 부분(two parts independent of each other)"으로, 즉 "부르주아 사회의 틀 내에 스스로를 제한하는 최소강령(minimum program which limited itself to reforms within the framework of bourgeois society)"과 "언젠지 모를 장래에 사회주의에 의한 자본주의의 대체를 약속한 최대강령(maximum program which promised substitution of socialism for capitalism in the indefinite future)"으로 나뉘어 있었다는31) 독단에 기초한, 말하자면 '가교

---

29) "자본주의 사회와 공산주의 사이에는 한 사회로부터 다른 사회로의 혁명적 변혁의 시대가 놓여 있다. 이 시기에 대응하여 또한 정치적 과도기가 있는데, 이 과도기의 국가는 프롤레타리아트의 혁명적 독재일 수밖에 없다." (맑스, "고타강령 비판", *MEW*, Bd. 19, S. 20.)
30) Leon Trotsky, "The Death Agony of Capitalism and the Tasks of the Fourth International — The Mobilization of the Masses around Transitional Demands to Prepare the Conquest of Power: The Transitional Program", http://www.marxists.org/archive/trotsky/1938/tp/index.htm#contents.

(bridge) 강령'이다.

전형적인 뜨로츠끼(주의)적 기회주의이고, 사기와 기만의 한 예이다.

더구나 "고전적 사회민주주의"가 그 강령을 "서로 독립적인 두 부분(Classical Social Democracy ... divided its program into two parts independent of each other)"으로 나누었다니?! 그리고 이 두 강령, 즉 "(소위) 최소 강령과 최대 강령 사이에는 어떤 가교도 존재하지 않았다(Between the minimum and the maximum program no bridge existed)"니?! — 이 얼마나 뜨로츠끼의 유아독존적 오만과 무지를 드러내는 것이며, 맑스-레닌주의의 가면을 쓰고 그 얼마나 맑스와 엥겔스, 그리고 레닌 등을 부정하고 욕보이고 있는가?!

아무튼, 뜨로츠끼(주의)적인 기회주의적이며 기만과 사기에 찬 '이행기' 개념에 의해서만, 혹은 맑스와 엥겔스, 레닌이 그토록 강조했던 "혁명적 프롤레타리아트 독재"로서의 이행기 개념 그것을 부정해야만, 쏘련을, 특히 스딸린 시대의 쏘련을 '공포정치'라고, 반노동자적·반인민적이라고 비난할 수 있다.

6. 현대 사회민주주의와 노동자계급의 후퇴

오늘날 서유럽이나 북유럽의 노동자들은 물론이고, 한국을 포함하여 발전한 자본주의 국가의 노동자들 대부분이 사실상 현대 사회민주주의의 정치적·이념적 포로로 잡혀 있고, 이 점이야말로 노동자계급의 정치적 후퇴의 본질적인 표현이다.

오늘날 한국의 소위 진보진영 속에서, 위기에 처한 자본주의 사회에 대한 근본적(radical) 대안을 찾는 대신에, '기본소득'이니, '사회적 기업'이니 하는 헛소리들을 떠들어대며, 부질없는 소위 복지 논쟁을 벌이고 있는 것도 물론 (좌파적) 국가독점자본주의로서의 현대 사민주의의 사상적 지배의 한 단면을 보여주는 진풍경이다.[32]

---

31) 이상, 뜨로츠끼, 같은 글.
32) 소위 진보적 지식인들이 벌이는 이른바 '사회적 기업'이니, '보편적 복지'니 하는 논의와 실천이 이명박 정부나 박근혜 등등이 벌이는 그것과 사실상 차별

맑스주의임을 자임하던 서유럽의 현대 사민주의가 어떻게 기회주의로, 나아가서는 '사회배외주의'로, 즉 독점자본가계급의 배외주의적·제국주의적 노동자계급 지배·억압 도구로 전락했는가는, 특히 제1차 세계대전이 전개되는 속에서의 그들의 역할과 관련하여, 일찍이 레닌이 통렬하게 비판한 대로이다. 그리고 그들 사민주의 정당들은 그들이 위선적으로 내걸고 있던 '맑스주의'라는 간판도 1960년대를 지나면서는 대부분 다 철거해버렸다.

그런데도 유럽의 강단 맑스주의자들, 즉 사회민주주의적 맑스주의자들은, 그리고 그들의 직접적·간접적 영향력 하에 1980년대 이후 발생·성장해온 이 사회의 강단 맑스주의자들은, 현대 서유럽 강단의 맑스주의야말로, 즉 현대 사민주의적 맑스주의야말로 맑스와 엥겔스의 사상적 이론적 전통을 올바로 계승하고 있고, 발전시키고 있다고 주장하고 있다. "20세기 초 마르크스주의 철학을 확립하는 작업은 소련이 아니라 서구에서 올바른 방향이 설정되었다"는, 앞에서 본 이성백 교수의 발언도 물론 그런 유의 주장의 하나이다.

그런데, 강단 맑스주의자들의 이러한 강변과 노동자계급의 사상·이념에 대한 그들의 지배, 영향력은 정치적·실천적으로 노동자계급을 사민주의 지지로 몰아가고 있고, 따라서 그 정치적 후퇴와 무기력을 광범하게 강력하게 조장하고 있다. 이들 강단 맑스주의자들이 노골적·적극적으로 사민주의 정당들과 그 정책들을 옹호하고 있든, 그에 대한 기만적 비판을 가하고 있든, 사실상 똑같이 그렇게 작용하고 있다.

사실 현대 사민주의의 이론에 대한 비판은 구차하다. 현대 사민주의의 계급적 정체를 아는 데에는 서유럽의 저들 사민주의 정당들, 그 정권들이 벌여온 정치적 행적의 일부를 극히 간략히 일별하는 것만으로도 충분하다.

제2차 세계대전 후 서유럽과 북부 유럽의 국가들에서는 사민주의 정당들이 여러 번 정권을 담당했다. 그리고 쏘련을 위시한 20세기 사회주의 세계체제가 해체·붕괴된 이후에도 마찬가지이다.

그래서 대부분의 사람들의 기억 속에 생생한 최근의 일들 몇몇만을 취해보기로 하면, 예컨대, 유고슬라비아가 엄청난 비극을 수반하면서 조각조각 해체되는 과정에서, 그리고 이라크와 아프가니스탄 침략과정에서 저들 사민주의

이 없는 것은 결코 우연이 아니다!

정권이, 특히 영국과 프랑스, 독일의 그것이 수행해왔고, 또 수행하고 있는 역할은 무엇이었는가? 저들 사민주의 정권의 역할과 미국의 극우 정권의 그것 사이에 어떤 유의미한 차별성이 있었는가?

그 무차별성, 그것이 바로 현대 사민주의이다. 즉, 독점자본의 노동자계급 기만·지배 사상과 정책들, 제국주의 — 그것이 바로 현대 사민주의인 것이다.

그런데도 그것이 노동자계급을 광범하고 강력하게 장악하고 있다. 무엇에 의해서? 무엇보다도, 저들의 사실상 전지전능한 이데올로기 조작·지배 수단을 통해서, 즉 부르주아 국가와 자본이 지배하는 교육을 통해서, 그리고 고도로 발전한 독점자본의 대중매체를 통해서, 그리고 다음으로는, 이른바 '복지정책'을 통해서! 이 과정에서 물론 '진보적 지식인들', 강단 맑스주의자들이 누구 못지않은 역할을 하고 있다.

오늘날 우리 사회에서 대단히 진보적인 것처럼, 대단히 인민이익·노동자계급이익 옹호적인 것처럼, 그리하여 대단히 좌익적인 것처럼, 논란이 되고 있는 '복지' 문제에 대해서는 간단한 설명이 필요할 것이다.

우리는 물론 복지제도와 그 확대·강화를, 그것이 아무리 부르주아적인 것일지라도, 거부할 이유가 전혀 없다. 오히려 가능한 한 모든 기회에 그 확대·강화를 요구해야 한다.

그러나 우리는 부르주아적 복지제도가 빈곤문제를 해결할 수 있을 것이라는 사민주의적, 즉 독점자본가계급 좌파적 환상이나, 그 부르주아적 복지제도가 요구하기만 하면 어떤 조건에서도 확대·강화될 수 있을 것이라는 환상을 경계하고 또 경계해야 한다.

역사적으로 부르주아적 복지제도는 그것을 도입하고 강화하지 않으면 자본주의적 생산체제 그것의 생존이 위협을 받는다는 조건, 그리고 동시에 부르주아지가, 혹은 부르주아적 생산이 그 비용을 감당할 수 있는 조건에 있다는 조건, 즉 부르주아적 생산이 확대·성장하고 있다는 조건, 이 두 조건하에서만 도입되고 확대·강화되었고, 또 그럴 수 있었다. 이와 관련하여, 최근 한 극우언론이 보도하고 있는, 한 대표적인 보수인사, 극우정권에서 중책을 맡았던 그의 이력이 말해주는 것처럼, 사실상 한 극우인사의 발언은, 여러 모로 비뚤어진 것이긴 하지만, 경청할 만한 바가 전혀 없지는 않다. 보도는 이렇다.

우리나라 의료보험 도입의 산파 역할을 한 김종인 전 보사부장관은 최근 복지 논쟁과 관련, "주요 복지제도는 대부분 보수세력이 만든 것"이라며 "역사를 보면 진보는 '복지는 아편'이라고 거부하고 보수의 어젠다(의제)였다"고 말했다.

김 전 장관은 "유럽에선 보수세력이 사회 안정을 위해 복지정책을 시작했다"면서 "1881년 첫 사회보장제도인 의료보험을 내놓은 독일의 비스마르크도 보수였고, '요람에서 무덤까지'로 유명한 베버리지 플랜을 만든 것도 영국 보수당 처칠 수상이었다"고 말했다.

그는 "한국도 보수 정권인 박정희 대통령 시절 직장인의료보험(1977년)을 도입하는 등 사회보장제도의 기반을 닦았다"며 "사실 진보 정권들은 뚜렷이 내세울 만한 것이 별로 없다"고 했다. 이어 "의보 도입 당시 경제 관료조차 재정에 부담을 주는 데다 보험료를 뗄 경우 근로자들이 반발할 수 있다며 반대했지만 박 대통령만 중요성을 이해해 시작할 수 있었다"고 했다. 그는 "박 대통령 때 긴급조치 3호(1974년·저소득층 세금 경감)가 80년대 중산층을 육성하는 토대 역할을 했다"고도 했다.33)

"유럽에선 보수세력이 사회 안정을 위해 복지정책을 시작했다"! —— 결국 부르주아적 복지제도와 그 확대·강화는 부르주아 사회의 안정을 위한 것, 따라서 독점부르주아지의 "어젠다(의제)"라는 것이다.

진실이다. 바로 그렇기 때문에 맑스주의가 독일 노동자계급의 지배적 사상으로 널리 보급되고 자리 잡던 1880년대에, 그리고 유럽의 노동자들 사이에 대대적인 사회주의 혁명의 열정이 들끓고 있던 1940년대와 50년대 초에 부르주아적 복지제도가 도입되고 확대·강화되었던 것이다. 그리고 또한 그때는, 특히 1940년대 후반과 50년대 초는, 제2차 대전이라는 인류사에 그 유례가 없는 대파괴와 대살육의 후과(後果)로 부르주아적 생산이 빠른 속도로 확대·성장하던 시기였다. 바로 그러한 때에 현대 사민주의 세력들은 부르주아 사회의 안정을 위해서 복지제도를 도입, 확대·강화했던 것이다.

그런데 지금은 어떤가?

---

33) "[복지 百年大計] '주요 복지제도는 대부분 보수가 만든 것'", 《조선일보》, 2011. 3. 4., http://news.chosun.com/site/data/html_dir/2011/03/04/2011030400169.html.

지금은 그 부르주아적 복지제도를 도입하고 확대·강화할 조건들이 기본적으로 존재하지 않는다. 노동자·민중의 투쟁이 격화되거나, 격화될 것으로 판단되면 극히 부분적으로야 그것이 도입·확대·강화될 수 있겠지만, 그것이 유의미할 정도로 그리 될 조건은 존재하지 않은 것이다.

우선, 사민주의는, 즉 독점부르주아지는 그들이 일찍이 확대·도입한 부르주아적 복제제도를 통해서, 그 후과로 노동자계급을 정치적 포로로 장악하고 있다. 그 부르주아적 복지제도에 안주하여 노동자계급이 정치적으로 이데올로기적으로 크게 후퇴해 있고, 무기력해져 있는 것이다. 오늘날 소위 '진보적 지식인들'이, 그리고 그들의 사상적·정치적 영향력 하에 있는 상당 부분의 노동자들이 '기본소득'이니, '사회적 기업'이니, '보편적 복지'니 하고 철 지난 노래를 부르고 있는 것도 바로 그 후퇴와 무기력의 표현이다.

그리하여 실제로 1960년대 이후, 특히 신자유주의가 지배해온 1980년대 이후 서유럽과 북부 유럽 국가들에서의 사회복지제도의 역사는 그 해체와 약화로 점철되고 있다. 극우적 보수정권에 의해서뿐 아니라 사민주의 정권들에 의해서 '개혁'이라는 이름으로 그 복지제도는 해체되어 왔고, 약화되어 왔다.

다음엔, 부르주아지가 그 복제제도를 확대·강화할 물질적 조건 또한 지금은 존재하지 않는다. 지금은 1880년대의 독일처럼, 혹은 제2차 대전 직후 2·30년 동안의 자본주의처럼, 자본주의적 생산이 성장·발전하고 있는 시기가 결코 아니다. 그것은 만성적이고 항상적인, 거대한 과잉생산으로 심각한 위기에 처해 있는 상황이다. 그처럼 한사코 공황의 필연성을 부인하던 저들 부르주아 이데올로그들 스스로 '1930년대 대공황 이후 최대의 공황'이라고 자인하고 있지 않은가? 그러면서, '개혁', 그리고 '긴축정책'이라는 이름으로 사회복지에 대한 대대적 공격에 나서고 있지 않은가?

그런데도 그러한 공격의 대상이 되고 있는 유럽의 노동자계급은 대부분, 사회혁명이라는 근본적 대안을 모색하는 대신에, 되지도 않을 복지 수호에 매달리고 있다. 다름 아니라, 사민주의의, 즉 제국주의의 이데올로기 지배의 무서운 위력이다.

7. 수정주의=기회주의의 득세와 노동자계급의 후퇴

이상에서는 자본주의 세계의 노동자계급(운동) 내부에 침투하여 목소리를 높여오고 지배력을 강화해온 제국주의 이데올로기가 어떻게 자본주의 국가들의 노동자계급의, 그리고 쏘련을 위시한 20세기 사회주의 국가와 사회의 정치적·이데올로기적 후퇴와 무기력화를 초래했는가에 대해서 개략적으로 지적해왔다.

그러나 노동자계급의 정치적·이데올로기적 후퇴와 무기력화는 자본주의 세계에서의 반동적 요인(要因)들에 의해서만 전개된 게 아니다. 그러한 반동적 요인들은 20세기 사회주의 사회에서도, 특히 20세기 사회주의 세계체제의 중심적이고 선도적인 세력이었던 쏘련 사회에서도 심각하게 발생·성장했다. 다름 아니라, 흐루쉬쵸프 정권 이래의 수정주의, 즉 기회주의의 득세, 맑스=레닌주의로부터의 일탈과 그로 인한 노동자 국제주의의 분열이 바로 그것이다. 무엇보다도 특히 흐루쉬쵸프의 스딸린 '비판'=격하 운동과 수정주의로의 방향전환은 중–쏘 이념분쟁을 야기하여 노동자 국제주의에 치명적인 타격을 가했고, 전 세계 노동자계급의 정치적·이데올로기적 후퇴와 무기력화에 중요한 역할을 했다.

노동자계급의 정치적·이데올로기적 후퇴를 가져오고, 결국에는 쏘련을 위시한 20세기 사회주의 세계체제의 해체·붕괴를 초래하게 된 것은, 뜨로츠끼주의자 등이 주장하는 것처럼 스딸린주의 때문이 아니라, 흐루쉬쵸프 이후의 수정주의=기회주의의 득세에 그 원인의 일단이 있었던 것이다. 쏘련을 위시한 20세기 사회주의 세계체제를 해체·붕괴시킨 최대의 원인은, 그리고 나아가 20세기 사회주의 속에 수정주의=기회주의를 발생·배양한 것도, 물론 '냉전', 즉 제국주의에 의한 정치적, 군사적, 이데올로기적 봉쇄·공격과 파괴공작이었지만 말이다.

수정주의, 즉 기회주의의 이데올로기적 특징의 하나는 부르주아 이데올로기에 대한, 즉 부르주아적 자유주의에 대한 사실상의 굴신이다. 수정주의가 득세하면서부터는 사회주의권에서도, 자본주의 사회의 노동자계급의 이데올로기적·정치적 전위 속에서도 부르주아 자유주의에 대한 치열한 사상·이론적, 대중적 투쟁이 전개되지 않았다. 사상·이론적인 반종교 투쟁, 반관념론 투쟁이 전혀 벌어지지 않은 것은 아니지만, 건성으로, 면피용으로 벌어졌을 뿐, 맑스와 엥겔스, 레닌에 의한 그것처럼 치열하고 집요하게는 결코 벌어지지 않았다.

그리고 그러한 정치적·이데올로기적 환경 속에서 부르주아적 자유주의가 노동자·인민 대중의 정신을 갉아먹지 않고, 그리하여 노동자계급의 정치적·이데올로기적 후퇴를 초래하지 않는다면, 그것이 오히려 이상한 일일 것이다. 1960년대 이후 쏘련과 특히 동유럽 국가들에서의 정치적·이데올로기적 상황의 전개가 바로 그것을 입증하고 있다. 수정주의자들, 즉 기회주의자들의 득세로 시간이 갈수록 사회주의는 그렇게 형해화되어갔고, 대중은 그렇게 병들어가고 있었던 것이다.

쏘련이 해체되던 1991년에도 아직 노동자·민중의 대부분은 쏘련의 해체에 반대하고, 사회주의를 다시 일으켜 세우고자 했지만, 이미 병은 중했다. 수정주의자들은 이미 사실상 제국주의자로까지 전락해서 그들과 야합하여 20세기 사회주의 세계체제의 해체를, 쏘련의 해체를 선도했다.

"인간의 얼굴을 한 사회주의" 운운했던 고르바쵸프는 터키 앙카라의 아메리칸 대학의 한 쎄미나에 초청되었을 때 가졌던 언론 인터뷰에서 가증스럽게도, "나의 대망(大望)은 공산주의, 즉 모든 사람들을 뒤덮고 있는 독재주의를 청산하는 것"이었으며, "이 사명을 완수하는 데에서 나를 지탱해주고 적극적으로 후원해준 것은 처 라이사였다"34)라고까지 공언했다. 맑스-레닌주의의 프롤레타리아트 독재는 그렇게 매도되고 내팽개쳐졌다. 흐루쉬쵸프의 스딸린 '비판'·격하 운동 이후 득세해온 수정주의=기회주의는 그렇게 파렴치하게 제국주의 이데올로기로 전락해갔던 것이다. 그리고 물론 자칭 혁명가들은 수많은 반쏘·반스딸린주의·반공주의자들은 그들의 그러한 전략을, 20세기 사회주의의 해체·붕괴를 쌍수를 들어 갈채하며 환영했다! 그리고 오늘날에도 그들은 그러한 불모의 '혁명'을 요란하게 외치고 있다.

온갖 형태의 제국주의 이데올로기와의 투쟁, **온갖 가면을 쓴 제국주의 이데올로기와의 투쟁**, 그것 없이는, 그 투쟁에서의 승리 없이는 노동자계급의 정치적 전진도, 해방도 있을 수 없다.

그리고 이 이데올로기 투쟁에서 승리하기 위해서는 그 이론이 근본적이지

---

34) "공산주의를 청산하는 것, 그것이 나의 대망이었다 — 터키에서의 고르바쵸프의 연설", 旬刊 ≪社會通信≫, No. 104, 도쿄, 2009. 6. 1.

않으면 안 된다. 맑스의 얘기를 들어보면,

비판의 무기는 물론 무기의 비판을 대신할 수 없고, 물질적 힘은 물질적 힘에 의해서 전복되어야 하는데, 하지만 또한 이론은 그것이 대중을 사로잡자마자 물질적 힘으로 된다. 이론은 그것이 사람들에게(ad hominem: am Menschen) 입증되자마자 대중을 사로잡을 수 있으며, 이론은 그것이 근본적(radikal)으로 되자마자 사람들에게 입증된다. 근본적이라 함은 사물을 뿌리에서 파악하는 것이다.35)

진보적임을 자임하는 자들이 벌이는 이데올로기 '투쟁'에서마저 속물적 인품이, 속물적 절충주의가 지배하고 있는 상황이라서 굳이 인용하여 덧붙이는 말이다. (물론, 예컨대, 인터넷 댓글 같은 익명 속에 숨어서는 자신들에 대한 현명(顯名)의 비판자에게 온갖 비열한 발언과 추잡한 욕설들을 다 토해내고 있는 신사분들이시지만!)

---

35) 맑스, "헤겔 법철학 비판을 위하여, 서설", *MEW*, Bd. 1, S. 385. (최인호 역, 같은 글, ≪칼 맑스 프리드리히 엥겔스 저작선집≫ 제1권, 박종철출판사, 1992, p. 9.)

쏘련 수정주의의 등장과 중-쏘 논쟁*

문영찬 | 노동사회과학연구소 연구위원장

1. 머리말

　20세기 사회주의에 대한 평가는 21세기 새로운 사회주의 운동의 토대가 된다는 점에서 중요하다. 뿐만 아니라 20세기 사회주의의 몰락은 바로 지금의 현실을 규정한다는 점에서 정치적 의미가 있다. 20세기 사회주의에 대한 평가가 한순간에 이루어지고 완료되는 것은 불가능하다. 20세기의 수많은 운동과 혁명들 그리고 건설의 역사는 한편으로는 역사적 고찰과 연구의 대상이지만 다른 한편으로는 단지 연구의 대상이 아니라 현실 정치적인 의미가 있다. 20세기 사회주의에 대해 어떻게 평가를 내리는가에 의해 바로 지금의 사회주의 운동이 규정되기 때문이다.
　여기서 일차적으로 중요한 것은 20세기 사회주의에 대해 청산주의를 거부하고 20세기 사회주의의 인류사에 대한 공헌을 긍정하는 것이다. 착취의 폐지, 민주주의의 신장, 정치적 평등, 수많은 민족해방들 등 20세기 사회주의는 인류사에 있어서 결코 지워질 수 없는 성취를 남겼다. 이렇게 20세기 사회주의의 역사적 공헌을 인정하는 것을 토대로 왜 20세기 사회주의가 무너졌는가를 탐색해야 한다. 어떤 오류가 축적되었고 언제부터 세계 사회주의 운동이

---

* 중-쏘 논쟁에 관련된 문건들은 *Documents of the Sino-Soviet Split*, http://www.marxists.org/history/international/comintern/sino-soviet-split/index.htm 을 참조하기 바란다.

질곡에 처하게 되었고 어떤 지점에서 사회주의 건설의 역사가 왜곡되기 시작했는지를 규명해야 한다.

세계 사회주의 운동에서 분기점이 되었던 것은 1956년 쏘련 제20차 당대회에서의 스딸린에 대한 탄핵이었다. 바로 그전까지 인류사회에 엄청난 공헌을 한 것으로 평가되었고 세계 사회주의 운동의 지도자로 추앙받았던 스딸린이 흐루쉬쵸프에 의해 한순간에 희대의 독재자, 잔혹한 권력자로 낙인찍히고 탄핵되었던 것이다. 이러한 탄핵을 정당화한 것은 개인숭배에 대한 비판이었는데 바로 이 지점에서부터 세계 사회주의 진영의 균열이 시작되었고 이후 흐루쉬쵸프는 사회주의 건설, 세계 변혁, 당의 성격, 국가의 성격 등에서 전반적인 수정주의를 노골화한다. 이에 대해 중국이 강하게 반발하면서 이른바 중-쏘 논쟁이 시작된다. 20차 당대회 이후 두 번에 걸쳐 세계 공산당·노동자당 회의가 열려 공통의 선언과 성명을 발표하여 균열은 봉합되었으나 1960년대에 들어서 중국과 쏘련 간에는 본격적인 논쟁이 시작된다. 이러한 중-쏘 논쟁은 수많은 쟁점에 걸쳐 진행되었는데 이는 현대 수정주의에 대한 투쟁 과정이었다는 점에서 시사하는 바가 많다. 그러나 무엇보다 중요한 것은 중-쏘 논쟁의 전 과정이 프롤레타리아 국제주의의 붕괴과정이었다는 것이다. 즉 중국과 쏘련의 논쟁은 단지 이론적인 논쟁으로 그치는 것이 아니라 정치적 균열을 가져왔고, 이는 중국과 쏘련의 국경지대에서 무력충돌로까지 발전한다. 이로 인하여 세계 사회주의 진영은 결정적으로 분열되었고, 세계 사회주의 운동의 고양 추세는 약화되고, 미제국주의 등 제국주의 진영은 세계적 역관계에서 우위에 서게 되었으며, 이는 이후 쏘련의 붕괴, 중국의 자본주의화 등으로 귀결된다.

이렇게 볼 때, 중-쏘 논쟁은 세계 사회주의 운동의 고양의 정점에 있었으며 동시에 쇠퇴의 시작이었다고 볼 수도 있다. 쏘련에서 수정주의가 등장하지 않고 세계 사회주의 진영의 단결이 유지되었다면 1970년대의 세계공황이 제국주의 진영에서 새로운 혁명으로 귀결되었을 것이지만, 상황은 거꾸로 진행된 것이 역사적 사실이다.

이렇게 중-쏘 논쟁은 세계 사회주의 진영의 분열을 의미했지만, 다른 한편으로는 수정주의의 등장에 맞서 원칙을 지키려는 많은 노력들을 보여주고 있다. 따라서 이 논쟁의 의미를 정확히 파악함으로써 21세기 지금의 현실에 맞는 교훈을 얻을 수 있을 것이다.
　다른 한편 중-쏘 논쟁은 세계적인 논쟁이다. 노동계급운동을 규정하는 대원칙으로서 프롤레타리아 국제주의가 현실적으로 어떤 의미를 지니는지, 세계 변혁에 대해 추상적인 원칙으로가 아니라 현실 정치적인 의미에서 어떻게 접근해야 하는가를 논쟁의 경과 속에서 파악할 수 있다. 노동계급운동, 사회주의 운동은 그 본성에서 국제적인 운동이다. 더구나 지금 시기 제국주의 단일 체제하에서 사회주의 운동은 제국주의 질서와 정면 대결함을 통해서만 전진할 수 있다. 그런 점에서도 21세기 사회주의 운동은 국제적인 운동이 될 수밖에 없고 주체의 면에서는 국제주의 운동이 되어야 한다. 그런 점에서 중-쏘 논쟁의 교훈은 막대하다.
　그러나 아쉬운 점은 중-쏘 논쟁이 쏘련 수정주의의 등장 원인에 대해서는 명확히 밝히고 있지 못하다는 것이다. 중국 측에서는 쏘련 내의 자본주의적 요소들이 수정주의를 배태했다고 주장하고 있지만 쏘련 내의 자본주의적 요소들이 구체적으로 무엇인지 정식화하고 있지는 못하다. 이 점을 밝히는 것은 지금 시대를 사는 우리들의 과제이다. 이 글에서는 이에 대해 시론적으로 입장을 밝힐 것이지만 충분하지는 못하고 향후의 연구 과제로 남겨둔다.

2. 쏘련 수정주의의 등장

　쏘련에서 수정주의가 하나의 이론적 조류로, 나아가 정치적 조류로 등장한 것은 쏘련 공산당 20차 당대회에서이다. 20차 당대회는 스딸린에 대해 전면적으로 부정했을 뿐만 아니라 자본주의에서 사회주의로 이행에 대해 평화적 경로를 강조했다. 스딸린에 대한 전면 부정은 개인숭배 비판이라는 명목 하에 진행되었는데 실은 스딸린 시대 전체를 부정하는 것으로서 이는 30년에 걸친 프롤레타리아 독재에 대한 전면 부정에 다름 아니었다. 그에 따라 1930년대의 숙청이 전면 부정되었다. 1930년대 당시에는 나찌와 연계하여 쏘비에뜨 체제를 전복하려는 세력으로서 규정되었던 사람들이 흐루쉬쵸프에 의해서는 스딸린에 의해 억울하게 희생된 사람들로서 규정되었던 것이다. 흐루쉬쵸프는 인민의 적이라는 규정 하에 수많은 사람들이 고문 등에 의해 억울하게 희생되었다고 하여 스딸린을 전면 탄핵했다.

이에 대해 불가닌, 까가노비치 등 많은 당내 세력들이 반발하였지만 흐루쉬쵸프는 이들을 제압하고 자신의 노선을 관철시킨다. 이후 흐루쉬쵸프는 수정주의 노선을 노골화한다. 평화공존을 쏘련 대외정책의 총노선으로 규정하고 미제국주의와 화해를 모색한다. 뿐만 아니라 당의 성격을 전인민당('전 인민의 당')으로 규정하여 노동자계급의 전위당이라는 계급적 성격을 없애버렸다. 또 국가의 성격에서는 프롤레타리아 독재를 폐기하고 전인민국가('전 인민의 국가')론을 내세웠는데 쏘련에는 더 이상 억압해야 할 계급이 존재하지 않게 되었다는 것이 그 이유였다. 그리고 경제에서는 시장친화적인 방향으로 선회한다.

이러한 흐루쉬쵸프 수정주의가 등장한 배경을 살펴보자. 그리스 공산당의 "사회주의에 관한 테제"[1])에서는 수정주의의 등장원인으로 2차 대전 후 발전하는 생산력에 맞추어서 공산주의적 생산관계를 심화시키는 것이 필요했는데 그러지 못했다고 지적하고 있다. 그리고 경제 이론적으로 공산주의적 관계의 심화와는 반대방향으로 전개되었음을 지적하고 있다. 즉, 가치법칙의 확대적용, 상품-화폐관계의 확대 등이 이루어졌음을 지적한다. 이러한 지적은 일정하게 타당하다. 2차 대전 후 급속하게 발전하는 생산력에 맞추어서 생산관계를 개선하는 작업이 이루어져야 하는데, 이것은 협동농장 사회화의 제고, 국가와 국유기업 간 관계의 개선, 국유기업과 국유기업 간 관계의 개선 등을 의미하는 것이다. 이러한 점이 제대로 이루어지지 못했다는 것이 경제의 영역에서 수정주의 발생의 배경이 되는 것이다.

그러나 더 중요한 것은 정치·사상적인 면에서 볼 때 수정주의가 어떠한 원인으로부터 발생했는가이다. 먼저 외부적 요인으로는 제국주의의 압력이 1차적이다. 미제국주의가 강요하는 거대한 군비경쟁, 파괴공작, 그리고 회유 등이 사회주의 진영에 일정하게 영향을 미칠 수밖에 없다. 실제로 흐루쉬쵸프가 평화공존을 대외정책의 총노선으로 내세운 것, 그리고 유고슬라비아의 경우 사회주의 진영에서 이탈하여 미제국주의와 동맹을 맺고 원조를 받은 것

---

1) 그리스 공산당 중앙위원회, "사회주의에 관한 테제", ≪노동사회과학≫ 제2호 (2009. 6.), 노사과연, pp. 349-406.

등을 볼 때 제국주의의 압력이 쏘련에서 수정주의 발생의 한 원인이라는 것은 분명해 보인다. 그리고 이러한 외부적 요인을 제외하고 내부적 요인을 본다면 그것은 쏘련 사회 자체의 성격, 즉, 자본주의로부터 공산주의로의 이행기라는 사회주의 자체의 취약성이 작용한 것으로 볼 수 있다. 사회주의는 공산주의로 이행하는 시기로 특징지워진다. 그만큼 견고성이 약하고 구사회의 잔재가 많이 남아 있는 것이다. 실제로 사회주의 사회, 쏘련 사회의 모순을 보면 정신노동과 육체노동의 대립, 도시와 농촌의 대립이 남아 있었고, 상품-화폐 관계가 남아 있었고, 또 농업의 경우 전면적인 사회화가 아니라 협동조합적 소유로 남아 있었다. 특히 농민들은 협동농장에 소속되어 있으면서도 상당한 양의 개인 텃밭에서 농사를 지어 시장에 내다 팔았다. 이는 농민들에게 소소유자적인 본성이 많이 남아 있다는 것을 의미한다. 이러한 것이 겉으로 드러난 구사회의 잔재라면 국유기업의 경우도 많은 모순이 있었다. 국유기업의 경영층이 자재와 인원을 빼돌려 사기업처럼 운영하는 경우도 있었다. 국유기업은 전인민소유로서 상당히 높은 소유형태임에도 이렇게 구사회의 잔재로부터 자유롭지 못한 측면이 있었던 것이다.

이렇게 이행기로서 사회주의 단계는 아직 구사회의 잔재가 많이 남아 있다는 점에서 정치적으로 그리고 이론적으로 자본주의로 회귀할, 즉 복고(復古)의 위험이 강하게 남아 있는 것이다. 흐루쉬쵸프의 수정주의는 바로 이러한 사회주의 사회의 취약성을 기초로 발생했다고 볼 수 있다. 형식적으로는 공업기업의 국유화, 농민의 협동조합화로 인해 사회주의적 생산관계가 성립했지만 아직 그 견고함이라는 점에서는 많이 부족했던 것이다. 쏘련은 혁명 이후 30년간 공산주의를 향한 방향으로 사회주의를 건설했다가 수정주의의 발생으로 역전되었다고 한다면, 유고슬라비아의 경우 혁명 후 기업들을 국유화했으나 농업을 협동조합화하지 않았고 이후 국유기업조차 자본주의식으로 운영하면서 이른바 시장사회주의로 되었다. 이는 혁명의 승리가 바로 사회주의의 발전으로 이어지는 것이 아니라 얼마든지 역전될 수 있다는 것을 보여주는 하나의 사례이다. 그만큼 사회주의라는 이행기는 취약성을 갖고 있는 것이다. 따라서 자본주의로부터 높은 단계의 공산주의에 이르는 시기까지 사회주의는 하나의 이행기로서 치열한 계급투쟁의 과정이 되어야 하고 사회주의 생산관계가 성립한 후에도 계급사회의 잔재와 끊임없이 싸우는 것을 통해 높은 단계의 공산주의로 성장해가야 하는 것이다.

이렇게 흐루쉬쵸프 수정주의는 정신노동과 육체노동의 대립이라는 사회주의 사회의 주요모순이 정확히 처리되지 못하는 가운데 전문가층, 공장 경영층, 관료들 등을 토양으로 하여 발생했던 것이다.

3. 중-쏘 논쟁의 경과

중-쏘 논쟁의 발단은 잘 알려져 있다시피 1956년 쏘련 공산당 20차 당대회에서 흐루쉬쵸프의 스딸린 비판이다. 이른바 비밀연설이라 불리는 흐루쉬쵸프의 연설에서 그는 스딸린을 잔혹한 독재자로 묘사하고 인민의 적이라는 이름 하에 많은 사람들이 무고하게 고문 등을 받아 희생되었다고 했다. 그의 연설문 전체는 바로 이러한 스딸린의 악행 묘사에 중점을 두고 있다. 바로 전날까지 쏘련 사회주의 건설의 공로자, 2차 대전에서 뛰어난 군사지도자, 세계 사회주의 운동의 지도자로 추앙받던 사람이 한순간에 탄핵된 것이었다. 그러나 스딸린에 대한 인민의 태도를 고려하여 흐루쉬쵸프는 개인숭배비판이라는 정치적 태도를 취한다. 이에 대해 각국의 공산당들은 개인숭배 비판이라는 점에 동의하였지만 세계 사회주의 운동과 진영은 서서히 균열되기 시작한다. 1956년 4월에 중국 공산당은 스딸린에 대해 공적이 1차적이고 오류는 2차적이라는 입장을 발표한다. 1957년에 공산당·노동자당 국제회의가 열려 공동의 선언을 발표하고 세계 사회주의 진영의 단결을 도모하지만 이후 흐루쉬쵸프는 수정주의 노선을 걷기 시작한다. 1960년에 다시 공산당·노동자당 국제회의가 열려 공동성명을 발표하지만 내부적으로는 중국과 쏘련의 틈이 벌어지기 시작한다. 이후 1960년에 쏘련이 중국과의 경제건설 협정을 파기하고 1,000여 명의 기술자들을 일방적으로 중국에서 철수시키고, 특히 쿠바위기에서 쏘련이 미국에 양보하여 쿠바에 대한 미국의 검열을 허용한 데 대해 중국이 반발한다. 쿠바의 주권을 침해하는 것임을 비판한 것이다. 또한 중국은 쏘련의 평화공존 노선이 세계 피억압민족들의 혁명투쟁을 희생시켜서는 안 된다는 점을 강조하고 1962년 쏘련 공산당 강령에서 '전인민국가', '전인민당'이라는 노선이 등장한 것에 대해 비판한다. 1963년 논쟁이 격화되고 논쟁은 세계 공산주의 운동의 총노선이라는 차원으로까지 발전한다. 쏘련에서 전당원에게 공개편지를 발표하여 중국을 비난하는 상황이 벌어졌고 중국은 이 공개편지에 대해 수차례에 걸쳐 체계적으로 반박한다. 이때부터 중국은 흐루쉬쵸프를 공식적으로 수정주의자라고 비난하고 이러한 과정을 거쳐 세계 사회주의 진영은 이론적 대립을 넘어서 정치적 분열의 길로 접어든다. 1964년 흐루쉬쵸프가 실각하고 이후 중국은 문화대혁명이 시작된다. 흐루쉬쵸프의 실각 이후에 등장한 브레즈네프 등의 쏘련 신지도부의 노선에 대해 중국은 '흐루쉬쵸프 없는 흐루쉬쵸프주의'라는 입장을 발표하고 이후 1960년대 말 중국과 쏘련의 국경지대에서 무력충돌이 발생하게 된다. 이후 중국과 쏘련의 분열은 돌이킬 수 없게 되고 사회주의 진영 대 제국주의 진영의 대립에서 주도권이 제국주의 진영 측으로 넘어가게 된다.

　이러한 중-쏘 논쟁의 경과는 수정주의의 등장이 세계 사회주의 운동에 재앙이었다는 것, 프롤레타리아 국제주의가 철저히 무너져가는 과정이었다는 것, 그로 인하여 제국주의 세력들이 재기할 수 있었다는 것 등을 보여준다. 그리고 쟁점의 변화들을 보면 처음에는 스딸린이라는 지도자에 대한 평가의 차이에서 비롯하여 평화공존 노선을 바라보는 태도, 사회주의 건설의 문제, 당의 성격, 국가의 성격, 나아가 세계 공산주의 운동의 총노선으로까지 확산되었음을 알 수 있다. 그러면 중-쏘 논쟁의 구체적 쟁점들을 하나하나 살펴보면서 과연 무엇이 문제였고 올바른 입장은 무엇이고 이러한 세계적 대논쟁에서 끌어내야 할 교훈은 무엇인지를 살펴보자.

4. 중-쏘 논쟁의 쟁점들

1) 평화공존 노선

　중-쏘 논쟁 초기에 가장 격렬했던 쟁점은 평화공존의 문제였다. 이것이 문제로 되었던 것은 쏘련과 미국의 관계가 세계정세에 직접적으로 영향을 미쳤기 때문이다. 흐루쉬쵸프는 2차 대전 후 핵무기의 존재로 인하여 근본적 변화가 생겼으며 평화공존 노선이 가장 중요한 문제가 되었다고 주장했다.

그리고 나아가 평화공존을 세계 공산주의 운동의 총노선으로 삼아야 한다고 주장했다. 흐루쉬쵸프는 핵무기의 존재로 인하여 세계에서 발생하는 어떠한 전쟁이라도 인류파멸의 시작이 될 수 있고 따라서 평화공존이 사활적인 문제라고 했다. 심지어 흐루쉬쵸프는 평화공존의 원칙이 "모든 현대 사회의 생활의 기본법칙이 되어야 한다"고까지 주장했다. 이에 대해 중국은 격렬하게 반발했는데 평화공존은 세계 공산주의 운동의 총노선이 될 수 없다고 주장했다. 중국은 "첫째, 세계 사회주의 진영 나라들 간의 단결과 연대의 증진, 둘째 사회주의 진영과 제국주의 진영 간의 평화공존, 셋째, 약소민족들의 민족해방투쟁에 대한 지지"가 총노선이 되어야 한다고 주장했다. 즉, 중국은 평화공존의 문제는 서로 다른 체제 간의 문제에 국한된다고 주장한 것이다. 이는 평화공존은 사회주의 진영과 제국주의 진영 간의 문제에 국한되어야 하며 제국주의와 민족해방투쟁 간에는 성립할 수 없다고 주장한 것이었다.

중국은 흐루쉬쵸프의 평화공존 노선이 레닌의 평화공존 노선과 다름을 지적했다. 흐루쉬쵸프는 평화공존 노선을 총노선으로 삼았기 때문에 제국주의와의 평화적 경쟁, 심지어 자본주의에서 사회주의로 평화적 이행 등을 주장했지만 레닌은 투쟁을 통하여 제국주의와 평화공존을 이루고 피억압인민과 피억압민족의 해방투쟁은 전적으로 지지했다는 것을 중국은 주장했다. 중국은 평화공존은 사회주의 나라 외교정책의 총노선이 될 수 없고 사회주의 나라의 외교정책은 근본적인 원칙을 체현하는 것이어야 하는데 그것은 평화공존이 아니라 프롤레타리아 국제주의라고 주장했다. 나아가 중국은 평화공존은 인민들의 혁명투쟁을 대체할 수 없다고 했다. 이는 흐루쉬쵸프가 각국 민족들의 해방투쟁의 승리와 독립이 평화공존 덕분이라는 주장을 하였던 것에 대한 반박이었다.

평화공존 노선을 둘러싼 중국과 쏘련의 논쟁은 2차 대전 후의 세계정세를 집약적으로 보여준다. 한편으로 핵무기의 등장으로 인한 역관계의 변화, 전쟁에 대한 두려움을 보여주고 다른 한편으로는 파시즘의 격멸과 사회주의 세계체제의 성립, 각국 민족해방투쟁의 승리들로 인한 진보의 흐름이 부딪히고 있었던 것이다. 여기에서 쏘련은 핵무기를 논리의 핵으로 삼아 평화공존이 세계 공산주의 운동의 총노선이 되어야 한다고 주장한 것이었고, 중국은 그것이 각국에서 계급투쟁의 포기, 계급협조로 귀착되어서는 안 되며 나아가 약소민족들의 해방투쟁을 희생시키는 것이어서는 안 된다는 것을 강조한 것이었다.

여기서 도출할 수 있는 교훈은 과연 세계 공산주의 운동의 총노선은 무엇이어야 하는가인데, 평화공존 노선이 총노선이 되면 그것은 계급투쟁의 포기로 흐를 가능성이 농후하며 이는 쏘련 수정주의, 유로꼬뮤니즘 등이 보여준 것과 같다. 중국이 세계 공산주의 운동의 근본원칙은 평화공존이 아니라 프롤레타리아 국제주의이며, 총노선은 그것을 반영하여 세계 사회주의 진영 간에는 단결과 연대, 사회주의 진영과 제국주의 진영 간에는 평화공존, 약소민족들의 민족해방투쟁과 피억압인민의 해방투쟁에 대해서는 지지와 원조 등으로 주장한 것은 타당성이 있는 것이다.

2) 스딸린에 대한 평가

중국과 쏘련의 논쟁에서 중요한 또 하나의 쟁점은 스딸린에 대한 평가였다. 흐루쉬쵸프의 이른바 비밀연설문은 이후 스딸린 격하라고 알려졌지만 사실은 격하가 아니라 전면 탄핵이었다. 잔혹한 독재자로 묘사된 스딸린은 더 이상 공산주의자라고 볼 수도 없고 나아가 쏘련과 세계 사회주의 운동의 지도자로는 더더욱 볼 수 없는 것이었다. 이를 정치적으로 포장하여 개인숭배 비판이라고 한 것은 교묘한 것이었다. 문제는 개인숭배가 아니라 스딸린이 지도자로 있었던 레닌 사후 30년간의 쏘련의 프롤레타리아 독재가 전면 부정되었다는 것이다. 20차 당대회에서 흐루쉬쵸프의 연설 이후 각국 공산당은 개인숭배 비판에 대해 동의하였지만 30년간의 쏘련 프롤레타리아 독재가 전면 부정되는 것은 개인의 문제가 아니라 노선의 문제였다. 이에 따라 중국과 알바니아 등이 반발하게 되고, 1963년 중국은 ≪홍기≫에 "스딸린 문제에 대하여"라는 논문을 게재하여 스딸린 문제에 대한 입장을 체계적으로 밝혔다. 여기에서 중국 공산당 중앙위원회는 개인숭배에 반대하는 투쟁이 지도자, 당, 계급, 그리고 대중 간의 상호관계에 대한 레닌의 가르침을 위반하고 있고 민주집중제라는 공산주의 원칙을 침식하고 있다고 주장했다. 그리고 스딸린을 어떻게 평가하고 그에 대한 어떤 태도를 취하는가의 문제는 스딸린 개인을 평가하는 것이 아니라 프롤레타리아 독재와 레닌 사후 국제 공산주의 운동의 역사적 경험을 어떻게 요약할 것인가의 문제임을 주장했다. 그러면서 스딸린 또한 오류는 있었는데, 어떤 것은 회피될 수 있었고 어떤 것은 프롤레타리아 독재가 선례로 삼을 수 있는 것이 없었다는 것 때문에 회피될 수 없었다고 분석했다. 반혁명을 진압하는 데 있어서는 많은 반혁명분자들이 정당하게 처벌받았지만 동시에 무고한 사람들이 잘못되어 희생되었음을 지적했다. 그리하여 스딸린의 공적과 오류를 비교할 때, 그의 공적이 오류를 압도하며 스딸린은 일차적으로 올바랐고 그의 잘못들은 이차적이라고 주장했다. 쏘련의 스딸린 비판에 대해서는 그들이 스딸린의 삶과 저작에 대한 총체적인 역사적 및 과학적 분석을 하지 못하고 올바름과 그릇됨 간의 어떠한 구분도 없이 그를 완전히 부정했다고 비판했다. 즉 쏘련의 지도부가 스딸린을 동지로서가 아니라 적으로 대했다고 주장했다.

그리하여 개인숭배와 싸운다는 구실 하에 1) 당의 지도자인 스딸린을 당과 프롤레타리아트, 인민대중과 대립시켰고, 2) 프롤레타리아 당, 프롤레타리아 독재, 사회주의 체제를 더럽혔고, 3) 맑스-레닌주의에 충실한 혁명가들을 공격하고 수정주의자들이 당을 찬탈하는 길을 열었으며, 4) 형제당과 나라들의 내정에 간섭하고 그 지도부들을 파괴했고, 5) 맑스-레닌주의를 고수하는 형제당들을 공격하고 국제 공산주의 운동을 분열시켰다고 비판했다.

이러한 중국의 비판은 흐루쉐프의 스딸린 탄핵을 정면으로 반박하는 것이었고 나아가 흐루쉐프를 수정주의자라고 정면으로 비판한 것이었다. 스딸린은 레닌 사후 30년간 쏘련의 사회주의 건설을 이끌었고 나아가 2차 대전을 승리로 이끌어서 세계 사회주의 체제의 성립에 결정적으로 기여했고, 중국의 경우 스딸린과 쏘련의 존재로 인해 혁명에 많은 도움을 얻었던 것이 사실이다. 그러한 중국의 입장에서 스딸린을 정면으로 부정하는 것은 혁명적 노선 자체에 대한 부정으로 인식되었던 것이다.

사실 사회주의 운동과 사회주의 사회에서 지도자는 어떠한 존재인가? 중국이 개인숭배 비판이 민주집중제를 위반하는 것이라고 주장한 것은 어느 정도 타당하다. 사회주의 운동의 기본적인 조직원리는 민주집중제인데 이는 민주적 원리와 강력한 지도의 집중의 통일을 의미한다. 지도자는 밑으로부터 강제되는 민주적 힘, 당원, 대중들의 힘을 바탕으로 정확한 노선을 제시하는 것이 역할이다. 따라서 지도자를 탄핵하는 것은 노선을 탄핵하는 것을 의미한다. 그런 점에서 흐루쉬쵸프가 개인숭배 비판이라고 한 것은 적절하지 않은 것이다. 실제로 흐루쉬쵸프의 이후 행적을 보면 개인숭배 비판을 구실로 프롤레타리아 독재를 전면적으로 부정하였다. '전인민국가'라는 그의 주장은 이러한 흐름의 자연스런 발전이었던 것이다. 그러나 전인민국가는 관료주의 이데올로기이다. 더 이상 억압할 계급이 없다는 이유에서 전인민국가를 선언했지만 실은 전인민국가 노선 하에서 관료주의는 거세게 자라났고 국가기구는 급팽창했다. 계급적 성격이 없는 국가는 존재할 수 없다는 의미에서 볼 때, 전인민국가는 전인민에 대한 국가, 반인민적인 관료주의 국가노선이었던 것이다.

3) 전쟁과 평화에 대하여

전쟁과 평화의 문제 또한 중-쏘 논쟁의 주요한 쟁점 중 하나였다. 왜냐하면 전쟁과 평화의 문제를 바라보는 시각에 따라 세계혁명의 전망이 달라지는 것이었기 때문이다. 쏘련은 핵무기의 존재로 인해 평화의 문제가 절대적이 되었으며 발생할 수 있는 모든 전쟁을 막는 것이 중요하다고 보았다. 이에 대해 중국은 정의의 전쟁과 불의의 전쟁을 구분해야 하며 인민의 해방투쟁과 피억압민족의 민족해방전쟁을 지지해야 한다고 보았다.

쏘련 측은 "어떤 작은 '지역적 전쟁'도 세계전쟁의 대화재로 불똥이 튈 수도 있으며," 그리고 "오늘날 어떤 종류의 전쟁도, 비록 그것이 일반적인 비핵전쟁으로 발발할지라도, 파괴적인 핵-미사일의 대화재로 발전할 듯하며," 그리하여 "우리는 우리의 노아의 방주—지구—를 파괴할 것이다"라고 주장했다. 이러한 쏘련 측의 주장은 평화의 문제를 일종의 절대적 테제로 제기한 것으로서 평화공존을 세계 공산주의 운동의 총노선으로 삼아야 한다는 주장의 선상에 있는 것이다. 그러나 이러한 주장은 핵위협을 강조한다는 점에서는 옳지만 평화와 전쟁의 문제에 대한 계급적 접근은 아니다. 중국 측이 주장한 것이 바로 평화와 전쟁의 문제에 대한 계급적 접근이었다. 중국 측은 전쟁의 발생 원인은 제국주의에 의한 억압에 있다고 보았고 제국주의가 존재하는 한 전쟁은 발생할 수밖에 없다고 주장했다. 그리하여 제국주의에 의한 전쟁은 불의의 전쟁이며 이에 맞서는 것은 정의의 전쟁이라는 구분을 제기했다. 또한 평화는 인민의 무장된 힘에 의해서만 가능하다는 것도 제기했다.

이러한 중국 측의 입장은 1950년대 말, 60년대 초에 급격히 발전하고 있던 민족해방투쟁에 대한 고려에서 나온 것이다. 아시아, 아프리카 등에서 전개되고 있던 민족해방투쟁은 전쟁과 평화에 대한 계급적 접근을 요구했던 것이다. 그러나 쏘련 측의 '총노선으로서의 평화공존'은 이러한 민족해방투쟁을 평화공존 노선에 종속시키는 것을 초래하는 것이었다.

전쟁과 평화의 문제는 신중한 접근을 요구하는 것이다. 러시아 혁명 직후부터 제국주의의 간섭을 받았던 경험을 볼 때 평화는 혁명의 발전을 위해서 필요조건이다. 그러나 제국주의가 존재하는 한 평화는 저절로 얻어지는 것이 아니라 힘으로써 쟁취하는 것이다. 실제로 러시아 인민은 무장된 힘으로써 제국주의의 간섭을 물리쳤다. 또한 전쟁은 정치의 연속이라는 고전적인 명제를 보더라도 전쟁에서 정치의 요소는 빼놓을 수 없는 것이다. 그것은 전쟁과 평화의 문제에 대해 계급적 접근을 요구하는 것이다. 현대 자본주의에서는 자본주의 자체의 모순 때문에 전쟁이 발생한다는 것, 전쟁의 소멸은 제국주의의 소멸을 요구한다는 것을 놓친다면 전쟁과 평화의 문제를 그르치는 것이고 이는 인민의 막대한 희생을 의미하는 것이다. 따라서 핵전쟁이 방지라는 전인류적 가치와 계급적 접근을 통일시켜서 접근할 때만 올바른 관점을 얻을 수 있다. 그러나 쏘련 측은 계급적 접근을 폐기하고 핵무기의 위협만 강조하면서 전쟁과 평화에 대해 잘못된 길을 걸은 것이다.

4) 유고슬라비아 문제

유고슬라비아가 사회주의 사회인가는 중-쏘 논쟁에서 첨예한 대립지점이었다. 쏘련 측은 '시장사회주의'라 불리는 유고가 사회주의 사회라고 승인한 반면, 중국 측은 유고를 사회주의 사회가 아니라고 보았다. 유고의 성격을 알기 위해서는 지금 중국의 '사회주의 시장경제'가 자본주의인가 사회주의인가를 돌이켜보면 된다. 유고의 시장사회주의는 현 중국의 선례였던 것이다.

유고는 2차 대전에서 빨치산 투쟁을 통해 나찌 치하에서 해방되었고 이후 사회주의 혁명을 수행한다. 그리하여 대부분의 공업기업들이 국유화되었다. 그런데 유고의 티토는 이후 미국과 동맹하여 미국의 원조를 받고 이로 인해 세계 사회주의 진영으로부터 배척되었다. 1957년 공산당·노동자당 국제회의의 '선언'과 1960년의 '성명'은 유고를 수정주의라고 강하게 비판하고 있었다. 그런데 흐루쉬쵸프는 1962년경부터 유고 또한 사회주의 사회라고 옹호하는 것으로 입장을 바꾸었고 이후 유고와 관계를 회복한다. 이에 대해 중국은 강하게 반발했는데 중-쏘 논쟁 과정에서 유고사회의 실체에 대해 접근하여 사회주의 사회가 아님을 주장한다. 쏘련 측이 유고가 사회주의라고 주장하는 것은 대부분의 공업기업이 국유화된 상태라는 것을 근거로 한다. 그러나 중국은 유고가 사회주의 혁명을 했으나 이미 자본주의로 복고된 상태이며 국제적으로는 미제국주의의 대리인 역할을 하고 있다고 주장한다.

중국 측은 1963년 ≪인민일보≫와 ≪홍기≫에서 유고의 사회성격을 분석하고 있다. 유고정부의 사적 자본에 대한 정책은 그것을 활용하고 제한하고 변혁하고 제거하는 것이 아니라 그것을 조장하고 고무하는 것이라고 규정한다. 유고 헌법에 사적 개인이 기업을 설립하고 임노동을 고용하는 것이 보장되어 있고, 1963년에 이미 115,000개의 사적 자본가들이 기업 활동을 하고 있어서 자본가의 경제적 활동이 전적으로 이루어지고 있다고 분석하고 있다. 도시에서 이러한 자본가들의 활동과 더불어 농촌은 자본주의에 의해 깊숙이 침식당하고 있다고 보고 있다. 1951년에 티토는 농업 집단화를 포기하고 농민들의 협동조합을 해체하기 시작했다. 그리고 그나마 있던 협동농장들도 자본주의적 농장으로 탈바꿈했다. 협동농장들은 농민들로부터 농산물을 독점적으로 구매하고 판매하는 기업으로 바뀌었으며, 이러한 특권을 이용하여 가격을 조작하고 농민을 착취하는 상업 활동을 하는 것이 되었다. 이러한 것이 농업에서 자본주의를 복고하는 길이라고 중국 측은 분석하고 있다.

그러면 유고 하면 떠오르는 '노동자 자주관리'에 대한 중국 측의 분석을 살펴보자. 중국 측은 노동자 자주관리를 특수한 종류의 국가자본주의로 파악하고 있다. 노동자 자주관리 기업은 원료를 스스로 구매하고 생산물의 종류를 결정하고 가격을 스스로 결정하고 그것들을 스스로 판매하고 임금과 이윤의 분할을 스스로 결정한다는 것이다. 이러한 점 때문에 유고는 시장사회주의라 불리는 것인데 이를 노동자 자주관리 기업이라 칭한 것이다. 이는 사실상 개개의 기업이 자본주의적으로 운영된다는 것을 의미하는 것이다. 이렇게 기업이 자본주의적으로 운영되면 기업의 지배는 노동자가 아니라 경영층이 전적으로 갖게 되는 것은 필연이다. 또한 이는 고전적인 사회주의 원리와도 배치되는 것이다. ≪공산당 선언≫에서는 "모든 자본을 부르주아지로부터 몰수하여 모든 생산수단을 국가의 수중에 집중한다"고 정식화되어 있다. 노동자계급이 지배계급으로서 통치하기 위해서는 개별기업이 무정부적으로 운영되어서는 안 되며, 국가의 수중에 집중하여 계획적으로 운영할 때만 노동자계급의 지배계급으로서의 위치가 보장되는 것이다. 유고의 시장사회주의는 이러한 점을 정면으로 위배하는 것이었고 노동자가 사회주의 인민이 아니라 부르주아적 노동자, 즉, 프롤레타리아트가 될 것을 강제하는 것이었다. 실제로 노동자 자주관리라는 이름의 기업들에서 노동자의 위원회는 단지 형식적일 뿐이었고 투표하는 기계이며 모든 권력은 경영자의 수중에 있는 것이라고 중국 측은 분석하고 있다. 이러한 시장사회주의를 중국 측은 다음과 같이 정식화하고 있다. 1) 국가에 의해 통합된 경제계획의 포기, 2) 기업의 운영에서 우선적인 인센티브로서 이윤의 사용, 3) 자본가의 자유로운 경쟁을 고무하는 정책의 추구, 4) 자본가의 자유로운 경쟁을 촉진하는 중요한 지렛대로서 신용과 은행의 사용, 5) 기업 간의 관계는 단일한 정부하의 상호원조와 협조의 사회주의적 관계들이 아니라 자유 시장에서 경쟁하는 자본주의적 관계이다. 이러한 것이 시장사회주의에 대한 당시의 중국 측의 분석이었다.

또한 중국 측이 유고를 비판한 것은 경제적 측면만이 아니라 정치적 측면에서 미제국주의에 대한 종속이었다. 유고는 1951년에 미국과 군사조약을 체결하고 "자유세계의 방어를 위해 모든 공헌을 하겠다"고 밝혔으며, 1954년에 NATO 동맹국이었던 그리스 및 터키와 동맹관계를 체결했다. 경제적 측면에서도 유고의 미국에 대한 종속은 강화되었는데, 1961년에 유고는 총 3억 4천 6백만 달러를 미국으로부터 원조 받았고 이는 당시 유고 연방정부 예산의 47.4%였다. 이러한 과정을 통해 유고는 제국주의의 덤핑시장이 되었고 제국주의의 주요한 투자처, 원료자원의 공급기지가 되었다.

한편 유고는 미제국주의의 입장에 서서 세계 사회주의 운동에 많은 악영향을 끼쳤다. 유고는 1) 1949년에 내전 중이던 그리스 빨치산 게릴라들에 대해 국경을 봉쇄했고, 2) 6·25 전쟁에서 미제국주의를 옹호했고, 3) 베트남 인민의 정의의 전쟁을 비방했고, 4) 알바니아에 대한 전복적 활동과 무장간섭을 했고, 4) 미국과 영국제국주의 군대가 레바논과 요르단을 1958년 점령했을 때 유엔에서 그들을 비난하기를 거부했고, 5) 1960년 일본인민의 반미투쟁에 대해 미제국주의를 옹호하는 등 많은 국제적 문제에서 피억압민족들의 저항을 비난하고 미제국주의를 옹호한 전력이 있다. 중국 측은 중-쏘 논쟁에서 이러한 유고의 정치적 입장을 들어 유고는 사회주의 국가가 아니라고 주장했던 것이다.

유고의 사례는 사회주의 혁명을 한 후에 제국주의의 압력과 유혹, 그리고 사회주의 건설의 어려움 등에 직면하여 얼마든지 자본주의로 복고가 이루어질 수 있다는 점을 보여준다. 이른바 시장사회주의라고 했던 유고는 공산주의로 전진이 아니라 자본주의로 후퇴의 길을 걸었고 그것을 노동자 자주관리라는 이름으로 포장했던 것이다. 그러나 명목상으로는 국유기업이지만 개별 기업들이 자본주의적으로 운영되는 상황에서는 노동자들은 이미 기업의 주인이 아니라 피착취자일 뿐이었다. 기업의 모든 권력은 경영층이 갖게 되는 것이다. 또한 유고의 세계 사회주의 진영에 대한 태도, 그리고 미제국주의에의 영합은 티토 등 유고의 지도자들이 프롤레타리아 국제주의를 배신했다는 것을 잘 보여준다. 유고의 티토는 거대한 국가자본주의를 이끄는 총자본가였던 것이다.

5) 이행기와 프롤레타리아 독재에 대하여

중-쏘 논쟁에서 또 하나의 중요한 주제는 '전인민국가인가 프롤레타리아 독재인가'였다. 흐루쉬쵸프는 더 이상 억압할 계급이 쏘련에서 존재하지 않게 되었다는 의미에서 전인민국가를 선언했다. 그러나 역설적이게도 전인민국가를 선언한 흐루쉬쵸프 하의 쏘련에서 자본주의적 요소는 거세게 자라났다. 중국 측이 쏘련의 언론을 인용하며 주장한 바에 의하면, 각종의 국유기업들에서 경영층이 자재를 빼돌리고 인원을 빼돌려서 마치 사적 자본가처럼 기업을 운영하는 사례가 광범하게 존재했고 이를 위해 국가관료들과 결탁이 광범했다.

실제로 1950·60년대의 쏘련은 사회주의 생산관계가 확립된 지 불과 20여 년이 지났을 뿐이었다. 그에 따라 착취는 더 이상 존재하지 않게 되었지만 구사회의 사고와 습관을 지닌 사람들은 광범하게 존재하여 각종의 부르주아적 요소가 있었던 것이다. 특히 농민층은 소생산자로서 습관이 끈질기게 남아 있었다고 볼 수 있다. 이는 자본주의가 철폐되고 사회주의 생산관계가 확립된 후에도 상당한 기간 자본주의적 유물, 구사회의 습관과 사고방식과 투쟁하는 것이 불가피하다는 것을 말한다. 특히 상품-화폐관계가 남아 있는 한 그러한 투쟁은 필요한 것이다.

그럼에도 흐루쉬쵸프는 형식적으로 사회주의 생산관계가 확립되었다는 것을 근거로 더 이상 억압할 계급이 없다는 이유로 전인민국가를 선언한 것이다. 여기에서 중국과 쏘련 간에 '이행기의 국가의 성격은 전인민국가인가 아니면 프롤레타리아 독재인가, 그리고 이행기는 어디까지인가'가 쟁점이 되었던 것이다. 이에 대해 중국 측은 1964년 7월 14일자 《홍기》에서 이행기와 프롤레타리아 독재의 관계를 정식화한다. "맑스와 레닌에 따르면, 프롤레타리아 독재국가가 존재하는 역사적 기간은 수정주의자 흐루쉬쵸프 도당이 주장하는 바와 같이 공산주의의 첫 번째 단계까지의 이행의 기간만이 아니라 자본주의에서 '완전한 공산주의'로, 모든 계급적 차이들이 제거되고 '계급없는 사회'가 실현되는 즉, 공산주의의 높은 단계까지에 이르는 이행의 전 시기이다."

이러한 논리에 따라 중국 측은 전인민국가가 프롤레타리아 독재가 필요함에도 그것을 폐기했다는 이유에서 흐루쉬쵸프를 수정주의라고 비난한 것이다. 즉, 전인민국가론은 쏘련에 존재하는 자본주의적 요소를 억압하는 과제를 포기하는 것이고 나아가 이들 자본주의적 요소들이 자라나고 결국은 자본주의의 복고를 위한 길을 여는 것이라고 중국 측은 주장했던 것이다. 맑스-레닌주의에 대한 최소한의 소양만 있더라도 사회주의 생산관계가 확립된 후 20여 년 만에 프롤레타리아 독재를 폐기하는 것은 이치에 닿지 않는다고 여길 수밖에 없다. 수천 년에 걸친 계급사회의 잔재, 사적 소유의 잔재가 뿌리 깊게 남아 있는 것이 현실일진대 이러한 요소들과의 투쟁을 포기하는 것에 다름 아니었던 것이다. 나아가 전인민국가는 관료주의의 토대가 되는 이론이다. 계급적 성격이 없는 국가, 전인민국가는 흐루쉬쵸프 하에서 광범하게 팽창했는데 실은 전인민의 이름을 빈 특권층, 노멘클라투라의 국가로의 전화였던 것이다. 전인민국가 하에서 관료들은 계급적 원칙으로부터 자유롭게 되었고 이는 전형적인 관료주의 이데올로기가 되었던 것이다. 따라서 전인민국가론의 쏘련에서 이후 경과한 30여 년의 기간은 실은 자본주의의 점진적인 복고과정에 다름 아니었던 것이다. 이러한 역사의 교훈은 국가는 계급적 성격을 가질 수밖에 없고 사회주의에서 국가는 프롤레타리아트의 규정을 각인한 프롤레타리아 독재 국가일 수밖에 없고 그 이후는 전인민국가가 아니라 국가의 소멸이라는 과정이 존재한다는 것을 알 수 있다.

6) 신식민지주의와 민족해방투쟁에 대하여

2차 대전 후 많은 식민지들이 독립했음에도 불구하고 미제국주의는 이들에 대한 예속적 정책을 철회한 것이 아니라 새로운 형태의 신식민지주의를 실시한다. 단, 과거의 구식민지 정책과 달리 신식민지에서는 예속독점자본이라는 새로운 지배층을 육성하여 이들을 통해 신식민지적 지배를 계속하는 것이다. 바로 이러한 신식민지적 지배에 대해 흐루쉬쵸프 등은 식민주의의 소멸로 파악했고 신식민지 민중의 반제국주의 투쟁에 대해 눈을 감았던 것이다. 뿐만 아니라 흐루쉬쵸프는 평화공존을 총노선으로 삼음에 따라 제국주의와 충돌을 회피하였고 따라서 제국주의로부터 독립을 위해 투쟁하는 식민지 민중을 외면하였던 것이다. 대표적인 사례가 알제리의 독립전쟁이다. 1950년대 10여 년간 지속된 알제리 독립투쟁에 대해 흐루쉬쵸프는 식민지 종주국이었던 프랑스 편을 철저히 들었다. 흐루쉬쵸프는 알제리 민족해방투쟁에 대해 그것은 프랑스의 "내정"이라고 했다. 1955년 10월에 흐루쉬쵸프는 "무엇보다도 먼저, 쏘련은 다른 나라들의 내정에 간섭하지 않았고 않고 있다"고 하면서 "우리는 프랑스가 약화되기를 원하지 않고 우리는 프랑스가 더 강력해지기를 원한다"고 발언했다. 이 발언들은 1963년 ≪홍기≫ 10월 22일자에 인용된 것인데, 당시 흐루쉬쵸프의 평화공존 노선이 얼마나 약소민족의 민족해방투쟁을 희생시키고 있는지를 말하는 것이다. 쏘련은 또한 1960년에 미제국주의가 콩고의 민족해방투쟁을 진압하기 위해 유엔을 이용하여 무력간섭하는 것을 지지하기조차 했다. 바로 이러한 점이 중국 측의 격렬한 반발을 사게 된 원인이었던 것이다. 이러한 쏘련의 태도는 프롤레타리아 국제주의보다 평화공존을 쏘련 대외정책의 총노선으로 삼은 것에 기인한다. 이것은 흐루쉬쵸프의 평화공존이 레닌주의적 평화공존이 아니라 일종의 계급협조였다는 것을 시사하는 것이다. 스스로 반식민지에서 해방되었고 일제의 침략을 물리쳤던 중국의 입장에서 쏘련의 평화공존 정책으로 인해 약소민족들의 민족해방투쟁이 희생되는 것은 묵과할 수 없었던 것이다. 쏘련은 이러한 중국의 입장에 대해 평화가 아니라 전쟁을 원하는 것이냐고 반박했지만 이는 전쟁과 평화에 대한 계급적 입장이 아니라고 볼 수 있다.

7) 평화적 이행과 수정주의에 대해

자본주의에서 사회주의로 이행의 문제 또한 첨예한 쟁점이 되었다. 흐루쉬쵸프가 20차 당대회에서 평화적 이행의 문제를 강조한 후에 중국은 이에 반발했다. 흐루쉬쵸프는 2차 대전 후 세계정세의 변화로 인하여 자본주의에서 사회주의로 평화적 이행이 가능하게 되었다고 파악했으며 심지어는 의회적 길을 제시하기도 했다. 중국 측은 이에 격렬하게 반발했는데, 폭력혁명은 사회주의 혁명의 보편적 법칙이라고 정면으로 반박했다. 중국 측은 맑스나 레닌의 평화적 이행에 관련된 언급은 관료군사적 국가기제가 없거나 러시아 2월 혁명 직후처럼 인민무장이 가능했던 조건에서였으며, 2차 대전에서 드러났듯이 부르주아 국가들이 군사관료적 기구로 무장되어 있는 상태에서 사회주의로 평화적 이행은 불가능하다고 주장했던 것이다. 이러한 이행의 문제와 더불어 중국은 흐루쉬쵸프를 수정주의라고 정면으로 규정하고 비판했다. 20세기 초에 베른슈타인과 카우츠키가 인민을 배신하고 수정주의의 길을 걸었다면 현대에는 흐루쉬쵸프가 맑스-레닌주의 원칙을 버리고 수정주의의 길을 걷고 있다고 비판한 것이다.

이로 인해서 중국과 쏘련의 논쟁은 이론적 논쟁을 떠나 정치적 정면대립으로 되었던 것이다. 실제로 흐루쉬쵸프는 프롤레타리아 독재의 폐기, 당의 노동계급 전위당적 성격의 부인, 자본주의국에서 사회주의로 이행의 평화적·의회적 길의 강조, 국내에서 사회주의 건설에서 계획의 약화와 상품-화폐관계의 확대 등 중국의 입장에서는 전반적인 수정주의의 길을 걸었던 것이다.

이러한 중-쏘 논쟁이 최고조에 달했을 때 흐루쉬쵸프가 실각한다. 그러나 흐루쉬쵸프의 뒤를 이은 것은 흐루쉬쵸프 노선의 충실한 집행자였던 브레즈네프였다. 중국은 쏘련의 신지도부에 대해 '흐루쉬쵸프 없는 흐루쉬쵸프주의'라고 혹평했고 쏘련은 모택동을 정면으로 비판한다. 이러한 대립은 끝내 중-쏘 국경에서의 무력충돌로까지 발전했고, 이로 인해 세계 사회주의 진영은 결정적인 분열의 길을 걷는다.

5. 결론

쏘련에서 수정주의의 등장과 그로 인한 중-쏘 논쟁, 그리고 그 결과로서 프롤레타리아 국제주의가 파탄에 이르는 과정은 우리에게 무엇을 말하는가?

첫째, 사회주의 사회는 하나의 이행기라는 것을 말한다. 즉, 자본주의로부터 공산주의로 이행기이기 때문에 사회주의 사회는 사회주의적 생산관계가 확립되고도 아직 계급사회의 유물이 광범하게 존재하며 구사회의 잔재와 끊임없이 싸워야 하고 그를 위해 프롤레타리아 독재가 견지되어야 한다는 것을 가르친다. 특히 유고와 같이 사회주의 혁명 후에도 자본주의 복고가 이루어지고 이를 미화하여 노동자 자주관리니 시장사회주의니 하는 것을 볼 때, 사회주의 사회는 공산주의로 전진이냐, 자본주의로 복고냐의 두 길 사이의 끊임없는 투쟁의 과정이라는 것을 알 수 있다.

둘째, 중-쏘 논쟁은 프롤레타리아 국제주의의 중요성을 역설적으로 가르친다. 세계 사회주의 진영이 단결해 있을 때는 세계적 역관계에서 사회주의 진영이 제국주의 진영보다 우위에 서고 따라서 세계혁명과 사회주의 건설이 순조로웠으나 프롤레타리아 국제주의가 파탄되고 사회주의 진영이 분열되었을 때는 제국주의가 힘의 우위에 서게 되고 따라서 세계적 차원에서 반혁명이 진행된다는 것이다. 실제로 1970년대에 이르러 세계대공황이 재발했을 때 세계 사회주의 진영의 단결이 유지되었다면 그것은 새로운 혁명으로 귀결되었을 것이지만, 역사는 세계 사회주의 진영의 분열로 인해 거꾸로 사회주의 진영이 몰락했다는 것을 가르친다.

셋째, 사회주의 혁명과 사회주의 건설의 문제를 통일적으로 이해해야만 한다는 것을 말한다. 피어린 투쟁으로 혁명을 성공시키더라도 건설의 문제에서 실패한다면 다시 착취사회가 부활한다. 또 사회주의 건설은 장밋빛 미래가 아니라 무수한 어려움에 봉착할 수밖에 없고 그것은 세계적 역관계에 의해 규정받으면서 간난신고의 길을 거쳐야 함을 말한다. 과거 8·90년대 한국의 사회주의 운동은 혁명의 문제에 대해서는 철저히 파고들었지만 사회주의 건설의 문제는 먼 미래의 일로 돌렸고 혁명 후의 문제라고 사고하는 경향이 있었다. 그러나 현실은, 쏘련의 붕괴에서도 드러나듯이, 혁명은 결코 건설의 문제와 떨어질 수 없고 혁명을 위해서라도 건설의 문제를 연구해야 함을 말한다. 앞으로 많은 혁명이 발생하고 또 성공하고 또 일부는 좌절할 수도 있지만 이렇게 세계 사회주의 운동은 혁명과 건설에서 하나의 몸통이라는 것이 중-쏘 논쟁에서 배울 수 있는 또 하나의 교훈이다.

넷째, 중-쏘 논쟁은 세계 변혁과 일국 혁명의 관계에 대해 철저한 통일적 관점을 취할 것을 요구한다. 중국은 중-쏘 논쟁에서 철저히 세계 변혁의 관점에 서는 모범을 보여주었다. 세계 사회주의 진영 간에는 단결과 연대를, 사회주의 진영과 제국주의 진영 간에는 평화공존을, 전 세계 피억압민족과 인민의 해방투쟁에는 지지와 원조를 추구해야 함을 가르쳤다. 이러한 세계 변혁에 대한 시야 없이, 세계 변혁과 일국 변혁을 통일적으로 사고하는 관점 없이 21세기의 변혁이 성공하기는 어려울 것이고, 설혹 성공한다 해도 사회주의 건설은 어려울 수밖에 없다. 끊임없이 세계정세를 분석하고 제국주의 지배방식의 변화, 세계적 쟁점의 이동 등을 면밀히 파악하면서 세계 변혁의 관점을 벼려낼 때만 일국에서의 변혁도 가능할 것이다.

≪공산당 선언≫의 마지막 구절은 "만국의 노동자여 단결하라"이다. 중-쏘 논쟁의 경과는 객관적으로 프롤레타리아 국제주의의 붕괴과정이면서 다른 한편으로는 수정주의에 대한 투쟁의 과정이다. 앞으로 닥칠 세계 변혁과 한국에서의 변혁의 과정은 많은 어려움들을 요구하겠지만 역사는 해결의 물질적 전제가 결여된 상태에서는 과제를 제기하지 않는다. 우리가 지금 경과하고 있는 세계사적 대반동의 시기는 역설적으로 사회주의자들을 단련시키고 있다. 이 반동의 시기를 경과하면서 사회주의자들은 20세기 사회주의의 교훈을 철저히 체득하고 변혁의 조건들을 탐구하게 될 것이다.

유로꼬뮤니즘의 배반과 타락으로부터 노동자계급이 움켜쥘 정치적 결론은 무엇인가?

백철현 | 전국노동자정치협회 회원

1. 왜 지금 유로꼬뮤니즘 비판인가?

유로꼬뮤니즘은 철지난 한때의 유행이었는가? 유로꼬뮤니즘은 공산주의 운동에서 역사의 한 페이지를 장식했다가 이제는 폐기되고만 과거의 노선에 불과한 것인가?

1970년대 말과 1980년대 초 이탈리아 공산당의 이른바 "역사적 타협(compromesso storica)", 프랑스 공산당의 "좌파연합(union de la gauche)", 그리고 스페인 공산당의 정권도전이라는 1차적 목표가 실패로 끝나면서, 유로꼬뮤니즘 자체도 폐기되고 말았다. 그 후 다시 10년도 채 되지 않아, 베를린 장벽이 무너지고 현실사회주의체제가 붕괴했다. 그에 따라 이들 이탈리아, 프랑스, 스페인의 유로공산당들도 다른 대부분의 공산당들과 마찬가지로 역사의 한 장으로 사라지고 말았다.[1]

유로꼬뮤니즘이 이처럼 한때의 철 지난 유행이고 '역사의 한 장으로 사라지고 말았다'면 지금 와서 한국 사회에서 유로꼬뮤니즘을 비판하는 것이 학문적 의미 외에 무슨 실천적 의미가 있는가? 그러나 이러한 문제의식은 유로꼬

---

1) 송기철, "1970년대 자본주의의 위기와 유로꼬뮤니즘", ≪현장에서 미래를≫ 제123호(2006년 9/10월호), 한국노동이론정책연구소.

뮤니즘의 구체적인 역사에 대한 이해 부족과 유로꼬뮤니즘을 한 측면에서만 보기 때문에 나오는 말이다. 유로꼬뮤니즘 공산당들이 집권에 실패하고 프랑스 공산당이 제2차 대전 이후 28%나 의석을 차지했다가 지금은 5% 이내로 의석이 줄어들면서 대중적인 지지를 받는 데 실패하고, 의회주의 노선으로 타락했다는 측면에서 유로꼬뮤니즘이 쇠퇴했다고 한다면 일정 정도 맞는 말이다. 이탈리아 공산당이 집권에 실패하고 공산당이라는 명칭을 '좌파 민주당'으로 바꾸고 국민정당으로 변모했다는 측면에서 볼 때도 유로꼬뮤니즘은 쇠퇴했다는 표현이 맞을 것이다.

그렇다면 질문을 바꿔서 이렇게 물어보자! 사회민주주의는 쇠퇴했는가? 독일사회민주주의노동자당이 1차 대전을 앞두고 프롤레타리아 국제주의 노선을 폐기하고, 배외주의적인 정당으로 타락하고 이후 집권하여 독점자본의 좌파 역할을 수행하며 노동자계급을 탄압하고 자본주의 체제를 위기에서 구출하는 보루의 역할을 했다는 점에서 사회민주주의 노선은 쇠퇴했다고 할 수 있다. 그러나 사회민주주의 노선이 노동자계급을 배신하고 추악한 국민정당 노선으로 변모하여 독점자본주의를 대변하는 정당으로 되었다는 측면에서, 자본주의 내에서 점진적 개혁을 통해서 사회주의를 건설하겠다는 측면에서 그 정당성을 상실했지만 그럼에도 불구하고 사민주의 노선은 여전히 각국 개량주의 당들의 지배적인 노선이 되고 있다.

'자본주의 구조개혁론', '혁명으로 가는 각국의 길'이라는 평화이행 노선을 내걸고 있는 유로꼬뮤니즘은 대중적 영향력을 급속히 상실하면서 그 노선의 공상성, 반노동자성이 폭로되고 있지만 그럼에도 불구하고 유로꼬뮤니즘 노선은 폐기되지 않고 있다. 오히려 유로꼬뮤니즘 노선은 유럽의 스페인, 이탈리아, 프랑스 등 자본주의 국가를 중심으로 출발했지만 일본, 미국, 캐나다, 영국 공산당2) 등 대다수의 선진 자본주의 국가의 공산당과, 심지어 대다수

---

2) 영국에서는 1920년 7월 20일 대영공산당(CPGB)이 창당됐다. 이 대영공산당(CPGB)은 처음에는 꼬민테른 노선에 따라 활동을 했다. 하지만 1951년에 발표된 두 번째 강령부터는 "사회주의로 가는 영국의 길"이라는 유로꼬뮤니즘 노선을 채택하였고, 이 강령은 1952년 22차 당대회에서 공식적으로 채택되어 70년대, 80년대까지 대영공산당(CPGB)의 공식 노선이 되었다. 1977년에는 대영공산당(CPGB)의 유로꼬뮤니즘을 반대하여 처음으로 대영공산당에서 분화한 신공산당(NCP)이 창당됐다. 이후 80년대 후반에는 대영공산당 내에서 유

자본주의 국가 공산당 내에서조차 지배적인 노선이 되고 있다.

이 점에서 유로꼬뮤니즘 노선은 폐기되지 않았을 뿐만 아니라 시퍼렇게 살아남아서 노동자계급의 혁명적 계급의식과 정치적 전망을 혼란에 빠뜨리고 있다. 이 노선은 쏘련 붕괴 이후에는 한국에서도 사회주의의 다원주의, 평화적 이행노선, 민주적 사회주의 등 프롤레타리아 독재노선을 폐기하고 '신노선'을 제기하는 것으로 유행하였고 이것이 민중당, 한국 사회주의노동자당, 진보정당추진위 등으로 이어지면서 현재까지도 진보정당의 개량주의 노선에도 직접적인 영향을 마치고 있다. 지금은 입에 발린 사회주의 노선조차도 걷어치우고 노골적인 반공주의 투사가 되어 한국의 베른슈타인임을 자처하고 있는 주대환도 처음에는 '민주주의와 함께 가는 사회주의'라며 프롤레타리아 독재노선을 폐기하고 유로꼬뮤니즘을 주장한 적이 있었다.

로꼬뮤니즘을 반대한 정치세력들이 당의 공식노선인 유로꼬뮤니즘 노선을 폐기했다. 그러자 1988-1991년 사이에 대영공산당 내부의 유로꼬뮤니즘 노선을 가진 정치세력들은 새롭게 영국공산당(CPB)을 창당했다. 현재 대영공산당(CPGB)은 80년대부터 유로꼬뮤니즘을 반대하는 정치세력들이 주축이 되어 있다. 따라서 현재의 대영공산당(CPGB)은 유로꼬뮤니즘 노선과 관련이 없고, 영국공산당의 유로꼬뮤니즘 노선에 대한 비판은 과거 유로꼬뮤니즘 노선을 견지했던 대영공산당(CPGB)과 그 노선을 계승하고 있는 영국공산당(CPB)을 두고 하는 말이다.

한편 맑스-레닌주의대영공산당(CPGB-ML)은 대영공산당(CPGB)에서 분화한 당이 아니라 영국노동당의 블레어노선에 반발하여 만들어진 영국사회주의노동당(SLP) 내에서 맑스-레닌주의 노선을 주장하다가 추방당하거나 탈당한 정치세력들로 구성되어 있다(참고로 영국사회주의노동당(SLP)는 국가자본주의 입장을 가지고 있는 영국사회주의노동자당(SWP)과는 다른 당이다). 맑스-레닌주의대영공산당(CPGB-ML)은 자신들이 유로꼬뮤니즘 이전인 20년대, 30년대의 대영공산당(CPGB) 노선을 계승하고 있다고 주장하고 있다. 이 당은 영국사회주의노동당(SLP)에 대해서 개량주의 노선과 반공산주의 노선이라고 비판하고 있을 뿐만 아니라 현재의 대영공산당(CPGB)에 대해서도 반공산주의 노선이라고 비판하면서 현존하는 사회주의에 대해 확고한 지지노선을 가지고 있다. 또한 신공산당(NCP)에 대해서도 유로꼬뮤니즘을 청산하였지만 선거에서 노동당을 지지함으로써 유로꼬뮤니즘 노선의 아류가 되었다고 비판하고 있다. 결국 영국 공산주의 정치세력들의 분화는 크게 보아 유로꼬뮤니즘과 영국 노동당에 대한 태도, 과거 쏘련사회주의에 대한 평가와 현존하는 사회주의 국가에 대한 태도 등을 중심으로 이뤄졌다고 보면 된다.

진보신당 내에서 사회주의를 주장하고 있는 '신좌파'들도 직접적으로 유로꼬뮤니즘노선이라고 주장하지는 않지만 '자본주의 구조개혁론'이라는 노선으로 살아남아 있고, 민주노동당 내에도 '진보적 민주주의' 변혁론이라는 이름으로 활개치고 있다. 심지어 맑스주의 정당임을 주장하고 있는 <평등연대>(현재 해방연대)에서도 2003년에 한때는 '사회주의로 가는 우리의 길'(평등연대 의장 성두현)로 '국가기구 변형론'3)이라는 유로꼬뮤니즘 노선을 제창하기도 했다.

유로꼬뮤니즘의 특성은 이후에 더 자세하게 살펴보겠지만 '반스딸린주의'라는 이름으로 쏘비에뜨 노선에 반대하는 반쏘, 반공주의를 특성으로 하고 있다. 한국 사회 운동진영 내에서도 '스딸린주의' 비판이라는 이름으로 반쏘, 반공노선이 국가자본주의진영뿐만 아니라 운동진영의 전반적인 풍토로 자리 잡고 있는데 이 점은 유로꼬뮤니즘이 내세우는 '반스딸린주의', '반쏘비에뜨 노

---

3) "한국에서의 부르주아민주주의의 진전은 사회주의자들에게, 부르주아민주주의가 발달한 나라의 사회주의자들이 경험했던 것과 똑같은 실천적 고민을 제기해오고 있다. 즉, 부르주아민주주의의 진전에 따라, 이에 따라 확대된 공간을 적극적으로 활용하되, 어느 시기에 부르주아정권을 타도하고 대체권력을 수립하거나, 혹은 이중권력상태를 통해 부르주아정권을 타도한다는 전략적 관점을 갖고 현재의 투쟁을 배치해가야 하는가, 아니면 부르주아민주주의질서 내에서 주차 민주주의를 최대한 밀어붙이고 내궁투쟁을 중심으로 역량을 확대하면서 선거를 통해 집권하고 집권 이후 민주주의를 전면화한다는 전략적 관점아래 현재의 투쟁을 배치해가야 하는가하는 실천적 고민을 제기해오고 있다. ... 새로운 경로는 기존 국가기구의 즉각적이고 전면적인 파괴가 아니라 기존 국가기구의 가장 반동적인 억압기구와 이데올로기기구의 파괴와 기존국가기구의 정당한 기능의 재조직화, 자치기구의 확장과 이들의 통합화를 통한, 기존국가기구의 일련의 변형과정을 의미한다. 이런 의미에서 새로운 경로는 부르주아 억압기구와 이데올로기기구의 파괴를 그 안에 포함하는 기존국가기구의 변형과정이다." (성두현, "사회주의로 가는 우리의 길", ≪평등세상≫, 2003년 11월 7일.)

이 주장은 전통적인 사민주의 정치세력의 의회주의적 경로를 통한 집권과 사회주의 건설에 대해 비판적이고 대중투쟁을 강조하면서도, 부르주아 정권 타도와 사회주의 건설이라는 러시아혁명의 경로가 부르주아 민주주의의 진전에 따라 시대에 맞지 않게 되었다고 주장하면서 부르주아 민주주의에 대해 환상을 부여하고 현존의 국가기구를 변형하여 사용한다는 전형적인 유로꼬뮤니즘의 주장이다.

선'과도 무관하지 않다. 이 때문에 한국의 좌파진영 대다수에서도 '반스딸린주의'라는 명분으로 중앙집권계획을 반대하고 분산화된 계획을 옹호하면서 사회주의 생산과 경제의 핵심 원칙을 거부하고 있다.

한국 사회에서는 '스딸린주의 비판'이 '스딸린=악의 화신', '스딸린주의 인민전선=스페인 혁명과 중국혁명 패배원인', '스딸린주의 관료주의=쏘련 붕괴의 원인', '스딸린=자본가'라는 비과학적이고 몰역사적인 비판이 판을 치고 있는데 사회주의를 실질적으로 건설하던 스딸린 시대에 대한 맑스-레닌주의적 평가는 반드시 필요한 것이다.[4]

스딸린 시대에 대한 비과학적, 몰역사적인 평가는 흐루쉬쵸프의 쏘련 공산당 20차 대회 비밀연설에서의 스딸린 '개인숭배' 비판과 이를 바탕으로 하는 유로꼬뮤니즘의 대두에서도 마찬가지인데, 이들은 러시아 사회에서 문화적, 기술적, 역사적으로 짜리즘 체제가 물려놓은 후진적인 조건과 내부의 반혁명공세, 제국주의 포위와 무력공세, 이데올로기 공세 속에서 사회주의를 건설해야 하는 객관적인 조건을 무시하고 비판하고 있다.

물론 그럼에도 불구하고 스딸린 시대에는 사회주의 건설의 성과뿐만 아니라 집산화 착수시기와 전반적인 방향에서의 올바름에도 불구하고 그 과정에서의 중농과의 동맹을 해쳤던 오류, 지나침, 반혁명주의자들에 대한 숙청과정에서 범한 일부 무고한 공산당원들에 대해서조차 가해진 숙청, 인민전선의 올바른 원칙이 그 전술적용 과정에서 범한 오류 등 많은 오류와 한계를 범하고 있다. 이에 대해서는 그것이 객관적으로 불가피한 오류와 한계인지, 피할 수 있는 오류인지, 그 오류가 노선의 문제에서 비롯된 것인지, 노선의 적용과정에서 범한 것인지 등을 총체적이면서도 세심하게 평가해야 한다. 즉, 스딸린 시대의 문제를 맑스-레닌주의적으로 비판하고 평가함으로써 변증법적으로 지양하고 혁명노선과 원칙을 강화해야 하는데, 흐루쉬쵸프와 유로꼬뮤니즘 공산당들은 이를 전면 부정함으로써 오히려 우경적인 수정주의의 길로 접어들고 말았다.

더욱이 흐루쉬쵸프의 스딸린 비판은 쏘련 사회주의를 중심으로 해서 전 세

---

[4] 이에 대해서는 전국노동자정치협회, "쏘련 사회주의 붕괴, 계획과 시장의 문제를 중심으로", ≪노동자의 사상≫ 제1호(2010년 3월)를 참고하기 바란다.

계 공산당의 단결을 새롭게 강화하는 것이 아니라 각국 유로꼬뮤니즘 공산당의 우경적인 독자화를 낳아서 프롤레타리아 국제주의 노선과 혁명적 원칙에 결정적인 타격을 가했다. 흐루쉬쵸프 수정주의 노선은 유럽 공산당뿐만 아니라 이미 스딸린 시대에서부터 일찌감치 독자노선을 강조하면서 전위당과 프롤레타리아 독재를 폐기하고 '시장사회주의' 길을 가고 있었던 유고의 수정주의 노선을 더욱 강화하였다. 또한 체코 공산당 등 동구 사회주의 국가 대부분에서 민주집중제 거부와 다당제 인정, 노동자 자치라는 이름으로 계획요소를 약화시키는 데 영향을 끼쳤다. 이러한 상황에서 미제국주의자들은 쏘련에 대한 비방을 강화함으로써 이러한 유로꼬뮤니즘의 반공주의 노선을 뒤에서 부추겼다.

유로꼬뮤니즘 노선은 프롤레타리아 독재인 쏘비에뜨식 사회주의와 전위정당 노선에 반대하면서 집권을 지향한다는 점에서, 그조차도 독자적인 집권능력이 어렵게 되자 사회민주당과의 연합을 통해서 집권을 모색한다는 점에서 사회민주주의 개량주의 노선으로 귀결되고 있다. 다만 유럽과 미국의 유로꼬뮤니즘 노선을 가진 공산당들은 여전히 맑스-레닌주의를 주장하고 있고, 공산당이라는 명칭을 고수하고 있다는 점에서만 차이가 있다. 물론 미국, 영국, 캐나다 등 공산당들의 강령과 실천을 보면 일본 공산당에 비해서 상대적으로 건강하고 노골적으로 의회주의를 주장하지 않고 대중투쟁을 다른 한편으로는 강조하고 있다. 또한 집권을 하지 않아 사회민주당처럼 추악한 배신의 경험은 덜 가지고 있지만 그럼에도 불구하고 프롤레타리아 독재노선을 폐기하고 의회를 통한 평화적인 이행을 주장한다는 점에서는 그 본질에 있어서 여전히 개량주의 노선이다.

유로꼬뮤니즘 노선을 볼 때도 여전히 '문제는 국가'인 것이다. 결국 자본주의 국가권력을 타도하고 완전히 새로운 노동자 인민의 대중국가를 세울 것인가? 자본주의 국가권력을 그대로 두고 자본주의를 점진적으로 개조하거나 변형해서 그대로 사용할 것인가?의 문제가 변혁에 있어서 근본적인 문제가 될 수밖에 없는 것이다.

프롤레타리아 독재 노선을 중심으로 해서 전 세계적 공산주의 경향은 크게 마오주의 공산당의 반(反)수정주의 경향과 공산당 계열로 나눠볼 수 있다. 맑스-레닌주의를 내건 마오주의 경향들은 흐루쉬쵸프 집권 이후의 수정주의 노선을 비판한다는 점에서는 올바르지만 이를 극단적으로 해석하여 국가자본주의로 간주하고 있고, 당시 쏘련이 사회제국주의라고 보는 편향적 인식을 가지고 있다. 또한 흐루쉐프 수정주의의 등장을 수정주의 쿠데타라고 규정하는 주관주의에 빠지고 말았다.

이러한 반수정주의 노선은 흐루쉬쵸프의 수정주의 노선으로 촉발되었지만 당시의 쏘련이 여전히 사회주의 국가였고, 민족해방 투쟁에 대한 지원과 쿠바 등 사회주의 국가들에 대한 지원을 하는 진보적인 역할을 수행하는 상황에서 프롤레타리아 국가 내부를 분열시키기도 했다. 중국에서도 모택동이 문화대혁명을 통해서 유소기 같은 수정주의 세력들과의 투쟁을 강력하게 전개했다. 문화대혁명은 프롤레타리아 국가에서 정신노동과 육체노동의 분리에서 나오는 관료주의를 척결하고 노동자 인민들의 사회주의 문화를 고양하고 계급의식을 강화하는 데 있어서 중대한 공헌을 했지만 그 과정에서 부분적으로 편향이 나오고 경제적 혼란이 야기되기도 하면서 중국에서 부상한 등소평의 수정주의 노선을 막지 못했다.

마오주의 공산당들이 흐루쉬쵸프의 수정주의를 반대하고 국가자본주의로 규정했는데 이들의 논리를 따르자면, 중국에서도 마오의 올바른 노선에도 불구하고 수정주의를 막지 못하고 곧바로 '중국 자본주의'가 출현했던 것이다. 흐루쉬쵸프 수정주의가 자본주의 쿠데타라면 중국에서 모택동 사후 대두된 등소평의 수정주의도 쿠데타인데 그렇다면 쏘련에서 '수정주의 쿠데타'를 목격한 중국에서 수정주의에 대한 반대에도 불구하고 수정주의를 막지 못했는가? 또한 이 쿠데타는 한 줌의 반동세력에 의한 권력 장악인데 중국에서는 왜 대중적인 세력기반을 가지지 못한 쿠데타 세력들에 의한 '자본주의 부활'을 막지 못했고, 이 반혁명 쿠데타 세력들을 이후에도 제압하지 못했는가라는 의문이 제기될 수 있을 것이다. 이들 마오주의 공산당들은 좌편향적 경향과 주관주의적 한계가 있지만 흐루쉬쵸프 시절부터 반(反)수정주의를 내걸고 있었기 때문에 쏘련 사회주의 붕괴 이후에도 여전히 혼란을 겪지 않고 프롤레타리아 독재노선을 강력하게 견지하고 있다. 정치적, 이념적 혼란을 겪지 않았기 때문에 이론적 수준도 높게 유지하고 있는 편이다.

반대로 기존 선진 자본주의 국가 공산당들은 유로꼬뮤니즘에서 한 차례 이론적 타락을 겪은 바 있고, 대다수 공산당들 역시 고르바쵸프의 '쇄신', '개방'

노선이 노골적으로 다당제와 부르주아 시장주의를 지향할 때도 이 노선을 추종하다가 쏘련 붕괴 이후에는 엄청난 정치적, 이념적 혼란을 겪으면서 더 우경화되기도 했다.

그리스 공산당처럼 쏘련 사회주의 붕괴 이후에 자기비판을 통해 다시 프롤레타리아 독재 노선과 전위정당 노선을 분명히 하는 공산당만이 맑스-레닌주의 노선을 다시금 굳건하게 세우고 다시 자본주의 변혁의 길을 개척할 수 있다. 그리스 공산당은 자기비판과 사회주의 원칙의 쇄신노력 속에서 전후 유로꼬뮤니즘 공산당에서 일반화된 이행의 중간단계를 설정하는 것에 대해서도 비판하고 있다. 자본주의 변혁과 사회주의 변혁 사이에 중간단계를 설정하는 잘못된 반독점 전략은 이후 한국 신식민지 국가독점자본주의 노선에서도 그대로 나타나고 있다.

> 사회민주주의와의 관계에서 많은 공산당들의 입장은 "반독점정부"라는 전략의 일환이었는데, 그것은 사회주의와 자본주의 사이의 하나의 단계이며, 사회민주주의와 동맹하여 자본주의를 관리하는 정부들에서도 그 표현이 발견되었다. 이런 전략은 당초 모든 자본주의나라들이 아메리카합중국에 대한 "종속과 의존"의 관계에 있다고 하는 평가에 기초하고 있었다. 그럼에도 불구하고 제국주의 위계의 최상위에 있는 나라인 아메리카합중국에서 아메리카합중국 공산당까지도 그런 전략을 채택했다.5)

그리스 노동자 인민의 투쟁을 이끌고 있는 그리스 공산당 역시 그리스에서 변혁의 과정 속에서 더 검증되어야 하겠지만, 이러한 자기비판과 쇄신 속에서 기존 공산당의 오류를 극복하고 프롤레타리아 독재 노선과 전위당 노선을 분명히 하고 왜곡된 반독점 노선을 정정하는 데 투쟁의 의의가 있다고 할 수 있다. 이런 점에서 그리스 공산당을 중심으로 해서 공산당·노동자당 국제대회가 지속적으로 열리고 있다는 것은 수정주의와 유로 코뮤니즘에 의해 변질되고 쏘련 사회주의 붕괴 이후에 혼돈을 겪었던 국제 공산주의 운동이 청산

---

5) 그리스 공산당 중앙위원회, "사회주의에 관한 테제— 제18회 대회에서 그리스 공산당 중앙위원회의 테제", ≪노동사회과학≫ 제2호(2009. 6.), 노사과연, p. 394.

주의를 청산하고 혁명적 원칙을 강화하는 데 있어서 중대한 기회가 되도록 할 것이다. 이러한 국제회의에 있어서 가장 중요한 것은 여전히 선진 자본주의 국가에 있어서 지배적인 유로꼬뮤니즘 노선을 일소하고 프롤레타리아 독재 노선과 전위정당 노선, 혁명적인 반독점 노선을 다시 세워야 한다는 것이다.

이 점에서 유로꼬뮤니즘 비판은 쏘련 사회주의에 대한 평가와 인민전선 전략전술에 대한 평가, 기존 공산당의 우경적인 노선과 실천에서의 우경화 등에 대한 평가의 문제를 담고 있고, 이러한 평가 속에서 유로꼬뮤니즘이 정치적 타락의 원천이 부르주아 국가에 대한 태도에 있음을 밝힘으로써 프롤레타리아 독재와 전위당 노선을 강화하는 기회가 될 것이다. 유로꼬뮤니즘 비판은 한국 사회에 팽배한 개량주의 세력들에 대한 비판인 동시에 한국에서 전위정당을 건설하려고 시도하는 급진적 정치세력의 몰역사성, 몰과학성, 반공주의에 대한 비판이기도 하다. 유로꼬뮤니즘을 단순히 '스딸린주의'의 산물이라고 한다면 유로꼬뮤니즘의 역사적 배경에 대한 몰지각한 이해가 되는 것이고, 이러한 논리는 '스딸린주의' 비판을 내세워서 반쏘비에뜨, 반공 사상, 반맑스-레닌주의적 사상으로 넘어 갔던 유로꼬뮤니즘이 범했던 쏘련 사회주의에 대한 비판(혁명적 비판이 아니라 제국주의적 관점으로의 비판)이라는 오류의 굴레에 또 다시 빠져드는 것이기 때문이다.

사실 원래 기획은 국가 문제를 회피하는 유로꼬뮤니즘에 대해 맑스-레닌주의 국가론의 입장으로 비판하는 것이었는데 애초 기획의도와 달리 너무나 거창한 주제의 글이 되어 버렸다. 필자 혼자, 단시일 내에 그러나 여기에 이러한 광범위한 과제를 총체적으로 다룰 수는 없다. 그럼에도 불구하고 이 글이 그러한 총체적 평가와 변혁 전망 모색에 있어서 문제의식과 대략적인 논의의 방향성 정도는 던져 줄 수 있을 것이라 기대한다.

2. 인민전선과 유로꼬뮤니즘

유로꼬뮤니즘의 이데올로기적, 정치적 기원은 무엇인가? 일부에서는 이탈리아 파쇼 권력 하에서 감옥에서 저술활동을 멈추지 않았던 그람시의 ≪옥중수고≫가 기원이라고 주장하고 있다. ≪옥중수고≫는 파시즘의 감옥에서 이탈리아 혁명의 패배 원인을 평가하면서 쓰였다. 그람시는 자본주의 발전이 미숙했던 러시아에서는 혁명이 성공했는데 발전한 자본주의 국가에서는 왜 혁명이 실패했는가를 분석하기 위해 '진지전'이라는 개념을 사용했다. 유로꼬뮤니즘은 이러한 진지전이라는 개념을 가지고 자본주의 내에서의 점진적인 변화 속에서 사회주의를 건설한다는 유로꼬뮤니즘 노선을 차용하기도 했다. 그람시가 파시즘 감옥에서 검열을 염두에 두고 글을 썼기 때문에 모호한 글의 개념이 그람시를 우경적으로 해석하는 빌미가 되기도 했다. 그러나 수감되기 이전에 자유롭게 글을 썼던 그람시의 노선으로 볼 때, 그람시에게는 국가권력을 타도하는 기동전이라는 정치혁명 개념은 당연한 것으로 전제되어 있었다. ≪옥중수고≫에서는 이탈리아 사회당(이후 공산당으로 분화) 내부의 극좌편향을 비판하면서 통일전선을 염두에 두고 진지전이라는 개념을 사용했다.6)

---

6) 그람시 노선에 대해서 여기서 전체를 다룰 수는 없다. 다만 여기서는 ≪옥중수고≫에서 제시한 그람시의 진지전 개념을 가지고 그람시가 유로꼬뮤니즘의 원조라고 주장하는 유로꼬뮤니즘 세력의 주장에 대해 핵심적으로 비판해 보겠다. 그람시의 진지전 노선에서 유로꼬뮤니즘 세력들이 가장 많이 인용하는 문장은 "한 사회집단은 정치권력을 쟁취하기 전에 이미 '지도적'일 수 있고, 또 그래야 한다(그것이 권력 쟁취를 위한 주요 조건의 하나다)." (쥬세뻬 피오리, ≪안토니오 그람쉬≫, 이매진, 2004, p. 528.)라는 부분이다. 이 주장은 뒤에서 이렇게 연결되고 있다. "그 뒤 권력을 행사할 때, '지배적'이 되는 것이지만, 비록 그 권력을 아무리 강력하게 장악하고 있다고 하더라도 여전히 계속해서 '지도적'이어야 한다." (같은 책, p. 528.) 그람시의 진지전 사상은 권력장악 이전에 자본주의 내에서 노동자계급이 헤게모니를 장악해야만 한다는 지점으로부터 유로꼬뮤니즘 정치세력들이나 이후 심지어는 시민운동세력조차 자본주의 내에서의 점진적 개혁노선의 근거로 인용되기도 한다. 그러나 그람시의 진지전 사상은 그가 무쏠리니 파시즘 체제의 감옥에 갇히기 이전의 이탈리아 사회당 내부의 노선투쟁이나 꼬민테른 내에서의 노선투쟁과 긴밀하게 연결하지 않고 특정 문장을 자의적으로 재구성해서 왜곡되어서는 안 되는 것이다. 유로꼬뮤니즘의 근거로 사용되는 문장에서도 진지전이 '권력쟁취를 위한 주요 조건의 하나'라고 하는 것을 볼 때, 그람시에게 진지전은 국가권력을 결정적으로 타도하는 정치혁명과 대립되는 개념이 아니라 자본주의 국가권력 타도와 권력쟁취로 가는, 그리고 쟁취한 권력을 유지하는 데 필수적인 개념이었다.

물론 이에 대해 그람시가 수감 이전 정치투쟁을 하던 시기와 혁명 패배 이후 수감 이후에 정치노선이 바뀐 것이라는 반박을 할 수 있고, 또 그람시는 파시즘의 검열 때문에 은유적인 표현을 주로 사용할 수밖에 없었지만 그럼에도 철저하게 레닌주의에 바탕을 둔 볼쉐비끼 노선에 충실하게 복무하려 하고 있다. 그람시는 이탈리아 사회당(1921년 이탈리아 공산당으로 분화) 내부의 보르디가로 대표되는 극좌노선이 파시즘 체제 하에서 통일전선을 거부하면서 프롤레타리아 독재를 위한 '공세이론'을 주장하는 것에 대해 신랄하게 비판하였다. 그람시는 이탈리아의 파시즘 대두에 대해 경시하고 부르주아 민주주의와 파시즘의 차이에 대해 무시하던 이탈리아 공산당 내 다수파인 지도자들에 대해 반대했다.

> 이탈리아공산당 지도자들은 파시즘과 전통적 민주주의 정당들의 차이를 가볍게 봤다. 그리고 그 위험성을 간파하지 못한 탓에 부르주아 민주주의를 유린하려고 하고 있던 '부르주아 독재'라는 문제를 미처 제기하지도 못했던 것이다. 이렇게 해서 코민테른의 새로운 지도방침(중간 목표를 전환하고 공격노선에서 방어노선으로 이행할 것, 프롤레타리아 혁명이 아니라 민주적 자유의 방어가 현재의 목표라는)은 받아들여지지 않았고, 아울러 동맹이나 다른 세력과 연합할 필요성은 더더욱 이해되지 못했다. 이탈리아공산당 다수파는 이런 세력이 부르주아 전선의 좌파를 담당하는 세력 이외에 아무 것도 아니라고 생각했다. 그람쉬는 파시즘의 새로운 성격, 그것이 대표하는 위험의 심각성, 코민테른이 제기한 방어노선의 정당함을 이해할 수 있는 얼마 안 되는 사람 중 하나였다. (같은 책, pp. 354-355.)

이 주장대로라면 그람시의 입장은 꼬민테른 7차 대회에서의 반파시즘 인민전선 주장과 정확하게 일치하는 것이다. 그람시는 레닌주의적 관점에 서서 일국혁명과 세계혁명을 대립시키는 뜨로츠끼의 영구혁명론에 대해서도 신랄하게 비판하고 있다. 이 글의 뒷부분이 그람시의 진지전 사상에서 가장 많이 인용되고, 또 유로꼬뮤니즘에서 자의적으로 해석하는 서구의 국가기구와 시민사회의 관련에 대한 주장인데, 유로꼬뮤니즘 세력들은 뜨로츠끼에 대한 비판 과정에서 러시아 국가에 대비되는 서구 사회의 차이를 분석하고 있는 글의 전반적 맥락을 제거하고 특정 부분만을 부각시키고 있다.

> 운동의 영구적 성격에 대한 브론슈타인의 이론(뜨로츠끼의 영구혁명: 필자 주)이 기동적 이론의 정치적 반영이 아닌가—다시 말하여 궁극적으로는 국민적 생활의 구조가 아직 미숙하고 느슨하며 '참호 혹은 요새'로 될 능력이 없는 나라의 일반적·경제적·문화적·사회적 조건

을 반영한 것—를 살펴보아야 한다. 이 경우 겉으로는 '서구적'이었던 브론슈타인은 사실상은 세계시민적일 뿐—즉 피상적으로만 민족적이고 또 피상적으로만 서구적, 혹은 유럽적인—이었다고 말할 수 있다. 반면에 일리치[레닌]는 심오하게 민족적이며 심오하게 유럽적이었다. 브론슈타인의 회고록을 보면 그가, 자신의 이론이 15년 후에나 옳았음이 증명되었다는 풍자를 듣고 그것을 또 다른 풍자로 응수하는 것을 볼 수 있다. 그러나 그의 이론은 그 자체로서는 15년 전이건 15년 후이건 좋은 것일 수 없었다. 귀차르디니의 이야기에 나오는 고집쟁이의 경우처럼 그의 생각은 다소는 옳은 것이었다. 즉 그는 자신의 추상적인 실천적 예측에서는 옳았다. 그것은 마치 어떤 사람이 네 살짜리 여자 아이를 보고 '저 아이는 어머니가 될 것'이라고 예언하고는 그 아이가 스무 살이 되어 실제로 그렇게 되었을 때 '내 그럴 줄 알았느니라'고 말하는 것과 같다. 그러나 그렇게 이야기한다고 해서, 그 아이가 네 살 때 그 나이로도 어머니가 될 수 있을 것이라고 생각하여 그 아이를 강간하는 그 사람의 행동을 옳은 것이라 할 수 있겠는가? 내가 보기에 일리치는 1917년의 동구에서는 성공적으로 전용된 기동전이, 서구에서는 가능한 유일한 형태인 진지전으로 바뀔 필요가 있다는 것을 이해했던 것 같다. ... 그러나 일리치는 자신의 공식을 확장시킬 시간이 없었다. 물론 시간이 있었더라도 단지 이론적으로만 확장시킬 수 있었을 것이다. 왜냐하면 기본적 과제는 일국적(一國的)인 것이었기 때문이다. 다시 말하여 그 공식을 실천하기 위해서는, 지형에 대한 탐색과 시민사회의 요소들로 표현되는 참호와 요새의 요소에 대한 확인이 요구된다. 러시아에서는 국가가 모든 것이었고 시민사회는 아직 원시적이고 무정형한 것이었지만, 서구에서는 국가와 시민사회 사이에 적절한 관계가 형성되어 있었고 국가가 동요할 때에는 당장에 시민사회의 견고한 구조가 모습을 드러내었다. 국가는 단지 외곽에 둘러쳐진 외호(外濠)에 불과하며 그 뒤에는 요새와 토루(土壘)의 강력한 체계가 버티고 있었다. 물론 요새와 토루의 수는 나라마다 다를 것이었지만, 바로 그렇기 때문에 개개의 나라에 대한 정밀한 탐색이 요구되었던 것이다. (그람시, ≪그람시의 옥중수고Ⅰ≫, 거름출판사, 1995, pp. 249-251.)

물론 이 저서의 편집자는 주에서 그람시의 뜨로츠끼에 대한 비판은 역설적으로 뜨로츠끼가 공세론을 비판했다는 점에서 적절치 않다고 주장하지만, 실제 중국혁명과 스페인 내전에서 뜨로츠끼는 영국혁명론의 공식에 따라 반식민지 국가인 중국과 파시즘 하의 스페인에서 파시즘에 반대하는 자유주의 부르주아와 일본 제국주의에 반대하는 국민당 좌파와의 통일전선을 계급협조주의로 비판하고 프롤레타리아 독재노선을 곧바로 주장했다는 점에서 그람시의 비유로꼬뮤니즘을 이론적으로 저술했던 스페인 공산당 서기장이었던 산티아고 까리요는 ≪유로꼬뮤니즘과 국가≫에서 서유럽 공산주의 운동은 스페인, 프랑스 등 인민전선 전술의 역사적 경험 및 전후 연립정부 수립의 경험을 사회주의 실현을 위한 전략으로 격상시킴으로써 유로꼬뮤니즘이 탄생했다고 주장하고 있다. 그러나 이 주장은 이후에 살펴볼 것처럼, 인민전선이 파시즘 하에서, 식민지·반식민지라는 특정한 국면, 특정한 시기에 전술이자 프롤레타리아 독재로 가는 이행전략으로 수립되었다는 점에서 인민전선에 대한 중대한 왜곡이다. 또한 유로꼬뮤니즘이 반쏘비에뜨, 반스딸린 노선에 입각해서 만들어졌던 것을 볼 때 명백한 역사 왜곡이다.

심지어 맑스-레닌주의 진영을 자처하며 반공주의를 비판하고 쏘련 사회주

판은 정당하다 할 수 있다. 그람시는 진지전이라는 통일전선에서 농민과의 계급동맹을 가장 중요하게 여겼는데, 러시아의 국가권력이 서구와 같은 시민사회에 둘러싸여 있지는 않다는 그람시의 주장은 옳았다. 그러나 러시아 혁명이 기동전적인 국가권력을 장악하는 것으로 결정적으로 성공했으나 이미 이전부터 농민과의 계급동맹을 가장 중요하게 사고하고, 혁명 이후에도 권력유지에 있어서 농민과의 계급동맹을 결정적인 것으로 간주한 것을 봤을 때, 러시아 혁명이 진지전 없이 기동전만으로 이뤄진 것처럼 주장하는 것은 옳지 않다. 그람시가 국가와 시민사회의 문제를 일국혁명과 세계혁명의 관계라는 문제에서 끌어내는 것으로 봤을 때, 국가권력 타도라는 혁명의 문제를 당연하게 전제하고 그 혁명을 성취하고, 혁명 이후에 권력을 안정적으로 유지할 수 있는 진지전의 개념을 모색한 것이 분명하다. 그러나 러시아혁명이 기동전만으로 이뤄지고 서구에서의 혁명은 진지전으로 주되게 전환해야 한다고 주장함으로써 유로꼬뮤니즘 정치세력들이 그람시의 주장을 자신들의 정치적 주장을 정당화하는 근거로 왜곡할 수 있는 여지를 제공한 측면은 있다. 또한 국가권력 쟁취 이전에 공장평의회에 대해 "권력문제의 본질을 생산적 조직체 속에서 포착해야 한다."(같은 책, p.43.)는 그람시의 주장 역시 이렇게 왜곡될 소지가 있다.

보르디가는 전술적으로 의회에 참여하는 것을 거부하고 무분별한 '공세이론'을 주장하기도 했지만 국가권력 타도 없이 공장평의회에 대해 과도한 의미를 부여한 그람시에 대해 비판한 점은 옳았다. 그러나 초기의 이러한 주장에 대해 그람시가 적극적으로 자기비판하고, 옥중수고에서 자생성 이론에 대해 비판하고, '현대의 군주'라는 은유적 표현이지만 전위정당에 대해 적극 강조한 점을 봤을 때 유로꼬뮤니즘이 이러한 점을 들어 그람시로부터 유로꼬뮤니즘 노선을 빌려왔다고 주장하는 것은 파시즘의 감옥 속에서도 혁명의 패배를 평가하고 다시금 혁명을 모색했던 그람시에 대한 철저한 왜곡이다.

의에 대해서 지지하는 입장에 있는 미국 <노동자세계당(Workers World Party)>도 인민전선을 비판하고 있다.

    유럽의 활동무대에서 중대한 정치적 이슈는 더 이상 부르주아계급에 대항하는 것과 같은 프롤레타리아 혁명이 아니었다. 이슈는 부르주아 민주주의냐 파시스트 노예제도냐의 입장을 취하는 것이 되었다. 당시에 공산당 정책의 배경에서 이것은 노동자계급은 지금은 자본주의 민주주의의 구조 내에서 경제적, 사회적, 정치적 상태를 방어하는 것에 자신을 한정하는 것을 의미했다. 더욱이 그것은 부르주아 사적소유관계의 기본적인 구조를 침해하고, 자본주의 착취의 부르주아 체제를 전복하는 어떠한 '파괴'선전이나 전복하는 행동을 하지 않는 것을 의미했다. 공산당의 정책에 따라 노동자계급의 기본적인 **투쟁은 성공적인 프롤레타리아 혁명을 향한 관점에서가 아니라** 단지 부르주아 민주주의 체제의 승리를 위해 파시스트 반혁명에 대항하는 것에 한정되었다. 모든 공산주의자들이 그 개념을 이해했던 것처럼, 그것은 부르주아 민주주의의 형태로 자본주의 체제를 보존하는 것을 의미했다.

    이제, 부르주아 반동과 파시스트 전체주의에 대항하는 투쟁에서의 두 가지 다른 계급적 접근이 있다. 노동자계급 종식을 위해 계급투쟁의 정신으로 싸울 수 있는가 아니면 자본주의 사적소유의 보존을 위해 부르주아 변호의 정신으로 싸울 수 있는가이다.

    히틀러 파시스트의 손에서 독일노동자계급의 패배는 지금까지 공산주의자들이 관련된 프롤레타리아 혁명의 전망을 아주 멀고 희미한 미래로 넘겨주었다. 따라서 프랑꼬 파시즘에 저항하는 투쟁에서 이슈는 민주주의의 대 파시즘의 체제에 엄격하게 그어졌다.7)

물론 <노동자세계당>은 유로꼬뮤니즘 노선이 쏘비에뜨의 특정 관료주의를 비판하는 차원을 넘어서 쏘련으로부터의 '자율과 독립'을 외치며 반쏘비에뜨, 반공산주의를 부르짖는 것에 대해서는 신랄하게 비판하고 있다. 그러면서도 이 당은 독일 노동자계급 혁명의 패배와 파시즘의 등장과 함께 노동자계

---

7) 노동자세계당, "유로꼬뮤니즘의 의미", 1977년 7월 11일, http://www.workers.org/marcy/cd/sameuro/euro/euro00.htm.

급은 파쇼에 반대하는 민주주의 투쟁에 한정함으로써 프롤레타리아 혁명이라는 근본 목표를 버리게 되었고, 이러한 인민전선이 이후 유로꼬뮤니즘의 기원이 되었다고 주장한다. 이점은 뜨로츠끼주의에 대해 비판적이고 사회주의에 대해 적극 지지하는 입장을 취하고 있는 미국 <진보노동당(PLP)>도 마찬가지이다.[8]

1) 디미뜨로프와 꼬민테른 7차 대회

인민전선에 대한 이러한 주장은 꼬민테른 제7차 대회에서 제기한 반파쇼 통일전선에 대한 왜곡과 이해부족에서 비롯됐다. 과연 반파쇼인민전선에서 파시즘에 맞서서 부르주아 민주주의를 옹호하며 투쟁한 것이 프롤레타리아 독재를 폐기한 노선인가? 이에 답하기 위해서는 인민전선전술이 통일전선의 형태로 탄생하게 된 역사적 배경과 핵심 노선에 대해서 살펴보아야 한다.

서구에서 인민전선전술은 이탈리아에서 파쇼정권의 수립과 30년대 초반 독

---

[8] "1936년 2월에 있을 다음 선거에 대비하여 좌익 정당들은 이른바 '인민전선' 명부를 작성했다. 파시즘 및 제국주의 전쟁의 위험을 고려하여 공산주의자들은 사회민주주의자들 및 일부 부르주아적 분자들과 동맹을 형성하여 부르주아 민주주의와 평화를 보존하여야 한다는 사상인 인민전선 전략은 제7차 꼬민테른 총회[1935년]에서 개발되었다. 이 강령에는 사회주의-공산주의 정당의 구성을 시도하고, 때로는 공산당원들의 부르주아 정부 참여를 시도한다는 것을 포함하고 있었다. 인민전선은 그리하여 기층민중뿐 아니라 사회민주주의 정당들의 계급협조주의적 지도부도 포괄한 동맹이었고, "나쁜" 파쇼 자본가들에 대항하여 "좋은" 자유주의적 자본가들을 지원한 동맹이었다. 이 노선은 G. 디미뜨로프(Dimitroff)에 의해서, 꼬민테른 제7차 대회에서의 그의 모든 면에서 신중한 연설에 의해서 명시되었다." (진보노동당, "스페인 내전(1936-1939)의 교훈", ≪뜨로츠끼주의란 무엇인가?≫, 노사과연, 2009, pp. 160-161.)

진보노동당의 이 글은 주로 뜨로츠끼주의자들과 무정부주의자들의 노선과 스페인 내전에서 취한 반동적인 행보가 스페인 내전 패배의 주요원인이라고 주장하고 있고, 이들에 의한 역사왜곡에 대해 폭로하고 있지만 그러면서도 동시에 인민전선에 대해서도 비판적 입장을 취하고 있다. 미국의 맑스-레닌주의 정당에서 인민전선을 비판하는 것은, 이후에 보겠지만 인민전선의 원칙과 인민전선을 잘못 적용함으로써 몰계급적인 유로꼬뮤니즘 정당으로 타락한 미국 공산당의 경험과 사례를 뒤섞어버리는 오류를 범하는 것이다.

일에서 히틀러 파쇼정권의 수립, 스페인에서는 이후 프랑꼬 파쇼독재에 맞서는 투쟁과 함께 반파시즘 통일전선의 일환으로 시작되었다. 파시즘은 부르주아 독재 유형 중에서 가장 배외주의적이고 폭력적이고 야수적인 체제이다. 파시즘은 위기에 처한 자본주의를 구출하고 금융독점의 이해에 복무하기 위한 지배계급의 위기 탈출구이다. 파시즘은 다른 한편에서는 자본주의 경제위기 속에서 혁명이 발생하는 것을 진압하고 자본주의를 구출해서 자본주의 금융독점자본의 지배를 영속화하기 위한 반동적 폭력체제이다.

파시즘은 부르주아 민주주의를 공격한다. 부르주아 민주주의는 부르주아 독재의 지배형태인 동시에 노동자계급과 인민들의 진보와 민주주의, 자유를 위한 투쟁의 성과도 담겨 있는데 파시즘은 이것을 공격한다. 파시즘은 공황과 혁명적 위기로 자본주의 체제를 위기에서 구출하기 위해 가장 먼저 이 투쟁의 선두에 서 있는 노동자계급과 인민들을 공격하고, 마침내 자유주의 부르주아조차도 공격한다. 그 중에서도 노동자계급의 가장 전위적 부위였던 공산주의자들을 먼저 공격하고, 이후에는 사민주의자들을 공격하고 기독교민주주의자들을 공격하고 마침내는 부르주아 자유주의 분파들을 공격한다. 파시즘은 내부에서의 공세뿐만 아니라 대외적으로는 군국주의적이고 국가주의, 인종주의로 무장하고 가장 폭력적이고 야수적인 형태로 타국을 침략한다.

파시즘의 이러한 성격 때문에 노동자계급과 진보와 민주주의를 열망하는 모든 민주주의 세력은 물론이고 부르주아 내부의 자유주의 분파조차도 파시즘에 반대하는 투쟁에 결합할 수 있다. 파시즘은 반공산주의를 본질로 하면서도 심지어는 배외주의적 성격으로 인해 다른 부르주아 국가에 대한 공격을 가하기도 한다. 그 때문에 반파시즘 통일전선은 이러한 부르주아 내부의 모순, 부르주아 국가 내부의 모순도 활용할 수 있어야 한다. 따라서 반파시즘은 사회민주당(독일), 사회당(스페인, 이탈리아), 뜨로츠끼주의자, 무정부주의자들 같은 정치세력들과의 노동자통일전선에 기초하면서 파시즘에 반대하는 좌파 공화주의자들 같은 자유주의자들과 부르주아 국가 일부에도 통일전선을 적용할 수 있는 것이다.

이러한 상황에서 반파시즘 통일전선이라는 인민전선전술이 탄생했다. 인민전선전술의 직접적인 기초자는 디미뜨로프이다. 디미뜨로프는 불가리아의 위대한 공산주의 투사이다. 독일 파시즘은 독일 국회의사당 방화사건9)을 조작하여 당시 독일에 머물고 있던 디미뜨로프를 이 사건의 배후로 몰아가서 구속시켰다. 디미뜨로프는 이 세기의 재판에서 독일 파시즘의 법정에서 파시즘을 폭로하고 프롤레타리아 혁명의 필연성을 대담하게 주장하여 전 세계 인민들을 감동시켰다. 인민전선이 프롤레타리아 독재를 회피하고 부르주아와의 협조노선으로 인해 파시즘과의 투쟁과 혁명을 패배로 몰아간 주범이라는 뜨로츠끼주의 진영의 악의적 역사 왜곡과 중상, 비방으로부터 진실을 구하기 위해서는 인민전선의 기초인 디미뜨로프에 대한 이해가 필요하다. 디미뜨로프를 편견 없이 이해하기 위해서 디미뜨로프의 파시즘 법정에서 행한 최후진술 마지막 부분을 인용하겠다.

디미트로프: 국회의사당 방화사건의 진상을 완전히 밝히고 방화 진범을 밝혀내는 것은, 물론 미래 프롤레타리아 독재의 인민재판소에 남겨진 일이다.
17세기에, 물리학자의 시조 갈릴레오 갈릴레이는 준엄한 종교재판소의 법정에 서서 이단자로서 사형을 선고받으려 하고 있었다. 그는 마음 속 깊이 확신을 가지고 단호히 외쳤다.
"그래도 그것—지구—은 돌고 있다!"
그리고 이 과학상의 명제는 전 인류의 공유재산이 되었다.
(재판장은 격렬하게 디미트로프를 제지하고, 일어나 서류를 가지고 나가려 한다.)
디미트로프(계속하여): 오늘날 공산주의자도 옛날의 갈릴레이에 못지않은 단호함으로써 이렇게 말할 수 있다.
그래도 그것은 돌고 있다.

---

9) 독일 국회의사당 방화 사건은 히틀러가 1930년 1월에 연립내각의 수상이 되고, 1933년 2월 27일 권력을 확고하게 장악하는 과정에서 히틀러와 당시 국회의장이던 헤르만 괴링, 요제프 괴벨스 등이 나찌당원이었던 반 데르 류베를 내세워서 국회의사당에 방화를 하게 하였다. 파쇼정권은 당시 독일에서 꼬민테른 국제활동을 하고 있던 불가리아 공산주의자들인 디미뜨로프, 바실 따네프 등이 이 사건에 직접 관련되고 그 배후에 독일 공산당이 있다고 조작함으로써 당시 파시즘에 대한 최대의 저항세력인 독일 공산당을 파괴하려 했다. 그러나 디미뜨로프는 1933년 12월 파시즘 법정에서 이 사건이 조작임을 공개적으로 폭로하고 프롤레타리아 혁명의 원칙을 선전·선동하였다.

역사의 수레바퀴는 앞으로 돌고 있다— 소비에트유럽을 향하여, 세계소비에트공화국을 향하여!

그리고 공산주의인터내셔널이 지도한 프롤레타리아트의 손으로 밀려 나온 이 수레바퀴는, 어떠한 절멸조치, 어떤 징역형이나 사형 판결로도 멈출 수는 없다. 그것은 돌고 있으며, 공산주의가 궁극적으로 승리할 때까지 계속 돌 것이다!

(경관이 디미트로프를 붙잡고 완력으로 피고석에 앉혔다.

판사들은 디미트로프에게 발언을 계속시킬 것인지에 대해 협의하기 위해 자리를 떴다. 잠시 후 판사들은 법정으로 돌아와 디미트로프의 발언을 최종적으로 금지한다는 취지를 언도했다.)10)

파시즘 법정에서 디미뜨로프의 영웅적인 투쟁은 전 세계 인민들의 감동을 불러일으키면서 디미뜨로프 석방을 위한 각국 인민들의 시위가 격화됐다. 파시즘 법정은 이러한 투쟁에 밀려 디미뜨로프를 석방시킬 수밖에 없었다. 디미뜨로프는 1933년 3월에 구속되어 1년여 만인 1934년 2월에 석방됐다. 그 해 8월 2일인 꼬민테른 7차 대회에 참석해서 "파시즘의 공세와 파시즘에 반대하여 노동자계급의 통일을 위한 투쟁에 있어서 공산주의인터내셔널"의 보고를 했다.

이것이 파시즘에 맞서는 인민전선을 제창한 것으로 전 세계적으로 알려진 디미뜨로프 테제이다. 이 반파쇼 인민전선 테제는 파시즘에 맞서는 견결한 투사이자 파시즘의 법정에서 프롤레타리아 독재와 공산주의의 궁극적 승리를 담대하게 주장한 디미뜨로프가 석방된 지 6개월 만에 발표한 글이다. 이렇게 공산주의 원칙과 사상 하에 발표된 디미뜨로프 테제가, 파시즘에 패배하도록 하고 프롤레타리아 혁명을 성공시키지 못한 원흉으로 지금까지 지목되고 있는 것이다. 이것이 반파쇼 통일전선을 제창했던 디미뜨로프 개인의 직접적인 전사(前史)이다.

---

10) G. M. 디미트로프, "법정 최후진술 기록", ≪반파시즘 통일전선에 대하여 통일전선 연구≫, 거름, 1987, pp. 61-62.

2) 파시즘 대 부르주아 민주주의, 그 대립선의 정치적 의미

뜨로츠끼주의자들은 꼬민테른 6차 대회를 좌편향이라 비판하고 7차 대회는 그 대립물인 우경화의 테제라고 비방, 중상을 한다. 그러나 6차 대회와 7차 대회의 테제가 만들어지는 시점의 정세 조건은 달랐다. 6차 대회는 29년 자본주의 대공황 이후에 정세가 고양되는 시점에 열렸다. 물론 이때에도 파시즘이 한창 세력을 넓혀가는 시점이었다. 카우츠키를 중심으로 해서 1차 세계대전에서 국가주의, 애국주의에 빠져서 세계 노동자계급을 배신했던 독일 사민당은 이후 집권세력이 된 상태에서 샤이데만과 노스케를 내세워서 독일 혁명 지도자인 로자 룩셈부르크와 칼 리프크네히트를 암살하고 혁명을 압살했다. 독일 사회민주주의노동자당은 자본주의 위기를 최후에서 구출하는 독점자본의 구세정당이 되었다. 당시 독일 사민당은 주적을 공산당에 두고 '볼쉐비즘으로부터의 구출'이라는 슬로건을 내걸고 부르주아와 긴밀하게 협조했다. 이러한 독일 사회민주당에 대해 독점자본의 주구인 '사회파시즘'이라고 이들의 정치적 본질을 규정한 것은 정당했다.

이러한 정치적 규정 속에서도 독일 공산당은 1932년부터 1933년까지 네 차례나 사회민주당에 통일전선을 제안했다. 그러나 독일 사민당은 파시즘으로 가고 있는 독일 대부르주아지와 손잡고 통일전선을 거부했다. 사회민주당은 나찌세력들이 노동자를 거리에서 학살하고 있는 데도 불구하고 바이마르 정부를 통해 노동자를 무장해제하고, 반동세력들의 무장을 원조했다. 사회민주당은 마침내 폰 힌덴부르크를 독일 대통령에 재선시키는 데 앞장섰는데 1933년 1월 30일 힌덴부르크는 나찌스에게 완전 굴복하여 히틀러를 수상으로 임명했다.[11]

독일에서 파시즘의 대두가 사회민주당의 반역에 의해 저질러진 것이 명백하지만 6차 대회의 결정은 사민당이 독점자본의 이해를 대변하는 정당으로 타락했으면서도 역설적으로 그 지지기반은 노동자계급이라는 이중성을 간과함으로써 전술적으로 파시즘에는 반대하지만 사민당을 지지하는 노동자들로부터 고립되는 계기의 하나가 되었다. 히틀러가 1933년에 권력을 장악한 뒤

---

11) W. Z. 포스터, ≪세계사회주의 운동사 2≫, 동녘, 1988, pp. 147-149 참조.

인 1935년에 꼬민테른 7차 대회가 열렸다. 7차 대회에서는 6차 대회의 정세인식에 대한 기본적인 의의를 인정하면서도 히틀러의 부상에 대해서 간과한 측면을 비판하고 반파쇼 인민전선을 주장하게 된 것이다.

디미뜨로프가 테제를 발표할 때도 꼬민테른 내에서 비판세력이 존재했다. 디미뜨로프는 이에 대해 꼬민테른 7차 대회에서 "민주주의적 환상을 심어주지 않으려고, 민주주의적 요구를 적극적으로 정식화하는 것에 대한 의구심이 있었다"는 폴란드 공산주의자인 렌스끼의 발언을 지지하면서 다음과 같이 주장했다. 인민전선 노선을 정식화하는 데 있어서 디미뜨로프의 주장은 대단히 중요한 주장이고, 이 주장이 인민전선을 중대하게 왜곡하거나 비판하는 데 주되게 인용되는 부분이기 때문에 길지만 인내심을 가지고 보기 바란다.

그것은 부르조아 민주주의에 대한 태도의 문제를 잘못하며 비변증법적으로 제기하는 데서 오는 것이다. 우리 공산주의자는 소비에트 민주주의에 대한 확고한 지지자다. 그 위대한 경험을 가져다 준 것은 소비에트연방에서의 프롤레타리아 독재이다. … 이러한 민주주의는 완결된 형태로 드러난 것이 아니라 지금도 발전하고 있고 사회주의의 건설, 무계급사회의 창출, 경제와 사람들의 의식 속에 있는 자본주의의 유물을 앞으로 보다 성공적으로 극복함에 따라 점점 발전하여 갈 것이다.

그러나 오늘날 자본주의의 조건 아래 살고 있는 수천만 근로자는 각각의 나라에서 부르조아지의 지배가 취하고 있는 형태에 대한 자신의 태도를 결정할 필요에 직면해 있다. 우리는 무정부주의자가 아니다. 그러므로 그 나라에 어떠한 정치체제가 존재하는가—민주적인 권리와 자유가 매우 제한되어 있기는 하지만 어쨌든 부르조아민주주의 형태를 갖는 부르조아독재인가 그렇지 않으면 공공연한 파시즘의 형태를 취한 부르주아독재인가—는 결코 우리에게 무관한 일이 아니다. **우리는** 소비에트 민주주의의 지지자이지만 **노동자계급이 오랜 세월에 걸쳐 완강한 투쟁으로 쟁취한 민주주의적 획득물을 한걸음도 양보하지 않고 지켜내며 또 그 획득물을 확대시키기 위해 강고하게 투쟁할 것이다.** … 부르조아민주주의에 대한 태도는 모든 조건 아래서 동일하지는 않다. 예를 들어 10월 혁명시에 러시아의 볼셰비키는, 부르조아민주주의의 옹호를 내걸고 프롤레타리아 독재의 수립에 반대한 모든 정당과 필사적으로 투쟁하였다. 볼셰비키가 이러한 정당들과 투쟁한 것은 당시 부르조아민주주의라는 기치는 프롤레타리아트의 승리에 반대하는 투쟁으로 모든 반혁명 세력을 동원하기 위한 가치였기 때문이다. 그렇지만 지금 여러 자본주의국들의 상태는 이와 다르다. 현재 파시스트 반혁명파는 근로자에게 매우 야만적인 착취와 억압의 체제를 만들어 내려고 부르조아민주주의를 공격하고 있다. 지금 많은 자본주의국의 근로대중은 **구체적인** 당면문제로, 프롤레타리아 독재인가 아니면 부르조아민주주의인가가 아니라 부르조아민주주의인가 아니면 파시즘인가 사이의 선택에 직면해 있다.12)

디미뜨로프는 반파시즘 통일전선에 필요한 이유를 이렇게 설명하면서 레닌의 다음의 주장을 인용하고 있다.

민주주의를 위한 투쟁은 프롤레타리아트를 사회주의혁명으로부터 샛길로 빠지게 할 염려가 있다든가 혹은 사회주의혁명을 가려버림으로써 그늘로 밀어 넣을 염려가 있다는 등으로 생각하는 것은 근본적으로 잘못된 것이다. 오히려, 승리한 사회주의에서 완전한 민주주의가 실현될 수밖에 없듯이 민주주의를 위한 전면적이고 일관된 혁명적 투쟁을 수행하지 않은 프롤레타리아트는 부르조아지에 대한 승리를 준비할 수 없다.13)

디미뜨로프 테제에서 비방과 중상이 근거가 되는 것이 바로 "프롤레타리아 독재인가 아니면 부르주아민주주인가가 아니라 부르주아민주주인가 아니면 파시즘인가의 사이의 선택에 직면해 있다"라는 부분이다. 이 부분이 반파쇼인민전선이 부르주아와 계급협조를 일삼고 프롤레타리아 독재를 폐기한 근거로 제시되고 있다. 그러나 이 테제는 파쇼 하에서 구체적인 당면목표로 주적인 파시즘에 맞서 싸우는 투쟁을 통해 프롤레타리아 독재로 나아가자는 것이다. 부르주아민주주의 체제의 복원이 최종목표가 아니다.

자본주의에서 국가는 부르주아 독재체제이다. 이것은 본질적인 자본주의 국가유형이다. 이러한 부르주아 독재체제라는 단일한 국가유형이지만 통치형

---

12) G. M. 디미트로프, "파시즘에 반대하여 노동자계급의 통일을 이루기 위해 (1935년 8월 13일 공산주의인터내셔널 제7회 대회에서의 보고 맺음말)", ≪반파시즘 통일전선에 대하여 통일전선 연구≫, pp. 175-176.
13) G. M. 디미트로프, 같은 글, p. 178.

태 즉 계급지배 방식은 부르주아민주주의와 파시즘 체제 등 다양하게 나눠질 수 있다. 이것은 부르주아 국가는 어떠한 통치형태를 취하든 부르주아 독재를 국가유형으로 한다고 말할 수 있을 것이다. 이러한 통치형태의 차이에 대해 구별하지 않는다면 파시즘 통치권력이나 부르주아 민주주의 통치권력에서나 세심하게 정세차이를 구별하지 못하고 부르주아 독재반대라는 동일한 요구만 하게 될 것이다.

특정한 조건과 시기의 전술에서 특수한 이행전략이자 구체적인 당면문제로 제출된 반파쇼 인민전선을 반대하는 입장은 다음과 같은 실천적 결론에 도달하게 될 것이다. 반파쇼 민주주의 투쟁이 아니라 프롤레타리아 독재를! 이는 파시즘 국면에서 프롤레타리아 독재를 전면에 내걸게 되면서 파시즘에는 반대하지만 프롤레타리아 독재를 반대하는 사회민주주의 세력, 무정부주의자, 사회당 같은 정치세력과 그 지지자들과의 통일전선을 거부하게 될 것이다. 이 두 가지는 모두 민주주의 투쟁에 기권하고 파시즘에 맞서 싸우는 투쟁에서 혁명적 노동자계급의 고립을 자초하게 하면서 파시즘과의 투쟁에서 패배하게 만든다. 이것은 실제 중국혁명과 스페인 혁명에서 뜨로츠끼주의자들의 극좌적인 편향으로 나타났다.

3) 계급협소를 돌파하는 이행의 특수성

인민전선인가? 계급협조인가? 이러한 대립선은 인민전선을 계급협조주의로 인식하고 있었던 많은 사람들을 당황하게 할 것이다. 그러나 인민전선을 사심 없이 연구하면 인민전선이야말로 계급협조에 맞서서 투쟁한 이론이라는 것을 인식하게 될 것이다. 인민전선은 사회민주당이 반공산주의 입장에서 지배 권력이 되거나 지배 권력의 협조 세력이 되어서 파쇼에 봉사하는 사민당의 계급협조를 막고 반파시즘 전선에 동참할 것을 요구하기 위해 만들어졌다. 그러나 사민당은 꼬민테른을 중심으로 하는 공산당의 반파쇼 인민전선에 대해서 반공산주의, 반볼쉐비끼 입장에 서서 참여하기를 거부했다. 하지만 파쇼 권력의 노동자계급에 대한 압살이 강화되자 사민당 내부의 노동자계급으로부터 공산당과 제휴하여 반파쇼 인민전선에 참가하라는 압박을 강하게 받으면서 참여하게 되었다.

그렇다면 이제 구체적으로 디미뜨로프 테제를 통해서 인민전선이 계급협조이고 프롤레타리아 독재로 나아가는 것을 방해하는 노선인지 살펴보자. 반파쇼인민전선의 주요한 기초는 노동자계급 내부의 통일전선이다. 7차 대회에서는 파시즘에 맞서서 정파를 넘어서 노동자계급 내부의 단결을 최우선적으로 강조했다.

> 노동자계급의 대열이 분열되어 있고 그들과 그 외 근로인민층이 단결되지 않았던 상태가, 파시즘이 권력을 장악하는 길을 열어 놓은 것이라면 프롤레타리아 대열의 통일이 달성되고 인민전선이 만들어지는 것은 파시즘에 대한 민주주의의 승리를 보장하고 파시스트 전쟁방화자로부터 평화를 지키며 최종적으로 자본에 대해 노동이 승리하는 길을 연다.14)

이러한 주장에 대해 꼬민테른 내에서도 인민전선이 부르주아지와의 계급협조 정책이라며 '순수한 계급적 노동자 정책'을 주장하는 데 대해서 디미뜨로프는 다음과 같이 비판하고 있다.

> 일부 혈기왕성한 '좌익' 비판가가 공산주의인터내셔널 제7회 대회의 여러 결정에 대해 행하고 있는 것과 같은, 계급투쟁의 원칙과 인민전선정책을 대립시켜 생각하는 것만큼 지독한 정치적인 무고려와 우열성은 좀처럼 납득이 가지 않는다. 사회민주당이 취해온 부르조아지와의 계급협조 정책에 환멸을 느껴 개량주의 입장을 내버리려고 하는 많은 좌익 사회주의자가 점점 극단적인 반대로 빠져들어 종파주의와 좌익주의의 희생물이 되는 특징적 현상을 우리는 여러 차례 보았다. 그들은 인민전선정책과 부르조아지와의 계급협조 정책을 동일시하는 잘못을 저질러 '순수한 계급적 노동자 정책'을 주장한다. 그들은 파시즘에 반대하는 노동자계급과 소부르조아지, 농민, 인텔리겐차의 민주주의적인 여러 층의 공동투쟁을 계급투쟁의 입장으로부터 벗어난 것이라고 선언한다. 그러나 이것은 결코 인민전선정책이 부르조아지와의 계급협

---

14) G. M. 디미트로프, "파시즘과 전쟁에 반대하는 투쟁의 인민전선", 같은 책, p. 235.

조정책과 동일한 것임을 증명하는 것이 아니며, 성실한 좌익 사회주의자를 향하여 인민전선정책의 계급적 의미를 참을 수 있게 설명함으로써 그들이 파시즘과, 일반적으로 반동파를 이롭게 할 뿐인 정치적 단견으로부터 벗어나도록 그들을 도울 필요가 있음을 증명하고 있을 따름이다.15)

인민전선은 사민당 같은 개량주의 정당과의 위, 아래로부터의 통일전선이 기초이다. 이 기초 위에서 부분적으로 파시즘에 반대하는 자유주의 세력들과의 연대를 추구한다. 다만 그 연대의 조건은 공산당의 자주성과 독자성, 변혁성이다. 이것을 우편향으로 비판한다면 역으로 6차 꼬민테른 테제인 '계급 대 계급' 노선으로 돌아가는 것밖에 안 된다. 반파시즘 통일전선인 인민전선을 비판한다면 파시즘뿐만 아니라 파시즘에 반대하는 자유주의 부르주아마저도 적으로 돌리고 투쟁해야 한다.

식민지, 반식민지에서 인민전선은 노동자가 중심이 되어 농민과의 동맹으로 봉건세력과 제국주의에 반대하는 투쟁을 전개한다. 여기서 제국주의에 반대하는 민족부르주아는 적극적인 제휴의 대상이다. 이것은 꼬민테른 2차 대회에서 레닌이 식민지 문제에 대한 테제16)를 발표하고 인도 공산당 혁명가인 로이와 논쟁하면서 제시한 원칙에 출발을 두고 있다. 로이와 뜨로츠끼주의자들은 중국 등 식민지, 반식민지 국가 내에서의 민족부르주아지와의 통일전선을 거부하고 프롤레타리아 혁명을 주장했다.

이것은 반제국주의, 반봉건 투쟁에 있어서 명백한 좌편향이고 고립을 자초

---

15) 같은 글, pp. 235-236.
16) 레닌은 1920년 7월 28일 꼬민테른 2차 대회에서 "민족·식민지 문제에 대한 테제"를 발표하였다. 이 테제에 대해 로이는 식민지에서 중간층의 부르주아민주주의 세력과 노동자, 농민의 혁명운동은 양립할 수 없다고 주장했다. 이 논쟁에서 레닌은 프롤레타리아 운동의 자주성을 무조건으로 유지하면서 식민지나 후진국의 부르주아 민주주의 정치세력과 협정이나 동맹을 맺어야 하고, 선진국 프롤레타리아의 원조에 의해 후진국이 자본주의적 발전단계를 거치지 않고 곧장 쏘비에뜨 체제로 이행할 수 있다고 주장했다. 다만 이러한 국가에서의 투쟁의 객관적 성격이 부르주아 민주주의 운동의 단계에 머물러 있음은 분명하지만 부르주아 민주주의자들의 제국주의와의 타협적인 속성을 봤을 때, 부르주아 민주주의 운동이라는 표현 대신에 민족혁명운동이라고 하는 것으로 했다.

하는 자멸적인 전략이다. 물론 당시 중국에 대해 뜨로츠끼주의자들은 자본주의이기 때문에 프롤레타리아 혁명의 단계라고 주장했다. 중국 혁명의 역사는 일본 제국주의를 주적으로 해서 제국주의로부터의 해방과 반봉건의 과제를 수행한 부르주아 혁명의 단계라는 규정이 올바름을 검증하고 있다. 반파쇼 투쟁에서 공산당과 노동자계급이 가장 앞장서서 투쟁하고 대중적인 지도력을 쟁취해서 혁명으로 나아가야 하는 것처럼, 중국에서도 반제국주의 투쟁을 통해서 국민당을 대신해서 혁명의 영도세력이 될 수 있었던 것이다. 다만 중국 혁명이 부르주아 민주주의 혁명의 단계라고 해서 이 혁명을 부르주아가 주도하고 부르주아 혁명의 단계에 머무는 것은 아니다. 레닌이 ≪민주주의 혁명에서 사회민주주의자의 두 가지 전술≫에서 말한 것처럼, 민주주의 혁명의 단계에서 노동자와 농민이 계급동맹을 맺고 부르주아 혁명을 성공시키면 노동자 농민의 혁명적 독재를 통해 프롤레타리아 혁명으로 나아가는 것이다.

꼬민테른 7차 대회 이후에 반파시즘 인민전선은 전술에서 이행의 전략이 되었다. 인민전선전술이 특정한 시기, 특정한 조건에서의 전술에서 하나의 이행전략이 되었다는 것은 거대한 역사적 의미를 가진다. 이것이 이행전략이 되었다는 것은 파시즘 국가에서는 노동자통일전선에 기초한 자유주의자들과의 일시적, 조건적 연합으로, 식민지, 반식민지국에서는 반제국주의, 반봉건의 과제를 가지는 민족부르주아와의 연합으로 프롤레타리아 독재로 나아가는 이행전략으로써 위치 지어졌다는 것이 된다.

인민전선이 반파쇼 민주주의 투쟁, 반제 반봉건 투쟁을 통해서 프롤레타리아 독재로 나아가는 전략이 되었다면 프롤레타리아 독재 대 민주주의 투쟁의 대립이 아니라 민주주의 투쟁을 통한 프롤레타리아 독재라는 정식이 수립되는 것이다. 반파쇼 인민전선은 프롤레타리아 독재에 반대하는 것이 아니라 파시즘의 조건, 식민지, 반식민지에서 프롤레타리아 독재로 나아가는 각국마다의 이행의 특수성을 표현하는 것이다. 그렇게 본다면 미국 노동자세계당에서 "공산당의 정책에 따라 노동자계급의 기본적인 투쟁은 **성공적인 프롤레타리아 혁명을 향한 관점에서가 아니라** 단지 부르주아 민주주의 시스템의 승리를 위해 파시스트 반혁명에 대항하는 것에 한정되었다"고 인민전선을 비판하는 것은 엉뚱한 비판이 되는 것이다.

간과하지 말아야 할 가장 중요한 문제는 인민전선전술이 전술에서 전략으로 나아가는 과정에서 인민전선의 전략전술 정신과 원칙, 조건과 인민전선의 적용에 있어서 한계와 오류를 세심하게 구별해야 한다는 것이다. 특정한 시기, 특정한 조건에서 전술이자 이행전략인 인민전선의 특수성을 이해하지 못하고 시도 때도 없이 일반적인 전술이자 이행전략으로 사고한다면 계급타협주의로 전락할 수 있다.

뜨로쯔끼주의자들은 중국, 북, 쿠바 등에서 성립한 인민전선 국가들에 대해서 쏘비에뜨 노선에 입각하지 않았기 때문에 사회주의 혁명이 아니라고 한다. 국가자본주의자들은 스딸린주의식 국가자본주의에 불과하다고 하는데 그것은 각국마다의 이행의 특수성을 보지 못하는 것이다. 레닌은 이 특수한 이행형태에 전력을 기울여야 한다고 주장했다. 레닌은 순수한 프롤레타리아 혁명을 외치는 자들은 평생 혁명을 하지 못할 것이라고 했다. 레닌은 ≪민주주의 혁명에서의 사회민주주의 두 가지 전술≫에서 민주주의 혁명의 단계에서 혁명이 성공한다고 해도 순수 민주주의 요구에 머무는 것이 아니라 사회주의적 과제가 포함된다고 말했다. 반대로 사회주의 혁명의 단계라 해도 부르주아 민주주의의 요구가 남아 있다고 말했다. 심지어 사회주의 혁명의 성공 이후에도 기만적인 부르주아가 회피했던 민주주의 과제를 해결해야 한다고 주장했다. 실제 중국, 북, 쿠바에서는 민주주의 혁명의 단계로 인민정권이 수립됐는데 이 권력은 토지 분배라는 반봉건의 과제뿐만 아니라 주요 산업 국유화와 은행국유화라는 사회주의적 과제를 해결했다.

반면 유로꼬뮤니즘은 이 이행의 특수성을 프롤레타리아트 독재를 배제한 이행의 다양성으로 자의적으로 해석하고 이 평화적 이행노선을 레닌이 말한 이행의 특수성이라며 변호하고 있다. 유로꼬뮤니즘이 인민전선에 기원을 두고 있다고 하지만 디미뜨로프가 제출한 인민전선은 오히려 의회를 통한 평화로운 이행전략에 대해 주의를 기울여 경고하고 비판했다.

> 우리는 통일전선정부가 정세에 적합한 일정한 근본적인 혁명적 요구, 예를 들어 생산의 통제, 은행의 통제, 경찰의 해산, 경찰에 대신하여 노동자 무장민병의 설치 등등을 실행할 것을 요구한다.
>
> 레닌은 15년 전에 '프롤레타리아혁명으로의 **이행** 혹은 **접근**의 형태를 찾아내는'(레닌, ≪공산주의에서의 '좌익주의' 소아병≫) 것에 모든 주의를 집

중하라고 우리에게 호소했다. 분명 **통일전선정부**는 일련의 나라에서 가장 중요한 이행형태의 하나가 될 것이다. '좌익' 공론가는 레닌의 이 지시를 언제나 회피해 왔다. 시야가 좁은 선전가인 그들은 단지 '목적'에 관해 말할 뿐 '이행의 형태' 등에는 결코 주의를 기울이지 않았다. 그런데 우익 기회주의자는 노동자 사이에 부르조아지의 독재로부터 프롤레타리아 독재로 가는, 의회를 통한 평화로운 산보라는 환상을 퍼뜨리기 위해 이 두 개의 독재 사이에 특수한 **민주주의적 중간단계**를 설정하려 했다. 이 가공의 '중간단계'를 그들은 또한 '이행형태'라고도 부르면서 레닌까지 인용했다! 그러나 이 속임수를 폭로하기는 어렵지 않았다. 레닌은 **'프롤레타리아혁명'**에의, 즉 부르조아 독재 타도에의 이행과 접근의 형태에 관해 말했던 것이지 부르조아 독재와 프롤레타리아 독재 **사이의** 이행형태에 관해서는 전혀 말하지 않았기 때문이다.17)

극좌적인 뜨로츠끼주의자들은 파시즘 체제 하에서도 프롤레타리아 독재라는 '목적'에 대해서만 말할 뿐 '이행의 형태'에는 결코 주의를 기울이지 않았다. 반면에 당시에도 우익 기회주의자들은 민주주의적 중간단계를 설정하고 이것을 평화로운 이행형태라고 주장했다. 실제 다음에 보게 되겠지만 유로코뮤니스트들은 맑스-레닌주의의 수사를 버리지 않았기 때문에 위 주장처럼, 레닌이 말한 각 나라마다의 특수한 이형형태라고 유로꼬뮤니즘을 합리화했다.
　여기서 우리는 디미뜨로프가 레닌의 말을 빌려 인민전선이 부르주아 독재와 프롤레타리아 독재 사이의 이행형태가 아니라 부르주아 독재를 타도하고 프롤레타리아 혁명에의 이행과 접근의 형태라고 주장하는 것을 주목해야 한다. 이 주장에 의하면 인민전선은 파시즘 시기에 반파쇼 민주주의 요구를 내걸고 있지만 이 요구를 통해 부르주아 민주주의 체제를 강화하는 것이 아니라 부르주아 독재 체제를 타도하고 프롤레타리아 독재 체제로 이행하는 특수한 이행과 접근의 형태로써 제기된 것임을 알 수가 있다.
　이렇게 부르주아 민주주의냐 파시즘이냐의 대립선을 치는 것은 핵심적 당

---

17) G. M. 디미트로프, "파시즘의 공세와, 파시즘에 반대하여 노동자계급의 통일을 추구하는 투쟁에서의 공산주의인터내셔널의 임무(1935년 8월 2일, 공산주의인터내셔널 제7회 대회에서의 보고)", 같은 책, pp. 142-143.

면 요구로써 내거는 것이지 그것 자체가 부르주아 민주주의에 머무르는 목표가 아님을 분명하게 알 수 있다. 왜냐하면 부르주아 독재 체제가 파시즘을 내세워서 부르주아 계급지배와 통치를 강화하고 있기 때문에 이 파시즘 통치형태를 분쇄함으로써 그것의 본질인 부르주아 독재 체제를 타도하는 것으로 나아갈 수 있기 때문이다.

부르주아 민주주의자들과의 일시적 제휴조차도 노동자계급의 독자성과 자주성을 분명히 하고 프롤레타리아 혁명이라는 근본목표 하에 진행되고 있기 때문에 부르주아 민주주의자들과의 계급협조로 귀결되는 것이 아니라 부르주아 계급 내부의 모순을 이용하는 것이 된다. 따라서 인민전선에 대해 부르주아 민주주의냐 파시즘이냐의 요구를 가지고 프롤레타리아 혁명을 회피한다고 비판하는 것은 요구를 목표로 잘못 알고 비판하고 있는 것이다. 물론 그러한 요구가 실제 반파쇼 투쟁으로 프롤레타리아 혁명을 성공시켰는지는 혁명세력의 주체역량과 파시즘과의 역관계, 자유주의 부르주아 정권의 기회주의, 구체적인 정세마다 후퇴와 전진의 전술운용의 문제로써 다른 지점으로 구체적으로 평가해야 하는 문제이다. 또한 이러한 평가에는 인민전선의 전략, 전술의 구체적인 운용에 대한 평가뿐만 아니라 사회민주당의 배신적 행태, 무정부주의자들과 뜨로츠끼주의자들이 혁명에서 취했던 노선과 역할에 대한 평가 등을 총체적으로 봐야 하는 것이다.

이러한 특정한 시기와 특정한 조건에서 인민전선은 정당했다. 뜨로츠끼주의자들은 중국에서 국민당 좌파와 공산당이 주도한 무한정부18)에서 이중권력과 쏘비에뜨 혁명을 주장했다. 이러한 주장이 현실화 됐다면 반외세와 반봉건을 내걸었던 무한정부에 맞서 반혁명을 일으키게 되는 것이다. 뜨로츠끼주의자들은 스페인 내전에서 프랑꼬 파시즘 독재에 맞서 투쟁하는 공화제 정부에 대해 프롤레타리아 혁명을 주장하며 반란을 일으켰다. 이러한 반란으로 인해 프랑꼬 파쇼 독재와 제국주의의 공격 앞에서 공화제 정부는 분열될 수밖에 없었다.

---

18) 1927년 중국 무한에서 공산당과 국민당 좌파가 합작하여 세운 혁명정부로 봉건군벌과 결탁하여 남경정부를 수립한 장개석의 국민당 정권에 맞섰다. 이 무한정부는 이후에 장개석에 굴복한 국민당 좌파의 배신으로 인해 장개석 군대에 처절하게 패배했다.

미국에서의 인민전선은 파쇼의 발흥을 막고, 루즈벨트로 하여금 공황기에도 불구하고 노동자에게 일정 정도 양보하도록 했다. 이러한 미국에서의 인민전선은 미국에서 파쇼체제를 막고, 미국 부르주아 정권이 독일 파시즘과 맞서 싸우게 한 원동력이 되었다. 이것이 아니라 미국에서 파쇼정권이 수립되었다면 쏘련은 독일 제국주의뿐만 아니라 미제국주의와 동시에 싸우면서 괴멸될 수밖에 없었을 것이다. 부르주아 국가 내부의 모순을 이용해서 쏘련 인민들은 영웅적 투쟁을 통해서 독일제국주의와의 전쟁에서 승리하고 전 세계적으로 파시즘 체제를 붕괴시켰다. 그러나 미국에서의 인민전선은 다시 검토하겠지만 이러한 부분적인 성과에도 불구하고 인민전선의 혁명적 이행의 원칙과 인민전선 내부에서의 주도성을 상실함으로써 미국 공산당이 독점자본의 또 다른 분파인 민주당의 후위대로 전락하게 되는 타락의 계기가 되었다.

　프랑스에서는 파쇼의 출현을 막고 인민전선 정부[19]가 수립됐다. 하지만 이

---

19) 프랑스에서는 1936년 4월 26일-5월 3일 총선에서 사회당의 레옹 블룸을 총리로 해서 사회당과 급진당이 연합한 인민전선 정부가 수립됐다. 프랑스 공산당은 이 인민전선 정부에 연립정권으로 참여하는 문제를 가지고 논란을 벌이다가 결국 참여하지 않는 것으로 결정했다. 디미뜨로프는 이와 관련하여 1936년 5월 11일 "프랑스 문제에 대하여"에서 연립정부 구성이 인민전선의 성과지만 현재의 정세에서 프랑스 인민전선 정부에 참가하는 것은 연립정권의 한 축인 급진당 같은 부르주아와의 계급협조이기 때문에 참여해서는 안 된다고 주장했다.

　　만약 그 정부가 파시즘과 반동에 반대하여 단호하게 투쟁하는 정부로 변할 수 있는 조건하에 있다고 하면 얘기가 달라진다. 그것은 꼬민테른 7차 대회에서 지적된 가장 중요한 계기이다. 우리가 참가하는 것은 특정한 조건하에서는 가능하다-이것은 대회에서 언급된 것이다. 그러나 여기에서는 그러한 조건은 아직 충족되어 있지 못하다. ... 마지막으로, 이제 우리는 어떠한 슬로건을 필요로 하는가? 나는 그것을 두 마디로 정식화하겠다. '모든 것을 인민전선을 위해, 모든 것을 인민전선에 의해', 즉 우리는 모든 정치적·전술적 조치·의회 내의 또한 의회 밖의 조치, 인민전선의 발전, 지방위원회의 조직, 군대 내의 조직, 농민 사이의 조직, 필요에 따라 인민전선을 방위하고, 최후의 승리를 향하여 그것을 발전시켜 강화한다고 하는 프랑스와 프랑스 인민에 있어서의 결정적인 필요에 따라 수행되어야 하는 모든 것을 말한다. (G. M. 디미뜨로프, "프랑스 문제에 대하여", ≪코민테른 자료선집 3≫, 동

정부는 인민전선 정부의 한 축인 사회당 세력의 배신과 우유부단함으로 인해서 스페인 혁명에 대해 불간섭 정책을 취함으로써 스페인 혁명을 배신했다. 이러한 한계에도 불구하고 인민전선이 프랑스에서 1934년 2월 파시즘의 반동 쿠데타를 막고 파시즘의 발흥을 막은 것은 성과의 측면이기도 하다.

위에서 말한 것처럼 특정한 시기, 특정한 조건 내에서 전술이자 이행의 특수한 전략이 된 인민전선정부는 도대체 어떠한 정부인가?

그것은 우선 첫째로, **파시즘과 반동에 반대하여 투쟁하는 정부**다. 그것은 통일전선운동의 결과로 성립하고 공산당과 노동자계급의 대중조직들의 활동을 전혀 제한하지 않으며 반대로, 반혁명적인 금융계의 거두와 그 앞잡이인 파시스트에 대해 단호한 조치를 취하는 정부여야 한다.[20]

이러한 정부가 만들어질 수 있는 정세 조건은 무엇인가?

녁, 1989, pp. 177-178.)

여기서도 인민전선이 계급협조와 무관하고, 지방위원회와 군내 조직, 농민 사이의 조직 등에 대한 강조를 봤을 때 노동자계급과 농민의 '무장해제'를 주장하는 노선이라는 비난과 무관함을 알 수 있다. 프랑스 인민전선 정부의 스페인에 대한 불간섭 정책을 두고서 인민전선의 오류라는 비판이 있는데 그것 역시 인민전선에 내재한 계급협조 때문이 아니다. 오히려 파시즘에 맞서는 노동자들의 강력한 공장점거 투쟁과 대중투쟁으로 인해 인민전선 정부가 탄생할 수 있었다. 레옹 블룸 정부는 노동자계급의 공장점거 파업을 두려워하고, 스페인 혁명을 지원한다면 프랑스와의 동맹관계를 단절하겠다는 압박에 굴복하여 스페인혁명에 대한 불개입 입장을 취했던 것이다. 여기에 더해 레옹 블룸 정부는 독점자본의 자본유출 공세에 굴복하면서 결국 1년 만에 좌초할 수밖에 없었다. 프랑스에서 인민전선 정부의 수립은 인민전선의 올바름을 명확하게 보여준 것이다. 다만 인민전선 정부의 수립 이후에 프랑스 공산당이 독자적인 대중투쟁으로 주도성을 발휘하면서 대중투쟁을 혁명적으로 강화하고 궁극적으로 프롤레타리아 혁명으로 나아가지 못한 지점은 인민전선의 적용과정의 문제로 독자적으로 평가돼야 하는 문제이다.

20) G. M. 디미트로프, "파시즘의 공세와, 파시즘에 반대하여 노동자계급의 통일을 추구하는 투쟁에서의 공산주의인터내셔널의 임무(1935년 8월 2일, 공산주의인터내셔널 제7회 대회에서의 보고)", ≪반파시즘 통일전선에 대하여 통일전선 연구≫, p. 138.

지배계급이 대중적 반파시즘운동의 힘찬 고양을 이미 억누를 수 없게 된 **정치적 위기**의 조건하에서라고. 그러나 이는, 그것이 없다면 통일전선정부의 형성이 사실상 도저히 불가능한 일반적인 통찰에 불과하다. 이 정부를 만드는 문제를 정치적으로 **필수적인 임무**로서 일정에 올릴 수 있는 것은 몇 가지 특수한 전제조건이 존재하는 경우로 한정된다. 그때 가장 주의해야 할 것은 다음의 전제조건이다.

첫째로, 부르조아지의 국가기구가 이미 거의 **해체·마비되고 있고** 그 결과, 부르조아지가 반동과 파시즘에 반대하여 투쟁하는 정부의 설립을 방해할 수 없게 될 것.

둘째로, 극히 광범한 근로대중, 특히 대중적 노동조합이 **파시즘과 반동에 대해** 격렬히 반항하고는 있지만 아직 **공산당의 지도하에 소비에트권력을 획득하기 위한 투쟁**에 나설 만한 **용의는** 없을 때.

셋째로, 통일전선에 참가하고 있는 사회민주당과 그의 여러 당의 대열 내에 분화와 좌익화가 진행되어 이미 그 상당부분이 **파시스트 및 그 외 반동파에 대한 가차 없는 조치**를 요구하고, 공산주의자와 함께 파시즘에 반대하여 투쟁하며 자신이 속한 당 속에서 공산주의에 적의를 품은 반동적인 부분에 대해 공공연히 반대하게끔 되어 있을 것.[21]

이러한 인민전선 정부가 들어설 수 있는 '특수한 전제조건'을 무시하고 인민전선을 모든 시기, 모든 조건에서 확장해서 적용하려고 한다면 그것은 계급협조가 되거나 연립정권에 참여하여 내각 내에서 계급협조주의를 일삼는 '입각주의'에 빠져버리게 된다. 디미뜨로프는 1923년 독일 '노동자정부'에서 공산주의자가 좌익 사회민주주의자와 함께 작센정부에 참여했던 경험에 대해 당시 정세에서 참여 자체는 문제가 없었으나 '프롤레타리아를 무장시키기 위해 그들의 지위를 이용하지 않고, 부르주아민주주의 틀 안에 흔히 있는 의회주의 각료처럼 행동한 것'을 두고 독일 공산당 내의 우익 기회주의자들을 신랄하게 비판했다.

이러한 인민전선이 가능한 조건에 더해 공산당의 독자성과 자주성, 혁명성이 무엇보다 중요하다는 것은 더 이상 강조할 필요가 없다. 그러나 인민전선

---

21) G. M. 디미트로프, 같은 글, p. 139.

의 이러한 혁명적 원칙과 정세조건에 대한 면밀하고 구체적인 고려 없이 일반적 수준에서 인민전선정부를 이야기하는 것은 인민전선의 잘못된 적용이고, 결과적으로 인민전선이 아니다.

3. 공산당 타락의 직접적인 기원

프롤레타리아 독재노선을 폐기하고 사회주의로의 평화로운 이행과 부르주아 국가기구를 타도하는 것이 아니라 개조해서 사용한다는 유로꼬뮤니즘은 인민전선과 아무런 관련이 없다. 유로꼬뮤니즘은 직접적으로 흐루쉬쵸프 수정주의가 중심이 되는 1956년 쏘련 공산당 20차 당대회에서 직접적인 영향을 받았다.

> 사회주의로의 이행의 형태가 장차 점점 더 다양하게 될 것이라는 말은 정말 법칙에 꼭 들어맞는 것이다. 그러므로 사회주의 이행 형태가 모두 어떠한 조건에서도 반드시 내전을 수반할 것이라고만 단정 지을 수는 없다.[22]

물론 위의 20차 당대회 테제의 주장처럼 사회주의 이행형태가 반드시 내전을 수반할 것이라고 단정 지을 수는 없다. 때로는 집권을 통해 사회주의의 혁명적 조치를 취한다 하더라도 지배계급이 사회주의적 조치인 몰수와 국유화를 단행한다면 반동들의 반란은 필연적이다. 프롤레타리아 독재는 단지 반동 쿠데타에 맞서 농민 등과의 계급동맹으로 혁명 권력을 공고히 하기 위해 필요할 뿐만 아니라 사회주의 문화혁명을 통해 사회주의 계급의식을 강화하고 관료주의에 맞서 싸우기 위해서도 중요한 것이다.

흐루쉬쵸프를 중심으로 하는 수정주의자들은 사회주의 혁명에 있어서 이행의 형태는 다양하다 할지라도 그 본질은 프롤레타리아 독재에 있다는 레닌의 혁명적 원칙을 교묘하게 왜곡하여 평화이행론을 마치 이행의 형태, 그것도

---

[22] 소볼례프·콘스탄티노프 외 지음, 《반제민족통일전선 연구, 인민민주주의 혁명론 및 각국의 혁명사례 분석》, 이성과 현실, 1988, p. 25.

주요한 이행의 형태라고 내세우고 있다. 심지어 이들 사회주의 내 수정주의자들은 제국주의의 공세로부터 혁명 권력을 지켜내고, 사회주의를 강화하기 위해 전술적으로 제기된 평화공존론을 제국주의 국가와의 계급타협으로 변질시켰다. 사회주의 내 수정주의자들은 평화이행을 위한 방법으로 부르주아 의회를 부르주아 국가 내부에서 바꿀 수 있다는 우경화된 입장을 제출하고 있다.

> 노동자계급은 근로농민과 광범한 인테리겐챠층 그리고 모든 애국세력들을 자신의 주위에 결집시켜, 자본가와 지주와의 타협정책을 취하고 있는 기회주의자에게 단호한 반격을 가함으로써, 반민중적인 반동세력들을 완전히 패배시키고, 의회 내에서 안정된 다수를 차지하여 의회를 부르조아민주주의 기관으로부터 진정한 국민의 의지를 대변하는 도구로 바꿀 수 있는 가능성을 갖고 있다.[23]

이러한 근본적인 입장변화는 '현재의 상태가 본질적으로 변화'되었다는 정세변화에 기인한 것인데 위 주장에서 평화이행을 주장할 새롭게 변화된 근본적인 조건은 아무것도 없다. 노동자계급 주위에 근로농민과 광범한 인쩰리겐찌아, 애국세력들이 광범위하게 주위에 결집되었다는 것은 권력획득을 위한 주체역량이 강화되었다는 것을 의미할 것인바, 이것이 평화이행의 근거는 될 수 없다.

혁명의 주체역량이 유리하게 되었다고 해서 군대와 경찰, 정보기구 같은 무력기구와 수백만의 행정관료 기구와 독점부르주아 언론기구를 통해 전체 사회를 장악한 독점부르주아 국가권력이 무력화되는 것은 아니다. 또한 '자본가와 지주와의 타협정책을 취하고 있는 기회주의자에게 단호한 반격을 가함으로써, 반민중적인 반동세력들을 완전히 패배시키'는 상황이 주어진다면 혁명으로 나아갈 조건이 강화된 것이지 자본주의 국가기구인 의회 내에서 안정적 다수를 차지하여 자본주의 국가기구에 편입해 들어가야 하는 것도 아니다.

부르주아 국가기구인 의회를 '진정한 국민의 의지를 대변하는 도구로 바꿀 수 있는 가능성'이라는 수정주의자들의 망상은 이들이 부르주아 국가기구에

---

[23] 같은 곳.

대한 물신주의와 의회주의에 빠져 있음을 보여줄 따름이다. 맑스와 엥겔스가 프랑스 내전의 경험을 통해 경고하고, 레닌이 이 분석을 토대로 강조한 것처럼, "노동자계급은 기존의 부르주아 국가기구를 접수하여 자기 자신의 목적대로 행사할 수 없다"는 혁명적 원칙과 현실을 거부하는 것이다. 혁명 이후에 기존의 낡은 부르주아 국가기구는 자신의 의지대로 활용, 또는 변형하여 사용할 수 있는 것이 아니라 철저하게 파괴되어야 하고 완전히 새로운 노동자 인민의 대중국가인 프롤레타리아 독재국가로 철저하게 변화시켜야 한다.

스딸린 사망 3년 뒤인 1956년 2월 24-25일의 밤에 개최된 쏘련 공산당 20차 당대회는 '스딸린 개인숭배' 비판을 한 스딸린 격하 당대회로 알려져 있으나 그러한 스딸린 비판 뒤에서는 이처럼 맑스-레닌주의의 혁명적 원칙을 거부하는 평화적 이행론과 부르주아 국가기구 활용론, 변형론이 핵심적으로 자리 잡고 있었던 것이다.

20차 당대회 이후인 1957년 러시아 혁명 40주년을 기념하기 위해 모스끄바에서 열렸던 세계 공산당·노동자당 회의는 '모스끄바 선언'을 통해 이러한 '사회주의로 향하는 새로운 길에 대한 가능성'이라는 수정주의 노선을 다시금 분명하게 확인하였다.

> 현재의 조건에서는, 일련의 자본주의국가에서 전위부대의 지도를 받는 노동자계급은 노동자의 동일전선 및 민민전선, 기타 모든 형태의 정당과 사회단체의 협정이나 정치적 협력에 힘입어 대다수 민중을 통일하여 내전을 거치지 않고 국가권력을 장악하고 기본적인 생산수단을 민중의 손으로 되찾아올 수 있는 가능성을 가지고 있다. 민중의 대다수를 지주로 하여, 자본가나 지주와의 타협정책을 포기하지 못하는 기회주의자에게 단호한 반격을 가함으로써 노동자계급은 반동적·반민중적 세력을 물리치고, 의회에서 안정적 과반수를 얻어내어 부르조아지의 계급적 이익에 봉사하는 도구인 의회를 근로민중에게 봉사하는 도구로 바꾸고 의회 밖에서의 광범한 대중투쟁을 통해 반동세력의 저항을 분쇄하며 사회주의 혁명을 평화롭게 실현하기 위해 필요한 조건을 조성할 가능성을 가지고 있다.[24]

---

24) 민정구 엮음, 《통일전선론》, 백산서당, 1987, p. 86.

쏘련 20차 당대회를 필두로 해서 시작된 모스끄바 선언과 1960년 '모스끄바 성명'에서 다시금 확인된 쏘련 공산당의 수정주의는 이때를 전후로 하여 전 세계 선진 자본주의 국가의 공산당으로 확산되었다. 이러한 선언과 성명에 대해서 중국, 알바니아를 중심으로 국제적으로 혹은 몇몇 국가 공산당에서 반대하고 비판했지만 이 수정주의 노선은 선진자본주의 국가 공산당 대부분에서 일반적인 노선으로 자리 잡았다.

이탈리아 공산당은 스탈린 비판이 시작된 후인 1956년 12월의 제8차 당대회에서 독점의 지배에 반대하여 그 지배체제를 구조적으로 개량하는 새로운 민주주의를 위해 새로운 민주적 다수파를 결집하고 민주주의를 통해 사회주의로 나아간다는 방침을 확정했다. ... 일본 공산당은 1961년 제8차 당대회에서 위의 방침을 일본에 구체화한 새로운 강령을 결정하였고, 이탈리아 공산당은 1967년 당대회에서 51년 강령을 재검토한 "사회주의로 향한 이탈리아의 길"을 강령으로 확정했다. 모스크바의 시녀라 불린 프랑스 공산당도 1968년 12월의 중앙위원회에서 "샹파뉴선언"으로 알려진 강령적 문서 "선진적 민주주의를 위해, 사회주의 프랑스를 위해"를 채택했다(이 문서는 1970년 2월의 제19차 당대회에서 승인되었다).25)

이러한 선진 자본주의 국가에서의 평화이행 노선은 결국 프롤레타리아 독재로의 이행의 다양한 형태가 아니라 프롤레타리아 독재의 폐기를 본질로 하는 것이었다. 결국 디미뜨로프가 '의회를 통한 평화로운 산보라는 환상을 퍼뜨리기 위해' 평화적 이행론을 주장했던 우익기회주의를 비판했던 것에서 보듯이 인민전선과 평화적 이행론은 전혀 관련이 없다. 오히려 평화이행론을 통해 부르주아 국가기구에 대한 맹신을 갖고 인민전선의 혁명적 원칙을 배반하면서 등장하였던 것이다.

---

25) 같은 책, pp. 86-87.

4. 유로꼬뮤니즘의 맑스-레닌주의 위조와 부르주아 국가 숭배

위에서는 세간에 알려진 것처럼, 유로꼬뮤니즘 노선이 '스딸린주의' 인민전선과 아무런 관련이 없으며, 오히려 그 노선을 비판하면서 시작되었다는 것을 확인하였다. 그렇다면 이제 수정주의 노선을 기원으로 하는 유로꼬뮤니즘이 구체적으로 어떤 논리를 전개하였으며 각국에서 그 노선의 실현은 얼마나 공산당을 타락시키고 노동자계급을 배반하였는지를 살펴볼 것이다.

유로꼬뮤니즘은 선진 자본주의 국가 대부분의 수정주의 이행노선이 되었음에도 불구하고 역사적 근거는 물론이고 이론적 배경이나 깊이 역시 대단히 취약하다. 따라서 유로꼬뮤니즘 노선을 체계적으로 설명한 이론적 글은 그렇게 많지 않다. 국내에서는 그람시에 대한 우경적인 해석을 중심으로 그람시의 진지전 노선과 유로꼬뮤니즘의 관계를 밝힌 글이 소개되어 있고, 몇몇 논문으로 유로꼬뮤니즘에 대한 소개가 있다. 유로꼬뮤니즘을 중심으로 다루는 저서 중에 국내에 소개되어 있는 책은 스페인 공산당 서기장이었던 산티아고 까리요에 의한 《유로꼬뮤니즘과 국가》와 스페인 공산당에 의해 축출된 이른바 좌파 유로꼬뮤니즘노선이라고 할 수 있는 F. 끌로댕의 《유로꼬뮤니즘과 사회주의》이다. 이 두 저작은 유로꼬뮤니즘 노선을 정리한 대표적인 저작으로 알려져 있다. 끌로댕은 유로꼬뮤니즘에 대해 대단히 비판적이지만 그 정치적 결론으로 프롤레타리아 독재노선을 주장하지는 않는 점에서 좌우파의 차이에도 불구하고 근본적인 노선은 크게 차이가 없다.

모든 개량주의 노선이 그렇듯 유로꼬뮤니즘 역시 이론적으로는 맑스-레닌주의 국가론에 대한 왜곡과 변형으로부터 출발한다. 산티아고 까리요는 이렇게 말한다.

> 맑스주의 사상들을 비판적으로 심화시킴과 동시에 현대의 국가, 특히 그것의 민주주의적 변혁의 가능성을 연구하는 것은 아주 중요한 일이다. ... 자본주의 국가는 현실의 문제다. 그 현재적 특질은 무엇인가? 그것은 어떻게 변혁될 수 있는가? 이것은 우리가 민주주의적, 다당제적, 의회주의적 방도를 수행하고자 제안하는 혁명을 포함하여 모든 혁명의 문제다.26)

혁명의 근본적인 문제는 국가의 문제이다. 이 점은 베른슈타인이나 카우츠키나, 까리오나 다 마찬가지며, 무정부주의자들이나 맑스, 엥겔스, 레닌에게나 다 마찬가지다. 다만 사회민주주의자들은 자본주의 국가기구 내에서 점진적인 개량을 통해서 사회주의에 이를 수 있다고 본다. 유로꼬뮤니즘 역시 국가권력을 타도, 분쇄하는 프롤레타리아 혁명과 프롤레타리아 독재 없이 사회주의 권력에 이르는 '사회주의로의 민주적 길'을 주장한다. 무정부주의자들은 맑스-레닌주의처럼 현존하는 자본주의 국가권력을 타도해야 한다고 주장하지만, 국가권력이 무너진 자리에 프롤레타리아 대중 독재국가를 세우는 것을 거부한다는 점에서 맑스-레닌주의와 근본적으로 다르다.

유로꼬뮤니즘은 여전히 맑스주의의 이름을 빌리고 있지만 '민주주의 변혁의 가능성'으로 '민주주의적, 다당제적, 의회주의적 방도'를 주요하게 내세우면서 맑스주의 국가론의 핵심 사상을 거부하고 있다. 맑스주의자들은 자본주의에서 공산주의로 이행하는 정치적 형태가 각 국가의 역사성과 정치적 상황에 따라 다양하지만 그럼에도 불구하고 그 본질은 프롤레타리아 독재국가라고 말한다.

> 부르조아 국가는 아주 다양한 형태를 지니고 있지만 그들의 본질은 동일하다. 즉 모든 부르조아 국가는 그들의 형태가 아무리 다양하더라도 끝까지 본질을 분석해보면 **부르조아지의 독재**라는 동일한 본질이 나타난다. 자본주의에서 공산주의로의 이행은 풍부하고 아주 다양한 정치적 형태들을 창출하는 것과 밀접하게 관련되어 있지만, 그 본질은 필연적으로 동일하게 될 것이다. 즉 **프롤레타리아트의 독재이다.**[27)]

레닌의 이 주장에 대해 까리요는 이렇게 반박한다.

> 그는 절반도 맞지 않았다. 그 이유는 사회주의로의 이행의 그 모든 다양한 정치적 형태들의 본질은 오늘날 우리가 판단할 수 있듯이 **근로인민의 헤게모니**이기 때문이며, 또 그 **정치적 형태의 다양함과 풍부함** 자체가 프롤레

---

26) 산티아고 까리요, ≪유로꼬뮤니즘과 국가≫, 새길, 1992, pp. 15-16.
27) 레닌, ≪국가와 혁명≫, 논장, 1994, pp. 50-51.

타리아 독재가 필연적이지 않을 가능성을 수반하고 있기 때문이다.28)

자본주의에서 공산주의로의 이행에 있어서 프롤레타리아 독재가 반드시 필요한 이유는, 혁명에 반대하여 반동적인 공세를 계속하게 될 부르주아에 맞서 혁명 권력을 사수, 강화해야 하기 때문이며, 프롤레타리아 독재국가를 통해 전 인민의 국가에 대한 참여를 통해 대중국가를 건설해야 하기 때문이다. 프롤레타리아 독재국가는 생산과 경제뿐만 아니라 사회주의 혁명 이후에도 여전히 그 잔재로 남아 있는 부르주아 문화, 의식에 맞서서 프롤레타리아 문화혁명을 조직해야 한다. 프롤레타리아 독재 역시 국가권력의 본질인 한 계급의 다른 계급에 의한 억압이지만 부르주아 국가와 달리 여기서는 자본주의에서 억압받고 착취당했던 노동자 인민의 절대 다수에 의한 부르주아 반동 모리배 소수에 대한 억압이다.

프롤레타리아 독재는 노동자 인민의 절대 다수가 통치하는 국가이기 때문에 소수를 위한 민주주의가 아니라 절대 다수 인민을 위한 계급적 민주주의이다. 프롤레타리아 독재 국가는 사회주의 생산력을 고도로 발전시키고, 육체노동과 정신노동의 구별, 농촌과 도시의 구별을 없애서 관료주의를 그 뿌리부터 제거하면서 전체 인민의 물질적, 정신적, 문화적 풍요를 위해서 투쟁한다. 프롤레타리아 독재 국가는 착취계급이 절멸하여 부르주아 반혁명의 가능성이 없어지고, 문화적, 물질적 풍요 속에 능력에 따른 노동과 필요에 따른 공산주의적 분배원리가 강화됨에 따라서 한 계급이 다른 계급을 억압할 필요가 없어지면 사멸해 가는 국가 즉 준(準)국가이다.

간략하게 정리했지만 이것이 맑스-레닌주의 국가론의 핵심 사상이며, 현실에서 사회주의의 건설에서도 부르주아 국가를 대신해서 '필연적으로' 출현한 국가유형이었다. 프롤레타리아 독재는 맑스-레닌주의 핵심 사상이기 때문만이 아니라 사회주의 변혁에 있어서 현실적으로, 역사적으로도 '필연적으로' 나타날 수밖에 없는 국가유형이라는 점에서도 중요한 것이다. 이 필연성은 쏘비에뜨 혁명을 통해 사회주의를 건설한 쏘련이나 신민주주의 혁명의 형태를 통해 사회주의를 건설한 중국이나 반봉건, 반외세의 과제를 해결하면서

---

28) 산티아고 까리요, 같은 책, p. 200.

인민권력으로 출발한 쿠바에서도 '필연적으로' 나타난 프롤레타리아 국가 유형이었다.

이러한 사회주의 변혁에서 '필연적으로' 나타날 수밖에 없는 프롤레타리아 독재를 거부하면 칠레 아옌데정권처럼, 의회를 통해 집권했다고 해도 부르주아 반혁명에 의해 비극적으로 무너질 수밖에 없다. 또한 21세기 사회주의라고 하는 베네주엘라 차베스 권력의 경우에도 선거라는 수단을 통해 집권했지만 미제와 부르주아 반혁명에 의해 끊임없이 권력을 위협받고 있고, 결국 프롤레타리아 독재로 나아가지 못하면 더 이상의 혁명을 포기하고 브라질 룰라처럼, 자본주의자가 되거나 칠레 아옌데처럼, 부르주아 반동에 의해 권력을 탈취당할 수밖에 없을 것이다. 반대로 프롤레타리아 독재국가로 변모했음에도 불구하고 쏘련사회주의의 흐루쉬쵸프 정권처럼, 프롤레타리아 독재 대신에 '전인민의 국가'로 변모하여 사회주의 내 수정주의를 강화하고, 유고의 티토나 동구 대다수의 사회주의 국가처럼, 프롤레타리아 독재와 전위당 노선을 약화시켜 시장사회주의로 타락하면서 마침내 사회주의가 붕괴되는 비극적인 결과를 초래하기도 했다.

유로꼬뮤니즘은 이행의 형태가 아무리 다양하더라도 그 본질은 '필연적으로' 프롤레타리아 독재일 뿐이라는 맑스-레닌주의 핵심사상과 혁명의 현실성을 거부하고, '민주주의적, 다당제, 의회제적 방도'를 이행의 주요한 형태라고 주장하고 있다.

까리요는 "우리는 사회민주주의 진영으로 넘어가지도 않으며, 이데올로기적으로 그들과 투쟁을 계속하고 있다"[29])며 한사코 자신들은 개량주의가 아니라고 주장한다. 진심으로 혁명 없이 선거와 의회를 통해 평화롭게 착취와 수탈이 없는 사회주의를 건설할 수 있다고 주장하는 유로꼬뮤니즘의 이러한 진정성 모두를 사악한 거짓말이라고 거부하지는 않겠다. 이들의 맑스-레닌주의에 대한 노골적인 위조에도 불구하고 사악한 의도로만 유로꼬뮤니즘에 대해 비판한다면 유로꼬뮤니즘이 탄생할 수밖에 없었던 객관적인 역사나 정치적 배경에 대해 접근하지 못하고 주관주의에 머물 수 있기 때문이다. 따라서 그들의 주관적인 의도를 분석하는 것과 아울러 이 주장이 '필연적으로' 어떻게 귀

---

29) 같은 책, p. 23.

결되느냐의 문제를 추적해야 한다. 그렇다면 과연 유로꼬뮤니즘이 이러한 '혁명관'을 가지게 된 객관적 근거는 무엇인가?

> 우리가 제시한 해결책들이 모든 사람들에게 받아들여진다고는 생각하지 않는다. 그것들은 우리나라, 비슷한 발전 수준 이상의 다른 나라들에서 타당한 것들이다. 예를 들어 역사적으로 다원주의와 의회주의를 경험한 적이 없는 베트남이나 라오스 그리고 제3세계의 다른 지역들에서 그런 다원주의와 의회제의 발전을 요구하는 사람들은 쓸데없는 행동을 하는 것이다. 사회주의와 민주주의는 이 나라들에서는 다른 형태를 취할 수 있다. 반대로, 똑같은 오류는 자신의 모델들을 혁명과 사회주의에 관한 일반법칙으로서 정립하고 다른 모든 경우에 적용하려는 사람들에 의해서도 저질러지고 있다. 사회주의의 길이 서로 다를 수 있다는 것을 일찍이 헤아린 레닌의 현명한 통찰은 현실에서 완전히 확인되고 있다.30)

까리요는 "70년대의 발전된 자본주의 나라들"31)에서 보듯 70년대의 프랑스, 이탈리아, 스페인 같은 발전한 자본주의는 의회주의가 발전해 있어서 혁명의 일반법칙을 적용할 수 없는 예외적인 국가들이라는 것이다. 위에서 비판했듯이 까리요는 '사회주의의 길이 서로 다를 수 있다는 것을 일찍이 헤아린 레닌의 현명한 통찰'을 가지고 자신들의 노선을 합리화하지만 그 말 뒤에 레닌이 핵심적으로 강조하려 했던 그럼에도 '그 본질은 필연적으로 프롤레타리아 독재이다'라는 말을 의도적으로 누락하고 있다.

쏘련공산당 20차 당대회에서 흐루쉬쵸프도 사회주의로의 '평화적 이행'에 대해 모든 국가에서 다 적용될 이행노선이라고 주장하지는 않았다. 다만 의회주의가 발달한 자본주의 국가에서의 이행노선일 뿐, 자본주의가 발전하지 않은 국가에서는 여전히 비의회주의적인 혁명적 이행이 필수적이라고 보았다. 흐루쉬쵸프 수정주의의 계승자답게 유로꼬뮤니즘도 똑같은 주장을 하고 있다. 까리요는 자본주의 국가가 본질적으로 폭력과 억압의 기구라는 맑스-레닌주의의 국가론을 거부하면서 그람시나 알뛰세를 내세워서 '선진 자본주의 국가

---

30) 같은 곳.
31) 같은 곳.

의 예외성'을 주장한다.

본질적으로 맑스, 엥겔스와 레닌은 국가를 특히 그 억압적인 성격을 강조하여 한 계급이 다른 계급들에 대한 지배의 도구로서 파악한다. 다른 맑스주의자들, 그중에서도 그람시와 알튀세르는 이데올로기적 장치들에 대해서도 거론하는데, 이것들은 폭력에 의거하기보다는 정신적인 수준에서 그 위력을 발휘한다. 이런 이데올로기적 장치들을 보면, 종교장치(서로 다른 교회들의 체계), 교육장치(공립과 사립을 막론한 학교 체계), 가족, 사법장치, 정치장치, 정보장치(신문, 라디오, 텔레비전 등)와 문화장치를 들 수 있다. 하지만 이밖에도 자본주의 국가가 정치, 주요한 지배적인 경제그룹들의 대표자로서, 경제발전의 조정자로서 등장하고 있다는 또 다른 차원의 사실이 지적되어야 한다.32)

이러한 주장은 맑스-레닌주의 국가론에 대한 속물적이고 조잡한 왜곡이다. 자본주의에서 이데올로기적 기구들조차도 자본주의의 물질적, 폭력적 기구를 바탕으로 해서 이 기구를 강화하는 데 활용되고 있다. 이데올로기적 기구는 폭력적 지배를 강화하고 공고히 하기 위한 한 수단에 불과한 것이다. 이러한 주장은 맑스-레닌주의의 사적 유물론의 초보적인 이해도 하지 못하는 것이다.

어떤 시대에서나 지배계급의 사상이 지배적인 사상이다. 다시 말해서 사회의 지배적인 물질적인 물질적 세력인 지배계급이 동시에 그 사회의 지배적인 정신적 세력이라는 말이다. 물질적인 생산의 수단을 통제하는 계급은 그 결과 정신적인 생산의 수단도 통제하고 있으며, 그에 따라 정신적인 생산수단을 가지지 못한 계급의 사상은 대체로 그것에 종속된다. 지배적인 사상은 지배적인 물질적 관계들의 관념적 표현, 사상으로서 파악된 지배적인 물질적 관계일 뿐이다. 그러므로 한 계급을 지배계급으로 만드는 관계들의 표현, 곧 이 계급의 지배 사상 이외의 아무 것도 아니다.33)

---

32) 같은 책, p. 24.
33) 칼 마르크스·프리드리히 엥겔스 저, 김대웅 역, ≪독일이데올로기≫, 두레, 1989, pp. 91-92.

맑스-레닌주의는 국가권력의 본질이 폭력과 억압의 도구라고 주장하지만 시도 때도 없이 폭력과 억압에만 의존한다고 주장하는 것이 아니다. 국가권력은 지배계급, 독점자본의 이해를 대변하기 위해 폭력과 억압을 주로 사용하지만 전체 사회에 대한 지배를 효과적으로 하기 위해 이데올로기 기구를 활용해서 '동의와 설득'을 활용하기도 하고, 사회'질서'를 강화하기도 한다. 국가기구는 부르주아 특히 독점자본주의 국가이지만 전체 사회를 지배하기 위해서 형식적으로는 사회보다 위에 위치해서 전체 사회를 위한, 중립적인 기구인 양 보이려고 노력한다. 그렇지 않으면 피착취자와 피억압자가 자본주의 지배체제에 맞서 끊임없이 반란을 일으켜 지배질서를 위협할 수 있기 때문이다. 레닌은 ≪국가와 혁명≫에서, 엥겔스의 ≪가족, 사유재산, 국가의 기원≫의 한 부분을 인용하고 있다.

계급 간의 경제적 이익관계가 얽혀 있는 이 계급들 간의 적대감으로 인하여 자신과 사회가 무익한 투쟁을 벌이지 않기 위해서는 외견상 사회 위에 군림하는 하나의 권력이, 즉 '질서'라는 테두리 안에서 그 사회를 유지하고 계급 간의 갈등을 조화시킬 권력이 필요하게 된다. 그리고 이러한 권력, 즉 사회로부터 나왔지만 사회보다 상부에 위치하며 사회로부터 그 자신을 점점 더 소외시키는 권력이 바로 국가인 것이다.34)

국가가 계급 사이의 갈등을 조화시키려고 하는 것은 계급모순을 중재자로서 해결하려고 하는 것이 아니라 부르주아 독재권력을 '정당화하고 영속화'하기 위함이다. 까리요가 이러한 자본주의 국가에 대해 "정치, 주요한 지배적인 경제그룹들의 대표자로서, 경제발전의 조정자로서 등장하고 있다는 또 다른 차원의 사실이 지적되어야 한다"고 주장하는 것은 유로꼬뮤니즘의 이데올로기적 타락이 얼마나 심각한지 잘 알 수 있게 한다. 까리요는 현대국가가 독점자본주의 국가임을 부정하고 있다. 국가가 '경제발전의 조정자'로서 나서는 것은 노자 간의 이해를 중재하고 조정하려고 하는 것이 아니라 독점자본의 지배를 정당화하고 영속화하려고 하기 때문이다.

까리요는 엥겔스의 혁명성 역시 왜곡하기 위해, 엥겔스가 ≪1848-1850년

---

34) 레닌, ≪국가와 혁명≫, p. 18.

프랑스에서의 계급투쟁≫의 서문에서 말한 바 있는, 바리게이트에 입각한 전술이 이제는 시대에 뒤떨어졌고 보통선거의 활용을 강조한 부분을 인용하고 있다. 그러나 알다시피 엥겔스가 독일 사회민주주의노동자당의 기관지인 ≪전진≫에 서문을 기고할 때 부분적으로 삭제 당했고, 서문을 가지고 엥겔스를 '완고한 평화적 법률 숭배자'로 취급하는 데 대해 분통을 터뜨렸다. 당시 독일 사민당은 엥겔스의 서문을 40년 동안이나 원문 그대로 출판하지 않았고, 베른슈타인도 이를 근거로 개량주의의 근거로 활용했다. 엥겔스는 당시 독일 사민당의 합법주의로의 경도에 대해 한 편지에서 다음과 같이 개탄을 했다.

여러분은 절대적인 합법성, 어떤 상황에서도 법률을 준수하는 합법성, 발안자 스스로가 파기한 법률까지도 준수하는 합법성에 스스로 육체와 영혼을 팔아넘기려 하고 있습니다. … 선거권이 빨리 획득되지 않으면 가능한 한 직접적이고 폭력적인 실력 행사에 들어가는 오스트리아 인들을 보십시오! 또다시 여러분의 발목을 채우려고 하는 사회주의자 법하에서 여러분 자신이 했던 위법 행위를 생각해 보십시오! 합법성은 우리에게 적합한 한에서만 합법성이며, 어떤 대가를 치러서라도 획득해야 하는 것이 아닙니다. 그것은 공문구조차 지불할 필요가 없습니다.35)

맑스-레닌주의가 국가에 대한 이러한 속물적인 인식에 맞서 평생을 싸워 왔음에도 불구하고 유로꼬뮤니즘은 쁘띠 부르주아적 속물적 인식에 사로잡혀서 맑스, 엥겔스, 레닌의 사상을 교묘하게 왜곡하고 위조하고 있는 것이다. 독일 사회민주당이 개량주의에 빠져들면서 맑스와 엥겔스의 사상을 위조한 것과 같은 뻔뻔한 조작행위를 하고 있는 것이다.

까리요는 발전한 자본주의 국가에서는 현대국가의 본질이 변모했다고 하지만, 자신도 비록 후진적인 자본주의 국가였지만 스페인의 프랑꼬 파시스트 독재와 투쟁하고, 발전한 자본주의 국가인 독일과 프랑스, 이탈리아에서 고작 수십 년 전에 파시스트 독재가 의회와 노동조합을 파괴하고, 공산주의자들과

---

35) 엥겔스, "엥겔스가 브레슬라우의 베르너 좀바르트에게", ≪칼 맑스 프리드리히 엥겔스 저작선집≫ 6권, 박종철출판사, p. 579.

노동자계급뿐만 아니라 수천만 인민들을 전쟁과 학살의 참화로 몰아넣었던 역사를 철저하게 망각하고 있다. 부르주아 국가는 계급지배 질서를 강화하기 위해 '동의와 설득'을 사용하기도 하지만 자본주의가 위기에 처했을 때는 그 폭력적이고 야만적인 본성을 유감없이 드러낸다.

까리요는 발전한 자본주의 국가에서의 '민주주의적' 변혁전략을 다음과 같이 주장하고 있다.

> 발전된 자본주의 나라들의 경우 오늘날의 혁명전략은 독점자본주의의 국가권력에 대항하여 이 이데올로기적 장치들을 —전체적으로는 아닐지라도 부분적으로나마— 개조하는 것, 즉 이것들을 변혁하고 활용하는 것을 지향해야만 한다. 현대의 경험은 이것이 가능하다는 것과, 그리고 —전쟁이나 혹은 경제적 및 정치적 파국의 경우를 제외한다면— 이것이 국가장치의 민주적 변혁에 관건적이라는 것을 보여주고 있다.36)

이것이 유로꼬뮤니즘의 '국가기구 개조론'의 핵심이다. 흐루쉬쵸프가 제시한 바 있는 국가기구의 민주적 개조이다. 의회기구도 마찬가지로 인수해서 노동자계급과 인민들에게 봉사하는 기구로 만들 수 있다는 것이다.

까리요는 이데올로기 기구와 폭력기구를 분리시키는 것뿐만 아니라 현대 제국주의 국가의 현실에 대해 철저하게 무지하거나 눈앞에 보이는 현실을 의도적으로 외면하고 있다. 현대 제국주의 국가는 제국주의 국가와의 전면전은 아니지만 무력을 사용한 전쟁을 일상적으로 벌이고 있으며, 제국주의 경제는 어김없이 찾아오는 공황을 통해 경제적, 정치적 파국에 빠지게 된다. 그런데 까리요는 이러한 제국주의 경제와 정치의 일상적인 상황을 지극히 예외적인 상황으로 간주하면서 이 예외적인 상황에서 '국가장치의 민주적 변혁'을 해야 한다고 주장하고 있는 것이다. 유로꼬뮤니즘은 제국주의 국가의 포로가 되어 물신숭배를 하고 있으며, 제국주의의 배외주의적, 폭력적 현실을 외면하고 있다. '발전한 자본주의 국가'라는 예외성을 이유로 교묘하게 제국주의 변호론을 펼치고 있는 것이다.

이러한 예외성에 의해 까리요는 폭력혁명을 단지 후진적인 러시아만의 산

---

36) 산티아고 까리요, 같은 책, p. 34.

물이라고 주장하고 있다.

발전한 자본주의 나라들에서 사회주의 혁명의 첫 단계는 폭력행위에 의한 국가의 억압적 장치의 파괴라고 인식하는 것이 현실적인가? 이 질문은 차르치하의 러시아라는 맥락에서, 즉 파멸적인 군사적 패배의 상황에서 제기될 수도 있다. 당시 러시아는 전체 국가장치가 붕괴되고, 군대의 대다수는 평화와 빵 그리고 토지를 갈구하며 재앙에 굴복해서 혁명세력 쪽으로 넘어온 상황이었다.37)

이처럼 유로꼬뮤니즘 정치세력들은 폭력혁명과 프롤레타리아 독재가 러시아적 특수한 상황에서 발생했으며 러시아와는 다른 발전한 자본주의 국가에서의 변혁은 다르다는 것이다. 이러한 혁명전략 대신에 까리요는 "민주적인 대중행동이 대표적인 민주적 제도들에 의한 행동과 결합되는 것이 되어야만 한다. 다시 말해서 오늘날 기본적으로 자본주의에 봉사하고 있는 대표적인 민주적 도구들이 사회주의에 봉사하도록 활용되어야만 한다"38)라고 주장하고 있다. 그러나 유로꼬뮤니즘은 자본주의에 봉사하고 있는 민주적 도구들을 활용하여 사회주의에 봉사하게 하는 것이 아니라 자본주의에 봉사하고 있는 도구에 이용됨으로써 자본주의에 봉사하게 되는 것이다.

그렇다면 유로꼬뮤니즘은 자본주의 국가장치를 어떻게 민주적으로 변혁될 수 있다고 주장하는가?

그 방법은, 기존의 사회 내부에서라도, 즉 사회주의 세력들이 정부에 첫발을 내딛기 전에라도, 국가장치의 민주화를 위한 열정적이고 지적인 행동에 의존하는 것이다. 그 출발점은 부르주아 이데올로기가 이데올로기적 장치들에 대한 자신의 헤게모니를 상실하는 상황을 획득하는 데 있다. 이러한 목적이 부분적으로라도 달성되는 한, 그 성과는 억압적 장치에도 반영될 것이다.39)

---

37) 같은 책, pp. 63-64.
38) 같은 책, p. 66.
39) 같은 책, p. 67.

까리요는 국가장치의 민주화의 사례로 공무원노조의 등장과 1968년 프랑스 혁명에서 경찰조합들의 일련의 저항과 군대 내에서의 심각한 소요의 발생을 예로 들고 있다. 까리요는 이러한 사례를 국가기구 민주화의 첫 단계로 보면서 국가권력이 무장세력에게 폭력적 명령을 지시하도록 하는 것을 막아야 한다고 주장한다.

우리가 반대해야 하는 것은 바로 이 같은 역할, 즉 독점자본주의의 국가권력이 무장세력에게 수행하도록 지시하는 역할인 것이다. 공공질서의 세력들과 경찰은 사회를 반사회적 분자들로부터 방어하기 위해서, 교통을 정리하기 위해서, 주민을 보호하기 위해서만 존재해야 한다. 대중시위 및 대중파업은 공공질서와 충돌하지 않으며, 다만 정부가 그들을 탄압하도록 경찰을 파견할 때에만 공공질서와 충돌하게 된다. 파업은 사용자들의 대표와 노동자들의 대표 사이의 협상을 위한 것이다. 시위 때의 질서유지는 시위조직자들에 의해서 수행되어야 한다. 만약 경찰이 절도 및 범죄를 추적하고 마약을 거래하는 반사회적 분자들을 색출하는 일에 전념한다면, 만일 그들이 점증하는 치명적 사고들을 막기 위해서 좀 더 효과적으로 도로를 순찰한다면, 그리고 만일 일반적으로 경찰이 주민과 그들의 문제에 좀 더 가깝게 밀착된다면, 이처럼 된다면 현대사회는 지금보다 훨씬 더 안전해질 것이다.[40]

까리요의 "만일 ... 한다면"이라는 가정법은 계속된다.

수천 명의 경찰들에게 전투복을 입히고 현대식 탄압장비를 갖추게 해서 파업자들과 대중적 시위를 공격하도록 내보낼 이유가 있는 것일까? 통치자로 하여금, 모든 시위들은 정당한 요구들을 갖고 있다고 생각하고 또 자신들과 협상하도록 뽑힌 대표자들을 받아들이는 데 익숙해지도록 하라. 그들이 인민과 대화하고, 인민의 얘기에 귀를 기울이고, 심지어 그들 자신의 결정을 수정하는 습관을 갖도록 하라. 당국으로 하여금 자신이 사회 위에 존재한다고 생각하지 않게 하라. 사용자들은 노동자들과 직접 협상해야 한다. 그들로 하여금 자신들의 경찰의 지원 하에 명령을 부여할 수 있다는 방자한 생각을

---

40) 같은 책, p. 71.

버리게 하라!41)

까리요의 가정법은 어떻게 현실화될 수 있는 것일까?

> 만일 대다수 주민이 이 체제 혹은 특정한 제도에 찬성하지 않고 그것들에 반대한다고 주장한다면 그런 경우에는 공공질서의 방어란 다수의 의지가 수행되도록 보장하는 것을 뜻한다.42)

> 군대는 무엇보다도 국가적 독립 및 주권을 방위하는 도구가 되어야만 하는 것이지, 결코 다른 계급 및 계층에 대한 독점적 과두제의 지배나 혹은 자본주의적인 정치적 및 사회적 현상의 신성불가침성을 보장하는 도구가 되어서는 안 된다.43)

까리요는 경찰이 인민들을 탄압하지 않고 치안과 교통질서 유지에 힘쓰고, 군대가 다른 계급과 계층에 대한 폭력적 지배의 도구가 되지 않기 위해서는 대다수 인민들이 그것들에 반대하면 된다고 주장한다. 까리요는 여론 다수의 지지에 의해 이 가정법을 현실로 만들 수 있다고 주장하는 것이다. 까리요는 부르주아 물리적 지배를 보장하는 이데올로기 기구를 바꾸면 여론 다수가 공산주의자들을 지지하고, 이를 바탕으로 의회를 장악하여 평화로운 방식으로 공산주의를 건설할 수 있다고 보는 것이다.

까리요는 자본주의 국가권력을 타도하는 것이 아니라 자본주의 국가권력이 폭력적인 무장력을 사용하지 못하도록 반대해야 한다고 주장한다. 까리요는 본래 국가권력은 중립적인데 지배권력에 의해 폭력적으로 사용되기 때문에 자신들이 의회를 통해 권력을 잡으면 폭력적인 국가권력을 노동자 인민에게 봉사하는 기구로 변형시킬 수 있다고 보는 것이다.

까리요의 가정은 끝까지 허망한 가정으로 끝난다. 까리요의 가정이 현실화되려면 경찰과 군대가 폭력기구임을 멈추도록 하기 위해 먼저 이데올로기 기

---

41) 같은 곳.
42) 같은 책, p. 73.
43) 같은 책, pp. 84-85.

구가 자신의 역할을 중단하도록 해야 한다. 그러면 지배계급의 사상적 지배는 끝나고 인민 다수여론의 사회주의에 대한 지지가 가능해서 집권으로 갈 수 있다.

현대독점자본주의는 군대, 경찰기구, 정보기구 등 폭력적 국가기구뿐만 아니라 폭력적 기구를 정당화하는 법적 장치인 법률기구들을 장악하고 있을 뿐만 아니라 교육, 종교, 문화, 언론기구까지 철저하게 장악하고 있다. 정부는 권력자의 얼굴이 교체된다고 해도 이러한 사회 전체에 대한 독점자본의 지배에 포섭될 수밖에 없다. 과연 까리요는 폭력적 국가기구의 변화의 전제인 이데올로기적 기구의 헤게모니를 어떻게 장악하여 인민에게 봉사하는 기구로 만들 수 있을 것인가? 이것이 가정으로 그친다면 인민 다수의 지지와 집권도 물 건너가는 것이다. 심지어 사회민주주의의 경험처럼, 인민 다수의 지지에 의해 집권한다고 하더라도 사회민주당 정권은 사회 전체의 실질적 지배자인 독점자본에 굴복하여 독점자본의 버팀목이 되었다.

이 점은 여전히 공산주의를 참칭하고 있는 유로꼬뮤니즘 정치세력들이 장악한다고 해도 조금도 달라지지 않는다. 독점자본의 권력지배에 맞서기 위해서는 독점자본의 힘의 원천인 저들이 보유한 생산수단과 이데올로기 기구 등을 탈취해야만 한다. 독점자본에 대한 몰수가 없이 독점자본이 보유한 사회적 지배력을 어떻게 훼손할 수 있는가? 결국 국민 다수의 지지를 받아 집권한다고 하더라도 독점자본의 사회지배를 끝장내기 위해서는 독점자본 몰수와 사회화가 진행되어야 한다. 독점자본은 자신이 가진 모든 물리력과 이데올로기 기구 등을 통해 이러한 사적소유 침해에 맞서 저항하고 집권세력들을 분쇄하기 위해 떨쳐 일어설 것이 분명한데 과연 선거로 집권한 유로꼬뮤니즘 세력들은 프롤레타리아 독재가 아니고서는 어떻게 이 공세에 맞설 수 있을 것인가? 아마도 사회주의 조치 자체도 취하지 못하고 독점자본의 힘에 굴복해버릴 것이다.

이미 집권하기도 전에 부르주아 국가기구의 중립성 신화를 추종하고 자본주의에 맥없이 굴복한 유로꼬뮤니즘 세력이 이러한 조치를 취할 리 만무한 것이다. 까리요는 68년 프랑스 혁명의 경험을 운운하는데 군대와 경찰 내부가 동요하고 일부는 시위자들을 지지하면서 국가권력이 약화된 것은 바로 자본주의에 저항하는 인민 다수의 물리적 힘이 있었기 때문이다. 하지만 자본주의를 타도하고 프롤레타리아 혁명과 프롤레타리아 독재권력을 세우는 대신에 '상상력에게 권력을'이라는 낭만주의적, 무정부주의적 목표에 머물러 있던 프랑스 인민들은 자본주의를 전복하지 못했다. 튀니지와 이집트 인민봉기에서처럼, 군대와 경찰 일부는 동요했지만 그 혁명이 더 전진하지 못하고 주춤거릴 때 군대와 경찰이 자본주의 지배계급을 사수하는 마지막 수호대가 되고 있는 것처럼 말이다.

까리요의 몽상적 가정법과 다르게 자본주의가 발전한 현대 독점자본주의 국가에서조차 경찰은 여전히 시위에 나서는 인민들에게 무차별적인 폭력을 휘두르고 있고 사법기관은 이들 인민들을 구속시키고 있다. 제국주의 국가의 군대는 여전히 역사상 최대의 물리력으로 무장한 채 지배계급의 물리력의 총화로 남아 발전한 자본주의 국가 내에서의 내전에 대비하고 있으며, 이라크, 아프가니스탄에서 수십만, 수백만의 인민들을 무참하게 학살하고 있다. 방송과 신문 같은 언론기구 역시 독점자본의 나팔수가 되어 인민들의 의식을 흐리게 하고 지배계급의 이데올로기를 전파하고 있다.

유로꼬뮤니즘은 이러한 상황을 철저하게 외면하면서 공산당이라는 명칭과 다르게 사민주의와 같은 정치적 결론에 도달하고 있다. 그러면서도 "혁명적 방법에 의해 권력을 획득한다는 구상을 포기하지 않을 것이"라고 하고 있다.

> 우리는 사회민주주의로 회귀하지 않는다! 그 이유는 우선 만약 지배계급이 민주적 길을 차단하면, 그리고 혁명적 길이 가능해질 상황이 발전한다면, 우리는 혁명적 방법에 의해 권력을 획득한다는 구상을 포기하지 않을 것이기 때문이다.44)

유로꼬뮤니즘의 위선적인 주장과 다르게 프롤레타리아 혁명에 대해 지배계급이 '민주적 길을 차단하'는 것은 지극히 예외적인 경우가 아니라 혁명에 대해 역사상 모든 지배계급이 대응하는 방식이었다. 지배계급이 혁명적 상황을 맞아 '민주적 길을 차단하'지 않고 권력을 양도한 사례는 없었다. 지극히 예외적으로 평화적 방법에 의해 권력을 장악하더라도 결국 사회주의 조치에 대

---

44) 같은 책, p. 172.

해서 순순하게 권력을 양도한 적은 단 한 번도 없었다. 결국 유로꼬뮤니즘의 결론은 무엇인가?

    맑스와 엥겔스의 시대에는, 가장 발전된 나라들에서도 프롤레타리아트의 의식적 부분, 즉 혁명적 위기에 권력을 자신들의 (또 대부분의 국가에서는 프롤레타리아트 그 자체의) 수중에 장악할 수 있는 프롤레타리아트는 인구의 소수에 불과했고, 따라서 이 소수는 무장된 폭력으로 권력을 장악하고 폭력에 의해, 즉 독재에 의해 그 권력을 계속 유지하며 사회의 이행을 시작할 수 있었을 뿐이라는 것이다. 그러나 오늘날 유럽 및 자본주의 세계의 발전된 나라들에서는 근로인민이 사회의 압도적 다수를 차지하고 있다. 또 엄청난 이데올로기적 중요성과 거대한 숫자를 지닌 문화세력이 노동자계급의 입장에 더욱 가까이 다가서고 있다. 명백히 이러한 상황은 맑스, 엥겔스, 레닌이 프롤레타리아 독재가 필수적이라고 생각했던 상황과는 아주 다르다.45)

  유로꼬뮤니즘에 의해 프롤레타리아 독재는 소수에 의한 권력탈취로 둔갑하였다. 자신들의 유로꼬뮤니즘 노선을 합리화하기 위해 맑스와 엥겔스의 사상에 대한 까리요의 위조는 극에 달하고 있다. 맑스와 엥겔스는 이제 소수의 음모가들이 모여서 무장된 폭력으로 권력을 장악하고, 이 소수가 권력을 유지하기 위해 폭력과 독재에 의지하는 '브랑끼주의'로 둔갑하였던 것이다.
  지금까지 스페인 공산당 서기장이었던 까리요의 저작을 중심으로 유로꼬뮤니즘의 개량주의적인 국가론과 이행론에 대해서 살펴보았는데 타락의 정도의 차이는 있어도 미국, 영국, 프랑스, 이탈리아, 캐나다, 일본 등 발전한 자본주의 국가의 공산당의 강령도 기본적으로 이것을 벗어나지 않는다. 국가문제와 이행에 대한 미국 공산당의 강령을 살펴보자! 미국 공산당은 강령에서는 여전히 맑스-레닌주의 정당임을 자처하고 있고 노동자계급에 의한 정치권력의 장악과 주요 생산수단의 국유화를 주장하고 있다. 미국 공산당 전 서기장이었던 거스 홀의 글을 보자!

---

45) 같은 책, p. 194.

사회주의의 토대

정치권력은 노동자계급의 수중에 장악될 것이다. 사회주의는 주요한 생산수단— 작업장, 공장, 농업경영 농장 등 사회가 요구하는 생산에 필요한 모든 것의 국유화로 시작한다. 거대한 독점기업과 은행은 공적소유 즉, 사회주의를 건설하는 데 주된 역할을 하는 전체 노동자계급과 인민의 집단적 소유가 된다.

사회주의는 또한 에너지 산업과 모든 천연자원의 공적 소유를 의미한다. 그것은 다수를 착취하고 억압하는 자본가계급 권력을 영원히 제거한다.[46]

이것만 보면 혁명적인 맑스-레닌주의 공산당의 강령과 별반 차이가 없다. 그러나 사회주의를 건설하는 과정은 유로꼬뮤니즘 공산당과 똑같이 '평화적 이행론'에 사로잡혀 있다.

사회주의로의 길

우리는 미국에서는 평화로운 방법으로 사회주의를 건설하는 것이 가능할 것이라고 말한다. 아마도 투표용지를 통해서. 미국 인민들의 다수가 사회주의를 원할 때까지 미국에서 사회주의는 이뤄지지 못할 것이라는 한 가지는 분명하다.[47]

미국공산당은 평화적인 이행에 대해 지배계급이 반동적으로 저항할 것에 대해서도 알고 있다.

노동자들이 회사 중역실을 인수하기 위해 들어섰을 때를 말하고자 하는데 그러면 지배계급은 다음과 같이 말한다: 그래. 당신이 옳소. 우리는 모든 것을 엉망으로 만들어 놓았고 지금 당신은 그것을 모두 돌아가게 해야 될 것이요. 맞소. 그러면 어떤 문제도 없을 것이요. 그러나 만일 지배계급이 다음과 같이 말한다면: 잊으시오! 그리고 군대와 경찰, 그리고 방위군을 부르면 혁명은 폭력적인 방법이 된다. 폭력혁명은 지배계급과 함께 시작된다. 노동

---

[46] 거스 홀, "사회주의 미국", 2001년 9월 20일, http://cpusa.org/socialism-usa-gus-hall.

[47] 거스 홀, 같은 글.

자들과 그들의 동맹자들은 자신들을 방어하고 완전한 그들의 소유를 위해 싸워야 한다.48)

지배계급이 평화로운 혁명의 이행에 대해서 물리적인 힘을 동원하면 어떻게 대응할 것인가?

> 우리는 이 나라에서 사회주의 사회는 천부적 권리로 규정되었지만 결코 완전히 실현되지 않았던 모든 자유의 보증이 될 거라는 것을 믿고 지지한다. 이는 사람들의 조직적 선택과 사회주의 건설이라는 관점을 존중하고 견지하는 후보들의 경쟁을 통해 완벽하고 자유롭게 스스로를 표현할 수 있는 권리를 포함한다.
> 실제로 천부인권의 자유는 회합의 장소와 언론과 라디오와 TV를 갖게 될 다수를 위한 훨씬 더 위대한 수단이 될 것이며, 자유를 보다 효과적으로 실현할 수 있도록 할 것이다.49)

미국 공산당은 미국이라는 사회의 민주주의와 인권의 발전 덕택에 인민 다수가 투표로 사회주의를 선택하고 지지하는 한 지배계급의 반동적 저항에도 불구하고 사회주의 조치를 효과적으로 실현할 수 있다고 보는 것이다. 미국 공산당은 민주공화국에서도 "이러한 민주주의는 언제나 자본주의적 착취에 의해 설정된 편협성 속에 둘러싸여 있으며, 결과적으로 언제나 소수를 위한, 즉 유산계급들과 부유한 자들만을 위한 민주주의로 남게 된다"50)는 레닌의 혁명적 원칙을 무시하고 있다.

미국 독점자본주의 사회는 부르주아 공화국 내에서 인권과 민주주의가 아무리 발전했다고 하더라도 여전히 수천만 인민은 실업과 저임금 등으로 빈곤과 생존의 박탈 속에 살고 있으며, 수백만이 감옥에 투옥되어 있는 사회이다. 미제국주의는 전 세계 군사력 대부분을 집중하면서 거대 국가권력을 유지하고 있으며, 타국에 대한 제국주의적 침략과 약탈, 학살, 고문으로 얼룩져 있

---

48) 같은 글.
49) 같은 글.
50) 레닌, ≪국가와 혁명≫, p. 109.

는 피의 제국이다. 이러한 미제국주의에서 천부인권과 민주주의 타령을 하면서 사회주의를 평화적으로 건설하겠다는 것은 미공산당이 얼마나 제국주의 국가에 대한 환상에 사로잡혀 있고, 제국주의적으로 타락했는지를 잘 알 수 있다.

물론 미국 공산당은 미국 사회에서 인권과 민주주의 권리가 유린되고, 타국에 대한 제국주의 지배가 강화되고 있다는 것을 인정한다. 그러나 미국공산당은 다음에 살펴볼 것처럼 우익진영 즉 공화당에 한정하여 반대하는 반독점 전략으로 우익을 고립시키면 민주적인 방법으로 평화이행이 가능하고 있다고 보고 있는 것이다. 미국 공산당이 강령 곳곳에서 사회주의와 맑스-레닌주의를 반복한다고 해도 유로꼬뮤니즘의 평화적 이행론과 민주주의에 대한 환상에 빠져 있는 한 정치적 타락에서 벗어날 수 없는 것이다.

맑스주의 프롤레타리아 독재의 혁명적 원칙의 위반과 위조. 부르주아 국가와 부르주아 민주주의에 대한 물신숭배, 평화주의. 이것이 모든 유로꼬뮤니즘 공산당이 처한 정치적 현주소이다. 유로꼬뮤니즘이 아무리 공산당이라는 명칭을 고집하고 있다 할지라도 결국 그 본질은 공산주의의 이름을 내건 개량주의에 불과한 것이다. 그 정도의 차이는 있지만 보통 반쏘, 반공을 내건 유로꼬뮤니즘의 세계 공산주의 운동으로부터의 독자성은 결국 맑스-레닌주의로부터의 자율과 독자성이고, 프롤레타리아에 대한 배신과 제국주의에 대한 굴종을 의미할 뿐이다.

5. 유로꼬뮤니즘의 배반사와 정치적 교훈

유로꼬뮤니즘 공산당의 혁명적 원칙의 상실은 현실정치에서도 이들 공산당들이 노동자계급을 배신하고, 의회주의에 완전히 투항하도록 하고 있다. 유로꼬뮤니즘은 발전한 자본주의 국가의 예외성을 주장한 근거는 45년부터 수십 년 동안 지속된 자본주의의 장기호황이다. 이러한 자본주의의 상대적 안정성이 유로꼬뮤니즘 국가로 하여금 자본주의가 영원할 것이라는 패배주의를 심어 놓았으며 혁명을 사실상 포기하도록 만들었다. 그러나 68년 말부터 침체에 빠지기 시작한 세계 자본주의의는 마침내 73년도에는 전 세계 공황을 폭발시켰다. 이러한 자본주의 경제의 침체가 시작할 무렵인 60년대 말에는 프랑스, 포르투갈, 이탈리아 등에서 폭발적인 대중투쟁이 발생하면서 자본주의의 정치적 안정성이 흔들렸다.

프랑스 '5월사건'이라 불리는 68년 5월에서 69년까지 촉발된 인민봉기가 혁명으로 나아가지 못한 것도 프랑스 공산당(PCF)이 유로꼬뮤니즘에 빠져서 변혁전망을 포기하고 노동자들의 파업을 자제시키며 노자협조주의에 빠졌기 때문이라는 것은 주지의 사실 아닌가? 그런데도 프랑스 공산당은 자신들의 유로꼬뮤니즘 노선을 반성적으로 평가하지 않고 1976년 프랑스공산당 22차 당 대회에서 '프롤레타리아 독재'를 공식적으로 폐기했다.

에띠엔 발리바르는 1976년 프랑스 공산당의 프롤레타리아 독재 폐기를 비판하기 위해 레닌주의적 입장에 서서 ≪프롤레타리아 독재에 대하여≫[51]를 썼지만 사실상 22차 당대회에서 이 결정이 만장일치로 이뤄졌음을 봤을 때, 강령개정에 대해서 실질적으로 반대하고 조직하지 않았음을 알 수 있다. 프랑스 공산당의 대표적인 이론가였던 알뛰세와 발리바르가 이후 유로꼬뮤니즘을 비롯한 포스트 맑스주의의 대표적인 이론가로 인정되고, 발리바르가 쁘띠부르주아 지식인으로 변모한 것을 볼 때도 프랑스 공산당의 이론적 타락과 대중투쟁에서 수행한 반노동자적 역할을 잘 알 수 있게 된다.

이 점은 같은 유로꼬뮤니즘인 이탈리아공산당(PCI)도 마찬가지였다. 이탈리아 공산당이 자본주의 평화적 이행에 잠꼬대 같은 소리를 하는 동안 이탈리아 노동자계급과 인민들은 69년 '뜨거운 가을'이라고 하여 현장통제, 노조사수 등의 요구를 내세우고 장시간 노동과 임금삭감, 연금제도 개혁에 맞서 550만의 이탈리아 노동자들이 파업을 전개하고 11월에는 총파업 시위에 2천만 명이나 되는 노동자 인민들이 참여했다.

이렇게 유럽에서 다시 혁명적 정세가 고양되는 시점에서도 유로꼬뮤니즘 정치세력들은 선진자본주의 예외론에 빠져 자본주의 국가권력을 타도하지 않고 평화적으로 장악한다는 꿈에 사로잡혀 이 투쟁에서 계급협조주의적인 역

---

51) 국내에는 ≪민주주의와 독재≫(최인락 옮김, 연구사, 1990)로 번역되어 있다.

할을 수행했다. 자신들의 자본주의의 객관적 위기와 상관없이 자본주의 안정성 신화에 굴복하고 평화주의에 빠진 유로꼬뮤니즘 공산당은 대중투쟁이 촉발되어 나와도 그 보수적인 성격에서 쉽게 빠져 나오지 못하고 대중투쟁의 걸림돌로 전락했던 것이다. 당시 60년대 말 유럽의 격렬한 대중투쟁에서만큼 전위정당임을 자처하고 있는 공산당이 보수반동적인 역할을 수행한 적은 없었다. 공산당은 격렬한 대중투쟁이 자신들의 평화적 이행에 방해가 될 것처럼 사고하고 현 자본주의 지배체제의 보수적인 제도권의 역할을 수행했다. 이러한 공산당이 마치 제도권 정당처럼 행동한 것은 1960년대 말뿐만 아니라 70년대에도 계속됐다.

1973년에는 칠레 아옌데 정권이 선거로 집권한 뒤에 쿠데타에 의해 권력이 무너진 비극적인 역사적 교훈을 보면서도 유로꼬뮤니즘의 평화적 이행론은 계속적으로 강화되어 갔다. 1973년에는 기민당과 '역사적 대타협'을 통해 더욱더 우경화되었다. 이탈리아에서는 1977년 2-3월에도 또 한 차례 여성들과 청년층의 대량 실업으로 인해 생존이 악화되면서 학생봉기와 노동자의 격렬한 공장점거가 발생했다. 이러한 격렬한 대중투쟁에 대해 오직 무정부적이고 테러주의적인 극좌무장 단체들만이 호응했다. 이들의 투쟁이 극좌적인 방향으로 흐르면서 패배했지만 그 당시에 공산당은 제도권의 일부분으로 자처했을 뿐이다.

> 이탈리아 공산당에 우호적인 한 이탈리아 정치관측자가 지적한 바와 같이, '만약 사태가 예정대로 전개된다면 반도에는 두 개의 이탈리아가 동거하게 될 것이다. 하나는 그 안에서 공산당이 느리지만 꾸준히 진전을 이루어내고 있는 제도상의 이탈리아이고, 다른 하나는 주변화된 시민들과 여성, 실업자, 학생들 사이에서 나날이 어려워지고 공산주의자는 마음에 안 드는 사람이 된 현실의 이탈리아이다.[52]

당시 '붉은여단'에 의해 대표되는 '무장한 아우또노미아'는 이런 공산당의 보수적인 상태에 반발해서 나타는 극단적인 편향이었던 것이다. 이탈리아 공산당 중앙위원이고 주요 지도자였던 파제따(G. C. Pajetta)는 당시 공산당 지

---

52) F. 끌로댕, ≪유로꼬뮤니즘과 사회주의≫, 새길, 1992, p. 128.

도자들이 대중적인 봉기에 대해 얼마나 곤혹스러워했으며 이러한 봉기를 대하는 심리에 대해 다음과 같이 말하고 있다.

> 사회의 들보는 무너졌으며 우리의 머리를 때렸다. 우리는 다른 비슷한 일들이 발생하지 않도록 주의해야 한다. … 봉기가 탄생한 것은 바로 공허한 미래와 당장 소용있는 것을 움켜잡으려는 열망으로부터, 사회가 민주주의의 조직된 형태들에 대한 믿음의 결여로 이어질 위기에 있다는 느낌으로부터였다. … 학생들은 우리 공산주의자들을 새로운 질서의 담지자로서보다는 현재 사회의 '공동관리자'로 간주한다.53)

이탈리아 공산당은 1976년 총선에서 34.4%로 역대 최다 득표를 했다. 이탈리아 공산당은 집권하기도 전에 벌써부터 제도권 정당 행세를 점잖게 하고 있고, '평화적 이행'을 확보할 수 있는 의석 확보에 고무돼서 평화적 이행에 걸림돌이 되는 대중투쟁을 경원시했다. 이러는 사이 이탈리아 공산당은 1979년에는 30.4%, 1983년에는 29.9%, 1987년에는 26.6%로 대중적 지지를 점점 더 상실했다. 마침내 이탈리아 공산당은 대중적 지지상실에 위기감을 느끼고 1991년 20차 전당대회에서 좌파민주당(PDS)으로 당명과 강령을 개정하고 국민정당으로 변모했다. 이탈리아 공산당이 국민정당으로 변모하는 과정에서 곧바로 이탈리아 재건공산당(PRC)이 창당됐다.

그러나 재건공산당은 공산당으로서의 혁명적 원칙을 철저하게 다시 세우는 대신에 96년 3차 당대회에서 중도좌파 정부를 지지하기도 했다. 좌파민주당이 구 기독교민주당과 연합하고 재건공산당이 좌파민주당을 지지하면서 올리브 동맹이 성립될 수 있었던 것이다. 그러나 이 연립정부는 97년에는 복지예산이 포함된 25조원의 예산을 삭감하고 공기업 민영화 등 반노동자적인 정책을 노골적으로 취했다. 그러자 재건공산당은 4차 당대회에서 중도좌파 정부를 지지한 결정을 철저하게 자기비판했다.54)

이후 연립중도좌파 정권에 실망한 이탈리아 노동자 인민들은 2004년에는

---

53) 같은 책, p. 129.
54) 이수미, "이탈리아 좌파정당의 쇄신 좌파민주당과 재건공산당의 연합전략 비교연구", 이화여자대학교 대학원 2003학년도 석사학위 청구 논문 참조.

우익인 베를루스꼬니를 당선시켰다. 이탈리아 재건공산당은 우익정당에 반대한다는 이유로 독자성을 포기하고 좌파민주당과 연합에 매달리고 있다. 이탈리아 재건공산당은 기존 이탈리아공산당의 국민정당화에 반발하면서 공산당 재건을 내걸고 있음에도 불구하고 맑스-레닌주의 정치노선이 분명하지 않고, 우익정치세력들이 출현하자 좌파민주당에게 주도권을 넘기는 이중대 노릇을 하고 있는 것이다. 이탈리아 공산당은 유로꼬뮤니즘 노선을 완전히 청산하지 못하고 있는 것이다.

일본공산당 역시 1961년의 제8회 당대회에서 유로꼬뮤니즘 노선을 채택하여 수정주의의 길을 걷기 시작했다. 일본 공산당은 일본공산당은 1994년 제20회 당대회에서 "쏘련 패권주의라는 역사적 거악의 해체는, 대국적인 시야에서 보면, 세계혁명의 건전한 발전을 위한 새로운 가능성을 열었다"고 강령을 개정함으로써 국가자본주의자들 같은 반공주의에 빠져 들었다. 일본 공산당은 제국주의 국가 일본에서 미제에 대한 군사적, 정치적 종속을 탈피한다는 이유로 평화적인 이행으로써 2단계 전략을 내걸었다. 일본공산당은 미제국주의로부터의 국가적 독립을 추구한다는 우익적 국가주의 노선에 빠지고 민주당과의 연합에 의존하는 계급타협적인 의회주의 세력으로 타락하였다. 일본 공산당은 대중투쟁을 조직하는 과제를 철저하게 회피하고 선거에서의 당선에만 매진하고 있다. 일본 공산당은 일본제국주의의 군군주의의 상징인 자위대에 대해서도 "국민의 안전을 위해서 활용하는 것은 당연하다"며 평화를 염원하는 일본인민들의 요구를 배신했다. 결국 일본 공산당은 2000년에도 38만 명의 당원을 보유한 거대정당임에도 불구하고 대중적 지지가 점점 더 떨어지면서 점점 더 왜소해지고 있다.55)

미국 공산당 역시 위에서 언급한 바처럼 유로꼬뮤니즘에 의해서 평화주의 이행노선을 걷기 시작했다. 이러한 미국공산당의 유로꼬뮤니즘화는 인민전선을 잘못 적용하는 것으로부터 출발했다. 미국 공산당은 미국에서 파시즘의 부상에 맞서서 영웅적으로 투쟁하였다. 그러나 미국 공산당은 '매카시 선풍'이라 불리는 공산주의에 대한 테러와 더불어서 위축되었고, 내적으로는 특수

---

55) 야마시타 이사오(山下勇男)/사에키 후미오(佐伯文夫)(사회주의 연구가·활동가집단 '사상운동' 회원) 저, 채만수 역, "일본의 맑스주의 운동과 일본 공산당", ≪진보평론≫ 8호(2001년 여름)를 참조.

한 조건, 특수한 시기에 제창된 인민전선을 잘못 적용함으로써 유로꼬뮤니즘의 길을 걷게 되었다. 미국 공산당은 미국에서도 싹 뜨기 시작한 파시즘에 맞서는 투쟁을 전개하였다. 그러나 공산당의 독자성을 상실하고 미국 민주당 루즈벨트와의 관계에서 서서히 독자성을 상실해가기 시작했다. 미국 공산당의 지도자였던 포스터는 당시 미국 공산당이 루즈벨트를 어떻게 보고, 어떤 관계를 형성했는지에 대해 상세히 전하고 있다.

루즈벨트는 자유주의적 자본가이고 백만장자여서 그의 정책은 결국 독점자본에게 큰 이익을 주었다. 그의 뉴딜개혁들은 모두 자본주의 체제의 틀을 한발자국도 벗어나지 않았고, 더욱이 전투적 노동자계급이 대담하게 개혁을 수행하고 또 광범한 노동자계급 정당을 조직하는 것을 방해했던 것은 의문의 여지가 없다. 이것이 뉴딜정책의 근본목적이었다. 더욱이 루즈벨트의 케인즈주의 사상은 노동자계급 내에(마르크스주의를 물리치고) 위험한 개량주의의 씨앗을 뿌렸다. ... 초기에는 대다수의 독점자본이 루즈벨트를 지지하고 있었다. 대부분의 대기업가들은 그의 정치가 분명 파시즘을 지향하고 있다고 생각했던 것이다. 사실 그런 징후는 많이 있었다. 루즈벨트의 유명한 전국산업부흥법은 무솔리니의 전체주의 국가에서 배워 미국상업회의소가 고안한 것이었다. 그러나 1935년까지는 대부분의 금융자본이 루즈벨트의 자유주의적인 정책에 등을 돌리게 된다. 독점자본가들은 특히 그가 노동조합의 조직화에 호의를 보인 데 대해 참을 수가 없었다. 그의 태도는 오픈 샵 제도를 취하고 있던 대규모 기간산업에서 노동조합이 결성되는 데 상당한 공헌을 했기 때문이다. 그 이후 월가의 세력은 루즈벨트의 미친 듯한 적이 되어 격렬하게 파시스트적인 반대운동을 전개했다. 1936년, 1940년, 1944년에 그를 계속 재선시킨 것은 근본적으로 민주주의적인 미국 국민대중의 힘이었다. 특히 처음에 루즈벨트의 정책들이 파시스트적 색조를 강하게 띠고 있어서 월가의 강력한 후원을 얻고 있었던 동안에는, 공산당은 명백히 그에게 반대하는 입장을 취하여 당시 노동조합의 조직화와 파업운동을 강화하는 데 노력을 기울였다. 그렇지만 1936년[의 선거]부터 당은 루즈벨트를 비판하면서도 강력히 지지했다.56)

---

56) W. Z. 포스터, 같은 책, pp. 156-157.

미국 공산당은 루즈벨트의 근본적 한계와 뉴딜정책이 자본주의를 구출하고 노동자들을 계급협조주의로 포섭하는 정책임을 명확하게 인식하고 있었다. 물론 유럽의 다수 국가가 공황을 맞아서 파시즘으로 치닫고 있을 때 미국 노동자들의 강력한 투쟁으로 파시즘의 부상을 막아내고 노동자들에 대해 재정지출 확대, 단협권리 인정, 최저임금제 보장, 노동시간 단축 등 양보책을 구사할 수밖에 없도록 한 점은 승리의 한 측면이다. 미국 공산당은 당시 노동자 투쟁을 주도했던 주요 정치세력이었던 것은 분명하다. 하지만 미국 공산당은 인민전선의 전위가 아니라 미국 민주당을 비판적으로 지지했다. 루즈벨트가 파시스트적 입장을 취할 때는 "노동조합의 조직화와 파업운동을 강화하는 데 노력을 기울였다"면 루즈벨트가 노동자들에 대해 타협적인 정책을 취할 때는 노동조합 조직화와 파업운동을 강화하는 노력을 자제했단 말이 아닌가?

루즈벨트의 계급타협주의가 자본주의 체제의 틀 내에 머물렀고, 전투적 노동자계급이 혁명정당을 조직하는 것을 방해했다고 인식하고 있다면 선거에서 3회에 거쳐 루즈벨트를 지지하는 데 급급할 것이 아니라 노동자의 파업투쟁과 조직적 무장을 강화해서 강력한 공산당의 토대를 구축했어야 하는 것이다. 미국 공산당은 인민전선을 파시즘에 반대하는 투쟁을 통해 프롤레타리아 독재로 이행하는 접근형태로 사고한 것이 아니라 독점자본의 한 분파인 민주당과의 계급협조 정책으로 전락시켰다. 미국 공산당은 파시즘을 막는 데 급급한 나머지 자신들의 정치적 독자성을 상실하기 시작하면서 "루즈벨트를 비판하면서도 강력히 지지"하는 데까지 이르렀던 것이다. 물론 당시는 미국 공산당이 독자성을 완전히 상실하지는 않았지만 이러한 민주당에 대한 비판적 지지는 파시즘 국면이 끝나고 쏘련과 미국의 냉전이 시작되는 시기에도 계속되고 이것이 오늘날까지 이어지고 있는 것이다.

특히 미국에서의 인민전선은 디미뜨로프가 '우익 기회주의'라고 비판한 바 있는 것처럼, 부르주아 독재와 프롤레타리아 독재 사이에 가공의 '민주주의적 중간단계'를 반독점 전략이라는 이름으로 수용했다. 인민전선이 왜곡되고 유로꼬뮤니즘을 수용해서 평화적 이행단계를 설정했기 때문이다.

미국뿐만 아니라 모든 유로꼬뮤니즘은 평화적 이행노선에서 기인하는 '민주주의적 중간단계'를 설정하고 있다.

세 당의 관점에서 볼 때, 노동자계급의 헤게모니 아래 인민 대다수에 의한 독점자본의 정치적 경제적 권력의 민주적인 격퇴는 사회주의의 출발이 아니라 단지 사회주의로의 이행을 위한 장기적 과정의 시작일 뿐이다. 프랑스 공산당이 '선진 민주주의'라고 부르는 것, 스페인 공산당이 '정치적 사회적 민주주의'라고 부르는 것, 이탈리아 공산당이 '민주주의 혁명의 새로운 단계'라고 부르는 것 모두가 그러하다.[57]

유로꼬뮤니즘은 자본주의에서 사회주의로 이행하는 단계 사이에 '이행으로서의 이행'이라는 '민주주의적 중간단계를 두고 정치혁명 없이 장기적이고 점진적인 과정을 통해 사회주의로 이행하려고 한다. 유럽의 유로꼬뮤니즘 정당들은 독자적으로 또는 사민당과의 연립을 통해 권력을 장악하여 이러한 이행을 달성하려 하는 반면에 미국 공산당은 우익정당인 공화당을 포위하고 민주당과 협조하는 반독점 전략으로, 민주당 정권으로 하여금 민주주의를 심화하도록 하고 이를 통해 사회주의로의 평화적 이행을 달성하려고 하는 구제불능의 민주당 추종전략을 구사하고 있다. 따라서 미국 공산당의 강령은 독점자본의 한 분파인 민주당에 대한 언급은 삼간 채 상당 부분을 우익진영 즉 공화당에 대한 투쟁만으로 가득 차 있을 뿐이다.

극우진영은 초국적 자본의 가장 반동적, 군국주의적, 인종적, 반민주주의적인 부분이 이끌고 있다. ... 반면에 극우진영은 클린턴 집권 동안에 후퇴했으나 그것은 중대하게 지속적으로 방해받지 않았다. 클린턴의 집권은 극우들로 하여금 민주주의와 자유, 그리고 모든 사회적 프로그램에 대해 공격하도록 하고, 방대한 우익음모에 그들의 노력을 강화시켰다. 2000년에 조지 부시 대통령의 당선과 함께 1952년 이후로 처음으로 하원과 상원 둘 다를 공화당 사수파가 승리함으로써 이들 우익경향은 더욱더 우경적인 방향으로 나아가고 있다.
극우진영은 독점자본의 가장 반동적인 부분에 의해 지배되고 있다. 우익진영은 군산복합체, 정유와 에너지 산업, 그리고 제약회사를 포함하고 있다. 그것은 또한 하이테크 산업, 금융자본, 그리고 거대한 제조회사와 월마트 같

---

57) F. 끌로댕, 같은 책, p. 119.

은 대형 할인점을 포함하고 있다.58)

그렇다면 미국 공산당은 독점자본의 또 다른 분파인 민주당을 어떻게 보고 있는가?

 부상하고 있는 다른 경향은 주로 민주당의 리더십과 관련되어 있다. 이 경향은 사회적 불만을 개선하기 위해 노동자와 민족적 피억압자와 여성들 사이에서 민주당의 대중적 지지층에게 기꺼이 양보하려 한다. 이 경향은 일반적으로 세계 및 국내 사회 세력에 대해 덜 민주주의적인 사회적 힘에 대해 덜 독단적이고, 덜 오만한 정책을 옹호한다. 그들의 특정한 제국주의적 이해를 추구하는 데 있어서, 이들 초국적 자본부문과 그들의 정치적 대표자들은 다른 수단이 소진될 때까지 군사력 사용을 상당히 자제한다. 그들은 유엔과 다른 국제기구에 대해 더 큰 역할을 한다는 것을 알고 있다. 국내에서 그들은 경제규제와 사회적 평화를 유지하기 위한 사회복지정책, 파괴적인 자본주의 경쟁의 극단성을 피하기 위한 지속적인 필요성을 알고 있다.
 자본주의 계급에서 이러한 일반적인 구분은 노동자계급과 진보적 세력들을 위해 중대한 기회를 포함하고 있다.59)

미국 공산당은 독점자본 지배의 양대 분파인 공화당과 민주당의 차이를 과장하면서 민주당을 진보적 한 부분으로 간주하고 있다. 공화당 정권뿐만 아니라 제국주의적 침략정책으로 타국인민들을 수없이 학살하고 고문하고 독재정권을 지지한 민주당의 제국주의 정책을 옹호하고 있다. 이러한 공산당의 인식에 의해 민주당은 공화당 진영에 맞서는 반독점 전략의 동맹자가 되었다. 미국 공산당은 계급동맹 전략에서 멘쉐비즘으로 전락한 것이다. 물론 공화당 정부 하에서 민주당과의 일시적이고 전술적인 제휴를 배제할 필요는 없다. 그러한 제휴는 노동자계급의 독자성과 자주성, 변혁성을 분명히 한 가운데 대중투쟁을 중심으로 전개되어야 한다. 이러한 일시적 제휴에 있어서도 주도

---

58) 미국 공산당, "미국 사회주의"(미국 공산당 강령), 2006년 5월 19일, http://www.cpusa.org/party-program.
59) 미국 공산당, 같은 글.

성을 상실하지 말아야 하고 대중투쟁 과정에서 민주당의 기회주의성과 반노동자성을 끊임없이 폭로해야 한다. 그러나 미국공산당은 공화당 우익에 반대한다는 이유로 민주당과의 전략적인 동맹을 추구하고 있고, 결과적으로 미국 민주당의 정치적 이중대로 전락했다. 미국 공산당은 2008년 오바마가 집권하자 적극적으로 환영했을 뿐만 아니라 지금도 오바마에 대한 비판적 지지를 계속하고 있다. 대중들의 민주당에 대한 환상과 미국노총(AFL-CIO)을 중심으로 한 노동자계급의 민주당에 대한 지지는 미국 공산당이 민주당에 대해 가진 환상의 결과다.

유로꼬뮤니즘은 혁명 없는 혁명의 꿈을 꾸고 있다. 유로꼬뮤니즘은 공산주의의 이름을 내건 사민주의 아류다. 전위당 노선과 프롤레타리아 독재를 폐기하고 '자본주의 구조개혁론'을 선택한 유로꼬뮤니즘의 사상적 타락은 노동자계급에 대한 배신과 의회주의로의 경도, 자본주의에 대한 굴종 등 정치적 타락을 낳았다. 유로꼬뮤니즘이 출발 시점에서 부르주아 국가와 부르주아 민주주의에 대한 물신숭배와 굴종에 빠진 것은 유럽에서 연이은 혁명의 패배에 기인했다. 유로꼬뮤니즘은 이러한 혁명의 패배에 대해 맑스-레닌주의적으로 분석하고 혁명노선을 벼리는 대신에 우익적 이탈을 계속했다.

유로꼬뮤니즘은 발전한 국가에서는 민주주의가 발전하고 자본주의 안정으로 더 이상 혁명은 있을 수 없다는 패배주의에 빠져들었다. 그러나 유럽에서 60년대 말과 70년대 폭발적으로 터져 나온 대중봉기는 발전한 자본주의 안정성을 뒤흔들어놓았다. 자본주의가 급격한 경제적, 정치적 위기에 빠지면서 불안정성이 폭발하고 있는 상황에서 유로꼬뮤니즘은 제도권 정당처럼 자본주의의 안정성을 희구했다. 유로꼬뮤니즘 초기 자본주의가 안정적이라는 예상은 패배주의로 인한 자포자기적 심리상태에서 나타났다면 이후 안정성에 대한 열망은 평화로운 이행을 위해 자본주의에서 급격한 계급 간 충돌은 없어야 한다는 반동적인 열망으로 나타났다.

한국 사회에서도 대선을 앞두고 민주노동당과 진보신당을 중심으로 민주당, 국민참여당과의 연립정권으로 부르주아 내각에 참여하려는 개량주의 정당의 우경적인 이탈이 가속화되고 있다. 이들 개량주의자들은 연립내각의 한 부분에 참여하여 진보적 정책을 펼칠 수 있다고 사고하고 있는데 사민주의와 유로꼬뮤니즘의 역사에서 부르주아와의 연합은 결국 독점자본을 강화하는 데 개량주의 정당이 들러리서거나 앞장서는 것으로 나타났을 뿐이다. 개량주의자들은 "국가권력은 항상 단일한 계급의 정치권력이다"라는 맑스-레닌주의의 정신을 철저히 망각하고 있다. 현대자본주의 국가권력은 독점자본주의의 지배의 도구이다. 연립과 통합, 또는 개량주의 정당 독자적으로 선거를 통해서 국가권력을 장악한다고 해도 독점자본의 전체 사회 지배를 끊어내지 못하는 한 자본주의 권력은 안정적으로 유지될 뿐이다.

유로꼬뮤니즘의 사상적, 실천적 배반사로부터 우리는 다시 한 번 맑스-레닌주의의 핵심 사상인 전위당 노선과 프롤레타리아 독재노선을 확고하게 움켜쥐어야 한다는 분명한 정치적 교훈을 얻게 되었다.

노동자계급이여! 유로꼬뮤니즘을 타산지석으로 삼아 굳세게 정치적으로 전진하자!

일본 공산당의 변절
― 체제 내 '건설적 야당'으로의 전락의 궤적

야마시타 이사오(山下勇男) | 활동가집단 사상운동
번역: 편집부

[편집자 주] 이 글은 필자가 글머리에서도 밝히고 있는 것처럼, ≪노동사회과학≫ 제4호를 위하여 특별히 집필해주신 것이다. 이 글을 통해서 독자들은 일본의 노동운동이나 일본 공산당의 궤적과 상태는 물론, 부르주아적으로 오염된 '맑스주의', 그 어디 못지않게 우리 사회에도 만연한 그러한 '맑스주의' 일반에 대한 비판적 관점을 획득할 수 있을 것이다. 필자인 야마시타(山下勇男) 선생께 심심한 감사를 표한다.

처음에

2010년 9월 9일에 ≪노동사회과학≫ 편집부로부터 그 제4호에의 기고를 의뢰받았는데, 아래 3가지 점이 제시되었다.
1. 일본 공산당의 '사민당화' 및 사회당의 해체문제
2. 흐루쉬쵸프 이래의 쏘련의 수정주의와 중-쏘 논쟁, 그것이 국제적 전선에 미친 영향
3. 유럽의 '68혁명'의 계급적 성격과 노동자계급 운동에 미친 영향

이들 어느 하나하나 대단히 커다란 테마이고, 그 일부에 응하는 것조차 좀처럼 용이하지 않다. 1은 제2차 세계대전 후 일본의 노동운동 전반의 총괄과 관련된 테마이다. 2에 관해서는, 우리에게 일정한 인식이나 평가가 없는 것은 아니지만, 그리스 공산당의 "사회주의에 관한 결의"에 자극을 받아, 그 "결의"가 연구과제로서 뒤로 미룬 중-쏘 논쟁에서 시작되는 국제공산주의운동의 분열, 그것이 세계의 혁명운동에 미친 파괴적 작용, 부정적 유산에 관해서, 1956년 쏘련공산당 제20차 대회 이후의 중-쏘 논쟁에 다시 되돌아가 기본 문헌부터 재검증하는 작업을 진행하고 있고, 잠시 시간이 필요하다.1) 3에 관해서는, 우리나라[일본]에서도 '68혁명'을 검증하는 논집이 출판된다고 하는 사정이 있긴 하지만, 우리에게 지금 일본에서의 그 결과에 관해서, 또한 유럽에까지 시야를 넓혀 이 문제를 논할 준비는 아직 되어 있지 않다.2)

---

1) "필자의 내심에는 있지만 이 책에서는 표출되지 않은 것에, 중국이나 베트남의 개방정책―이른바 '사회주의 시장경제'라는 노선을 평가·검토하는 과제가 있다. 이것은 헝가리에 이어 중국이, 쏘련의 뻬레스뜨로이까와 나란히, 아니 오히려 그에 선행하여 씨름해온 것으로서, 그 평가·검토가 이루어지지 않으면 안 된다. 동시에, 이는 우리의 지론이지만, 중국혁명사 및 중-쏘 논쟁 → 중-쏘의 분열과 대결에 대한 평가와 검토를 빠뜨려서는 안 된다. 이것들은 그리스 공산당의 선구적인 시도에서도 아직 거의 빠져 있는 것으로서, 아시아의 우리들에게 부과되어 있는 중요한 이론적 과제의 하나라고 해야 할 것이다." (≪武井昭夫狀況論集 1980-1993 社會主義の危機は人類の危機≫, スペース伽耶, 2010年4月刊, "서문".)
2) 세 번째 문제와 관련하여, 1960년대 말부터 70년대 초에 걸친 일본의 정세에 관해서 우리의 인식의 일단을 말해둔다. 이 시기의 일본은, 1970년의 일미안전보장조약(日米安全保障條約)의 자동연장을 둘러싼 공방을 배경으로, 베트남 반전투쟁이나 전국 학원투쟁이 치열했던 시기에 해당된다. 자본주의의 고도성장이 끝나고, 인플레이션의 앙진이나 '공해'의 다발 등, 고도성장에 수반한 모순이 분출되고 있었다. 학생이나 청년 노동자의 의식의 급진화, 그들의 행동양식에서의 일견 화려함의 그늘에서 노동자계급의 투쟁의 올바른 방향이 상실되고 있었다. 본래 직장·생산의 장에서 조직되고 파업을 축으로 발휘되어야 할 청년 노동자의 투쟁 에너지가 가두주의(街頭主義)로 밀려갈 위험이 운동을 뒤덮고 있었다. 매스컴이 방류하는 부르주아 이데올로기에 침식되어 맑스주의의 통속화가 진행되고, 실존주의적이고 아나키스틱한 심정주의가 학생이나 청년 노동자를 장악하여, 노동자계급의 계급의식의 해체의 위기가 진행되고 있었던 것이다.

필자는 '활동가집단 사상운동'의 소속 멤버이다. 이 원고를 설령 개인명으로 공표한다고 하더라도, 소속 조직을 떠나 자신의 의견을 진술하는 것은 삼가야 한다고 생각했다. 그 때문에, 우리가 지금 할 수 있는 최저한의 책임을 수행하기 위해, 1을 주로 "일본 공산당의 '사민당화'"[3]로 좁히고, 또한 그것과 관련하여 "사회당의 해체문제"를 언급하는 것으로, 편집부의 요청에 응하기로 하였다.

계급의식의 해체 상황과 그 지표

일본의 노동운동은 깊은 어둠 속을 방황하고 있다. 1974-75년 공황을 경계로 일본 노동운동은 자본주의의 위기를 노동자계급과 근로인민의 어깨에 전가하여 생(生)을 부지하려고 하는 독점자본의 위업적인 공격을 받으면서 어쩔 수 없이 퇴각하고 있다―아니, 어쩔 수 없이 퇴각하고 있다는 의식조차 가질 수 없는 상태로 되어 있다.

본래 노동자계급의 투쟁의 선두에 서서 '전위'로서의 의무와 책임을 수행해

---

[3] 편집부로부터 "일본 공산당이 '시민당회'"라는 정식이 제시되었지만, 우리는 일본 공산당의 현상을 이렇게 규정한 일이 없다. 이 정식이 그에 이어지는 "일본 사회당의 해체문제"와의 관련 속에서 얘기되고 있다면, 일본 사회당의 성립사의 한 단면에 관해서 언급하지 않을 수 없다. 일본 사회당의 역사는 좌우 항쟁의 역사이다. 좌우 사이에서 이합집산을 반복해온 역사라고 바꿔 말해도 좋다. 우리가 일본 사회당을 사회민주주의당이라고 일괄해오지 않았던 것은, 이 당의 좌파부분이, 제2차 세계대전 전부터, 말하자면 노농파(勞農派) 맑스주의(일본 공산당에 대립하여 1927년에 창간된 잡지 《노농(勞農)》에 결집한 집단)의 전통을 계승하고, 전후(戰後)에 관해서 말하자면, 1950년대 중엽부터 70년대 중엽까지, 결국 좌파의 전성기의 일본 공산당으로 하여금 유럽의 사회민주당과 구별되는 특이한 존재이게끔 해왔기 때문이다. 일본 사회당의 해체, 사회민주당으로의 전환(1996년) 후 이에 반대한 좌파는 '신사회당'을 결성했다. 노농파 맑스주의의 전통은 지금 이 당의 일부에 계승되어 있다. 따라서 일본 사회당의 어느 시대와 비교하는가에 따라서 평가가 달라지기는 하지만, 오늘날의 일본 공산당의 변절상은 1950년대 중엽에서 70년대 중엽까지의 일본 사회당의 정치적 태도(stance)를 넘어, 그것보다 훨씬 우측에 위치해 있음을 부언해둔다.

야 할 일본 공산당은, 노동자계급의 세계관·역사관을 내던져 노동자계급의 당임을 그만두고, 도시소시민층에 영합하는 부르주아 의회당으로 변질해버렸다. 의회당으로의 변질과정은 프롤레타리아 국제주의의 방기, 부르주아 민족주의에의 굴복과 언제나 표리(表裏)를 이루었다. 그것은 1980년대 말부터 90년대 초에 걸친 사회주의 세계체제의 해체, 반혁명의 승리를 단서로 하여 개시된 것이 아니다. 그 기원은 그보다 훨씬 이전인 1960년대 초에까지 거슬러 올라간다. 하지만, 이 과정을 개관(槪觀)하기 전에 일본의 노동운동의 쇠약상을 말해주는 2010년 7월의 참의원 의원선거의 결과를 일별해두자.

일본의 입법기관은 중의원(衆議院)과 참의원(參議院)의 2원제를 두고 있다. 중의원의 임기는 4년, 정원은 484의석이고, 참의원의 임기는 6년, 정원은 242의석인데, 참의원은 3년마다 반수가 개선(改選)되는 구조이다. 참의원 선거는 도도부현(都道府縣) 단위의 선거구와, 전국을 1구로 하는 비례대표제로 이루어지고, 후자에서의 득표수·득표율·획득의석수는 각 당의 소장(消長[=쇠퇴와 성장])을 가늠하는 지표로 볼 수 있다.

오해는 없겠지만, 우리는 F. 엥겔스의 가르침에 따라, 보통선거에 나타난 민의를 인민대중의 정치적 성숙도를 가늠하는 척도(barometer)로 본다. 국회에 의석을 가진 두 개의 정치세력, 즉 일본 공산당과, 구 일본사회당으로부터 전환한 현 사회민주당은 이미 말의 엄밀한 의미에서의 노동자계급의 당으로서의 실질(實質)을 잃은 상태이다. 그럼에도 불구하고 이 두 당은 지배계급이 그 기회를 호시탐탐 노리고 있는 헌법개악에 반대하는 세력이기 때문에, 우리는 두 당의 공동투쟁의 실현을 핵심으로 하여 헌법개악 저지라는 폭넓은 통일전선의 형성—그 중심축을 담당하는 것은 말할 것도 없이 노동자계급이 아니면 안 된다—을 목표로 내걸고 있다.

2010년 7월의 참의원 선거 '비례구'에서의 일본 공산당과 사회민주당의 성적은 아래와 같다.

	득표수 (전번)	득표율 (전번)	의석수 (전번)
일본 공산당	356만 표 (441만 표)	6.1% (7.5%)	3의석 (3의석)
사회민주당	224만 표 (263만 표)	3.8% (4.5%)	2의석 (2의석)
계	580만 표 (704만 표)	—	5의석 (5의석)

두 당은 이 선거에서 역사적인 참패를 맛봤다. 사회민주당의 전신인 구 일본 사회당은 제2차 세계대전 후 오랫동안 국회에서 헌법개악의 발의를 저지할 수 있는 3분의 1의 의석을 점하고, 득표수에서 1200만 표 대를 유지해왔다. 그 후속 조직의 하나인 사회민주당은 바야흐로 소수세력으로 전락하여 의회당으로서 존속할 수 있을지 어떨지의 고빗사위에 서 있다. 하지만, 여기에서의 우리의 주요한 관심은 일본 공산당의 동향이다.

2010년 9월 25-27의 3일간, 참의원 선거의 총괄을 목적으로 열린 일본 공산당 제25회 당대회 제2회 중앙위원회 총회에서 시이 가즈오(志位和夫) 위원장이 '맺음말[結語]'에서 소개한 하부당원의 의견, "왜 국정선거(國政選擧)에서 고전이 계속되는 것인가, 이러한 고통이 계속되는 것인가, 이는 모두가 느끼고 있다"가 패배의 충격이 얼마나 큰가를 말해주고 있었다. 패배시마다 득표수와 득표율, 획득의석수라는 3개의 지표를 적절히 구사하여, 전번에 비해서 어느 하나라도 신장된 수치가 있으면, "전진"이라며 그 장을 호도해왔던 지금까지의 총괄은 이미 더 이상 통하지 않게 되어 있었다. 그것은, 대중적 정치투쟁의 조직화와 그 최전선에서 싸워야 할 임무를 방기하고 모든 정력을 선거를 위한 당세 확장(기관지 ≪신문 적기(しんぶん赤旗)≫ 독자와 당원의 확대, 및 대중운동의 봉쇄)에 쏟아온 당연한 귀결이었다. 그러나 이번 중앙위인회 총회는 다시금 팅의 기본노선 사제에 메스를 가하지 못하고, 부르주아 의회당으로부터의 재전환(再轉換)이 불가능해진 지도부의 한계가 드러났다. 강령을 학습하고, 강령이 제시하는 '정치혁신'의 전망에 확신을 갖고, 어떻게 해서든 당세확장이라는 목표를 달성하여, 내년의 전국 지방선거와 다가올 중의원 선거에서 퇴조세(退潮勢)를 만회해야 한다는 것을 하부당원에게 독전(督戰)하는 길 외에, 지도부에게는 다른 선택지(選擇肢)가 없었던 것이다.

국정선거와 당세확장에 매몰된 40년간

오로지 당세확장, 그것도 철저한 양(量)의 추구, 질(質)을 수반하지 않은 당세의 팽창, 따라서 그 한계는 이번에 비로소 노정되었을 리가 없다.

2단계혁명 전략에 선 강령을 채택하는 과정에서 당 내부의 일체의 이론(異

論)과 비판을 배제하고 당내 민주주의 대신에 관료적 통제를 도입한 1961년의 제8회 당대회에서 부르주아 의회당으로 전환하는 기초가 확립되고, 프롤레타리아 문화대혁명의 중국공산당·모택동 노선과 결별한 1970년의 제11회 당대회에서 이 전환이 완성된 이후 과거 40년간의 당세 및 국정선거의 추이를 되돌아보면, 기본노선의 재검토, 재전환의 기회는 여러 차례 있었다.

1970년대 이후 대회 때마다 대회의 성공을 위해서 씨름해온 당세확장 운동은, 일시적으로 성과를 올리지만 대회 후에는 곧바로 도로 나무아미타불, 일진일퇴를 거듭하면서, 내리막에 제동이 걸리지 않게 된 사실을 상기하자. 1984년에 열린 제16회 당대회 제7회 중앙위원회 총회는 과거 10년간의 성적을 "국정선거에서의 10년간의 '일진일퇴'"라고 총괄했다. 이번의 참패를 총괄하면서 현 지도부는 이러한 과거와 경과를 결코 되돌아보고 있지 않다―아니, 되돌아보고 있지 못한 것이다.

40년이 경과하면서, 단 한번, 일본 공산당에 정권참여의 기회가 돌아왔다고 지도부가 착각할 만한 사태가 일어났다. 1998년 참의원 선거의 비례구에서의 820만 표(득표율 14.6%, 전번 대비 433만 표 증가)의 획득이 그것으로, 지도부는 당의 역사상 "최고봉에 도달"했다며 기뻐 어찌할 바를 몰랐다. [그런데] 그것은 일본 공산당의 실력과는 무관한, 명백한 사건에 불과했다. [그때는] 때마침 자유민주당 정권의 경제대책에서의 '실정(失政)', 정치자금을 둘러싼 새로운 불상사나 대장성(大藏省[=재무성]) 관료의 독직사건의 발각 등이 거듭되어 대중의 정치불신이 극도로 높아진 시기였다. 예전부터 사용돼온 표현으로는 부동표(浮動票), 당시에 빈번히 사용된 표현으로는 이른바 무당파층(無黨派層)의 표의 일부가 일본 공산당에 던져졌던 데에서 볼 수 있었던 것처럼, 매스컴 보도의 하찮은 방향 변화로 어떻게든 조작과 유도가 가능한 포퓰리즘 현상이 대중의식에 깊이 침투해 있었다. 우리의 관측을 뒷받침이라도 하듯이, 일본 공산당의 득표는 다음 번 2001년의 참의원 선거에서는 433만 표로 반감(半減), 1995년 이전의 수준으로 되돌아갔다. 일본 공산당의 성적은 그 후 계속해서 400만 표 대에서 낮게 떠돌고, 2010년에는 40년 전인 1971년의 수준인 322만 표로 되돌아가버렸던 것이다.

그러나 1998년의 일시적인 '성공'의 대가는 너무나 컸다. 그것은 이 당으로 하여금 부르주아 의회당 그것으로의 변질을 완성하게 한 전기(轉機)가 되었다. 민주당(현재의 집권당인 민주당의 전신) 주도의 연립정권에 참가하리라는 기대가 갑자기 높아졌다. 1970년대의 그리 멀지 않은 시기에 '민주연합정권'을 수립한다고 한 제11회 당대회의 노선은 벌써 오래 전에 무너져 있었다. 부르주아 정당들, 그들의 이데올로기 기관인 매스컴은 일제히, 일본 공산당이여 현실정당이 되어라, 강령을 바꿔라 하고 일본 공산당 지도부를 압박했다. 일본 공산당 지도부는 민주연합정권 수립의 전단계로서의 '잠정정권(暫定政權)' 구상을 발표하여, 당의 생명선이었던 일미안전보장체제로부터의 탈각(脫却)을 보류하고, 아울러 자위대를 용인함으로써 부르주아 기관들의 요구에 항복했다. 지배계급에게는 일본 공산당을 연립정권에 참가시킬 의사 따위는 애초부터 털끝만큼도 없었다. 자본주의 체제에 있어서 무해한 존재로 길러내기만 하면 좋았던 것이다. 일본 공산당 지도부는 이 올가미에 감쪽같이 걸려 들어 버렸다.

2000년에 열린 제22회 당대회에서는, "일본 공산당은 일본의 노동자계급의 전위당이다"라고 명기된 규약 '전문(前文)'이 삭제되었다. 규약 본문 제1장 "일본 공산당의 명칭, 성격, 조직원칙"은 "노동자계급의 당임과 동시에 일본국민의 당"이라고 규정을 고치고 "국민이 주인공", "다수자 혁명"의 입장을 천명하여, 노동자계급의 당으로부터 "국민의 당"으로의 전환을 정당화했다. 대회 후의 기자회견에서 지도부는 차기대회에서의 강령개정을 예고했다. 이렇게 하여 2003년에 열릴 예정이었던 제23회 당대회를 앞두고 강령개정 준비가 시작되었다.

후와 데츠조(不破哲三) 중앙위원회 의장이 강령개정을 위해서 맨 먼저 손을 댄 것은, 맑스주의 기본문헌의 재해석—이라고 듣기 좋게 들리지만, 사실은 맑스주의로부터 일체의 혁명성을 제거하고, 맑스·엥겔스를 온건한 민주주의자·공화주의자로 꾸미는 작업—이었다. 그것을 위해 그는 많은 수의 논문과 저작을 발표했다.

제23회 당대회에 제출된 강령 개정안의 특징은, 첫째로, 일련의 개량을 쌓아감으로써 "룰(rule) 있는 자본주의"를 수립하는 "민주적 개혁" 노선을 정식화한 것, 결국 '혁명'은 이미 필요하지 않다고 선언한 것이었다. 둘째로, 사회주의로의 이행은 자본주의의 민주적 개혁이 한계에 달한 시점에서 국민이 (투표로) 결정하는 것으로 되었다. 사회주의적 변혁은 혁명적 비약을 수반하는 일 없이 실현된다. 자본주의의 모순의 끊임없는 폭로나, 노동자계급의 투쟁의 선두에 서서 노동자계급을 계급으로서 도야(陶冶)하기 위한 사상투쟁, 원래 노동자계급을 혁명의 주체로서 단련해내는 공산주의자로서의 책임은 내던져졌다. 셋째로, 현대세계의 기본구조, 현대사의 성격을 파악하는 데에서 없어서는 안 되는 제국주의론을 카우츠키주의적([즉,] 제국주의=현대자본주의의 '정책'[이라는 식])으로 개찬(改竄)한 것. 독점자본주의 이콜(equal) 제국주의가 아니다!

현재 침략전쟁을 수행하고 있는가 아닌가가 제국주의인가 아닌가를 판정하는 분수령이 되었다. 이 기준에 따르면, 침략전쟁을 수행 중인 아메리카[=미국]는 제국주의이지만, 이라크 전쟁에 반대한 프랑스나 독일은 제국주의가 아닌 것으로 되었다. NATO군의 일익(一翼)으로서의 프랑스·독일의 대(對)유고슬라비아 침략전쟁에의 개입, 아메리카 제국주의의 '유지(有志)연합'의 일익으로서의 아프가니스탄에의 참전은 그들의 시야에서 사라졌다. 일본 공산당이 비과학적인 '과학적 사회주의'의 주장을 가지고 맑스·레닌주의와 절연하고, 이를 당의 역사로부터 추방한 순간이었다.

전후사(戰後史)에서의 일본 공산당과 일본사회당

이야기의 선후가 뒤바뀌게 되지만, 일본 공산당과 일본사회당의 상호관계에 대해서 일언하여 두자. 일본 공산당이 부르주아 의회주의 노선으로 경사됨에 따라서 본래 의회당인 일본 사회당과의 사이에서 노동자계급의 표 쟁탈전을 연출하게 되었다.

제2차 세계대전 후 일본의 노동조합운동은, 그 형성기(形成期)에는, 일본 공산당이 지도하는 전일본산업별노동조합회의(全日本産業別勞働組合会議,=産別会議)가 주도권을 장악했다. 미 제국주의의 초기 점령정책은 1947년부터 48년에 걸쳐서 일본 공산당을 탄압하고 반공세력을 육성하는 것으로 바뀌고, 산별회의를 와해시키면서, 일본 사회당과 결탁한 일본노동조합총평의회(日本勞働組合総評議会, =総評)가 1950년에 결성되었다. 점령당국의 후원을 받아 산별회의를 파괴한 총평—일본사회당 지도부에 대한 일본 공산당의 원한과도 같은 증오의 감정은 두고두고 꼬리를 끌게 되었다.
　일본 사회당이, 특히 그 좌파부분이 총평을 무대로 일본의 노동조합운동을 견인한 시대는 1950년대 중엽부터 1970년대 중엽까지 지속되었다. 일본 공산당은 그 동안 '사회당-총평 블록'에 뒤처지는 위치에 있었다. 일본 공산당의 기본노선의 의회주의=선거지상주의로의 전환은 노동자계급 표의 쟁탈전, 일본 공산당계와 일본 사회당계로의 분단의 고착화로 연결된다. 그것은 또한 노동조합·청년조직·여성조직 등등, 대중조직의 모든 전선에서 균열을 넓혔다.
　공산주의자라면, 누가 주도권을 쥐고 있든, 대중투쟁의 선두에 서야 할 의무와 책임이 있다. 1960년대 이래 일본 공산당은 이 의무와 책임을 수행할 수 없게 되어 있었다―아니 오히려, 수행하지 않게 되어 있었다. 1964년의 춘계투쟁(춘투)에서 총평이 계획한 4월 17일의 총파업(제네스트)에 즈음하여, 중국 공산당 편향의 민족주의적 경향을 강화하고 있던 당시의 일본 공산당 지도부는 총파업을 준비하고 있으면서도 노동자의 임금인상 요구밖에 내걸고 있지 않다는 이유를 들어 총파업 계획의 재고를 촉구하는 성명을 발표했다. 일본 공산당은 이윽고 이 총파업을 "미 제국주의가 꾸미는 도발파업"으로 규정하게 되고, 총평 내에서 총파업을 결행할 준비를 해나가고 있던 하부 당원을, 돌연 총파업 중지 활동으로 몰아가는 공작을 전개했다. 또한 1973년의 춘투에서 계획된 총파업에 교육노동자가 하루 온종일 파업에 참가하는 계획에 반대하여, 부모·국민과 단결하기 위해서라는 이유를 들어, 본부의 지령에 반하여 파업파괴 보안요원을 독자적으로 배치하는 배신을 저질렀다. 1975년에 공공기업체·공무원 노동자가, 미국의 점령 하에서 초법규적으로 박탈당한 파업권을 파업으로써 탈환하려고 했던 투쟁에 즈음해서는, '자신들은 협의를 받은 바 없다', '국회에서 심의해야 한다'며, 방관자적 태도를 취했다. 부르주아 의회주의=선거지상주의의 입장에서 당세확장과 선거에서의 표를 목표로 뒤떨어진 대중의식에 영합하는 정치자세는 1960년대 이래 오늘날에 이르기까지 일본 공산당을 관통하는 중대한 오점(汚點), 부정적 유산을 구성하고 있다.
　일본 사회당의 해체는 이 당을 그 뼈대로서 지탱해온 총평의 쇠퇴, 특히 1975년의 파업권(罷業權) 파업의 패배와 함께 시작되었다. 1980년을 전후한 시기, 영국에 대처 정권이, 미국에 레이건 정권이 등장하고, 이에 연동된 형태로 일본에 "행정개혁"(나중의 신자유주의 정책)을 기치로 하는 나카소네(中曽根) 정권이 등장했다. 공공기업체, 그 중에서도 일본국유철도(국철)의 '적자경영'을 표적으로 한 '분할・민영화' 공격, 즉 국철 나아가서는 총평의 핵심적 존재였던 국철노동조합(国労, [=고꾸로])의 파괴를 통한 총평의 해체, 독점자본의 지배기구로 편입된 민간중화학산업의 '노동조합'에 의한 전국 제패(制覇)가 추진되었다. 과정을 생략하자면, 국철은 1987년에 해체되었는데, 고꾸로(国労)는 그 사이 매스컴으로부터 '국적(國賊)' 취급이라는 몰매를 맞고, 제멋대로의 국가적 부당노동행위 끝에 결국 군소조합으로 전락되어, 총평 해체의 기초가 형성되었다.

일본 사회당은, 그것을 떠받쳐온 총평의 쇠퇴와 우선회(右旋回), 일본노동조합총연합회(日本労働組合総連合会, =連合, 렌고) 결성에의 합류와 함께, 1980년대 말부터 90년대 초에 걸친 세계적인 격동, 즉 사회주의 세계체제의 붕괴, 반혁명의 승리로 끝나는 세계사적 동향 속에서, 급속한 지반침하가 진행되었다. 낙양(落陽)의 일본사회당은 지배계급이 놓은 함정에 빠졌다. 1993년에 장기집권의 좌(座)에서 미끄러져 떨어진 자유민주당[자민당]은 이듬해인 94년에 일본 사회당을 포섭, 무라야마 도미이치(村山富市) 위원장을 수반으로 삼아 정권의 좌에 복귀했다. 무라야마 수상은 연립정권 발족 후의 국회에서 사회당의 이념에 반하여 자위대 합헌과 일미안보조약 견지를 언명했을 뿐만 아니라 이듬해인 95년의 당대회에서 이 무라야마 발언을 추인하는, 기본노선의 대전환을 단행했다. 마침내 무라야마 정권은 3%에서 5%로의 소비세율의 인상이라고 하는 선물까지 남겨두고 재임 1년 반 만에 수상자리를 자유민주당에 명도하고, 스스로 무너지는 길을 더듬었다.[4]

---

4) 제2차 대전 후 일본사회당 위원장을 수반으로 하는 연립정권은, 1947년의 가타야마(片山) 정권 이후, 이것이 두 번째였다. 가타야마 내각의 성립은 트루먼 독트린(공산주의 봉쇄정책)에서 볼 수 있는, 이른바 냉전정책의 개시기(開始期)에 해당했다. 피폐한 경제의 부흥, 극동에서의 반공의 보루로서의 일본 독점자본주의의 재건을 점령당국으로부터 위임받은 가타야마 내각은, 노동자의 임금을 물가상승률 이하의 수준으로 고정하고 독점자본에게 충분한 이윤을 보장하는 정책을 수행했다. 가타야마 내각은 노동공세의 파도에 시달려 겨우 8개월여 만에 그 막을 내렸다.

이에 대하여 일본 공산당 지도부는, 사회당-총평 블록의 해체과정을 일본의 노동운동 총체의 위기로 파악하고 반격하는 것이 아니라, 자신들의 입김이 닿는 산하의 노동조합을 그러모아 별개의 내셔날 센터 전국노동조합총연합(全国労働組合総連合, =全労連)을 결성하는 분열주의로 내달렸다. 일본 공산당 지도부가 기대했을, 일본 사회당으로부터 떨어져 나온, 사회당 지지표 긁어모으기는, 기대가 어긋나, 허망한 꿈으로 끝났다.

여당(與黨)이 된다는 환상에 이끌린 '야당외교'의 전개

다시 1998년으로 돌아간다. 1998년을 기점으로 일본 공산당의 국제 활동에 또 하나의 결정적인 변화가 생겼다. '야당외교(野黨外交)'의 개시가 그것이었다.

어느 날 기관지 ≪적기(赤旗)≫의 지면을 열고, 후와 데츠조(不破哲三)의 연재 르포르타주 "튀니지의 7일간"이 시작되었음을 알았다(2003년). 왜 튀니지인가?

그 나라의 공산주의자와 교류하기 위해서 원로(遠路)를 마다않고 떠난 것이 아니다. 그 나라의 집권당과 교류하기 위해서였다. 이후 일본 공산당은 수년마다 열리는 아시아정당국제회의(ICAPP)—거기에는 아시아 국가들의 집권당을 포함한 정당들이 얼굴을 내민다—에 반드시 출석하게 되었다.

중국 공산당과는 오랜 중단을 거쳐 관계를 수복한 1998년 이후 이론교류·이론회담과 같은 형식으로 내왕하는 기회가 증가해 왔다. 교류는 베트남 공산당이나 쿠바 공산당과도 계속되고 있다. 그것은 그러나 공산당·노동자당 간의 교류와 연대, 협력과는 차원을 달리한, 상대가 집권당이기 때문에 일본 공산당 측에서 벌이는 '야당외교'의 일환임이, 대회에서 채택된 문서를 통해서 차차 명백해졌다. 결국 1998년의 선거에서 '대약진'하여 '여당이 된다'는 염원을 달성할 수 있다고 착각한 이래, 장래 '여당'이 되기 위한 준비로서 '야당외교'가 위치 지워져 있었던 것이다.5)

---

5) 여당-야당이라고 하는, 부르주아 의회의 집권당과 비집권당의 관계에 갇힌 발

1998년에 ≪공산당 선언≫ 150주년과 그리스 공산당 창립 80주년을 기하여 그리스 공산당이 호소했던 공산당・노동자당 국제회의가 아테네에서 소집되었다. 이듬해인 99년부터 그리스 공산당의 주도로 2년마다 1회, '공산당・노동자당 국제회의'가 열리게 된 것은 주지하는 대로이다.6) 회의는 애초의 아테네에서 민스끄(벨라루시), 리스본, 상파울루, 뉴델리로 회의장을 옮기면서 지구를 일주하고, 12년째를 맞는 금년엔 남아프리카공화국에서 개최되기로 결정되어 있다. 그리스 공산당의 국제주의적 공헌이 서서히 결실을 맺어, 국제공산주의 운동의 재결집이 곤란들을 극복하며 전진하고 있다. 그리스 공산당 제17회 당대회(2005년)의 "국제공산주의 운동의 상황에 관한 결의"가 말하고 있는 것처럼, 국제공산주의 운동은 "조직적으로도 이데올로기적으로도 뿔뿔이 흩어진 채"이고, 내부에서 "혁명적 공산주의자의 견해와 개량주의・기회주의의 견해"의 투쟁이 계속되고 있다.

하지만 재결집은 개시되었다. 일본 공산당이 "공산당"을 이름으로 내세우는 이상, 이 회의에 계속 출석하고, 주저 없이 자신의 주장을 전개하는 것이 도리이다. 제1회 회의에 유럽 주재의 ≪적기≫ 특파원을 파견했었지만(실제로는 사태 관망), 일본 공산당은 그 이후 회의를 계속 묵살해왔다. 2007년의 민스끄부터, 그때까지 옵저버로 참가했던 중국 공산당이 정식으로 참가하기에 이르러 묵살할 수만은 없게 되었기 때문이었겠지만, 2009년 4월에 베이징(北京)에서 개최된 "현재의 국제금융위기와 맑스주의"를 주제로 하는 일중(日中)공산당 제3회 이론회담에서 대표단장을 맡은 후와 데츠조 씨는, 의도적으로 회담의 주제로부터 벗어나, 공산당・노동자당 국제회의와 그리스 공산당을 사실을 왜곡하여 비방중상하는 발언을 했다(不破哲三著, ≪激動する世界はどこに向かうか―日中理論会談の報告≫, "スターリン時代礼讃の一潮流について", 新日本出版社, 2009年 9月刊). 이것이, "자주독립"의 기치를 내걸고 프롤레타리아 국제주의에 등을 돌린 지 40년 후에 다다른, 일본 공산당의 말로였다.

상 그 자체가 부르주아 독재의 본질을 은폐하는 무궁화나무 잎인 의회민주제를 미화하는 것이기 때문에, 공산주의자가 본래 사용해서는 안 되는 것임은 두말할 필요도 없다.
6) [역자 주] 실제 이 국제회의는 1998년부터 매년 개최되고 있다.

부르주아 의회당으로의 변절의 전사(前史)

일본 공산당이 여기에 다다르게 되는 전사(前史)를 간략히 더듬어두자.

1961년의 제8회 당대회 이후 1960년대 전반기에 일본 공산당은 이미 공공연해지고 있던 중-쏘 논쟁의 와중에서 중국 공산당의 모택동 노선에 밀착하여 쏘련 공산당=현대 수장주의 비판으로 급히 기울어지고 있었다. 제8회 당대회는 일본의 현상을 "미 제국주의에 의한 반(半)점령, 사실상의 종속국"으로 파악하고, 당면한 혁명의 성질을 2개의 적, "미 제국주의와 이에 종속하는 일본 독점자본"을 타도하고, 진실한 독립을 달성하는 "새로운 민주주의 혁명"이라고 규정한 2단계 전략을 채택했다. 거기에는 모택동의 반미·민족주의 노선—그것은 1960년대의 "반미·반쏘"를 거쳐, 1970년대의 "쏘련 주적"론으로 변모해간다—과 서로 공명(共鳴)할 소지를 안고 있었다.

쏘련 공산당과의 관계가 파국을 맞는 것은 1964년의 부분적 핵무기 금지조약의 국회 비준에서였다. 국회의원이자 당의 최고지도부의 멤버이기도 했던 시가 요시오(志賀義雄)와 나카노 시게하루(中野重治, 작가)가 일본 공산당의 방침에 반하여 찬성표를 던진다고 하는 문제가 발생했다. 지도부의 다수파는 쏘련 공산당의 "간섭"을 격렬하게 비판함과 함께, 시가(志賀)·나카노(中野) 그리고 그들과 이어진 낭원의 제명처분으로 대항했다. 두 당의 관계는 절연상태에 빠졌다.

일본 공산당은 1965년 9월의 인도네시아 공산당 사건, 이른바 9·30사건7)이 일어나자, 모택동 노선을 추수(追隨)하는 위험을 알아차렸기 때문이었

---

7) 9·30사건은, 수카르노(Sukarno) (대통령) 친위대의 운퉁(Untung Syamsuri) 중령 등이 CIA가 조종한 장군평의회의 반(反)수카르노 쿠데타를 진압한다는 명목으로 일으킨 군사행동이다. 익일인 10월 1일에 수하르토(Suharto)나 나수치온(Abdul Harris Nasution) 장군 등이 이끄는 군부와 반공 이슬람 세력이, 당시 개발도상국에서 최대의 당원을 보유하고 있던 인도네시아 공산당(공칭 150만 명)에, 일거에 재건 불가능할 정도까지 타격을 가했다. 이 당은 결코 사건의 주모자가 아니라 말하자면 언걸을 입은 피해자였다. 이 사건으로 300만 명을 넘는 사람들이 희생되었다고 한다. 그 후 45년, 인도네시아 공산당은 이 타격으로부터 아직도 다시 일어서지 못하고 있다. 당시의 인도네시아 공산당은 수카르노가 주창하는 나사콤(NASAKOM) 체제(NASAKOM은 민족주의

겠지만, 돌연 중국 공산당과의 대결로 나아갔다. 이 전환은 재차 당내투쟁으로 파급되어 모택동파의 제명(1966년)으로 발전했다. 모택동은 때마침 프롤레타리아트 문화대혁명을 발동(같은 해)했다. 무장봉기를 혁명투쟁의 기본 형태로 내세우는 가운데, 베이징에 체재 중이던 일본 공산당 간부가 홍위병의 규탄을 받게 되는 사태가 발생하고, 두 당의 관계는 냉각화의 한 길을 더 듬었다. 우리가 부르주아 의회주의 노선의 완성이라고 규정하는 1970년의 제11회 당대회는 선행하는 모택동 노선과의, 나아가서는 당내의 모택동파와의 격렬한 비난과 응수, 결별을 통해서 준비된 것이었다(예컨대, 1967년 4월 29일 ≪적기≫ 평론원 논문 "극좌기회주의자의 중상과 도발" — 이 논문의 필자는, 전후관계로 보아, 명백히 후와 데츠조 씨였다).

  일본 공산당은 이러한 경과를 더듬어 쏘련 공산당 및 중국 공산당과 몌별(袂別)하고, "자주독립"이라는 슬로건을 내걸기에 이르렀다. 그것은 일본 공산당이 프롤레타리아 국제주의에 등을 돌리는 전환의 슬로건이 되었다. 1960년대 전반기에 중-쏘 논쟁이 공공연해지고, 당과 당 사이의 논쟁의 수준으로부터 국가 간의 대립·충돌로 발전한 국제공산주의 운동의 분열이 세계 혁명운동에 미친 파괴적인 작용에도 불구하고, 그것은, 이 대결 구도를 풀어 일치점을 구하는 공동투쟁의 길을 개척하기 위해 힘을 다하는 것이 아니라, 분열 상태를 전제로 하고 고착화하는 쪽에 몸을 두는 것을 의미했다. 베트남 인민이 항미구국(抗米救国)의 민족해방투쟁을 추진하는 과정에서, 서로 반목하는 쏘련과 중국을 자신들의 투쟁 쪽으로 끌어당기고, 사회주의 세계체제의 힘을 배경으로 하면서 자본주의 국가들의 노동운동, 민족해방투쟁 세력들—세계의 3대(大) 혁명 조류—을 단결시켜 투쟁을 승리로 이끈 프롤레타리아 국제주의의 정신과 그것은 너무나도 동떨어져 있었다.

  [NASionalisme(='nationalism')]·이슬람교[Agama(='religion')]·공산주의[KOMunisme(='communism')]의 통일과 조화라는 의미)의 내부에서 당활동을 전개하고 있었다.
  사건 후 수하르토의 독재체제가 수립되고, 나사콤 체제는 붕괴되었다. (佐々木辰夫 著, ≪アフガニスタン4月革命≫, スペース伽耶, 2005年 10月刊).

전기(轉機)가 된 1980년대의 국제적 사건들

국제공산주의 운동과 메별한 일본 공산당의 "자주독립" 노선과의 관계에서, 우리는 1980년대 초에 일어난 2개의 국제적 사건들—아프가니스탄 문제와 폴란드 문제—과, 1980년대 말부터 1990년대 초에 걸친 사회주의 세계체제의 붕괴(반혁명의 승리)에 대한 일본 공산당의 반응에, 간단히라도, 언급하지 않을 수 없다.

일본 공산당은 1991년의 쏘련 붕괴에 즈음하여, "역사의 거악(巨惡)" 쏘련의 붕괴를 "쌍수를 들어 열렬히 환영"했다. 사회주의의 미래를 개척하는 전도(前途)에 가로놓여 있는 장해가 제거되었다고까지 단언했다. 이 견해가 얼마나 몰계급적이고 반노동자적이었던가는 그 후 20년을 거친 세계의 현실, 특히 노동자계급이 내던져진 비참한 현실이 무엇보다도 웅변으로 말하고 있다.

매사를 계급투쟁의 관점에서 분석하고 판단하는 기준을 내던진 일본 공산당은, 자본주의와 사회주의라고 하는 2개의 체제가 병존하면서 혁명과 반혁명이 서로 투쟁하는 세계구조를 인식할 수 없었다. 제국주의 진영은 사회주의 국가들에 대하여 음으로 양으로 압력을 가하고, 사회주의 건설에 따라다니는 결함과 오류를 포착해서는 간섭과 개입을 기도해, 국제 공산주의 운동이 내부에 존재하는 부딪길(不団結, [분열])이나 알력을 최대한 이용했다. 그렇지만 일본 공산당은, 2개의 초대국 미국과 쏘련이 세계의 분할·지배를 둘러싸고 서로 다투고 있다고 보는, 모택동 시대의 중국 공산당의 세계구조 인식을 의연히 질질 끌고 있었던 것이다.

위태로워진 아프가니스탄 4월 혁명(1978년)을 구출하기 위한, [아프가니스탄 혁명정부8)의] 요청을 받아들인 쏘련군의 출동(1980년)은, 4월 혁명의 의의를 인정하는가, 인정하지 않는가에서 견해와 입장이 크게 나뉜다. 쏘련을 증오하는 감정이 일본 공산당 지도부를 지배하고 있었다. 미 제국주의에 의해서 훈련되고, 파키스탄을 경유하여 투입된 이슬람 원리주의 세력9)에 의한 반혁명 전쟁과, 아프가니스탄 인민민주당의 정치적 미숙, 당내의 불모의 파벌

---

8) [역자 주] 유엔에 가입하고 있던 대부분의 국가가 이 정부를 합법정부로 승인하고 있었고, 한국 정부 역시 그랬다.
9) [역자 주] 현재의 탈레반은 그 후신이다.

항쟁이 4월 혁명을 궁지에 빠뜨리고 있었다. 매스컴은, 바로 이때다 하고, 쏘련의 "침략"을 소리 높여 비난하는 캠페인을 펼쳤다.

폴란드 인민공화국의 야루젤스끼(Wojciech Jaruzelski) 정권이 비상계엄령(1981년 12월)을 선포했을 때에도 같은 일이 벌어졌다. 폴란드 사회주의가 위기에 빠진 원인은, 일본 공산당 지도부가 말하는 것처럼, 폴란드 통일노동자당이 쏘련에 대하여 "자주독립"의 입장을 관철하지 못하고 쏘련이 말하는 대로 되어 있었기 때문 따위는 아니었다. 폴란드는 사회주의공동체국가들(세프[SEV]10) 가맹국들)의 일원임에도 불구하고, 기에레끄(Edward Gierek) 정권이 서둘러 제국주의 국가들의 "경제원조"에 의한 공업화를 시도하여 거액의 채무를 껴안게 되었다. 바웬사(Lech Wałęsa)의 '연대(Solidarity)'가 물심양면으로 제국주의의 전면적 지원을 받고 있었음은 나중에 밝혀졌다. 기에레끄 정권의 실정(失政)의 결과, 반혁명 세력이 마구 설치는 위기적 상황에 직면하고, 뒤를 이은 야루젤스끼 정권은 사회주의 방어의 필요성에 어쩔 수 없이 구국군사평의회(救國軍事評議會)에 의한 권력의 일시적 장악과 비상계엄령의 선포에 나서지 않을 수 없었다.

제국주의 진영은 이 기회를 틈타 세계의 모든 부르주아 기관을 동원한 반공・반사회주의 프로파겐다를 전개하고, 그리하여 이 사태에 직면한 세계의 공산당・노동자당은 스스로의 태도 결정을 압박받았다. 이때 일본 공산당은 부르주아 기관들이 내지르는 정보조작에 질질 끌려가 "자신의 결백"을 입증하라며, 쏘련과 폴란드 정권 비난의 대합창에 가세했다. 사회주의 건설을 올바른 궤도에 복귀시키기 위해서, 저질러진 오류를 척결하면서 과제를 공유하는 동지적 입장과는 전적으로 무연(無緣)한 길을 선택했던 것이다.

---

10) [역자 주] 일반적으로 COMECON 혹은 CMEA로 알려진, 공산권의 경제상호원조회의(Council for Mutual Economic Assitsance, 1949년 결성)를 가리키며, SEV는 러시아어의 약칭이다. 불가리아, 헝가리, 동독, 몽고(62년 가맹), 폴란드, 루마니아, 쏘련, 체코슬로비키아의 8개국이 가맹국이었고, 유고, 베트남, 쿠바, 조선 등은 옵서버로 참가했다.

마지막에

　일본 공산당이 부르주아 의회주의 노선—레닌이 우익 기회주의인 멘쉐비끼에게 쏘아붙였던 "의회주의 백치(Kretin)병"—으로 전환하고 나서 반세기가 지났다. 부르주아 의회주의로의 노선의 전환은 부르주아 민족주의로의 경사(傾斜)와 언제나 표리를 이루었다. 양자(兩者)는 서로 보완하면서 이 당으로 하여금 마침내 부르주아적 가치관을 수용하고 또한 보급하는 체제 내 야당으로 변질시켰다. 자유민주당으로부터 민주당으로의 정권 교체, 본격적인 보수 양당체제—노골적인 부르주아 독재체제—를 성립시킨 2009년의 중의원 선거 후, 일본 공산당은 스스로의 정치적 태도(stance)를 적절하게도 "건설적 야당"이라고 불렀다.

　일본 공산당은 지금, 부르주아 의회당으로의 전환을 일관되게 추진해왔기 때문에, 비싼 대가를 치루고 있다. 현 지도부에게는 그러한 자각은 없다. 설령 얼마간의 자각이 있다고 하더라도 이미 재전환이 불가능할 정도로 깊이 빠져버렸다. 하지만, 진짜로 비싼 대가를 치루고 있는 것은, 일본 공산당의 이러한 변절을 통해서 내일로의 문이 닫혀버린 일본의 노동자계급이다. 그것은, 노동자계급의 계급의식의 형성을 위한 토양을 일구는 <사상운동>을 전개하면서 일본 공산당의 재생을 지향해온 우리 자신의 패배이기도 했다.

　밑바닥 없는 늪으로부터의 탈출이 시급하다. 그를 위해서는 노동운동을 기초부터 다시 만들지 않으면 안 되는데, 길은 험하고 또한 멀다. 우리는 우리 세대가 해야 할 것, 할 수 있는 것을 위해서 지금은 단지 전력을 기울일 수밖에 없다.

제2차 대전 후 미국의 계급투쟁
― 공산주의 운동과 반공주의

손미아 | 노동사회과학연구소 편집위원

　미국의 반공주의의 기원은 무엇이며, 그것은 어떻게 공산주의 운동을 말살시키다시피 했는가?
　어떤 이들은 미국 공산당의 인민전선 노선이 문제였다고 한다. 어떤 이들은 공산주의자들이 꼬민떼른의 지시를 교조주의적으로 받아들였기 때문이라고도 한다. 그러나 이런 진단들은 공산주의자들의 활동을 형식적으로 평가할 때 그들이 부분적으로 원칙적·자주적이지 못했다는 한계나 오류로서 지적될 수 있을지는 모르나, 그들이 처했던 복잡·다기한 상황을 구체적으로 분석한 위에서의 도출한 과학적 결론은 아닐 것이다. 공산주의자들의 한계와 반공주의는 분명 다른 범주이기 때문이다. 반공주의는 결코 공산주의자들의 활동의 한계나 오류에서 기인하는 것이 아니다. 그것은 자본가계급의 일방적인 공세이다.
　미국의 공산주의자들은 실로 최선을 다했다. 그러나 그들은 최강의 제국주의를 형성한 자본가계급을 만나서 불운했다. 미국의 자본가계급은, 제1차 세계대전 당시의 러시아 제국처럼 무너져가는 제국이 아니라, 왕성하게 발전하는 자본가계급이었고, 제2차 세계대전은 미국의 그러한 자본가계급이 사실상 전체 자본주의 세계를 압도하고 제패하는 절호의 기회였다. 1939년에 발발한 세계대전은, 미 제국주의로 하여금 1929년에 발발한 세계대공황으로부터 탈출할 출구를 제공했을 뿐만 아니라, 그 피를 자양분 삼아 더욱 번성할 수 있는 토양을 조성했던 것이다.

지금 우리에게는 세계혁명운동의 역사를 통해서 배우고, 현재와 미래의 혁명노선을 명확히 하는 것이 필요하다. 노동운동의 역사를 제대로 파악하지 않는다면 추상적·사변적 사고에 머무를 수밖에 없고, 그리하여 자칫 자본가계급의 흑색선전의 함정에 빠질 위험이 높은 것이다. '공산주의' 적색공포는 분명 자본가계급이 유포하는 이데올로기이다.

모든 물질은 운동한다. 미국 공산주의 운동도 운동했고 지금도 물론 운동하고 있다. 미국의 공산주의 운동은 1956년 이래 탈(脫)쏘주의적·개량주의적 노선을 내걸고 있어,1) 과거의 혁명적 전통을 복원해야할 과제도 부여받고 있는 상태이다. 우리는 그것이 어떻게 변화 발전해나갈 것인가에 대해서 고민해 보아야 한다. 미국 공산주의운동의 역사는 그들의 문제인 동시 바로 우리의 문제이기 때문이다.

1. 미국의 반공주의

1) 세계대전과 미국의 반공주의

미국에서 반공주의가 주요하게 등장했던 시기는 제1·2차 세계대전과 맞물려 있다. 제1차 대전 때에도 제2차 대전 때에도 항상 대전이 종전되면서 반공주의가 극성을 떨었던 것이다. 그리고 미국에서의 반공주의의 강화가 이렇게 양차에 걸친 세계대전의 종전과 맞물려 있다는 사실은, 한편에서는 제1차 세계대전도 제2차 세계대전도 모두 자본주의적 생산의 모순의 폭발이어서 그것을 통해서 공산주의 운동이 활발해졌다는 것, 그리고 다른 한편에서는 전쟁뿐 아니라 이 공산주의와의 이데올로기적·정치적 투쟁으로서의 반공주의는 미국의 독점자본가계급, 미 제국주의가 제국주의 세계의 패권을 장악하면서 반공주의를 그 지배 이데올로기로서 구축해가는 과정이었다는 것을 말해준다.

제1차·제2차 세계대전은 극에 달한 과잉생산과 시장의 태부족이라는 자본

---

1) Harvey A. Levenstein, *Communism, Anticommunism, and the CIO*, Greenwood Press, 1981, p. 339.

주의적 생산의 모순의 파국적 폭발이었고, 따라서 세계시장의 재분할을 둘러싼 제국주의 열강 간의 전쟁이었을 뿐 아니라, 이들 제국주의 열강이 각각 자국의 노동자계급으로 하여금 교전 상대국의 노동자계급을 대대적으로 살육하도록 강제한, 독점자본가계급의 노동자계급에 대한 대공세이기도 했다. 그러나 제1차 세계대전의 결과, 세계 노동자계급은 러시아에서 공산주의 혁명에 성공했다. "이 전쟁의 참된 승리자는 국제 프롤레타리아"였고, "세계의 노동자는 1917년 러시아혁명에서 러시아 노동자가 가한 결정적 일격에 의해 세계 자본주의 체제에 파멸적인 타격을 주었던 것이다."[2] 또한 제2차 세계대전을 통해서 국제 노동자계급은 나찌와의 전쟁 속에서 쏘련 공산주의를 지켜냈을 뿐 아니라 동부 유럽을 사회주의 세계체제 속에 편입했고, 중국에서의 혁명의 기반을 조성했다.

그런데 미국에서의 상황은 어떠했는가?

주지하는 것처럼, 제1차 세계대전을 통해서 미국은 사실상 최강의 제국주의 국가로 올라섰고, 제2차 세계대전을 통해서 미국은 제국주의 열강 가운데 절대적인 패권자가 되었다. 대공황의 혼란과 제2차 대전의 파괴과정을 거치면서 미국은 20세기 중반까지 생산, 무역, 군사, 금융 면에서 압도적인 우위를 차지하면서 제2차 대전 후에는 세계적인 패권을 장악하게 되었던 것이다. 그리고 미국은, 제2차 대전을 거치면서 승전국(영국, 프랑스 등)과 패전국(독일과 이태리, 일본)을 막론하고 피폐해진 제국주의 열강을 그 하위 파트너로 편입시킴과 동시에, 한편에서는 전 세계로 그 군사기지를 전개하면서, 그리고 다른 한편으로는 브레튼우즈 체제, 즉 제한 적인 금 태환과 연동된 달러 본위의 고정환율제를 통해 그 군사적·국제정치적, 그리고 경제적 패권을 강화해갔다. 국제연합도, 부분적으로는 물론 쏘련의 견제를 받지 않을 수 없었지만, 역시 미국의 강력한 영향력 하에, 어떤 의미에서는 사실상 그 지배하에 있었다.

그러나 이것은 제2차 세계대전이 조성한 정세의 한 측면, 미 제국주의의 입장에서는 긍정적이고 고무적인 한 측면에 불과했다. 제2차 세계대전이 조

---

[2] W. Z. 포스터, ≪세계사회주의운동사: 제1, 2, 3 인터내셔널의 역사≫, 동녘, 1987, p. 254.

성한 정세의 다른 한 측면 그것은, 미국과 자본주의 생산체제 그것에 극히 불리한 것이었을 뿐 아니라, 사실상 절대적인 위기였다. 쏘련이야말로 연합국이 제2차 대전에서 승리할 수 있게 한 주역이었을 뿐 아니라, 대전의 결과로 동유럽이 공산화되었고, 중국에서, 그리고 서유럽을 포함한 자본주의 전 세계 자본주의 국가들에서 사회주의·공산주의 혁명의 열기가 분출하고 있었기 때문이었다. 그리고 식민지 인민의 반제·민족해방운동이 광범하게 터져 나왔는데, 거기에서도 역시 사회주의·공산주의 세력이 주요한 역할을 담당하고 있었기 때문이었다.

실제로 미국의 자본가계급과 국가권력에게 있어 대(對)나찌 독일 전쟁에서의 공산주의 쏘련의 승리와 동부 유럽의 공산주의화는 심각한 위협으로 다가왔다. 아니, 이것은 전 세계 자본주의체제의 위기로 다가왔다. 제2차 세계대전에서 쏘련이 가장 중요한 전승국이 되면서 공산주의의 위신이 더욱 높아졌고, 그 위력이 전 세계로 퍼져나갔기 때문이었다. 전쟁이 끝나자 자본주의에 대한 경쟁적 대안이자 최대의 적으로 공산주의가 급부상하고 있었던 것이다. 쏘련식 모델의 매력은 급속도로 확산되었고, 여러 나라에서 좌파정당 세력이 확대되고 있었다.3)

이러한 상황에서 제국주의의 패권을 장악한 미국은, 그 독점자본가계급은 공산주의와 대립 속에서 자본주의를 구원할 반공주의의 주역을 자임하고 나섰다. 한편에서, 미국의 트루먼 정부는 특히 영국의 처칠과의 공조 하에 쏘련에 대한 봉쇄작전, 즉 냉전(트루먼 독트린)에 나섰고, 마샬플랜 등의 원조정책을 통해서 제국주의 열강의 경제적 재건과 그 노동자계급의 포섭을 서둘렀다. 그리고 다른 한편에서는, 무엇보다도 미국 내의 공산주의자들과 그 활동에 대한 탄압을 강화했다.

19세기 마지막 4/4분기 이후 미국의 자본주의가 급성장하고 급격히 고도화되면서 미국의 노동자계급과 그 운동 역시 급격히, 그리고 급진적으로 발전했다. 그리고 제1차 대전과 대공황을 거치면서 노동운동의 그러한 성장과 급진화는 더욱 가속되었고, 제2차 대전을 거치면서 운동 상층부 일부의 자본가계급에의 투항과 협조주의가 발생했지만, 운동 전반의 반자본주의적 기조를

---

3) 백창재, ≪미국 패권 연구≫, 인간사랑, 2009. pp. 52-53.

바꿀 수는 없었다. 특히 전쟁이 끝나자 억눌렸던 노동자계급의 요구들이 봇물처럼 터져 나왔다.

좀 더 자세히 보면, 제1차 세계대전을 거치면서 노동자계급의 전투성은 유독 격렬하게 폭발했는데, 특히 1915년과 1916년에 물가가 급등한 반면 실업이 증가하자 노동자들은 더욱 더 전투적으로 되었다. 1917년 4월 6일과 10월 6일 사이에 광업부문의 파업 407건을 포함해서 3,000건의 파업이 발생하였고, 1917년에 총 4,400건 이상의 파업이 발생했다. 1917년과 1918년에 각각 미국 역사상 처음으로 100만 명이 넘는 노동자들이 파업을 일으켰다. 1919년에는 400만 명이 넘는 노동자들이 파업에 참가했는데, 이 기록은 1937년까지 깨지지 않았다.[4] 한편, 제2차 세계대전 동안 미국 정부의 요구에 의해 임금인상요구를 자제하면서 연장근무로 그들의 임금을 보충해야 했던 노동자들은 1945년 전쟁이 채 끝나기도 전부터 전쟁 기간에 있었던 그들의 경제적, 육체적 희생과 감소된 임금에 대한 보상을 요구하면서 대대적으로 파업을 일으켰다. 수천 개의 파업이 발생했다.[5] 특히 1944년에는 미국 역사의 어느 해 보다도 더 많은 파업이 발생했다.[6]

사실 미국 노동운동에 대한 미국 공산주의자들의 영향력은 제2차 세계대전 직전 시기인 대공황기와 제2차 세계대전 동안에 최고조에 달했다. 공산주의자들로부터 직접적인 지도를 받았던 노동조합에 소속된 노동자들은 산업별노동조합회의(CIO)[7]에 소속된 전체 조합원들의 25%에 달했고, 공산주의자들

---

4) 멜빈 듀보프스키 지음, 배영수 옮김, ≪현대미국노동운동의 기원≫, 한울아카데미, 1990.
5) 리차드 보이어, 하버트 모레이스 지음, 이태섭 옮김, ≪알려지지 않은 미국 노동운동 이야기≫, 도서출판 책갈피, 1996, pp. 365-86.
6) Robert Justin Goldstein, *Political Repression in Modern America from 1870 to 1976*, University of Illinois Press, 2001.
7) 1935년 11월 10일, 인쇄노동조합, 연합의류노동조합, 섬유노조연합, 광산·제련노동조합, 유전·천연가스 및 정유 노동조합, 전국여성의류노동조합, 모자제조노동조합이 주축이 되어 산업별조직위원회(CIO, Committee for Industrial Organization)를 창립한다. 이 위원회는 처음에는 독자적인 조직을 만들지 않고 미국노동총동맹(AFL)에 속해 있었으나, 보수파가 주축이 된 AFL 집행위원회가 산업별조직위원회에 가담한 조합들을 제명시키고, 산업별조직위원회가 공산주의적인 음모를 꾸미고 있다고 노동자들에게 경고하는 등 산업별조직위원

이 상당히 영향력을 미쳤던 노동조합들은 또 다른 25%에 달했다.8) CIO에 속한 전체 노동자의 약 50%가 공산주의자들의 영향력에 있었다는 이야기이다.

그리고 그 때문에 대중들은 쏘련에 대해서 매우 우호적인 태도를 보였고, 전쟁 이후에도 쏘련과 전쟁 동안에 맺었던 협력관계가 지속되기를 원하고 있었다.

그리고 바로 공산당의 이러한 급성장과 노동자 대중에 대한 영향력의 급격한 증대는 1944년 이후 "빨갱이사냥 (Red-baiting)"을, 특히 제2차 대전 후 광적인 매커시즘을 불러일으키는 주요한 요인이 되었다.9)

이러한 점에서, 즉 그것이 제2차 대전 이후 조성된 세계적인 사회주의·공산주의 혁명 열기에 대한, 그리고 동시에 급성장한 미국 내 노동운동, 특히

회를 탄압하자, 1938년에 이 산업별조직위원회는 AFL을 탈퇴했고, 산업별노동조합회의(The Congress of Industrial Organizations)로 조직 명칭을 바꾸어 독자적인 조직을 형성했다. (리차드 보이어, 하버트 모레이스 지음, 이태섭 옮김, 같은 책, pp. 323-349 참조.)

8) Roser Keeran "The Communist Influence on American Labor" in Michael E. Brown, Randy Martin, Frank Rosengarten, George Snedeker ed. *New Studies in the Politics and Culture of US Communism*, Monthly Review Press, New York, 1993, pp. 163-193.

9) "[제2차 세계대전 후] 이같이 국제무대에서 성공을 거둔 미국지배계급은 국내에서 새로운 적을 만나게 되었다. 루즈벨트는 뉴딜정책의 제반개혁을 추진하기 위해 노동자, 농민, 흑인, 소수민족 등을 규합하는 민중적 지지기반이 필요했었다. 이들은 당시 대공황의 충격 속에서 가장 험난한 고통을 겪은 계급과 계층들로써 독자적인 정치세력을 형성하여 반자본주의적 방향으로 급속하게 나아갈 가능성이 있는 사람들이었다. 대전 후 새로운 상황을 맞은 미국 자본주의체제의 지도자들은 1930년대의 그 같은 유산이 그들에게 심각한 위협이 될 수 있음을 감지하게 되었다. 물론 그러한 요인이 당장은 아니라 하더라도 장기적인 측면에서는 그들의 영향력과 특권에 위협을 가할 것이 분명했다. 이에 따라 이들은 모두 힘을 합쳐 사상 유례없는 잔혹한 정치적, 이데올로기적 탄압운동을 전개했다. 이것이 소위 매카시즘으로 기록된 캠페인이었다. 이 운동도 성공을 거두어 우선 노동조합에 대대적인 숙청운동이 벌어져 재편성되었고 급진적인 조직이나 운동은 범죄시 되었으며 지식인들은 갖가지 위협 속에 침묵을 강요당했다." (해리 맥도프, 폴 M. 스위지 지음, 김유원 옮김, ≪미국자본주의의 위기≫, 일월서각, 1986, p. 185.)

공산당에 대한 폭력적 대응이었다는 점에서 제2차 세계대전 후 미국의 독점자본가계급에 의한 냉전과 반공주의의 강화는 노동자계급에 대한 자본가계급의 대반격이자 대공세였다.

2) 반공주의의 승리를 규정한 자본가계급과 노동자계급 간의 역관계

제2차 대전 이후 미국이 반공주의의 보루가 것은 그 노동자계급과 자본가계급 간의 역관계(力關係) 때문이었다.

미국에는 이미 19세기 말부터 노동자들이 파업을 하면 그 파업 노동자들을 '공산주의자들'이라고 비난하며 "빨갱이 사냥"에 나서는 사례들이 있었다. 제1차 세계대전 이후 노동자들의 투쟁이 고양되고 1919년에 미국 공산당이 창립되자 자본가계급은 즉시 예의 "빨갱이 사냥"을 시작했다. 이러한 미국의 "빨갱이 사냥" 전통은 노동자계급의 힘에 비해 월등하게 강했던 자본가계급의 힘의 우위를 반영하는 것이었다.

그런데 제2차 대전을 거치면서 미국의 독점자본가계급은 더욱더 막강해졌다. 독일, 일본, 영국, 프랑스, 이탈리아 등 대부분의 나라가 전쟁으로 황폐해졌지만, 미국은 그 반대였다. 전쟁 후 미국의 산업규모는 1929년의 그것의 몇 배가 되면서 자본주의 전 세계를 제패했고, 가히 '미국의 세기'가 온 것이다. 그리고 이는 바로 '미국의 독점자본가계급의 세기'가 온 것이었다.

제2차 세계대전 동안 미국의 독점자본은 엄청난 양의 군수물자를 생산하여 팔아넘김으로써 막대한 이윤을 남긴다. 독점자본에 의한 이러한 엄청난 군수물자 생산과 판매는 물론 독점자본과 국가기구와의 유착, 보다 정확히는 국가기구의 독점자본에의 종속의 표현이었는데, 이러한 유착 혹은 종속은 전쟁이 끝나면서 더욱 강화되었다. 왜냐하면, 전쟁 수행을 위해서 전쟁기간 동안에 국가에 의해서 세워진 대부분의 생산시설이 종전 이후에 민간 독점자본에게 헐값으로 배분되었기 때문이었다.

제2차 세계대전 말기인 1945년에는 주요 대공장이 연방정부의 소유였다. 전쟁 말기에 연방정부는 합성고무 생산시설, 마그네슘 및 항공기 생산시설의 90%, 알루미늄 생산시설의 70%, 기계 제조공장의 50%를 소유하고 있었다.

가솔린, 화학, 강철 공장들이 세워지고, 3,800마일의 오일 파이프라인이 세워졌는데, 이 모든 비용이 정부의 돈으로 지불되었다. 전쟁 동안 추가된 산업시설의 약 3분의 2가 연방정부의 기금에서 나왔다. 그런데 정부가 세운 이 공장들을 운영한 것은 100개의 민간 기업들이었다. 250개의 대기업 제조업체들이 전쟁 이전에는 국가 소유의 제조업 공장들의 65%를 운영했는데, 전쟁 동안에는 79%를 운영하고 있었다. 전쟁이 끝나자 1946년 6월 30일 정부는 이들 공장의 약 70%를 사적 독점자본에 매각했는데, 그 매도가격은 대개 그 평가가격의 60%에도 못 미치는 헐값이었다. 일부 대공장들은 더 낮은 비율의 가격에 팔렸다. 결국 6대 독점자본이 이들 공장의 48%를 소유하게 되었는데, U. S. Steel, International Harvester, Allied Chemical and Dye, General Electric, General Motors, 그리고, Bethlehem Steel이 그들이었다.10)

이렇게 해서 전쟁 중에 설립된 국영 공장들이 민간 자본가들에게 헐값으로 분양되었고, 이 과정에서 정부와 자본가계급 간의 유착 혹은 독점자본가계급에의 국가의 종속은 더욱 강화되면서 노동자계급에 대한 자본가계급의 힘의 우위는 더욱 강고해졌다.

3) 뉴딜과 반공주의

반공주의는 자본가계급이 자본주의체제를 유지하겠다는 강한 의지의 표현이다. 파시즘은, 그것이 나찌나 이태리, 일본 등의 파시스트에 의해서 노골적으로 선언된 그것이든, 미국의 매카시즘 등등과 같이 '자유민주주의'라는 이름으로 자행되든, 그 가장 격렬한 표현이다. 그런데 일견 진보적으로 보이는 자유주의 또한 반공주의의 주요한 한 형태이다. 루즈벨트 정부 하의 미국의 이른바 뉴딜정책이 바로 그러하였다.

---

10) Anne Fagan Ginger and David Christiano, *The Cold War Against Labor: An Anthology in Two Volumes* (Meiklejohn Civil Liberties Institute Studies in Law and Social Change, No 3), Meiklejohn Civil Liberties Inst, 1987, p. 227.

대공황의 영향으로 많은 사람들이 루즈벨트의 뉴딜정책을 지지했고, 케인즈 경제학, 즉 소비가 경제성장의 핵심이므로 소비를 증진시키는 공공정책을 대대적으로 펴야 하고, 여기에다 약간의 소득재분배정책을 펴야 한다는 논리를 일반적으로 받아들이고 있었다. 심지어 노동운동의 수많은 지도자들도 뉴딜정책이 복지의 향상과 노동자들의 권리를 향상시킬 것이라는 기대를 안고 뉴딜정책에 동의하였다. 이렇듯 뉴딜은, 역사가 리자베스 코헨(Lizabeth Cohen)도 언급했듯이, "나라 전역에서 크게 경기침체의 압박에 맞서서 파업, 시위, 정책 등의 행동을 하는 사람들"에 의해 만들어졌다.[11]

그러나 미국의 자본가계급은 애초 일반적으로 뉴딜(New Deal)에 반대했고 '자유시장'을 주장했다. 뉴딜로 자본주의를, 따라서 자본가계급을 안정화시키려는 것이 루즈벨트의 목적이었지만, 자본가계급은 대공황 속에서 자본주의 체제와 자본가계급을 안정화시킬 수 있는 방법은 그들에게 일정한 양보를 요구하는 뉴딜보다 더 강력한 기제인 전쟁밖에 없음을 이미 본능적으로 느꼈는지도 모른다. 아무튼 애초에 자본가계급은 뉴딜을 강력히 반대했다. 루즈벨트의 뉴딜은 본질적으로 자본가계급을 안정화시키고, 자본가계급의 사적재산을 보호하며, 자본주의를 온존시키기 위한 정책이었음에도 불구하고, 자본가계급은 뉴딜에서 요구하는 약간의 양보, 즉 약간의 사회재분배정책도 허용하려 하지 않았던 것이다. 전기, 의류와 같은 소비재를 생산하는 자본가들 중 일부는 뉴딜이 노동자들의 가처분소득을 증대시켜 대중의 소비를 자극할 수 있다고 보았기 때문에 뉴딜을 지지했지만,[12] 대부분의 자본가들은 그에 반대하고 나섰던 것이다.

예컨대, 자본가계급은 미국자유연맹(American Liberty League: ALL)을 결성하여, 뉴딜이 연방정부로 하여금 주 정부들 위에 군림하게 하는 '전체주의'적인 힘의 중앙집중화를 초래함으로써 헌법을 침해하고 있다고 비난했다. ALL은 또한 뉴딜의 사회보장정책이 각 주의 자율권을 침해하고 경제를 더욱 악화시킬 것이라고 주장했다. 자본가계급은 19세기말에 노동조합을 반대하기

---

11) Kim Phillips-Fein, *Invisible Hands: The Making of the Conservative Movement from the New Deal to Reagan*, W. W. Norton, New York and London, 2009, p. 9.
12) Kim Phillips-Fein, 같은 글.

위해 창립된 제조업체국가연합(National Association of Manufacturers: NAM)을 이용하여 반(反)뉴딜 운동을 전개하기도 했다. 1920년대 NAM은 1차 세계대전의 난류 속에서 국가 전역에 확산됐던 노동 급진주의를 억압하기 위해 오픈숍(Open Shop) 캠페인, 즉 노동조합원이 아닌 사람들도 고용해야 한다는 캠페인을 이끌었다. NAM은 1937년까지 대중들에게 뉴딜에 반대하는 선전을 하기 위해 라디오 프로그램, 영화, 빌보드 팝음악 전문지, 우편발송, 대변인, 의원들을 대상으로 정치적 선전을 하는 데에 거의 예산의 절반인 1,500만 달러를 지불했다. NAM은 뉴딜의 일환으로 제정된 노동법인 와그너법(Wagner Act)[13]에 대항해서 선두에 서서 싸웠다. NAM 소속 자본가들은 와그너법이 국회에 상정되기 이전과 이후에 와그너법의 반대를 위해 증언대에 서서 와그너법이 헌법을 위반했다고 주장했다. 또한 공화당은 뉴딜에 반대하는 투표를 하기 위해 자본가계급에게 그들의 노동자들을 필사적으로 조직할 것을 요구했다.[14] 제2차 대전 이전에 미국의 자본가계급은 이렇게 뉴딜 자유주의를 반대하고 나섰던 것이다.

그런데, 제2차 대전을 계기로 미국의 독점자본가계급은 오히려 케인즈주의와 뉴딜을 지지하고 나서기 시작했다. 전쟁을 거치면서, 전쟁 그 자체와 더불어 '진보적인' 뉴딜과 케인즈주의가 노동자들을 포섭하는 데에, 즉 국가와 독점자본에 종속시키는 데에 결정적인 역할을 수행하고 있음을 깨달았던 것이다. 예컨대, 1942년에 미국광고연합(Advertising Federation of America)의 의장은, 전쟁이 "기업가들의 승리를 도왔다"고 말하면서, 기업이 전쟁 중에 스스로 '좋은 행동'을 함으로써 일반 시민들에게 좋은 인식을 심어줄 수 있고, 이것은 일반시민, 그의 아내 그리고 전쟁에서 돌아온 그들의 자식이 선거에

---

[13] 1935년 '뉴딜'의 일환으로 제정된 미국의 노동조합법. 정식명칭은 전국노동관계법(National Labor Relations Act)이며, 이 법률의 제안자인 당시의 상원의원 와그너(R. F. Wagner)의 이름을 따서 와그너법이라 부른다. 근로자의 단결권 및 단체교섭권을 보장하기 위하여 부당노동행위제도와 교섭단위제도(交涉單位制度)를 설정하였으나 제2차 세계대전 후에 제정된 태프트-하틀리법(法)은 새로이 근로자 측의 부당노동행위제도를 설정하고, 단체교섭의 단위·대상범위·방법 등에 대하여도 규제를 강화함으로써 와그너법을 대폭적으로 수정하였다.

[14] Kim Phillips-Fein, 같은 글, pp. 3-25.

서 판결을 내릴 것이라고 했다. 또한 전쟁 이후 온건하고 유연한 케인즈주의를 발전시킬 것을 약속했던 기업가들의 경제발전위원회(Committee for Economic Development) 등과 같은 새로운 조직들이 급성장했다. 1943년 미국의 상공회의소 의장은 절제된 목소리로 "단지 고의적으로 눈먼 자만이 원시적인 자유무역 시기에 있었던 구식 자본주의가 사라졌다는 것을 보지 못할 뿐이다"라고 말하고 있다. 필립스 페인은, "이러한 낙관적인 접근방법은 기업가들이 전쟁 이후에 정치적인 승리를 거두었을 때 승인되었던 것 같다"15)고 말하고 있다. 말하자면, 미국 자본가계급은 그들의 패권이 확실해진 상황에서 이제는 미국 대중들의 환심을 사기 위해 전쟁 전에 그렇게도 반대하던 뉴딜 정책과 케인즈 정책에도 동의하고 나섰던 것이다.

결국, 미국 자본가계급의 이러한 행보를 볼 때, 본질적으로는 같은 목적을 가진 작은 차이이면서도 대단히 커다란 차이처럼 포장되는 저들의 정책 차이에 따라 민주당과 공화당을 구별 짓는 것은 별로 중요하지 않다. 미국의 독점자본가계급은 제2차 세계대전 후에 노동자계급에게 반공주의의 칼을 내리꽂을 때에도 '보수적인' 공화당과 '진보적·자유주의적인' 민주당을 다 활용했다.

4) 제2차 대전 후 노동운동의 고양과 매카시즘

1950년대에 미국에서 공산주의자들을 숙청하는 데에서 가장 극단적인 공격을 가한 집단은 물론 기업계의 보수주의자들이었다. 악명 높은 조셉 매카시(Joseph McCarthy)는 그들의 도구였다. 예를 들어, 자본가 언론 중에 하나인 ≪Quaker Oats≫는, "그는 사실 여부도 제대로 확인 안하는 사람이었고, 그의 계산이 항상 앞뒤가 맞는 것도 아니고, 그는 지금까지 자제력을 잃고 분별없이 무모한 짓을 해왔지만, 그러나 전반적으로 그가 한 일은 좋았다"라고 평가했다. 뿐만 아니라 자본가계급 일반은, "매카시는 우리 정부 안에 있는 스파이나 배신자들을 없애버리기 위해 진작 행해져야만 했던 그러한 종류의

---

15) Kim Phillips-Fein, 같은 글, p. 31.

일을 하고 있는 것이다"라고 주장했다.16)

그런데 극단적 반공주의로서의 매카시즘은 사실 제2차 대전 후에 고양된 미국의 노동운동에 대한 미 독점자본의 반격이었다.

미국의 노동운동은 1930년대의 승리에 이어 전쟁 직후에 다시 새롭게 고양되었다. 조직된 노동자들은 자본가계급의 '미국의 세기'에 저항할 수 있는 핵심집단이었으나, 전쟁 중에 노동조합들이 임금통제를 받아들임으로써 계속되는 인플레이션으로 실질임금이 하강하면서 노동자의 지위는 약화되었다. 전쟁에의 협조로 엄청난 생산을 달성하면서 파시즘을 패배시켰지만, 기업들에게 거대한 이윤을 안겨주었을 뿐, 모든 것이 노동자계급의 상태를 악화시켰던 것이다.17) 노동자들은 전쟁이 끝나자마자 시작된 실업증대와 임금감소에 저항하기 위해 투쟁했다.

1946년은 미국 역사에서 가장 큰 파업의 물결이 일었던 해였다. 1945-46년에는 무려 800만 명 이상의 노동자들이 투쟁에 나섰다. 주로 석유, 자동차, 강철, 전기, 석탄, 버스운전이나 기타 잡역부 일을 했던 노동자들이 파업투쟁을 벌였다. 1945년 9월 시작된 전국적인 파업은 약 4만3천 명의 석유 노동자들이 20개 주에서 시작했는데, 약 20만 명의 광부들과 북서지역의 약 4만4천 명의 벌목노동자들, 약 7만 명의 중서부 트럭운전자들, 오클랜드와 샌프란시스코의 약 4만 명의 기계노동자들이 침여했다. 1945년 11월에는 GM에서 약 17만5천 명의 미국자동차노동조합(UAW) 노동자들이 30%의 임금인상을 요구하며 파업을 했다. 파업의 물결은 1946년에 최고조에 달하여, 노동통계국은 1946년 1월을 "미국의 역사상 노동자와 자본가의 투쟁이 가장 심하게 발생했던 시기였다"라고 적고 있다. 또한 파업은 광산, 정육업, 강철 공장을 맹렬하게 쓸어버렸고, 디트로이트에서는 목축 노동자들, 시애틀에서는 버스 노동자들과 신문 인쇄 노동자들, 미시간 플린트 공장에서는 학교시설 노동자들, 그리고 나라 전역에서 전화교환 노동자들의 파업이 이어졌다. 미국전기노조(GE)에서도 파업은 노동자들의 승리로 끝나서 노동자들은 시간당 임금을 18.5센트씩, 즉 하루에 약 1.5달러를 더 올렸다.18)

---

16) Kim Phillips-Fein, 같은 글.
17) Anne Fagan Ginger and David Christiano, 같은 책, pp. 314-15.
18) Kim Phillips-Fein, 같은 글.

당시의 상황에 대해서 진저와 크리스티아노는 이렇게 쓰고 있다.

1945-46년 사이에 약 800만 명이 파업에 참가했다. 지금까지 미국 역사상 최고였다. 1945년 미국 추수 감사절에 즈음해서 GM UAW에서 20만 명, 1946년 새해에 즈음해서 UE에서 하루 2달러 인상을 요구하면서 16개 주에서 파업을 벌였고, 1월 21일 미국 강철 노동자들이 30개 주 75만 명이 포함된 강철 제련소들을 폐쇄하면서 임금투쟁을 했다. GM 노동자들은 113일 동안 투쟁해서 승리했다. 40만 명의 미국 광산노동자들은 4월 1일 투쟁에 들어가 임금인상과 건강과 복지를 요구했다. 5월에 철도 열차승무원과 기관사들이 파업을 하여 2일 동안 운송이 마비되었다.19)

자본가계급은 이러한 노동운동의 발전이 그들의 힘과 권위를 위협하는 것으로 여겼다. 자본가계급은 또한 CIO와 같은 산업노동조합에서 보이는 것과 같은 노동자들의 정치적 변화에 대해 우려했다. 자본가계급은 노동조합과 노동자들이 높은 사회보장기금, 더 많은 공공기금, 그리고 사회복지의 확장을 요구하는 것을 두려워했다. 이것들은 기업의 세금증대를 의미했고, 또한 기업의 이윤의 감소를 의미했으며, 더욱이 그것들은 노동자들이 소외된 노동으로부터의 해방을 향해 전진하고 있음을 의미했다. 그러므로 자본가계급은 노동자들을 패배시켜야만 제국주의의 패권을 잡고 국내에서 지배 권력으로 군림할 수 있었다.

엘렌 쉬레커는 다음과 같이 말하고 있다.

매카시즘이 왜 노동운동을 목표로 했는가에 대한 많은 이유들이 있다. 매카시즘이 노동에 초점을 맞춘 것은 부분적으로는 그러한 모든 초기 시도들(사업주들의 "빨갱이 사냥")이 한층 더 발전된 형태로 나타난 것뿐이다. 반공주의는 노동자들에게 적대적인 자본가들에게는 전투적인 좌파 노동조합들이 1930년대 이후로 만들어왔던 성과들을 되돌리는 데에 매우 유용한 방법이었다. 이와 유사하게도 빨갱이 사냥은 오랫동안 보수주의적 노동 지도자들과 그들의 동맹세력들이 그들의 라이벌이었던 좌파 활동가들에게 대항하여

---

19) Anne Fagan Ginger and David Christiano, 같은 책, p. 205.

권력을 휘두를 수 있는 유용한 무기였다. 매카시즘이 미국 노동운동을 목표로 했는가에 대한 가장 중요한 이유는 공산주의가 미국 노동자계급에게 집중을 했기 때문일 수 있다. 우리가 매카시즘이 어떻게 작용했고 어떻게 노동운동과 나머지 미국 사회에 영향을 미쳤는지에 대해 이해하려면, 우리는 우선 매카시즘의 피해자가 "무고한 자유주의자들"이라는 미신을 버려야한다. 그러한 무고한 피해자들이 존재하고 많은 집중을 받았던 것은 사실이다. 그러나 의회조사위원회 앞에 회부되고, 대배심(Grand juries) 앞에 끌려가거나 전체 사업장에서 블랙리스트에 올려졌던 남녀의 대부분은 공산당 내에 또는 그 주변에 있었거나 또는 있어 왔었다. 그리고 그들 대부분은 노동조합 활동가들이었다.[20]

5) 민주당·공화당, 그리고 자본가계급

미국에서 자본가계급의 반공주의가 노동자계급의 고양되는 투쟁을 억제하기 위한 것이었다면, 냉전은 그러한 자본가계급의 반공주의를 전 세계로 확대한 것이었다. 냉전은 자본가계급이 노동자계급을 억압하기 위한 또 하나의 기제였던 것이다. 냉전과 반공주의는 노동자계급을 억압하는 방식만이 달랐을 뿐 본질은 같은 것이었다.

미국에서 애초에 냉전을 추진한 핵심세력은 공화당이 아니라 오히려 민주당이었다는 사실은 자본주의 사회에서 지배계급 내부의 '민주'와 보수의 구분은 사실상 무의미하며, 자본주의 국가와 정부는 자본가계급의 지배도구임을 보여주고 있다. 혹은 지배계급 내의 '민주주의적' 분파, 혹은 '진보적' 분파야말로 어떤 면에서는 노동자계급에게 더욱 심각한 위협이라는 것을 보여준다. 우리는 이를 미국의 민주당이 노동운동 내의 우파 자유주의자들로 하여금 반공주의를 내세워 공산주의자들을 숙청하고 궤멸시켜버리다시피 하게 한 사실에서 알 수 있다.

---

20) Ellen Schrecker, "Labor and the Cold War" in Robert W. Cherny, William Issel, and Kieran Walsh Taylor ed. *American Labor and the Cold War-Grassroots Politics and Postwar Political Culture*. Rutgers University Press. 2004. pp. 7-8.

앞에서도 본 것처럼, 제2차 세계대전 후 미국의 독점자본에게는 2가지의 걸림돌 혹은 위협이 있었다. 하나는 미국 노동자계급 운동의 고양이었고, 또 하나는 공산주의의 발전이었다.

1930년대를 거치면서 노동자 국가 쏘련은 세계적인 강국으로 성장했는데, 제2차 대전을 거치면서 엄청난 파괴에도 불구하고 그 힘과 위상이 약화되거나 저하되기는커녕 오히려 더욱 강해지고 높아졌다. 그리고 그 위력에 의해서 제2차 대전 이후에는 동유럽의 폴란드, 체코슬로바키아, 유고슬라비아, 불가리아, 헝가리, 루마니아, 알바니아 7개국과 아시아에서도 노동자계급의 국가들이 생겨나고 있었다.

이러한 정세 변화와 그 추이는 자본주의체제에 절체절명의 위기였고, 따라서 저지되지 않으면 안 되었다. 그리고 그것을 주도적으로 저지해야 하고, 또 주도적으로 저지할 수 있는 것은 바로 제국주의의 새로운 패자(覇者) 미국이었다. 그리하여 미국은, 한편에서는 국내의 반공주의 내전을 강화하면서, 다른 한편에서는 쏘련에 대한 냉전이라는 새로운 형태의 전쟁을 벌여나갔다.

그리고 미국의 민주당과 공화당은 자본가계급의 이러한 양대 반공주의 전선에서 사실상 어떤 차이도 없는 정치적 전사들이었다. 그들 사이에는 다만 역할 분담만이 있을 뿐이었다. 예를 들어, 대쏘 냉전을 벌이는 데에서는 민주당이 주도적 역할을 했다면, 미국의 기업가들이 "미국 자본가들을 위한 뉴딜"이라고 부르는, 그리고 미국 공산당과 공산주의자들을 궤멸시키다시피 하는 데에서 결정적인 역할을 한 태프트-하틀리법(1947년)을 통과시키는 데에서는 공화당이 주도적 역할을 했다. 그들 모두가 독점자본가계급의 당이기 때문이었다.

2. 미국 공산당과 1930년대의 그 활동

1929년 세계대공황 이후 제2차 세계대전 직후까지 미국의 노동운동을 그토록 혁혁하게 발전시켰던 공산주의자들이 왜 그렇게 빠르게 쇠퇴하였는가? 여기에 미국 공산당과 공산주의자들 자신의 책임은 무엇인가?

냉전과 '빨갱이 사냥'에 그 주요 원인이 있다는 것을 부인할 사람은 아무도 없을 것이다. 그러나 동시에 많은 역사가들은, 그리고 사회주의자 혹은 공산주의자임을 자임하면서도 반쏘적인 연구자나 활동가들은 공산당의 통일전선(United Front) 노선과 지도력의 한계, 쏘련 중심의 꼬민테른 활동에서 그 원인을 찾기도 한다.21)

그러나 미국 공산주의자들의 대패배의 주요 원인을 공산주의자들의 통일전선 노선이나 쏘련 중심의 꼬민테른 활동 등에서 찾는다면, 문제의 본질에 접근할 수 없을 것이다. 공산주의자들 자신의 노선과 활동에 그 패배의 원인의 일단이 없는 것은 물론 아니지만, 가장 주요한 원인은 힘의 압도적 우위에 있던 독점자본가계급과 노동자계급 운동 내부의 반공주의적 우파 자유주의자들, 변절자들의 무단의 공격이었기 때문이다.

그럼에도 불구하고, 미국 공산당이 그 패배에 대해서 스스로 책임을 져야 할 것들이 있을 것이며, 우리는 그것을 찾기 위해 미국 공산당의 활동의 역사를 보아야 한다.

1) 미국 공산당의 기원

미국 공산당은 특히 러시아 혁명의 영향을 받고 태어났다. 러시아 혁명이 미국 좌파 사회주의자들에게 미친 영향은 매우 컸다. 미국 역사가들은 그것은 마치 잠자고 있던 좌파 사회주의자들이 깨어나는 것 같았다고 말한다.22)

미국 공산주의자들의 기원은 1881-1891년에 미국사회당(Socialist Party of America: SPA)에서 좌파블록이 형성되면서 부터였지만, 실제 미국 공산당이 창립된 것은 1919년으로 그 미국사회당에서 축출된 좌파들이었다. 애초 1919년에 미국 공산당은 아메리카공산당(Communist Party of America: CP)과 공산주의노동당(Communist Labor Party of America: CLP)이라는 두 개의 당으로 창립되었으나, 1920년 꼬민테른의 통합 제안에 따라 1921년에 미국 공산당(Communist Party USA: CPUSA)으로 통합된다.23)

---

21) 예컨대, Roser Keeran 같은 글, p. 190.
22) Harvey A. Levenstein, 같은 책, pp. 3-35.
23) Books LLC, *Communist Parties in the United States: Revolutionary*

미국 공산당의 탄생과정을 보면, 이런 조직이 어떻게 1930년-1940년대 미국의 노동운동을 지도할 수 있었을까 하는 의심이 갈 정도로 매우 열악한 환경 속에서 탄생했다. 1917년 러시아 혁명의 영향을 받아 미국 내에서도 공산당을 조직하려했다는 시도 자체는 훌륭한 것이었지만, 다만 그것이 미국 노동자계급의 성숙도와 무관하게 성급하게 시도되었다는 것을 느낄 정도로 창립 자체가 매우 불안정 하여, 창립 때부터 내부의 집단들이 두 번씩이나 이 합집산하게 되는 위기를 겪은 것이다.

미국 공산당의 창립과정을 좀 더 자세하게 살펴보자.

러시아 혁명 전까지 미국 사회주의자들은 노동조합주의의 틀 속에 머물러 있었다. 그러나 미국의 좌파 사회주의자들은 러시아 혁명에 자극을 받아서 미국사회당 내에서 열심히 활동을 한 결과 당내에서 주요한 세력으로 부상하였다. 특히 1919년 1월에 제3인터내셔날(=꼬민테른)이 결성되고, 레닌이 미국사회당의 좌익을 꼬민테른에 가입하도록 초청한 것은 공산당을 결성하는 결정적인 계기가 되었다.24) 사회당의 좌파들은 사회당 전국임원회의(National Executive Committee)의 15석 중에서 12석을 차지하였다. 그러나 우파는 좌파의 이러한 우세를 인정하지 않고 좌파들을 숙청하기 시작했다. 맨처음 1919년 5월 24일에 미시간 사회당(Michigan Socialist Party)이 추방당한 이래, 불과 몇 주 사이에 매사추세츠, 오하이오, 시카고 조직 등 많은 지역조직들이 추방당함으로써 결국은 총 사회당원의 약 3분의 2가 추방당하게 되었다. 1919년 1월 현재 사회당원의 수는 109,589명이었는데, 7월에는 39,750명으로 격감했다.

1919년 5월에 미국사회당으로부터 이렇게 좌파들이 숙청당한 결과 곧 시

Communist Party, USA, Communist Party USA, Independent Labor League of America, Progressive Labor Party, Bibliography on American Communism, Freedom Road Socialist Organization, International Workers Party, Books LLC, 2010, p. 28.

24) 1919년 제3인터내셔널이 창립되었을 때, 전체 39개의 단체들 중에서 미국에서 온 참가집단은 4개의 집단(the Socialist Labor Party, the Socialist Propaganda League, I.W.W., The Workers International Industrial Union)이었다(Theodore Draper, *The Roots of American Communism*, The Viking Press, 1957, p. 150).

작될 공산당 창당에 참가하거나 후원할 7만 명의 좌파 집단이 형성되었다. 미국에서는 러시아인들을 중심으로 한 외국어연맹과 미국 본토 출신으로 영어를 모국어로 사용하는 집단, 미시간 지역 조직 등 3개의 집단이 공산당원이 될 가능성을 가지고 있었다. 이들은 모두 미국에서 공산당을 창당하여 레닌의 제3인터내셔널에 가입하고자 하였다.

1919년 6월 21일 20개 주에서 온 94명의 대표자들이 뉴욕에 모여서 전국좌파회의를 열고, 8월 30일에 열릴 사회당 비상 전당대회에서 좌파가 사회당의 지도부를 장악할 수 있으면, 사회당을 공산당으로 변화시키려고 노력해보지만, 그것이 여의치 않을 때는 사회당과 결별한 후 9월 1일에 새로운 공산당을 창당할 것을 결의한다. 그러나 이들 집단 사이에는 몇 가지 문제를 두고 이견이 벌어졌다. 특히, 미시간-러시아 외국어동맹과 미국 본토 출신들로 구성된 영어 사용 집단 사이에 상당한 괴리감이 있었는데, 우선 미시간 집단과 러시아 출신의 외국어연맹은 이미 사회당으로부터 쫓겨났고 다시 돌아갈 생각이 없었으므로, 9월까지 기다리지 않고 가능한 빨리 공산당을 창립하고자 했다. 그들은 또한 자신들이 미국의 본토인들에 비해 정치적으로 더 앞서 있으며, 당의 성격은 레닌 지도하의 러시아 볼쉐비끼의 전통을 이어받아야 한다고 생각하고 있었다. 반면, 미국 본토 출신들은 우선적으로 사회당을 공산당으로 변화시키는 것을 시도해 보자고 주장하면서, 사회당 내에서 뭔가를 시도해 보기도 전에 그렇게 빨리 나오길 원하지 않았다. 그들은 또한 자신들이 지도력을 행사해야 한다는 생각을 가지고 있었고, 당의 성격은 좀 더 광범위한 대중에게 영향력을 미치는 것이어야 한다고 생각하고 있었다. 분열의 쟁점은 결국 언제 공산당을 창당할 것이며, 누가 당을 지도할 것인가 하는 것이었는데, 이러한 괴리감은 쉽게 극복되지 못했다. 결국 미시간-러시아 외국어동맹이 9월까지 기다리지 못하고 앞서 나갔다. 이들은 1919년 7월 초에 모여, 9월 1일 시카고에서 전당대회(National Convention)를 열어 아메리카공산당(Communist Party of America)을 창당할 것을 결의했고, 공식적인 기관지 ≪공산주의자(The Communist)≫를 발간하기 시작했다.

그런데, 이러한 와중에도 1919년 6월에 전국좌파회의의 다수에 의해 선출된 좌파 전국의회(National Council)는 계속해서 사회당을 이어 받으려는 태도를 취했다. 사회당 전국 임원회의(Socialist National Executive Committee)가 새 전국임원회의(new NEC)를 선거하기 위한 투표를 무효화하자, 1919년 7월 26-27일 좌파는 시카고에서 새 '회의(Committee)'의 한 세션을 개최, 자신들의 요구를 관철시키고자 했다. 리드(John Reed), 프라이나(Louis C. Fraina), 루텐버그(Charles E. Ruthenberg) 등의 8명의 좌파 후보자들은 엄숙하게 표결 결과를 테이블로 만들었고, 사회당 전국임원회의 사무총장(Executive Secretary) 아돌프 거머(Adolph Germer)가 나타나줄 것을 요구했으며, 자신들이 당의 전국 사령부가 되어야 한다고 주장했다. 이 새 '회의(Committee)'는 또한 임시 당의장에는 카터필드(L. E. Katterfeld)를, 그리고 서기장(Executive Secretary)에는 알프레드 웨겐크네히트(Alfred Wagenknecht)를 임명했다. 그리고 축출 당했던 조직들을 다시 복귀시킬 것이며, ≪혁명 시대(The Revolutional Age)≫를 당의 공식적인 기관지로 채택하고, 꼬민테른(Communist International)에 가입할 것을 결의했다.

시카고에서 이러한 부질없는 노력이 계속되는 동안 루텐버그, 퍼거슨(Isaac E. Ferguson), 발람(John J. Ballam), 울프(Bertram D. Wolfe), 코헨(Cohen) 등은 7월 28일 사회당을 장악하여 변화시키기 위한 마지막 시도를 포기하고 독자적으로 공산당을 창당하기 위해 시카고로 갈 것을 결의했다. 그리고 마침내 러시아 외국어연맹, 미시간 집단 및 좌파 전국의회 다수파는 공동의 요구로 1919년 9월 1일 시카고에서 아메리카공산당을 조직하기로 결의했다.

한편, 좌파 전국의회의 소수파였던 기틀로우(Benjamin Gitlow), 라킨(James Larkin) 등은 리드와 웨겐네히트 등에 합류했고, 이들 영어권 연맹들은 좌파 전국의회 다수파를 무조건 항복이라고, 즉 사회당 내에서 투쟁을 해 보지도 않고 따로 당을 만드는 행위는 비겁한 배신행위라고 비난하면서, 그들과는 따로 8월 15일 공식기관지인 ≪노동의 목소리(The Voice of Labor)≫를 발간하고, 8월 30일 시카고의 사회당 전당대회(Socialist Convention)에 참석한 후, 그들 자신들만의 공산당을 건설하려고 계획한다. 그들에게는 이제 사회당 우파에 대한 투쟁이 외국어연맹, 미시간 조직 및 나머지 영어권 좌파들에 대한 투쟁으로 확대되었다.

이렇게 해서 1919년 미국 공산당은 두 개의 당으로 나뉘어 창당되었다. 1919년 8월 30일 시카고에서 열린 사회당 긴급 전당대회(Emergency National Convention)에서 알프레드 거머를 중심으로 한 보수파들이 승리하자 리드, 기틀로우, 웨겐크네히트가 주도하는 영어권 좌파들은 이 사회당 전당대회를 박차고 나와 1919년 8월 31일 21개 주의 82명의 대표자들이 모여 공산주의노동자당(Communist Labor Party of America: CLP)을 창립했다. 한편, 1919년 9월 1일엔 프라이나, 루텐버그 등이 주도하는 러시아 외국어연합과 미시간 집단 및 기타 좌파들을 대표하는 128명의 대표자들이 모여 아메리카공산당(Communist Party of America: CP)를 창당했다. 양당 사이에는 CP의 강령이 대중행동과 함께 프롤레타리아트 독재를 보다 강조함에 비해서 CLP의 그것은 대중행동에 보다 더 초점을 맞추는 정도의 차이가 있었다.

창립과정에서도 나타났듯이, 미국 공산당은 태생적으로 조직적인 허약함을 가지고 있었다. 더구나 미국의 자본가계급은 막 태어난 미국 공산당에 가혹한 '빨갱이 사냥'을 가했다. 1919-20년의 저 악명 높은 반공주의 팔머 급습(Parlmer Raids)[25]의 직접적인 대상이 바로 그 두 달 전에 창립된 미국 공산당과 그 당원들이었던 것이다.

이렇게 1919년 두 개의 공산당이 출범하자마자 정부의 반공주의 공격이 극대화되었지만, 공산주의자들 내부에서는 미국인 집단과 외국인 집단들 사이에서 헤게모니를 위한 투쟁이 지속되었다.

1920년 4월에서 5월 사이에 미국의 공산주의 운동은 3개의 집단, 즉 두 개의 CP(하나는 외국인연맹, 다른 하나는 루텐버그 집단)와 하나의 CLP로 분리되었다가, 1920년 4월말에서 5월말에 CP의 루텐버그 집단과 CLP가 통

---

[25] 두 개의 공산당이 출범한 지 두 달 만인 1919년 11월 8일 뉴욕시에서 반공산주의 습격이 처음 일어났다. 공산주의자들을 습격을 지시한 자들은 뉴욕의 회위원회(Lusk Committee of the New York)였다. 700여 명의 경찰들이 사무실과 회의 장소를 급습하여 수 톤의 문헌들과 서적들을 압수했고, 수백 명을 타격했다. 약 75명이 기소되었다. 이 습격 이후 뉴욕의 공산주의 조직은 곧바로 비합법 단체가 되었다. 러시아인들을 포함하여 많은 외국인 공산주의자들이 추방당했다. 1920년 1월 1일에는 시카고에서도 뉴에서와 같은 급습이 일어나, 공산주의자들과 세계산업노동자동맹(IWW) 회원 들이 급습을 당했으며, 1월 2일에는 약 33개의 도시와 해안을 따라 전국적으로 동시에 공산주의자들을 급습하는 사태가 발생했다. 1월 5일에는 약 5000명이 체포되었다. 비합법 상태에 있던 공산주의자들은 이 팔머 급습 전인 1919년에 23,744명이었는데, 1920년에는 5,584명이 되었다. 외국어연맹원은 팔머 급습 이후 급습 이전의 26,680명에서 12,740명으로 줄었다. (Theodore Draper, 같은 책).

합하여 연합공산당(United Communist Party)으로 통합된다. 이제 연합공산당과 외국인연맹 집단의 CP라는 두 당으로 나뉜 셈이 되었다. 여기에서 1920년 꼬민테른은 두 당이 통합할 것을 제안하게 되고, 두 당은 꼬민테른의 이 제안을 받아들여 1921년에 하나의 미국 공산당(CPUSA)으로 통합한다.

그러나 미국 공산당은 이렇게 조직적 취약성을 가지고 태어났지만, 1929년 이후 대공황을 맞아 헌신적으로 활동하며 1940년대까지 미국의 노동자계급 운동을 크게 발전시키게 된다. 그들이 처했던 가혹한 조건과 조직적 취약성을 고려하면, 어느 누구라도 미국 공산주의자들의 활동을 '헌신적이었다'고 평가하지 않을 수 없을 것이다.

2) 대공황기 세계 공산주의 운동의 흐름과 미국의 공산주의 운동

1929년에 시작된 세계공황의 시기에 미국 공산주의자들이 미국 노동운동에 미친 역할은 혁혁한 것이었다. 1929-1935년의 공황기에 공산주의자들은 노동현장에서 자연발생적으로 분출하는 노동자들의 투쟁의 요구들을 조직하는 데 열의와 헌신을 다하였다. 이 대공황을 맞아 자본가계급이 자신들의 위기를 노동자계급에게 전가하자 노동자들은 실업, 임금삭감 등의 고통을 당하여 미국 전역에서 투쟁으로 요구를 분출하고 있었다. 이에 공산주의자들은 노동자들의 현장투쟁을 조직하고 노동자계급의 전위로 복무하기 위해 공산주의자 노동조합이 힘을 획득할 수 있도록 활동하기 시작했다. 이 시기에 미국의 공산주의자들은 제6차 꼬민테른대회(1928)의 제안에 따라 미국 공산당이 스스로의 권력을 획득하기 위해 준비를 해야 한다고 진단했으며, 아래로부터의 통일전선(United Front)을 내세워 독자적인 노동조합을 세우고, 자본가계급에 대항해서 투쟁하려는 노동자들을 공산주의자들이 주도하는 노동조합으로 조직하고자 했다.

초기 미국 공산당의 노동운동의 중심은 윌리암 포스터(William Z. Foster)가 지도하던 노동조합교육연맹(Trade Union Educational League: TUEL)이었다.[26] 1929-1935년까지 포스터를 중심으로 한 공산당원들은 TUEL 속으로 들어가 공산당 노동분과를 건설하며 활동했다. 이 시기에 시카고 노동운동을 통해서 중요한 기반을 닦은 공산주의자들은 미국노동총연맹(American Federation of Labor: AFL)27)의 지속적인 공격에도 불구하고, 1926년에 광부들의 노동조합에서 조직화에 성공했고, 의류제조산업노동조합(Needle Trades Workers Industrial Union), 여성노동자 노동조합들에서 노동자들의 지지를 얻어냈다. 당시 공산당이 조직화에 큰 성과를 이룬 부문은 의류제조산업노동조합, 전국광부노동조합(National Miners Union), 전국섬유노동조합(National Textile Workers Union) 등이었다. 1929년 가을에, TUEL은 새로운 노동조합들의 중심인 노동조합통일동맹(TUUL, Trade Union Unity League)으로 옮겨갔는데, 이 TUUL이 AFL과 CIO 내에서 공산주의자들의 힘의 창조의 근원이었다. TUUL은 산업노조를 대표했고, 미숙련노동자들의 조직을 위해 헌신했다. 이후 몇 년 동안 공산당에는 풀타임 노동조합원인 당원들이 점차 증가하였다. 노동조합에 속해 있던 공산주의자들이 현장에서 노동자들을 조직하는데 그들의 모든 시간을 다 헌신함에 따라 노동현장에서 일을 하는 당원들의 수가 증가하였다. 당시 노동현장에 속해 있던 공산주의자들은 공장에서는 '공장핵(Shop nucleus)'을 구성했고, 도시, 지역, 도심지 등에는 '세포(Cell)'와 같은 형태로 당원들을 포괄하였다.28) 이리하여 1930년초의

---

26) 레벤쉬타인에 의하면, 윌리암 포스터는 TUEL 내에 공산낭의 노동분과를 만들어 그들로 하여금 이미 존재하는 노동조합 내에서 더 전투적이고, 급진적이며 산업적인 노동조합을 건설하도록 자극하였다. TUEL은 노동조합 운동 내에서 새로운 공산주의자 대열의 기수 역할을 했으며, 미국노동총연맹(AFL)의 '진부한 술책'과 사무엘 곰퍼스(Samuel Gompus)의 보수주의를 비판했다. 포스터는 TUEL 회원 들에게 노동조합 내에서 그들 스스로를 조직하고 급진적이 될 것을 주장했다. 포스터는 노동운동의 지도자들이 현장에 들어가서 노동자들을 혁명으로 가는 길로 인도하라고 격려했다. 포스터는 공산주의자들이 장광설이나 늘어놓는 사람이 아니라 진짜 "훌륭한 노동조합원"이 될 것을 강조했다. 그는 공산주의자들이 매일 매일 노동조합을 운영하기 위해 성실하게 일함으로써 지도력을 획득할 수 있다고 주장했다. (Harvey A. Levenstein, 같은 책, pp. 6-9).
27) 미국노동총연맹(AFL)은 1881년 숙련노동자들을 중심으로 결성되어 임금 인상, 노동시간 단축, 작업환경 개선 등을 위한 투쟁을 해왔던 '미국·캐나다 노동총동맹'이 1886년 미국노동총연맹으로 개편되면서 설립되었다. (리차드 보이어, 하버트 모레이스 지음, 이태섭 옮김, ≪알려지지 않은 미국 노동운동 이야기≫, 책갈피, 1996. pp. 323-349).

"혁명적인 노동조합"들은 약 2만 명 미만의 조합원들을 포함하고 있었으나, 1934년에는 조합원들이 12만 5천 명에 달한다고 주장했다. 이들은 거의 TUUL 멤버였다. 1931년에 전국광부노동조합(NMU)에서는 후퇴했음에도 불구하고, 1931-1933년 사이에 공산주의자들은 규모가 작은 10개의 노동조합들을 건설할 수 있었다. 1920년대에는 자동차공장에서 공산주의자들이 노동조합을 건설하지 못했으나, 1930년대에는 약 400명의 핵심 당원들이 노동자들의 권리와 산업노조의 투사들로서 산업현장에서 명성을 쌓기 시작했다. 그들은 또한 자동차노동조합(Auto Workers Union: AWU)에서도 지도력을 발휘하였다. 이 자동차노동조합은 AFL의 직능별 노동조합에 대항하였다. 공산주의자들은 이전부터 '이중노조(Dual Unionism)'에 관여하고 있었는데, 1930년에 TUUL에 가입하면서 TUUL 자동차산업노조(TUUL Auto Industry Union)를 창립할 수 있게 되었다. AWU가 크고 작은 파업투쟁에 관여했음에도 불구하고 비록 초창기에는 자동차 공장에서 대규모 투쟁을 조직하지는 못했으나, 공산주의자들은 이 AWU를 통해서 전투적인 산업노동조합원들로서의 명성을 획득하였고, 그들의 경쟁자인 AFL 회원들과는 달리 파업 중 희생정신과 조직능력을 보여주었다. 공산주의자들의 이러한 명성은 그들이 이후에 설립될 미국자동차노동조합(United Auto Workers: UAW)의 강력한 구성원이 될 많은 지도자들을 모으는 데 도움이 되었다. 이후 TUUL은 CIO에서 새롭게 건설된 산업노동조합들의 핵심이 되었다. 이렇게 해서 이 시기에 TUUL에서 활동하던 공산주의자들은 이후에 건설될 CIO 노동조합들인 미국전기노동조합(United Electrical Workers Union: UE), 미국해양노동조합(Marine Workers Industrial Union), 운수노동조합(Transportation Workers Union: TWU)에 영향을 주었고, 미국자동차노동조합(UAW), 강철노동자조직위원회(Steel Workers Organizing Committee: SWOC)에서도 그 정책을 세우는데 공헌했다.29)

한편, 1933년에 독일에서 히틀러가 권력을 장악하자, "파시즘에 대항하기 위해 노동운동을 통일하고 그 주위에 모든 민주주의 세력을 결집하라"는 꼬

---

28) Harvey A. Levenstein, 같은 책, p. 18.
29) Harvey A. Levenstein, 같은 책, pp. 19-20.

민테른의 제안에 따라 미국 공산당은 사회당 및 자유주의자들과도 연합하는 통일전선을 형성하였고, 보다 대규모 노동조합들을 포함하고 있던 미국노동총연맹(AFL) 속에 들어가 비공산주의자 노동조합원들과도 합병을 하고 동맹을 하는 등 보다 광범위한 노동자 대중을 조직하고자 했다. 이러한 경향은 지역에서 더욱 두드러졌는데, 1933-1934년에 지역에서 많은 공산주의자들이 TUUL을 폐기하고 AFL에 들어가 일하기 시작했다. 이렇게 하여, 1936년까지, 즉 AFL에서 CIO가 분리될 때까지 공산당원의 약 36%가 AFL 노동조합 내에 있었다.

그러나 레벤쉬타인은 미국공산주의자들이 AFL과 CIO 내에서 공산주의자들의 힘의 창조의 원동력이었고, 혁명적인 노동자계급을 조직하는 데 원동력을 제공했던 TUUL을 더 강한 좌파 노동조합으로 발전시키지 못했다고 지적한다. 그리고 그렇게 된 데에는 물론 거대한 AFL에 대항하여 독자적인 노동조합으로서 역할을 다하기에는 TUUL의 규모 자체가 너무 작았다는 한계도 있었기 때문이지만, 더 중요하게는 1929-1935년의 시기에 미국 공산당원들이 미국 노동자들의 요구를 잘 이해하여 그들과 함께 노동자 대중투쟁을 수행하지 못했던 한계가 있었기 때문이라고 지적하고 있다.30)

3) 산업별노동조합회의(CIO)의 창립과 활동

1935년 이후 미국공산주의자들은 산업별노동조합회의(CIO) 건설에 적극적으로 참여함으로써 미국노동운동의 중심부로 뛰어들었다. CIO를 건설하는 데 힘썼던 수백 명의 공산당원들은 노동운동 내에서 신임을 받기 시작했고, 공산주의의 힘은 현저하게 증가했다.

산업별노동조합회의(CIO)의 건설과정은 다음과 같다. 1935년에 처음 산업별조직위원회(Committee for Industrial Organizations: CIO)가 미국노동총동맹(AFL) 내의 한 분파로써 설립되었다. 그런데, 보수파가 우세했던 AFL의 집행위원회가 1936년 중반에 CIO 내에서 "반항하는 노동조합들"의 회원자격

---

30) Harvey A. Levenstein, 같은 책, pp. 23-31.

을 정지시키려고 했다. 이에 1936년 존 루이스(John Lewis) 지도하의 CIO 노동조합들이 AFL을 탈퇴, 그 명칭을 산업별조직위원회에서 산업별노동조합회의(Congress of Industrial Organizations: CIO)로 바꾸어 독립적인 조직으로 탄생시킨다.

이 과정에서 공산주의자들은 처음에는 CIO가 AFL에 머무는 것을 지지하면서, AFL에서 CIO가 분리되어 이중의 연합체가 형성되는 것에는 반대하며 AFL과 통일을 유지하기 위해 애썼으나, 이후 CIO가 AFL에서 분리되어 나오는 것이 확실하게 되자, 공산주의자들의 영향력 하에 있는 대다수 노동조합들을 대거 CIO로 이동하게 함으로써 CIO의 건설에 적극 참여한다. 당시 공산주의자들의 영향력이 강했던 미국전기노동조합(UE),31) 미국자동차노동조합(UAW), 강철노동자조직위원회(SWOC), 운수노동조합(TWU) 등이 AFL을 떠나 CIO로 이동했다. 수개월 후 다른 공산주의자들이 이끌거나, 공산주의의 영향을 받는 여러 노동조합들도 CIO로 이동했다.

한편, 공황기에 공산당원들이 CIO의 현장에서 벌인 헌신적인 조직 활동에 대해서 레벤쉬타인은 이렇게 쓰고 있다.

공산당에 소속된 노동조합원들은 CIO 내에서 헌신적인 활동을 했고, CIO에 소속된 노동조합들(UAW, UE, 등등)에서 현장 조직 활동을 함으로써 최고의 조직가들로서의 명성을 획득했다. 젊은 공산당원들이나 동조자들은, 젊은 급진주의자들이 전체 세대의 에너지를 들끓어 오르게 하고, 상상력에 불을 붙이는 노동조합 운동에 매료되어, 어떤 일이든 실제적으로 수행함으로써 노동자계급을 도우려고 하였다. 공산당에 소속된 노동조합원들은 곧 그들 자신이 CIO 내에서 최고의 조직가들로서의 명성을 획득했다. 다수의 노동조합 내에서, 공산주의 노동조합원들은 매우 열심히 일하고 있었고, 가장 효과적으로 조직하고 있었다. 대부분의 CIO 노동조합원들은 한 작업장 내에서 5-6명의 사람들로 구성된 '핵(Nucleus)'에 의해서 조직되었다. 그들은 대부분 젊었다. 노동조합원들의 소규모 핵은 주로 지역 조직가들이나 순회 조직가들에 의해서 조직되었는데, 이들 조직가들은 노동조합에 흥미를 가진 사람

---

31) 정식 명칭은 미국전기·라디오 및 기계노동자 연합회(United Electrical, Radio and Machine Workers of America)이고, 약칭이 UE이다.

들을 찾기 위해 매우 조심스럽게 탐구해나갔다. '핵'들은 매우 무관심하고, 두려움에 떨고 있고, 의심의 눈초리로 바라보는 노동자들을 설득하여 가입시키는 어려운 작업을 수행했으며, 그들 공산주의자들 자신들은 실제 그들이 처한 조건에서 할 수 있는 역할보다 더 많은 역할을 했으며, 또 대다수 동료들이 파업을 하려고 하지 않을 때조차 파업을 제의하곤 했다.

공산주의자들이 새로운 산업노조의 구성원들 전부에게 영향력을 미친 것은 단지 그들의 열정과 교육만이 아니다. 산업공황으로 국가가 대부분의 노동자들을 실업의 위험으로 몰아넣었을 때, 공산주의자들은 노동조합 조직화를 주도했다. 파업이 발생하면, 공산주의자들은 파업에 동참했으며, 매우 전투적으로 그리고 전체가 총동원되어 투쟁했으나, 공산주의자들이 공장 내에서 의지할 만한 공장 내의 고유한 조직, 사상, 지도력은 부족했다. 이렇게 해서 1930년대 대공황기에, 미국 노동자계급의 상당한 부분이, 비록 최소한 노동조합의 부분에서이긴 하지만, 외부 지도자들을 따를 정도로 충분히 무르익게 되었다.32)

4) 미국 공산주의자들의 단위노조 조직

1930년대에 공산주의기들은 강철노동자소식위원회(SWOC), 미국자동차노동조합(UAW), 전국항만노조(National Maritime Union: NMU), 미국전기노동조합(United Electrical and Radio Workers of America: UE), 운수노동조합(TWU)등에서 현장의 노동자들을 조직했다.

1932년 공산주의자들은 독자적으로 강철·금속산업노동조합(Steel and Metal Workers Industrial Union: SMWIU)를 설립하여 현장 노동자들을 조직하고자 했다. 그러나 당시 이미 존재하던 AFL 소속인 철·강철연합(Iron and Steel Association: ISA)의 투쟁이 발생했을 때, 이 두 조직이 연합하여 투쟁하려던 시도가 실패함으로써 현장노동자들과 보다 긴밀히 연합할 기회를 놓치게 된다. 또한 1935년 당 노선이 바뀌자, 공산주의자들은 SMWIU를 포기하고 AFL과 융합하였으나, 이 과정에서도 역시 현장 노동자들과 연합할

---

32) Harvey A. Levenstein, 같은 책, pp. 40-42.

기회를 놓치게 된다. 이러한 가운데, 존 루이스가 AFL 내의 통합철·강철노동조합(Amalgamated Iron and Steel Workers: AISW)을 강철노동자조직위원회(SWOC)로 바꾸었는데, 이 SWOC의 권위주의적 구조는 루이스와 반공주의자들의 힘을 강화시켜 주었고, 그들에 의해 밀려난 공산주의자들은 점점 설자리를 잃게 되었다. 그리하여 SWOC 내에 좌파블럭을 형성하려는 공산당 지도부의 약 4년간에 걸친 노력과 투쟁은 결국 성공하지 못하고, 필립 머레이(Philip Murray)와 같은 우파 자유주의자들에 의해 해고되게 된다.

1930년대에 노동현장에서 공산주의자들이 벌였던 가장 중요한 선도적 투쟁은 1936-1937년의 GM 플린트 공장 점거농성이었다. 1933년 말에 공산주의자들은 자동차 공장에서 그들의 본거지였던 TUUL을 폐기하고, 자동차 노동조합으로써 성장하고 있던 AFL의 연방노동조합과 함께 일하기 시작했는데, 국가산업부흥법(NIRA)이 큰 활력소가 되어 이 AFL에 자동차 노동자들뿐 아니라 다른 많은 노동자들이 몰려들기 시작했다. 그러나 1934년 AFL이 회사 측과 합의를 이루어내는 데 실패하면서 보수적 지도세력에 대한 노동자 대중의 환상이 깨어지게 되고, 공산주의자들과 다른 좌파들은 자동차 공장에서 숙련직과 비숙련직을 포함한 단일한 노동조합을 설립하는 일에 책임을 맡고 나섰다. 공산주의자들은 미국자동차노동조합(UAW)의 투쟁에서 헌신적인 행동과 탁월한 조직능력으로 전투적인 산업 노동조합원으로서의 명성을 획득하였다. UAW는 여러 AFL 소속 노동조합들과 미국기계·교육노조(Mechanics Educational Association of America)를 포함한 몇 개의 독립노동조합들로 결성된 노동조합이었는데, AFL 소속 시보레(Toledo Chevrolet) 공장의 공산주의자였던 로버트 트레비스(Robert Travis)와 클리브랜드 TUUL 자동차노동조합 지도자였던 윈햄 모르티머(Wyndham Mortimer)의 노력에 의해 현장 노동자들 사이에서 운동이 발전되었다. 1937년 GM 플린트 공장의 공산주의자였던 모르티머와 트레비스는 점거농성투쟁을 조직함으로써 GM 자본가들을 노동조합에 굴복시켰고, UAW에서 공산주의자들의 힘을 확대시켰다. 공산주의자들의 힘은 1938년까지 UAW에서 단일의 가장 강력히 조직된 정치적 힘이 되었고, 공산주의자들은 매우 뛰어난 조직가, 매우 열심히 활동하는 노동조합원으로서의 평판을 얻었다. 그리고 공산주의자들은 GM 플린트 공장의 투쟁에서 얻은 평판으로 UAW에서 많은 노동자들을 새로 조직할 수 있었다.

또한 GM 플린트 공장 점거투쟁의 승리는 계속해서 미국전역의 공장들에서 조직화의 물결로 퍼져나가 미국 노동운동의 발전에 큰 영향을 주었다. 공산당이 UAW에서 강할 수 있었던 것은, 모르티머나 트레비스와 같은 몇 명의 지도자들이 적재적소에서 그들의 지지자들과 함께 결정적 지도력을 발휘하며 투쟁했기 때문이었다.[33]

공산당은 강철노동자조직위원회(SWOC), 미국자동차노동조합(UAW) 이외에도 전국항만노조(NMU), 전국운수노동조합(TWU) 등에서 노동자들을 조직했다. 그리고 공산주의자들이 가장 큰 성과를 이룬 곳은 전기산업이었다. 전기산업에서 공산주의자들은 과거 TUUL 소속이었던 노동자들을 대거 미국전기노동조합(United Electrical Workers Union: UE)으로 조직했고, 이후 제임스 카레이(James B. Carey)와 공산주의자들이 연합, 미국전기·라디오노동자연합회(United Electrical and Radio Workers of America: 약칭 UE)[34]를 세웠다. 또한 1937년엔 제임스 메틀스(James Matles)가 과거에 강철·금속산업노동조합 (SMWIU)에 속했던 노동자들과 함께 UE에 대거 가입함으로써 UE는 미국의 노동운동에서 진보의 핵으로 존재했다.

1930년대 중반에는 스케넥터디 사회주의자들(Schenectady Socialists), 뉴욕시 유태인 공산주의자들(New York City Jewish Communists), 영국인 계급의식투쟁 사회주의자 노동자들(English Class-consious Militant Socialist Unionists), 전미국 세계산업노동자동맹(All-American IWWs) 등이 공산당으로 합류했다. 또한 가장 자생적인 좌파의 전통을 가지고 있던 전국광산노조(International Union of Mine), 기계가공·제련노동자들(Mill and Smelter Workers), 국제목재노동자들(International Wood Workers of America)도 공산주의 운동에 합류했다. 광부들과 기계가공·제련노동자들은 가장 성공적인 세계산업노동자동맹(Industrial Workers of the World: IWW) 노동조합인, 서부지역광부연맹(Western Federation of Minors) 의 후예들이었는데, 이들의 일부가 공산주의 운동에 합류했다. 공산주의자들은 농업노동자들을 조직했고, 미국통신협회(American Communications Association)를 조직했으며, 포장노

---

33) Roser Keeran, 같은 글, pp. 178-80.
34) 리차드 O. 보이어, 하버트 M. 모레이스 지음, 이태섭 옮김, ≪알려지지 않은 미국 노동운동 이야기≫, 책갈피, 1996, p. 328.

동자조직위원회(Packing Workers Organizing Committee)에서 중요한 역할을 했다. 또한 공산주의자들은 인종차별에 반대하는 운동을 전개했고, 흑인사회에서 CIO를 조직하는 정책을 실행했다. 또한 공산주의자들은 기아(飢餓)행진을 촉발시켜 미국 각 도시에서 약 1백만 명의 사람들을 참여시켰으며, 실업자들의 투쟁을 대거 조직했다.

결론적으로 미국 공산당은 1930년대에 미국 노조운동에 중요한 영향을 미쳐, 1938-1939년에 공산당의 지도력은 노동운동에서 새싹을 틔웠다. 새로 설립된 CIO 노동조합들은 노동현장에 새로운 세대의 지도자들을 공급했고, 미국 급진주의 전통을 발달시켰다. 한편, 이 시기에는 보수주의자들도 노동조합을 장악해 들어오게 되고, 전국항만노조(NMU), 강철노동자조직위원회(SWOC)에서 반공주의자들이 노동조합을 성공적으로 장악하게 되면서 공산주의자들을 축출하려는 첫 시도가 이루어진 시기이기도 했다.

3. 노동자계급의 후퇴와 미국 공산당

1) 인민노선・통일전선 전술의 문제였는가?

미국 공산당은 이렇게 대공황과 제2차 대전을 거치면서 역동적인 발전을 성취했지만, 오늘날에는 노동운동 속에서조차 사실상 거의 정치적 영향력을 잃은 무기력한 존재로 되어 있다.

미국 공산당과 공산주의 운동이 이렇게 급격히 쇠퇴하게 된 주요 원인은 물론, 앞에서도 지적한 것처럼, 제국주의 패권국가로서의 미국의 독점자본가계급의 압도적으로 우월한 힘과 그 힘에 의한 반공주의 공격, 그리고 그 한 형태로서의 냉전이었다. 하지만, 그 급격한 쇠퇴과정에 공산당과 공산주의자들 자신의 책임은 없었는가?

많은 역사가들은 공산당의 노선과 지도력의 한계, 쏘련 중심의 꼬민테른에서 그 원인을 찾는다. 실버스(Malcom Sylvers)와 프리켓(James Prickett)은 인민전선을 강조하면서 당의 공장단위(Party Shop Unit)를 없앤 것이 당을 이데올로기적으로 조직적으로 약화시켰다고 말한다.[35] 게라시(John Gerassi)

는 미국 공산당과 미국사회당 사이에 타협이 이루어진 후 공산당이 변질되어 혁명적 열정을 잃어버렸다고 말하고 있다.36) 또한 드래퍼(Theodore Draper) 와 레벤쉬타인은 미국 공산당이 쏘련과 꼬민테른의 지침을 미국의 조건에 맞게 적용하지 못하고 그대로 따른 것이 그 한계였다고 말하고 있다.37) 레벤쉬타인은 당의 레닌주의와 인민전선동맹이 노동조합 지도자들로 하여금 공산주의자들과 그들의 동맹세력들을 거부하게 함으로써 당이 약화되었다고 말하고 있다. 나이슨(Mark Naison)은 뉴딜을 둘러싼 민중의 투쟁과 CIO가 민주당의 루즈벨트 후보를 지지하겠다는 결정에 직면해서 공산주의자들이 민주당을 지지하는 정책으로 나가게 된 것이 공산주의자들의 발전을 막았다고 평가하고 있다.38) 예츠(Michael Yates)도 미국 공산당이 독립적인 제3의 당을 만들 수 있었던 기회를 놓친 것이라고 지적하고 있다.39) 리첸스테인(Nelson Lichtenstein)은 제2차 세계대전 당시 공산주의자들이 파업에 반대했기 때문에 노동현장의 투사로서의 그들의 위치를 쇠퇴하게 되었다고 주장하나, 할퍼른(Martin Halpern)은 UAW에서 그러한 증거는 찾을 수 없다고 반박한다.40) 키란(Roger Keeran)은 얼 브라우더(Earl Browder)가 제2차 세계대전 당시 노동운동의 발전에 불리한 노사협조주의를 주장함에 따라, 그리고 그가 당을 정치적 연합형태로 변형시킴에 따라 현장의 많은 공산주의자들이 방향감각은 잃고 환멸을 느끼게 되었다고 주장한다.41) 이써먼(Maurice Isserman)과 스타로빈(Joseph Starobin)은 공산당의 당수가 윌리암 포스터에서 얼

---

35) Roser Keeran 같은 글, p. 190.
36) John Gerassi "The Comintern, the Fronts, and the CPUSA" in Michael E. Brown, Randy Martin, Frank Rosengarten, and George Snedeker ed. 같은 책, pp. 75-89.
37) Theodore Draper, 같은 책, pp. 267-326; Harvey A. Levenstein, 같은 책, pp. 84-95.
38) Mark Naison "Remaking America: Communists and Liberals in the Popular Front" in Michael E. Brown, Randy Martin, Frank Rosengarten, and George Snedeker ed. 같은 책, pp. 45-70.
39) Michael Yates, "Can the Working Class Change the World?", http://www.monthlyreview.org/0304yates.htm 2004.
40) Roser Keeran, 같은 글, pp. 163-93.
41) Roser Keeran 같은 글.

브라우더로 바뀜에 따라 당파주의적인 노동조합 정책으로 변질되었다고 보고 있다.42) 레벤쉬타인도 제2차 세계대전 말기의 얼 브라우더의 변절을 비판한 다.43)

그러면 정말 꼬민테른의 통일전선이 본질적인 문제였는가? 꼬민테른에서 주창했던 통일전선전술은 무엇이었는가?

꼬민테른은 러시아 혁명의 경험을 토대로 새로운 국제노동운동, 즉 국제공산주의운동을 전개하기 위해 레닌에 의해 창설되었다. 1930년대 이후 꼬민테른의 주요 정책이었던 통일전선론은 영국 및 유럽의 좌파들의 좌익적 오류를 극복하고자 레닌이 꼬민테른 제2차 대회(1920)에서 발표한 ≪공산주의에 있어서의 좌익소아병≫에 그 뿌리를 두고 있다.44) 그리고 레닌의 지도하의 꼬민테른 제3차 대회는 "대중 속으로"라는 슬로건 하에 통일전선을 도입하게 되고, 제4차대회에서 노동자 통일전선 전술이 공식적으로 승인되어 실행되기 시작했다. 레닌의 통일전선에 대한 테제는 러시아 혁명과정에서 볼쉐비끼의 역사적 경험을 바탕으로 한 것이었다.

꼬민테른의 통일전선 전술은 임박한 세계공황과 그 뒤를 이은 제국주의 전쟁의 시기에 꼬민테른의 주요전술로 대두된다. 1928년 7-8월에 열린 제6차 꼬민테른 국제대회는 세계공황으로 자본주의의 붕괴가 임박했기 때문에 공산당은 그들 스스로 권력을 획득하기 위해 준비를 해야 한다고 진단했다. 1933년 독점자본가계급이 히틀러를 권좌에 앉히자, 1935년 열린 꼬민테른 제7차 대회는 반파시즘 통일전선·인민전선 정책을 강화하고, "파시즘과 전쟁에 대항하여 효과적으로 싸우기 위하여 노동운동을 통일하고, 그 주위에 모든 민주주의 세력을 결집하는 정책"45)을 채택했다. 1934년 꼬민테른은 꼬민테른에 가입한 모든 공산주의당에게 사회당, 사회민주주의당, 심지어 자유민주주

---

42) Maurice Isserman, *Which Side Were You On?*, Middletown, CT: Wesleyan University Press, 1982; and Joseph R. Starobin, *American Communism in Crisis, 1943-1957*, Cambridge: Havard University Press, 1972.
43) Harvey A. Levenstein, 같은 책, pp. 82-84, 161-193.
44) 백의편집부, ≪코민테른과 통일전선: 코민테른 주요 문건집≫, 백의, 1988, p. 10.
45) 김성윤 엮음, ≪코민테른과 세계혁명 I, II≫, 거름, 1986, p. 112.

의적 정당들까지도 반파시즘의 깃발 아래 전술적 연합을 할 것을 제안했다.46)

꼬민테른의 통일전선 전술이 전쟁과 파시즘으로 광분했던 자본가계급에 대한 대응전술이었음을 상기하면, 그것은 계급협조 정책이 아니라 노동자계급이 그 계급투쟁을 견지해 나가기 위한 하나의 수단이었다. 그러므로 이 통일전선 전술은 그 자체가 공산주의의 목적과 행동을 좌우하는 절대적인 강령이 아니라 시기와 조건에 따라 끊임없이 변하는 행동지침이었다고 할 수 있다.

그렇다면, 미국 공산당과 공산주의자들은 이 통일전선전술을 어떻게 실행했는가?

미국 공산당에게 커다란 영향을 준 꼬민테른의 통일전선 전술은 주요하게 제6차 대회(1928)와 제7차 대회(1935)의 결의였다. 1929년 미국에서 세계 대공황이 발발할 당시 꼬민테른의 주요 전술은 자본주의의 붕괴가 임박했으므로 노동자계급은 아래로부터 통일전선을 형성해서 광범위한 대중을 조직해야 한다는 것이었다. 이 시기 미국의 공산주의자들도 '아래로부터의 통일전선'을 슬로건으로 내걸고 공산주의자들이 주도하는 노동조합을 세우면서 노동자 대중들을 조직해갔다.47) 그러나 1933년에 독일에서 히틀러가 권력을 장악하자 세계 공산당들은 다른 좌파들과 함께 반파시즘 통일전선을 형성하기 시작했고, 이때 미국 공산주의자들도 좀 더 광범위하게 사회당 및 자유주의자들과 연합하는 통일전선을 형성하였다.48) 이렇게 미국 공산주의자들은 대

---

46) John Gerassi, 같은 글, p. 75.
47) 꼬민테른은 1925년 미국 공산당의 임무에 대해 다음과 같이 제안하였다. "(1) 노동조합 내부에서 일층 정력적으로 활동하고, 노동조합에 대한 우리의 영향력을 조직적으로 정착시킬 것, (2) 당의 민족별 집단을 전부 합동시켜 진정으로 통일적인 당을 형성할 것, (3) 현지의 노동자를 조직하는 사업에 더욱 커다란 주의를 기울일 것, (4) 노동자생활의 일상적인 절박한 문제에 기반을 둔 선동에 더욱 커다란 주의를 기울일 것 (통일전선전술의 적용)"(백의편집부, ≪코민테른과 통일전선: 코민테른 주요 문건집≫, 도서출판 백의, 1988, pp. 211-12).
48) 1934년 8월 미국 공산당 지도부들은 그들의 당을 프롤레타리아 혁명을 위한 기관으로 보면서, 비록 그것이 어떤 상징적인 의미일지라도, 자유주의자와 사회 민주주의자들에 의해 지도되는 통일전선을 검토하였다. 1934년 9월, 미국 공산당은 사회당(Socialist Party)과 그 당수 노먼 토마스(Norman Thomas)에

공황과 제2차 세계대전의 시기에 산업별노동조합회의(CIO) 건설에 적극적으로 기여했고, 현장의 노동자들을 노동조합으로 조직하는 데 헌신적으로 참여했다. 미국공산주의자들은 전체적으로 볼 때 광범위한 노동자계급을 조직하면서 미국노동운동을 공산주의 혁명운동의 전통으로 만들고자 했던 것이다.

최근 미국의 일부 역사가들은 공산주의 운동의 역사를 재조명하면서 미국에서의 인민전선(Popular Front)의 긍정적인 효과를 다음과 같이 이야기하고 있다.

나이슨은 미국의 통일전선이었던 인민전선의 역할에 대해 "1935년에서 1939년까지 미국 공산당은 인민들의 투쟁의 고양에 가장 큰 영향을 미치는 요인으로 작용했다"고 하면서 인민전선의 역할을 높이 평가하고 있다. 그는 특히 당지도력이 혁명적인 웅변술 속에 갇혀 있는 것이 아니라, 대중 속으로 들어가 대중들의 에너지를 노동조합 건설에 힘쓰도록 했고, 대중들의 뉴딜법제화를 위한 운동을 지지하고, 대중들을 파시즘의 위협으로부터 경각시켰다고 평가한다. 그는, 이렇게 해서 "당원수가 1934년 2만6천 명에서 1939년 8만5천 명으로 급증하였을 뿐 아니라, 자유주의자들과 급진주의자들 사이에 협력정신을 통해서 북미에 걸쳐 소외된 집단들이 권리를 갖는 것을 도왔다" 하고 평가한다. 결국 그는, 공산주의자들은 인민전선을 통해서 산업노동조합의 조직화 운동, 흑인평등 운동, 나찌즘과 반유대주의에 대한 저항운동 등을 비롯하여 파시즘에 맞서 자유주의를 수호하는 데 있어 그들의 영웅적인 용기를 보여주었으며, 더 나아가 문화적으로 다양한 인종들 사이에 전망 세우기 등은 오랫동안 억압되었던 민중들의 요구들을 꽃피움으로써 소외된 민중의 운동을 발전시켰다는 결론을 내리고 있다.49)

게 "통일전선 (United Front)"에 합류하여 다음과 같은 투쟁을 전개할 것을 제안한다. "① 임금상승과 노동시간 단축: 사측 노동조합 몰아내기 ... AFL 관료주의 정책과 대항해서 투쟁하기... 혁명적 전통이 있는 지도세력 건설하기 ... ② 노동자 실업 및 사회보장법안(H.R. 7598)의 즉각적인 입법화... 즉각적인 실업구제책... ③ 농부들의 비상구제법안의 입법화 ... ④ 흑인의 권리 확대와 흑인 학대방지를 위한 입법화 ... ⑤ 전쟁과 파시즘에 대항한 단결된 투쟁 ... 군수품 선적반대, ... ⑥ 지역, 공장, 노동조합에서 부지런히 일하는 대중들에게 영향을 미치는 모든 문제에 대한 통일된 행동..." (John Gerassi, 같은 글, p. 80).

키란도 꼬민테른 제7차대회(1935) 이후 1934-1938년의 인민전선 시기에 1935년 CIO를 창립하고, 노동조합에 가입하는 노동자들의 수가 급증되는 등 노동운동이 성장했으며, 1934년 이후에 노동현장에서 공산주의자들의 영향력은 더 커졌다고 평가한다. 1934년 이후 수천 명의 공산주의자들이 CIO 노동조합들에서 뿐만 아니라 몇몇 AFL 노동조합에서도 지도자적인 위치를 획득할 정도로 당이 조직하는 기술, 리더쉽, 실제적인 경험, 자신감 등으로 충만해 있었고, 이것이 현장노동자들에게 신뢰감을 주었다는 것이다.50)

인민전선이 미국의 혁명운동을 고양시킨 긍정적인 효과가 위와 같았다면, 많은 역사가들이 지적했던 부정적인 효과란 무엇이었는가?

노동자 통일전선과 인민전선은 꼬민테른 제7차 대회가 명시한대로 "파시즘과 전쟁에 대항하여 효과적으로 싸우기 위하여 노동운동을 통일하고 그 주위에 민주주의 세력을 결집하는 정책"이었지만, 미국에서는 이 통일전선과 인민전선이 아래로부터 견고하고 광범위하게 형성되지 못하고 위로부터 형성되었던 점에서 공산주의 운동 한계를 노정시켰다. 공산주의자들은 노동현장에서 노동조합을 통해서 노동자들을 조직하는 데에는 혁혁한 공을 세웠으나, 이것이 반파시즘을 위한 아래로부터 광범위한 인민전선을 형성하지는 못한 상태에서 오히려 위로부터의 통일전선, 즉 공산주의자들과 사회주의자들 사이의 연합이 이루어졌던 것이다.

프랑스나 스페인의 상황과 미국의 상황을 비교해보면, 미국의 통일전선이 아래로부터 광범위한 인민전선으로 만들어지지 못했음을 알 수 있다. 예를 들면, 프랑스에서는 사회당과 공산당 양쪽 지도자들이 서로 연합하기를 거부했기 때문에 1936년 반파시즘 데모행렬에서 양쪽 집단이 서로 마주하게 되었는데, 이에 데모 대열에 있던 노동자 대중들은 "통일", "통일"을 외치며 서로 합쳤고, 이어 몇 주 후에 파시즘에 맞서 승리했던 것이다. 그러나 미국에서는 노동자 대중의 광범위한 인민전선과 통일전선이 만들어지지 못한 채 공산당 지도부와 사회당을 비롯한 노동운동 내 자유주의자들과의 협력관계가 형성되었다. 즉 꼬민테른의 제안처럼 아래로부터와 위로부터 모두 형성된 통

---

49) Mark Naison, 같은 글, pp. 45-70.
50) Roser Keeran 같은 글, pp. 163-193.

일전선이 아니라, '위로부터 형성된 통일전선'은 그 자체 모순을 유발시켜 결국 공산주의자들의 쇠퇴에 일정 부분 기여하게 된 것이다.

2) 뉴딜과 미국 공산당

뉴딜 시기에 루즈벨트 정부와 긴밀한 계급적 협조관계를 유지한 것이 미국 공산당 쇠퇴의 주요 원인이라는 주장도 있다. 미국의 공산주의자들은 과연 루즈벨트 정부와 긴밀한 계급적 협조관계를 맺었던 것인가?

대공황이 격화하자 자본가계급의 안정을 위해 루즈벨트에 의해 제안된 뉴딜은, 보수적인 자본가계급의 반대에도 불구하고, 노동자계급과 민중들에게 일정 정도 양보와 혜택을 줄 것이라는 환상을 만들어냈고, 그 때문에 당시 많은 노동자들과 민중이 뉴딜정책의 입법화를 요구하는 투쟁에 합류했다. 공산주의자들이 루즈벨트의 뉴딜의 본질을 몰랐을 리가 없다.51) 그럼에도 불구하고, 공산당은 대중의 그러한 투쟁을 독려했는데, 이때 공산주의자들의 의도는 뉴딜 입법화를 요구하며 자생적으로 분출하는 노동자 대중운동을 고양시키려는 것이었다.

당시 노동자들은 뉴딜이 노동조합을 조직하려는 그들의 권리를 보방할 것으로 해석하고, 각 사업장에서 노동조합 인정투쟁을 거세게 벌이기 시작했다.52) 그러므로 인민대중들이 뉴딜의 법제화 등이 민주적이고 진보적인 방안이라고 생각하여 이를 요구하는 대중투쟁을 벌였을 때, 미국 공산당이 인민대중과 같이 싸운 것은 그러한 투쟁이야말로 노동자들을 광범위하게 조직하는 계기일 것으로 파악했기 때문이며, 그러한 한에서 거기에는 큰 문제는 없었다. 다만, 공산주의자들이 뉴딜정책에 대응하는 데 있어서의 한계는, 노동자

---

51) "뉴딜정책은 루즈벨트가 취임 초기에 파국적인 경제상황에 대처하기 위한 방안으로 기업에 중점적인 노력을 기울였던 정책으로, 이 정책은 민주 공화 양당과 이들이 대변하는 계급의 특성과 합치되는 것이었다. 루즈벨트의 뉴딜정책은 세계공황의 시기에 스스로 앞장서서 자본주의적 관점에서 자본주의의 안정화를 위한 정책을 도입한 것이었다." (해리 맥도프, 폴 M. 스위지 지음, 김유원 옮김, ≪미국자본주의의 위기≫, 일월서각, 1986, pp. 140-145).

52) Mark Naison, 같은 글, pp. 45-70.

・민중에게 뉴딜의 개량주의적 본질을 분명히 알려야 했는데, 그러한 노력이 부족했다는 데에 있을 것이다.

사실 공산당과 공산주의자들은, 결코 루즈벨트 정부와 긴밀한 계급적 협조관계를 맺은 것이 아니라, 한편으로는 지속적으로 루즈벨트의 정책을 비판하면서, 다른 한편으로는 인민대중들의 투쟁의 요구를 관철시키려고 했다. 다만, 루즈벨트 정부의 힘이 워낙 강했고, 대중들이 루즈벨트의 뉴딜정책을 지지했기 때문에, 공산주의자들은 루즈벨트 정부를 향한 과감한 비판을 하지 못하다가 오히려 나중에는 우파자유주의자들과 협력하게 되고, 결국은 공산주의자들을 내몰려는 루즈벨트의 덫에 갇히고 만다.

많은 좌파 역사가들은 뉴딜기에 미국 공산당이 혁명적 선동이나 행동을 과감하게 하지 못했던 점을 비판한다. 예를 들어, 게라시는 "미국 공산당이 계급협조적이었던 통일전선 속에서 사회민주당과 연합한 것은 스스로 자살을 초래한 일이었다"고 비판하면서, "그 시기에 미국 공산당이 비타협적으로 혁명노선을 견지했다면, 그 규모가 급감할 수 있었을지는 모르나, 그러한 강인한 노선은 확실히 그 신뢰를 계속 유지시켰을 것"이라고 주장한다. "공산당이 뉴딜의 대중성에서 살아남을 수 있는 유일한 방법은 그것을 계속 공격하는 일이었다"53)는 것이다.

루즈벨트 정부는 분명 독점자본가계급의 정부였고, 자본가계급의 이익을 위한 정부였다. 실제로 그의 정책을 반영한 전국산업부흥법(NIRA)이나 와그너법 등은 양날의 칼을 가진 것이어서, 언뜻 보기에 노동자들에게 노동조합 결성권이 주어진 것 같았지만, 다른 한편으로는 자본가계급에게도 또한 그들이 원하면 언제든지 그들의 노동조합을 만들 수 있는 권한을 준 것이나 마찬가지여서, 루즈벨트가 노동자계급에게 개량을 주었을지언정 어디까지나 그것은 자본의 안정을 위한 개량이었다. 이렇게 볼 때, 미국 공산당은 노동자계급의 계급성을 견결히 견지하는 부분에서 좀 더 명확했어야 하는데 그렇지 못한 한계가 있다.

공황기에 분출하는 노동자들의 투쟁에 적극 참여하여 미국노동운동의 고양을 이끌어 낸 혁혁한 성과에도 불구하고, 미국의 노동운동과 공산당이 급격히

---

53) John Gerassi, 같은 글, pp. 75-89.

쇠퇴하게 된 가장 주요한 원인은 물론, 앞에서도 지적한 것처럼, 당시 미국의 독점자본가계급과 노동자계급 간의 현격한 힘의 불균형과 그러한 막강한 독점자본의 대대적인 반공주의 공격이었다. 하지만 공산당의 급격한 쇠퇴에는 당연히 그들 스스로의 한계도 작용했다. 우선 공산당 지도부는, 자본가계급과 노동운동 내 우파 기회주의자들의 의도를 파악하고 노동자계급의 계급성을 견결히 지키는 가운데 노동자들의 조직화에 매진했어야 함에도, 오히려 그 시기와 기회를 놓치고 부르주아 정부와 우파 기회주의자들에게 이용당한 점이 가장 큰 한계였을 것이다.

미국 공산당은 전통적으로 공화당과 민주당을 구분해서 민주당을 좀 더 진보적인 집단으로 보아왔지만, 반공주의 공격을 통해 미국 공산주의자들과 그 운동을 궤멸시키다시피 한 장본인들은 이 두 집단 모두였다. 공화당이 자유시장주의를 외치며 노동자계급에 대한 착취욕구를 보다 노골적으로 드러낸 반면, 민주당의 루즈벨트는 뉴딜이라는 보다 고차원적인 수법을 통하여 자본가계급의 이익을 충실하게 지키려 했고, 트루먼은 냉전을 통하여 자본가계급의 반공주의를 전 세계로 확산시켰다. 트루먼 독트린과 마샬플랜으로 대표되는 민주당 트루먼의 냉전정책도 공화당의 태프트하틀리법도 모두 본질적으로 같은 반공주의였다. 결국 이들 양당은 그 수법에서 차이가 있었을 뿐 본질적으로는 모두 독점자본가계급을 대표하는 세력이었다.

이렇게 볼 때, 우리는 민주당을 바라보는 미국 공산당의 관점의 오류, 특히 얼 브라우더(Earl R. Browder)의 오류를 지적하지 않을 수 없다. 미국 공산당의 대표였던 브라우더는, "루즈벨트 지지 세력은 인민전선의 주요한 요소이자 구성부분의 하나로서 행동할 것"54)이라고 했는데, 이는 명백한 우편향이다. 미국 공산당이 공화당과 민주당 정부의 탄압에 못 이겨 결국 1940년 11월 꼬민테른과의 조직적인 결합을 해소하고 난 이후, 공산당 내에 기회주의

---

54) "1937년 4월에 코민테른 집행위원회 서기국은 민주당의 좌파분자도 인민전선에 끌어들일 것을 목표로 한 미국 공산당의 조치를 지지하였다. 그러나 서기국 회의에서는 루즈벨트 정부의 정책을 이상화하여 '루즈벨트 지지 세력은 인민전선의 주요한 요소이자 구성부분의 하나로서 행동할 것이다'고 생각한 브라우더에 대하여 윌리암 포스터가 비판적인 의견을 개진하였다." (김성윤 엮음, ≪코민테른과 세계혁명 I, II≫, 거름, 1986, p. 156.)

적이고 수정주의적인 경향이 생겨나기 시작했다. 특히 테헤란 회담 이후 1943년경부터는 브라우더 등을 중심으로 한 기회주의적이고 수정주의적인 경향이 생겨나게 된다. 그리고 미국 공산당은 전쟁 이후 자본가계급의 반공주의에 의해 궤멸되다시피 한 이후에는 개량주의적 노선으로 급선회하게 된다.55)

3) 제3의 당 설립문제

미국 공산당은 1919년 창립 후 곧바로 자본가계급과 정부의 반공주의 공격, 즉 "빨갱이 사냥"을 당하여 비합법조직 상태로 유지될 수밖에 없었다. 그 때문에 미국 공산당은 이 합법적인 정당을 통하여 노동자대중을 조직하려는 계획을 가지고 있었고, 1921년 12월 23-26일, 합법적인 조직으로서 미국노동자당(Workers Party of America)을 건설한다. 이 노동자당은 전반적으로 공산당에 의해 지도되었으며, 공산주의자 주도의 미국 노동동맹(American Labor Alliance), 미국사회당 좌파인 노동자의회(Workers' Council), 그리고 기타 조직들로 구성되어 있었다.56)

그러나 이 미국노동자당 역시 선거정당은 아니었고, 따라서 공산당은 창당 당시부터 선거용의 제3의 정당을 창당하고자 했다. 그리고 거기에 성공했더라면, 공산주의자들은 1930년대 노동현장을 조직했던 힘과 노동자계급의 조직력으로 독자적인 세력화를 하는 것이 가능했을 것이다. 그러나 루즈벨트 정부가 CIO 의장들이었던 시드니 힐만(Sidney Hillman), 필립 머레이(Philip Murray) 등과 협력관계를 만들어 CIO 내의 이들 우파 자유주의자들을 민주당 내로 흡수해버리자, 그 과정에서 이들 우파 자유주의자들과 연계되어 있던 공산주의자들도 노사협력의 올가미에 갇히게 되었다.57)

---

55) Harvey A. Levenstein, 같은 책, p. 339.
56) Theodore Draper, 같은 책, p. 25 및 Books LLC, 같은 책, p. 29 등 참조.
57) Michael Yates, "Workers of All Countries, Unite: Will This Include the U.S. Labor Movement?", http://www.monthlyreview.org/700yates.htm; Michael Yates, "Can the Working Class Change the World?", http://www.monthlyreview.org/0304yates.htm.

예츠는 노동과 협력관계를 유지한 자본의 힘을 간과해서는 안 된다고 말한다. 그는 1930년대에는 독립적인 노동자 당을 만들 수 있는 가능성이 진정으로 있었는데, 공산당 내의 상당한 부분이 루즈벨트와 뉴딜의 최면에 걸렸고, 전쟁 중에는 민주당과 완전히 협력했음을 지적한다.58) 또한 그는 1930년대에는 미국의 새로운 산업노동조합들에서 새로운 독립정책들이 발전할 수 있는 기회들이 있었는데, 루즈벨트 행정부가 시드니 힐만이나 필립 머레이와 같은 몇몇 CIO 우파지도자들과 협력했고, 그들을 이용하여 공산주의자들이나 상대적으로 더 독립적인 존 루이스에 대항하는 쐐기로 사용했으며, 심지어 공산주의자들도 이 덫에 걸려들게 만들었다고 한다. 그리하여 결과적으로 노동운동 진영의 우파 노동조합 지도자들과 반(反)노동자적인 민주당 사이에 밀접하고 치명적인 연합이 형성되었다는 것이다.

나이슨도 공산주의자들이 1936년에 제3당 운동을 다시 시작했으나, 그들이 연합했던 CIO의 우파 자유주의자들이 루즈벨트 후보 지지를 결정하는 바람에 이 제3당 운동을 활발하게 벌이지 못했던 점을 지적하고 있다. 그는 다음과 같이 말하고 있다.

코민테른 제7차 대회 이후 공산당 대표였던 얼 브라우더의 주요 전략은 노동자계급이 이끄는 농민노동자당을 새롭게 만드는 것이었다. 이렇게 해서 1936년 선거에 독자적인 출마를 하는 것이었다. 이를 위해 공산주의자들은 제3당 운동에 참가하기 시작했고, 전국 차원과 지역 차원에서 독립적인 노동자 정치활동을 위한 선전작업을 개시했다. 공산주의자들은 위스콘신 진보농민노동자연맹(Wisconsin Progressive Farmer Labor Federation)과 미시간, 오하이오, 메사추세츠, 코넥티컷에 있는 지역 노동당에 근거지를 만들었다. 그러나 공산주의자들은 산업노동자들 사이의 민초들의 뉴딜 파도에 직면하여, 그리고 CIO의 루즈벨트 후보 지지 결정에 직면하여, 농민-노동당(Farmer-Labor Party)을 위한 선동을 단지 전국과 지역의 선거전으로만 한정했다. 코민테른의 승인 하에, 그들은 얼 브라우더의 독립후보 전략을 단지 공화당이 승리할 경우에 닥쳐올 위험을 경고하는 정도로만 한정했다. 그렇게

---

58) Michael Yates, "Workers of All Countries, Unite: Will This Include the U.S. Labor Movement?"

해서 공산주의자들은 미국 역사에서의 자신들의 첫 번째 당을 반대(反對)당들 중 하나의 승리를 보장해주는 대선 선거에 사용하고 말았다.59)

한편, 꼬민테른은 1937년경 인민전선을 노동자·농민당의 틀로만 제한하지 않고 민주당의 좌파까지도 포괄하는 인민전선을 형성하겠다는 미국 공산당의 계획에 동의하면서도, 루즈벨트 정책을 이상화하여 "루즈벨트 지지 세력은 인민전선의 중요한 요소이자 구성부분의 하나로서 행동할 것"이라고 생각한 얼 브라우더에 대한 비판적인 의견을 개진하고 있었다. 특히 디미트로프는 루즈벨트를 변호해서는 안 되며 반파시즘 민주주의 노선에 모순되는 그의 조치에 대해 비판을 가할 것을 강조했다.60)

공산주의자들은 루즈벨트 집권기였던 1930년대보다는 오히려 트루먼 정부 시기였던 1947년 이후에야 트루먼 정부의 냉전과 반공주의에 강력하게 저항하면서 민주당에서 나와 독립적인 제3의 당을 결성하려고 시도한다. 하지만, 노동현장은 이미 트루먼 협정, 태프트-하틀리법, 마샬정책 등으로 이어지는 트루먼 정부의 냉전과 반공주의에 의해 위축되어 있었고, 또한 트루먼 정부와 강고한 협력관계를 유지하고 있던 CIO 내 자유주의자들로 하여금 공산주의자들을 숙청할 근거만을 제공해준 셈이 되었다. 많은 역사가들이, 공산주의자들은 그들이 노동현장에서 강고한 지도력을 획득하고 있었던 1930년대에 바로 제3의 당을 만들었어야 했다고 주장하는 것도 바로 이러한 배경 때문일

---

59) Mark Naison, 같은 글, pp. 45-70.
60) "1938년 1월 코민테른 집행위원회 서기국은 미국문제를 심의하여, '파시즘의 위험에 반대하는 민주주의전선'의 결성을 지향하는 당의 대담한 방침을 승인했다. 그러나 당 내부에, 소부르주아 세력, 진보세력, 민주주의 세력과의 광범한 공동운동에 참가하는 것에 대한 약간의 우려가 있음을 지적하였다. 그와 동시에 코민테른 집행위원회는 루즈벨트 정부의 정책에 대해 브라우더가 내린 평가는 일면적이며, 이 때문에 당이 추수주의에 빠질 위험이 있음을 지적하고 루즈벨트 정부의 정책을 깊이 분석하였다. 디미트로프는 코민테른 집행위원회의 미국위원회에서 연설을 통해, 루즈벨트 정부의 진보적인 조치를 교묘히 지지하라고 미국의 공산주의자에게 권고하였다. 그러나 '루즈벨트를 위한 변호론을 펴서는 안되며', 반파시즘 민주주의 전선의 요구에 모순되는 그의 조치에 대해서는 실무적인 비판을 가할 필요가 있다고 강조하였다." (김성윤 엮음, ≪코민테른과 세계혁명 Ⅰ, Ⅱ≫, 거름, 1986, pp. 155-156.)

것이다.

이렇게 볼 때, 미국 공산당에는 노동운동 내 우파들, 즉 AFL 내 보수주의자들이나 CIO 내 우파 자유주의자들의 의도를 명확히 꿰뚫지 못한 한계가 있었다. 미국 공산당은 CIO와 AFL 노동조합의 우파들과 반파시즘 투쟁을 위해 연합하려 했으나, 이들 우파 자유주의자들은 공산당보다는 오히려 자본가계급의 대표자들인 루즈벨트나 투르먼과 더 강고하게 연합했다. 미국 공산당이 인민전선, 즉 통일전선 전술을 잘못 운용한 부분이 있다면, 바로 루즈벨트 정부와 강한 협력관계를 유지하고 있던 우파 자유주의자들과 협력함으로써 덫에 걸려 휘둘리게 된 점일 것이다.

4) 무분규 협약과 공산주의자들의 영향력 상실

미국 공산당에 대해서 비판적인 사람들은 제2차 대전 당시 미국의 대부분 노동조합이 참여했던 '무분규 협정(No-Strike Pledge)'을 마치 공산당이 선도한 것처럼 주장한다. 그러나 이는 결코 진실이 아니다.

1941년 독일의 쏘련 침공이 시작된 이후, 미국 공산당은 파시즘에 반대하는 전 국가적인 통일전선을 형성하고, 파시즘과 맞서 싸우는 쏘련을 지지하는 노선을 채택했다. 그러나 제2차 세계대전에서 독일의 진격이 급격해지는 가운데, 미국 내에서 반파시즘 투쟁에 집중하자는 의견은 공산당만의 것이 아니었다. 미국의 거의 모든 좌파 노동조합들에서는 미국이 쏘련을 도와야 한다는 요구들이 합창처럼 부풀어 올랐다. 그리고 이러한 분위기 속에서 미국이 쏘련을 도와 반파시즘 투쟁을 전개하기 위해서는 생산증대가 필요하고 그러기 위해서는 무분규 협정을 수용할 필요가 있다는 논의가 제시되었다. 그리고 미국 공산당이 이에 명확한 태도를 취하지고 전에 거의 모든 노동조합들이 이 무분규 협정을 받아들였다.

레벤쉬타인에 의하면, 공산주의자들은 오히려 1941년 일본군이 진주만을 습격한 이후 거의 모든 미국 노동조합들이 '무분규 협정'을 받아들이자, 이러한 CIO의 정책을 단순히 따라감으로써 꼬민테른의 새로운 노선, 즉 미국에서 파시즘에 대항하여 전 국가적인 통일전선을 위해 활동해야 하며, 나찌 독일에 대항한 쏘련의 투쟁을 대중에게 선전해야 한다는 노선을 이행하게 된 셈이 되었다.61) 전 세계가 파시즘에 의해 파멸될 위험이 있는 상황에서 무분규 협정을 포함한 "공산당의 새로운 노선은 그 당시 할 수 있었던 가장 현명한 선택이었다"62)는 평가를 받았다.

문제는 자본가계급과 루즈벨트 정부도 이 무분규협약을 이용하여 한편으로는 반파시즘전선을 세우고자 했지만, 또 한편으로는 전쟁을 이용하여 그들의 힘을 키우고자 한 속셈도 있었을 것인데, 미국 공산당이 이를 간과했던 것으로 보인다. 루즈벨트는 미국이 전쟁에 돌입하기도 전에 노동조합에게 무분규 정책을 받아들이라고 압력을 가했다. 전국의 거의 모든 노동조합 지도자들이 여기에 동의했고, 단지 광부노동조합의 존 루이스만이 이에 반대했다.63) 대부분의 노동조합들과 공산주의자들도 이 무분규 협약을 받아들였는데, 그 이유는 이것을 반파시즘 전선 성립의 조건으로 보았기 때문이었다. 급박한 국내외 정세 속에서 미국 공산당에게는, 반파시즘 전선을 굳건히 건설하는 한편, 자본가계급과 부르주아 정부로부터 노동자계급의 이익을 지켜내야만 하는 이중의 과제가 있었다.

그러나 미국 공산당은 무분규 협약을 둘러싸고 한계를 드러냈다. 대표적으로 1934-1945년까지 공산당 대표였던 얼 브라우더의 노선이 그것이었다. 노동자들은 무분규 협약으로 인해 그들의 임금인상 요구가 받아들여지지 않는 것에 대해 많은 불평과 불만을 가지게 되었다. 파시즘과 맞서 싸우는 전쟁의 시기이긴 했지만, 미국 노동자들의 요구는 합당한 것이기도 했다. 왜냐하면,

---

61) "1942년까지 미국 공산당은 생산 증가의 문제에 있어서 공식적인 CIO 노선보다 더 나가지는 않았다. 미국 공산당은 단지, 최근 CIO 전국임원회의 선언, 즉 '생산의 증대로 인하여 노동자계급이 생계비를 더 많이 지출하게 되는 상황이 발생해서는 안 되며, 노동운동이 계속 성장하고 지속될 수 있도록 보장되어야 하고, 형평성 있는 세금제도가 도입되어야 한다'는 선언에 대한 지지를 재확인하는 정도였다. 오히려 미국 공산당은 소용돌이치는 물가가 통제되어야 하고, 사회안전과 실업보험이 확대되어야 하며, 정부의 결정구조에 노동계가 다시 대표자로 참가해야 한다고 주장했다. 중요한 것은, '무분규 협약'에 대한 어떠한 언급도 없었고, 당이 어떻게 그것을 해석할 것인가에 대한 언급도 없었다." (Harvey A. Levenstein, 같은 책, pp. 159, 170.)
62) Harvey A. Levenstein, 같은 책, p. 189.
63) Anne Fagan Ginger and David Christiano, 같은 책, pp. 187-213.

전쟁 물자를 조달한다는 명목 하에 노동자들에게 "생산증대"를 위해 헌신할 것을 요구하면서 미국 자본가계급과 정부는 무기생산과 판매를 통하여 거대한 이윤을 축적하고 있었던 반면, 전시 인플레이션으로 노동자들의 실질임금은 현저하게 저하하고 있었기 때문이다. 정부는 초과시간 임금, 성과급, 물가조절 등을 대안으로 제시하면서 노동자들의 임금인상 요구를 억제했다. 이렇게 되자 노동현장의 좌파 노동조합 지도자들은 노동자들의 희생을 요구하는 무분규 협약을 지지하기를 주저했다. 그리고 이에 대한 대안으로 브라우더는 좌파 노동조합 지도자들을 설득하여 임금을 약간만 인상할 것을 주장하기도 했는데, 이는 아무리 전쟁 중이라 하더라도 노동자계급과 자본가계급의 모순을 제대로 바라보지 못한 탓이었다.

또한, 브라우더는 무분규 협약을 둘러싼 현장 노동자들의 불만을 무마하기 위해, 첫째, 연방정부가 나서서 생산증대로 인한 사업주의 이윤 착취를 막을 것, 둘째, 성과급(piece-work) 제도를 활용할 것을 제안했다. 그러나 레벤쉬타인의 지적처럼 브라우더가 제안한 특별수당제도는 많은 공산주의자 노동조합원들을 끓는 물에 던져 넣는 것과 같았다. 예컨대, 미국자동차노동조합(UAW) 소속 노동자들이 생산증대로 자본가들의 이윤만 폭증하는 데에 불만을 터뜨릴 때에도 브라우더는 '특별수당' 제도를 제안하면서 자동차 노동자들을 설득하려고 했다. 현장 노동자들은 브라우더의 '특별수당' 제안은 받아들이지 않았지만, 공산주의자들이 흑인 노동자들의 임금인상과 지위향상을 위해 투쟁했던 경험을 높이 존중하여 결국 무분규 협약을 받아들인다. 그러나 레벤쉬타인에 의하면, 무분규 협약에 대한 현장의 노동자들의 우려를 무마하고자 브라우더가 제시한 특별수당 제도와 같은 제안들은 거의 효과가 없었고, 노동자집단 분파들 사이에 갈등만 증대시켜, 오히려 노동현장 내에서 공산주의자들의 힘이 약화되고 반공주의자들의 힘이 커지게 되는 결과를 초래했다. 무분규 협약을 둘러싼 갈등이 CIO와 노동운동의 나머지 부분에서 공산주의자들의 영향력을 파괴하는 데에 결정적으로 중요한 전환점이 되었다는 것이다.[64]

그럼에도 불구하고 브라우더는 대전 말기에 생산 확대에 대한 강박관념을

---

64) Harvey A. Levenstein, 같은 책, pp.171-176.

더욱 심하게 드러내면서, 계획의 단계에서부터 작업현장에 이르기까지 모든 생산 단계를 자신의 스타일대로 변화시키는 극단적인 오류를 낳기도 했다.65)

브라우더의 우편향은 1943년 10월 테헤란 회담 이후 더 심해지는데, 그는 테헤란 회담을 미국-쏘련의 우호관계의 새로운 시작으로 보고, 국제적인 차원에서 미국 내의 문제로 되돌아가서 자본주의와 사회주의의 평화로운 공존의 가능성을 제안한다. 그리고 1944년 5월에는 마침내 미국 공산당(CPUSA)을 해체하고 공산주의자정치연합(Communist Political Association: CPA)을 결성할 것을 제안했다.66) 이는 공산주의자들이 다신의 당을 해체하고 민주당 내에서 활동하는 것을 의미했다.67) 브라우더는 1946년에 그의 우편향 때문에 당으로부터 제명되게 되는데, 무분규 협약을 둘러싼 그의 정세 오판(誤判)은 자본가계급에 대한 노동자들의 투쟁의 에너지를 희석시키고 미국 공산당을 크게 약화시켰다.

무분규 협약은 한편에서는 파시즘의 위협에 대항하기 위한 반파시즘 전선으로서 기능했지만, 그 이면에는 독점자본과 정부의 과대한 생산증대 요구와 착취의 강화로 자본가계급과 노동자계급의 모순이 극대화될 수 있는 양날의 칼이었다. 특히, 이 무분규 협약은 전쟁을 준비하던 루즈벨트 행정부와 CIO 우파 자유주의자들에 의해 제안된 것이어서 이미 그러한 모순의 격화를 예정하고 있었다. 그리고 전쟁 말기가 되면 실제로 자본가계급과 노동자계급 간의 모순이 격화되어 투쟁으로 터져 나오기 시작했다. '생산증대'에 대한 과도한 압박을 받으면서 "임금인상요구를 억제"해야 했던 많은 노동현장에서

---

65) 예를 들면, 1943년 항만 노동자들은 공산주의자들에게 부패한 부두하역노동자연맹(International Long-shoremen's Association: ILA)을 탈퇴하고, 공산주의자인 해리 브릿지스(Harry Bridges)가 지도하고 있던 국제부두하역・창고노동조합(International Longshore and Warehouse Union: ILWU) 체계로 바꾸는 것을 도와달라고 요청했으나, 브라우더 등은 항만 하역작업이 원활히 돌아가지 못할 것을 우려하면서, 공산주의자 영향력 하의 새로운 동해안 부두노동조합을 창설하거나 최소한 ILWU에 가입하는 것 등을 지원하기보다는, 항만 노동자들에게 ILA로부터 탈퇴하지 말라고 제안했다. 브라우더 등은 항만노동자들이 ILA에 머물면서 생산에만 집중할 것을 요구했던 것이다. (Harvey A. Levenstein, 같은 책, p. 161).
66) Harvey A. Levenstein, 같은 책, p. 164.
67) John Gerassi, 같은 글, p. 82.

1944년 이후 불만과 투쟁이 터져 나오기 시작한 것이다. 노동자의 투쟁은 1944-1945년에 크게 증가했다. 그런데 루즈벨트 정부와 CIO 우파자유주의자들은 이 들불처럼 일어나는 현장 노동자들의 자생적인 투쟁을 억압했다.68)

또한 AFL, CIO의 우파 자유주의 지도자들은 정부가 파업을 억제하는 데에 동의했다.69) 일부 파업 현장에서는 그 파업이 월터 루이터(Walter Reuther)와 같은 반공주의자들에게 이용되어 조합의 지도력이 반공주의자들의 수중으로 넘어가기도 했다. 월터 루이터는 1944년 미국자동차노동조합(UAW)에서 분출하던 노동자들의 투쟁을 이용하여 UAW에서 권력을 획득하는 데 성공했고, 1947년 이후 CIO 내 공산주의자들을 숙청하는 등 반공주의의 선봉에 섰다.70)

한편, 공산주의자들은 전후(戰後) 노동자들의 분출하는 파업에 동참했는데, 국가와 AFL, CIO 내의 우파 자유주의자들은 이를 기화로 공산주의자들을 숙청했다. 그러나 공산주의자들은, 전후에 들불처럼 타오르는 노동자들의 투쟁에 결합할 틈도 없이, 실제로는 이미 1944년부터 시작된 국가와 독점자본가계급의 반공주의의 먹잇감이 되어가기 시작했다.

사실 공산주의자들은 이 무분규 협약을 둘러싼 모순의 발현에 좀 더 명확하게 대처했어야 했다. 즉, 그들은 노동대중들에게 무분규협약이 오직 반파시

---

68) Robert Justin Goldstein, 같은 책, pp. 262-284.
69) Harvey A. Levenstein, 같은 책.
70) 1946-1947년 월터 루이터(Walter Reuther)가 미국자동차노동조합(UAW)의 의장이 되지만, 아직까지는 공산주의자들을 지지하는 노동조합들이 UAW의 집행이사회에서 다수를 차지하고 있었는데, 루이터는 좌파 지도자들을 축출하고, 지역 노동조합들을 자신의 진영으로 끌어들임으로써 결국 1947년 가을 11월 전국대회에서 공산당 본거지를 포함한 전 지역을 휩쓸어 UAW를 반공기지로 만든다. 루이터를 비롯한 반공주의자들은 공산주의자들을 교묘히 배제함으로써 그들의 목적을 달성할 수 있었다. 예컨대, 그들은 농기계노동조합(Farm Equipment Workers Union: FE)과의 합병을 거부했다. FE와 합병하게 되면, 약 8만 명의 FE 조합원들이 UAW 내로 들어오게 되는데, 이는 약 500명의 FE 좌파 임원들이 UAW 집행회의에 들어오는 것을 의미했다. 그 때문에 루이터 등은 통합 찬반투표 캠페인을 통해 노동자들에게 FE와의 합병은 내부 시스템을 파괴하는 트로이의 목마, 즉 UAW 내에 직능별 노동조합을 허용하게 될 것이라고 선동했고, 결국 전체투표에서 합병이 기각되었다. (Harvey A. Levenstein, 같은 책, pp. 198-205).

즘 전선을 지키기 위한 일시적인 전술에 불과하다는 것을 명확히 설명하는 게 필요했으며, 또한 무분규협약 때문에 전쟁 말기에 노동현장에서 분출하는 노동자들의 투쟁에 적극 결합하여 그 투쟁들을 이끌었어야 했다. 전쟁 말기에 정부가 노동자들의 자생적으로 분출하는 파업을 억압하는 사건들이 발생했을 때, 공산주의자들은 이 무분규 협약이 노동자들의 생존권을 위협할 뿐 아니라 반자본 운동에도 걸림돌이 된다는 사실을 파악하고, 노동자계급의 투쟁전선을 재정비했어야 했고, 이를 통해서 아래로부터의 광범한 통일전선을 건설해야 했던 것이다. 그러나 미국 공산당은 노동자계급의 이러한 대투쟁의 시기에 전선을 주도하여 아래로 부터의 통일전선을 형성하지 못하고, 오히려 위로부터의 통일전선에 매달려 루즈벨트 정부와 CIO 자유주의자들의 덫에 갇히는 한계를 노정했다.

결국, 노동자계급은 제2차 대전 동안 정세의 주도권을 크게 상실했고, 그 결과 전후 독점자본의 반공주의의 공격에 의해 무너지게 되었다.

4. 미국 반공주의의 전개과정

1) 제1차 세계대전 이후의 '빨갱이 사냥'

제1차 세계대전 이후 18개월이 지난 1919년 11월은 미국에서 '빨갱이 사냥'이 시작된 시기였다. 당시 빨갱이 사냥이 개시된 이유는, 국내적으로는 좌파세력이 급성장하고 국제적으로는 러시아 혁명과 유럽에서의 공산주의의 운동의 활성화로 독점자본과 정부의 긴장감과 공포가 고조된 때문이었다.

1919년 9월 두 개의 공산당(CP, CLP)이 출범한지 두 달 만인 11월 8일 반공산주의 습격이 뉴욕시에서 처음 일어났다. 1919년에 몰아닥친 빨갱이사냥은 이제 막 싹이 튼 공산주의를 파괴하였다. 1919년 사이에 빨갱이 사냥이 시작된 것은 1919년 2월 시애틀 총파업이 발생했을 때였다. 시애틀 총파업 이후, 9월 9일 보스턴 경찰 파업, 9월 22일 철강업 파업, 11월 11일 미국광부노동조합(UMW)의 석탄파업 등이 보수언론과 자본가계급에 의해서 공산주의가 주도한 것으로 선동됨에 따라 미국 정부의 탄압을 받게 되었다.

당시 빨갱이 사냥이 가장 극에 달했던 것은 바로 그 악명 높은 팔머급습(Palmer's Raids)이었다. 당시 법무장관이었던 팔머는 독점자본으로부터 급진주의자들에게 강하게 대처하라는 압력을 받자 급진주의자들을 급습하기 시작한 것이다. 팔머급습은 11월 7일 연방 정부가 미국 내 12개의 도시에서 러시아노동자연맹(Union of Russian Workers)을 습격하면서부터 시작되었다. 이어 11월 11일에는 센트랄리아 대학살(Centralia Massacre)이 발생했고, 바로 이날 군대가 세계산업노동자동맹(IWW)을 급습했다. 센트랄리아 대학살에 이어 덴버, 푸에블로, 콜로라도, 그리고 로스엔젤레스, 오클랜드와 캘리포니아의 다른 도시에서도 급습이 발생했다. 1920년 1월 1일에는 시카고에서도 1919년 뉴욕에서 공산주의자들을 습격했던 것과 같은 습격이 일어나, 공산주의자들과 세계산업노동자동맹(IWW) 회원들이 급습을 당했으며, 1월 2일에는 약 33개의 도시와 해안을 따라 전국에 동시에 공산주의자 급습이 발생했다. 1920년 2월 2일 빨갱이 사냥이 절정에 달한 사건이 발생하였는데, 후버(Hoover)와 팔머의 지시로 연방기관이 30개 이상의 도시에서 급진주의 소굴을 덮치고 CLP와 CP의 구성원이라는 의심을 받는 5-10만 명을 체포했다. 빨갱이 사냥은 미국의 급진주의 운동을 파괴했다. 1919년 CP와 CLP는 약 4만 명의 당원을 보유하고 있었는데, 팔머급습에 의해 그 수가 1만 명 이하로 급격히 줄었다.71)

2) 대공황 및 제2차 대전기의 반공주의

대공황기, 특히 1935년 이후 제2차 세계대전 기간에는 미 정부와 독점자본의 반공주의가 극악한 형태로는 드러나지 않았는데, 이는 기본적으로 공산주의자들의 반파시즘 인민전선이 파시스트들을 제외한 모든 집단과 대중들에게 받아들여져 노동자계급과 자본가계급의 모순이 드러나지 않고 있었기 때문이었다. 또한 자본가계급과 정부에게도 전쟁 수행을 위한 무기생산에 노동자계급의 협조가 절대적으로 필요했기 때문이기도 했다.

---

71) Robert Justin Goldstein, 같은 책, pp. 139-163.

그러나 사실은 그럼에도 불구하고 전시(戰時) 중에도 반공주의는 미국의 지배계급과 그 부역세력 속에 지속적으로 도사리고 있었다.

① 자본가계급의 뿌리 깊은 반공주의

미국의 노동운동사에서 반공주의의 역사는 공산주의의 그것보다 더 길다.72) 1930년대 이후 공산주의자들은 노동자들의 분출하는 임금인상 요구에 전면적으로 결합하여 투쟁에 참여하면서 노동운동의 급성장에 기여했다. 특히 미국 공산주의자들은 CIO 창립 이후 전투적인 몇몇 CIO 노동조합들이나 생산공장에서 노동자들을 조직해나가기 시작했다. 그러자 1930년대 말에 자본가계급은 노동조합 활동을 반대하기 위해 반공주의를 강화해 나가기 시작했다. 자본가계급은 CIO를 주요 표적으로 삼았고, CIO 내에서도 특히 SWOC가 주요 감시 대상이었다. 이렇게 해서, 자본가계급은 반노조주의를 반공주의로 연결시켰을 뿐 아니라, 공산주의를 불신하고 공격했던 반공주의 성향의 노동조합 지도자들까지도 공격했다. 자본가계급의 반공산주의 선전은 노동자들에게는 별 효과가 없었으나, 보수언론과 정부에 큰 영향을 미쳤다. 많은 신문, 잡지, 라디오는 일반적으로 사업주에게 동조했고, CIO 노동조합들이 부패한 조직이라고 악선전하였다.

연방 정부는 교회, 미국노동총연맹(AFL), 기업들, 국가정부, 지방자치체보다도 더 중요한 반공주의의 근거지였다. 노동운동에서 공산주의자들을 박해하려는 행정부의 시도는 크게 1940년도 이전과 이후로 나눌 수 있다. 1940년도 전에 행정부 또는 행정부 소속의 일부 사람들은 노동운동에서 공산주의자들이 확산되는 것을 막기 위해 발작적으로 여러 시도를 했다. 그 중에서도 전쟁 이전에 행정부가 CIO 내에서 공산주의자들의 영향력을 억제하려고 시도했던 가장 악명 높은 사례는 해리 브릿지스(Harry Bridges)를 추방한 일이었

---

72) 식민지 시대에 숙련공들은 임금 압박에 반대하여 노동자들을 조직하기 시작했는데, 그들은 단지 노동조건만을 향상시킨 것이 아니라 사업주의 재산도 몰수했다. 그 때문에 이 시기 이후 사업주들에 의한 'Red Herring'(훈제청어, 남의 주의를 딴 데로 돌리게 하는 것)으로서의 반공주의가 파업이나 노동조합주의에 대항하여 대중의 의견을 결집시키는 도구로써 많이 이용되었다 (Harvey A. Levenstein, 같은 책, p. 100).

다.73)

1939년 공산주의자들이 행정부와 함께 하는 것을 거절함에 따라 여러 정부기관에서 CIO에 소속되었던 공산주의자들에 대한 공격이 강화되었다. 대표적인 예로는 1939년 9월에, 루즈벨트가 악명 높은 연방수사국(FBI)의 일반정보분과(General Intelligence Division)의 재개를 명령하고, 법무부로 하여금 '(국가)파괴행위'에 대해서 전반적인 조사를 하라고 지시한 일이다.74) 또한 1940년 초에, 루즈벨트는 전국노사관계위원회(National Labor Relations Board: NLRB) 내의 공산주의자 동조자들을 숙청하라고 명령했다.

자본가계급과 정부는 반공주의를 확산시키기 위해서 긴밀하게 결합했다. 자본가계급의 반공주의는 또 다른 중요한 분야인 주 정부와 기타 지방정부에도 영향을 미쳤다. 지방경찰들과 사법관들은 노동조합원들에게 공산주의자라는 딱지를 붙이기 위해 종종 사업주와 협력하곤 했다.75)

② 미국노동총연맹 (AFL)의 반공주의

미국노동총연맹의 반공주의는 미국의 사회당 좌파들과 AFL의 실력자 곰퍼

---

73) 루즈벨트는 해리 브릿지스가 서해안 노동조합에서 가장 중요한 좌파이며 핵심적인 인물로 드러나자, 그에 대해 적대하는 태도를 취하기 시작했다. 공산주의자들이 루즈벨트의 대외정책에 반대하고 이 때문에 CIO가 분열되자, 해리 브릿지스에 대한 탄압은 더욱 심화되었다. 법정에서는 브릿지스의 무죄가 입증되었지만, 미국 의회는 계속해서 그를 추방하기 위한 압력을 가하였다. 특히, 스미스법이 도입되면서 생긴 새로운 규정에는 공산당원이거나 파괴적인 조직에 속한 사람들을, 심지어 과거에 그러한 조직에 속해 있었다 하더라도, 추방을 할 수 있도록 되어 있었는데, 정부는 이 스미스법으로 새롭게 무장을 하고 브릿지스 진영에 대한 학살을 개시했다. 마침내 1941년 2월 법무장관 작켄(Jacken)은 브릿지스를 체포·추방할 것을 명령했다. (Harvey A. Levenstein, 같은 책, p. 127).
74) FBI의 '(국가)파괴행위에 대한 조사'는 급속도로 진행되었다. FBI 요원들은 CIO 좌파들의 회의를 '도찰(盜撮)'하기 시작했고, 주변의 자동차 번호판을 떼어갔으며, 해리 브릿지스의 호텔방을 도청하는 등 여러 행동을 했다. 정부는 "법을 어기는 공산주의자들"을 기소하기 위해 모든 노력을 다했다. (Harvey A. Levenstein, 같은 책, p. 131).
75) Harvey A. Levenstein, 같은 책, p. 131.

스(Samuel Gompus) 간의 오랜 전투에까지 거슬러 올라간다.

사회주의자들은 '정치적' 노동운동을 중요하게 생각하여 AFL을 하나의 정치적 정당 속으로 끌어들이려고 한 반면, 곰퍼스와 그 추종자들은 자신들을 '경제주의적' 노동조합주의자라고 규정했다. 그들은 경제투쟁을 중시했고, 좌파 정당과 동맹을 맺는 것을 피했다. 이러한 대립관계 속에서 결국 곰퍼스는 우드로 윌슨(Woodrow Wilson) 대통령과 동맹을 맺고, 세계산업노동자동맹(IWW)을 파괴하는 역할을 한다.

제1차 세계대전 이후 더욱 공격적이 된 AFL의 보수적 지도세력은 노동운동을 정치운동으로 전환시키려는 공산주의자들에 대항하기 위하여,76) AFL에 잔류했던 구 사회주의 세력들, 즉 사실상 곰퍼스의 궤도로 들어온 세력들과 동맹했다. 그린(William Green)이나 거머(Adolph Germer), 프레이(John Frey), 더빈스키(David Dubinsky) 같은 AFL의 보수주의자들은 여러 노동조합들에서 공산주의 운동을 진압하려고 하였고, 급진주의적인 노동조합을 저지하기 위해 사업주들과 협력하였다.

③ 카톨릭 종교집단의 반공주의

1930년대 중반 노동운동의 성장기에 '자유주의적인' 성직자들은 노동현장에서 유럽에서와 같은 산업선교 운동을 벌이거나, '노동학교'를 설립, 그 안에서 카톨릭 노동조합원들이 교회의 가르침을 전수하고, 훌륭한 노동조합원뿐 아니라 훌륭한 카톨릭 신자가 될 것을 훈교했다. 노동현장의 카톨릭 노동조합원들을 조직하고자 카톨릭노동조합연맹(Association of Catholic Trade Unionists: ACTU)을 만들었다.

그런데 많은 카톨릭 신자들이 이 '카톨릭 노동자'운동에 참여하게 되면서 그들은 공산주의자들이야말로 카톨릭의 신념과 이데올로기와 유일하게 다른 조직이라는 것을 알기 시작했고, 그들의 주요한 적은 공산주의자라는 신념을 갖게 되었다.

전쟁 전에는 ACTU가 교회의 보수세력에 의해서 상당한 반대를 불러일으키기도 했으나, 이것이 계기가 되어 전쟁 이후에는 오히려 ACTU에 속해 있던

---

76) 물론 그들의 행동과 노선이야말로 보수적 정치운동에 불과하지만!

여러 카톨릭 '노동학교'와 산업 성직자들이 좌파 주도의 노동조합에서 공산주의자들을 축출하는 일에 총력을 기울이게 된다.

3) 제2차 세계대전 후 반공주의의 고조화

제2차 세계대전 후 1945년과 1946년에 파업이 급증하자 자본가계급의 반공주의적 공세 역시 가열됐다. 특히 1946년 11월 의회선거 이후 보수세력에 반대한 노동자들의 파업이 격화되자 자본가계급은 파업의 주된 주체인 CIO가 공산당과 연관되어 있다고 보고, 반공주의를 고조시켰다. 예를 들면, 1946년 반(反)노조주의를 대표하던 미국의 상공회의소는 정부 내 좌파 공무원들의 숙청을 주장하고 나섰다. 정부는 공산주의 통제 하에 있는 조직들과 노동조합의 명단을 발표하였다. 정부는 반공주의 팜플렛을 발간하였고, 동시에 태프트-하틀리법에 반공주의적 항목을 포함시켰다. 1946년부터는 "공산주의"라는 단어가 최악의 것을 암시하는 것으로 받아들여졌다. 자본가계급은 정부 및 보수언론과 함께 반공주의를 고무시켰고, 그 결과 1945-1948년 사이에 공산주의를 말살시키자는 정서가 대중 속에 고조되었다.[77]

대부분 신문의 논조들은 반(反)노조주의적이었고, 심지어 폭력적인 반공산주의를 옹호했다. 그들은 어디에서나 공산주의자들이 우세한 노동조합들을 폭로하고 공격했다. 자본가들은 전국노사관계위원회(NLRB)의 지원에 의존해서 자신들의 사업장에 소속된 노동조합을 무력화시켰다. 자본가들은, 태프트-하틀리법에 의거해서 공산주의자가 아님 것을 증명하기 위한 진술서에 서명하라는 명령을 노조 간부들이 거부하는 것을 '애국심 부족'이라고 비난하면서, 협상하기를 거부했다.

우파 자유주의자들과 반공주의자들이 주도하는 CIO 내 노동조합들은 진술서에 서명하지 않은 좌파 주도의 노동조합들을 습격하여 해체하고 자신들의 조합들, 즉 반공주의자 주도의 노동조합들에 합병시켰다.[78]

---

77) Harvey A. Levenstein, 같은 책, p. 234.
78) Ellen Schrecker, "Labor and the Cold War" in Robert W. Cherny, William Issel and Kieran Walsh Taylor ed. *American Labor and the Cold War* ―

다른 한편에서는, 1946년 이후 반공주의가 고조되자 기회를 포착한 반공주의적 카톨릭 노동활동가들 역시 그 활동을 확대해갔다.[79]

한편, 1947년부터 연방 정부의 법무부와 FBI는 CIO 내부의 공산주의자들을 색출하고 조사하는 작업을 진두지휘 했다. 1947년 투르먼은 특별전담반을 설치하여 연방공무원들 가운데 공산주의자로 의심되는 자들을 해고하라는 명령을 내린다. 미국공공노동조합(USA Public Workers: UPW)에서 파업을 주도했던 상당수 활동가들이 해고되었다. FBI가 미국 공산당을 박해한 내용들이 1948년 공산주의자 노동조합원에게 어떤 효과를 주었는지는 아직까지도 자세히 밝혀지지 않은 채로 있다.[80]

1948년 대통령선거에서 공산당이 민주당의 트루먼후보 대신 제3의 독자적 진보당 후보인 왈라스(Henry A. Wallace)를 지지하고, 또 마샬정책을 반대함으로써 CIO 내에 분열이 일어나자, 트루먼 정부는 점점 더 명백하게 CIO 내의 공산주의자들을 내몰았다. 트루먼 정부는 또한 CIO 내에서 공산주의자들을 축출하도록 자유주의자들을 압박한다. 이에 1948년 초 CIO는 공산주의에 대한 추방을 확대하기로 결정한다.[81]

Grassroots Politics and Postwar Political Culture. Rutgers University Press. 2004, pp. 7-24.
79) 카톨릭노동조합연맹(ACTU)에 속해 있던 가톨릭 '노동학교'와 산업성직자들이 좌파 주도의 노동조합에 대한 반란을 주도했다. ACTU의 반공주의 활동이 가장 활발했던 곳은 UE였다, ACTU는 UE 내 반좌파연합 조직화의 초기단계에서 중요한 역할을 했다. 1946년 3월 뉴욕주에서 UE 반대운동을 조직한 수도원장 다비(Tom Darby)와 ACTU 지도자 도나우(George Donahue)는 UE 반대자들을 위한 특별 교육 프로그램을 만들었고, 그들에게 노동조합의 지도부를 축출하기 위한 투쟁전략을 제안했다. ACTU는 또한 UAW에서도 활동적이었다. 여기에서는 전투적이고 음모적인 디트로이트 분회가 루이터를 지원했다. ACTU 사제인 수도원장 클란시(Clancy)가 디트로이트의 41개 '노동학교'의 네트워크를 총괄했다. ACTU는 미시간 지역에서도 루이터의 승리를 도왔다. 다만, UE와 UAW에서의 활동을 제외하곤, ACTU 그 자체의 영향력은 특별히 크지는 않았다. (Harvey A. Levenstein, 같은 책, pp. 236-40).
80) Harvey A. Levenstein, 같은 책, p. 242.
81) 1948년 3월 행정부는 머레이에게 거세게 압력을 가하기 시작했다. 트루먼은 유럽의 공산주의자 선동가들이 샌프란시스코 CIO 회의가 제안한 '마샬플랜에 대한 격렬한 탄핵문'을 회람하고 있다는 정보를 입수하고, 머레이를 그의 사무

의회에서도 공산주의자들에 대한 공격이 가해졌다. 태프트-하틀리법은 공산주의자들에게 매우 심각한 손상을 주기 시작했다. 1947년 노동운동 내부의 공산주의자들에 대한 의회 조사가 증대되어 갔다. 사업주들이나 반공산주의 노동조합원들에 이끌려서 의회 위원회가 열렸고, 이 의회 위원회는 공산주의자들뿐 아니라 기타 좌파 노동조합 지도자들을 위증죄나 국회 모욕죄 등으로 기소하기 위한 방법들을 모색했다.82)

미국 전역에서 좌파 노동조합에 대한 공세가 여러 가지 양상으로 벌어졌다. 미국 전역에서 마치 독안에 든 쥐와 같이 요새에 갇힌 좌파들은 매일 반공주의자 집단들의 맹공격에 직면해야 했다. 이러한 모든 반공주의 공격에서 가장 중요한 역할을 한 것은 결국 연방 정부였다. 법무부와 태프트-하틀리법은 노동운동 내에서 공산주의자들을 파괴시키기 위한 가장 강력한 무기로 작용했다.

① 태프트-하틀리법, 트루먼 독트린, 마샬플랜

반공주의에 관한 한 미국의 자본가계급과 정부는 뗄 수 없는 관계였고, 민주당과 공화당 사이에는 사실상 구별이 없었다. 반공주의 공격을 위해서 자본가계급, 공화당, 그리고 민주당 정부는 한 몸 같이 움직였다. 이것은 또한 공산주의자들이 민주당 정부에 가지고 있던 우호적 관점이 환상이었음을 보여주고 있다.

자본가계급과 보수주의 공화당에 의해 시작된 반공주의의 가장 강력한 기제 중 하나는 바로 태프트-하틀리법이었다. 1946년 11월 선거 이후 공화당이 주도하는 새 의회는 노동운동 내 공산주의의 힘을 분쇄하기 위해서 1947년 6월에 태프트-하틀리법이라는 새로운 노사관계법을 제정했는데, 거기에는 노동조합의 모든 상근간부들이 자신은 공산당원이 아니라는 진술서에 사인을

실에 불러 CIO 내의 공산주의자들에 대해 강한 반대행동을 하라고 촉구했다. 3월 30일 머레이는 국방장관 포리스틸(James Forrestal)과 점심식사를 하는 자리에서, 비록 UE나 다른 노동조합들에 어떤 문제가 있을지라도 CIO 내에서 공산주의자들을 축출하기 위해 힘쓰겠다고 약속했다. (Harvey A. Levenstein, 같은 책, p. 244).
82) Harvey A. Levenstein, 같은 책, p. 246.

해야 하는 조항이 포함되어 있었다. 이 진술서에 허위로 서명한 사람은 위증죄로 기소되어 감옥에 가야 했다. 어느 노동조합 상근자가 이 진술서에 서명하는 것을 거부할 경우, 와그너법상의 협상의 권리 등을 박탈당했다.[83]

공산당은 자본가계급의 이러한 공격에, 즉 태프트-하틀리법에 강력하게 저항했다. AFL도 CIO와 함께 태프트-하틀리법에 반대하기 위해 단결했다. 머레이, 루이터, 그리고 대부분의 CIO 자유주의자들은 처음엔 그 법의 폐지를 위한 강력한 운동을 전개해야 한다고 주장했으나, 종국에는 진술서에 서명하기 시작했다.[84]

공산주의자들이 태프트-하틀리법에 강력하게 저항하자 연방 정부는 더욱 거세게 공산주의자들을 억압했다. 트루먼 정부와 압력에 의해 CIO 내의 머레이나 중도파 등 투르먼과 그 운명을 같이하는 자유주의자들은 CIO내 공산주의자들을 말살하기 위해 태프트-하틀리법상의 진술서 서명 여부를 이용했다. 우파 자유주의자들은 진술서에 서명을 하지 않은 좌파 노동조합들을 급습하고 또 CIO에서 추방함으로써 미국 내에서 공산주의를 절멸시키다시피 하는 데에 결정적으로 기여한다.

한편, 민주당의 트루먼 정부는 쏘련에 대한 냉전을 선포함으로써 세계적 반공주의의 포문을 열었다. 트루먼이 일본에 원자폭탄을 투하한 것도 사실은 바로 쏘련을 위협하기 위한 것이었다. 1946년 트루먼은 처칠을 초청하여 전쟁동맹국 사이에 "철의장막"을 치겠다고 했다. 이제 그는 미국의 대중을 상대로 파시즘과의 전쟁에서 결정적 역할을 했던 쏘련에 대한 우정과 경외감을 종결하라는 캠페인을 시작했던 것이다.[85]

---

83) Harvey A. Levenstein, 같은 책, p. 217.
84) 머레이는 태프트-하틀리법상의 진술서에 대해서 자유주의자의 입장에서 양심의 가책을 느꼈고, 그것이 마녀사냥을 고무시켜 노동운동을 짓밟을지도 모르겠다고 생각했다. 그는 진술서가 뻔뻔스런 헌법위반이라고 주장하면서 1949년 중반까지 소속 강철노동조합 안에서 진술서 조항에 동의하라는 압력에 대해 저항하였다. 그러나 반공주의적 노동조합 지도자들은 점차 머레이와 비슷한 양심의 가책을 누른 채 진술서에 서명을 하기 시작했다. 그리하여 1948년 그 법이 실행에 들어간 지 1년 만에, 102개의 AFL 노조 중 89개, 45개의 CIO 노조 중 30개에서 약 8만1천 명의 노동조합 간부들이 진술서에 서명했다. (Harvey A. Levenstein, 같은 책, p. 217).

트루먼 정부는 1947년 트루먼 독트린과 마샬플랜을 발표함으로써 냉전과 전 세계적 반공주의의 포문을 열었는데, 이는 '공산주의의 위협을 받는 국가들에 대해서 미국이 정치, 경제, 군사 원조를 제공'하겠다는 것으로서, 명실공히 전 세계 어느 국가의 혁명도 봉쇄하려는 것이었다.86) 트루먼 독트린은 전 세계 민중들에게 쏘련이 위협해 온다고 악선전하면서 공산주의에 대항하는 세계적인 공격의 시작이었다. 트루먼은 연설에서 '공산주의'에 반대하는 이데올로기로써 '자유'의 개념을 들고 나와 이 '자유'를 '반공주의'와 동일시하였는데, 여기에서 우리는 이 자유의 개념을 자본가계급과 정부가 얼마나 악용하고 있는지도 알 수 있다.

1947년 6월 국무장관 조지 마샬(George Marshall)은 유럽에 경제원조를 제공하는 대가로 유럽의 국가들이 스스로 계획을 입안하여 미국에 제시하라고 촉구함으로써 유럽 지역에 대한 미국의 지배 야욕을 드러낸다. 마샬플랜은 유럽에 미국의 지배권을 확립하고 서유럽을 반(反)쏘 방어기지로써 세우려는 투르먼 독트린의 확대과정이었다.

1947년 7월 트루먼은 국가보안법(National Defence Act)을 입법하여 국가안보위원회(NSC)를 창설하고, 중앙정보국(CIA)을 신설했다. CIA는 이후 각 국가에서 공산당을 몰아내는 활동을 벌여오고 있다. 그리고 1949년엔 유럽국가들과 북대서양조약기구(NATO)를 창설하여 미국이 군사적·정치적으로도 유럽을 지배하는 '새 시대'의 문을 열었다. 트루먼의 1947년 3월 21일 집행명령(Executive Order) 제9835호는 약 2백만의 연방 공무원들의 충성도를 조사하라는 지시였다. 이 명령은 또한 법무장관에게 "전체주의, 파시스트, 공산주의자, 또는 전복 기도자"로써 지목된 사람들을 해고하기 위해 그들의 명단을 작성할 것을 주문했다.87) 또한 1950년의 한국전쟁은 아시아에서의 미국정부의 단호한 반공주의를 보여줄 수 있는 절호의 기회였고, 트루먼은 이를 잘 활용했다. 1950년 6월 26일 트루먼은 미국이 아시아에서의 공산주의 팽창에 대항하여 군사개입을 할 것이라고 선언함으로써 트루먼 독트린을 태

---

85) Anne Fagan Ginger and David Christiano, 같은 책, pp. 234-300.
86) 스티븐 E. 엠브로즈 지음, 권만학 옮김, ≪국제질서와 세계주의≫, 을유문화사. 1996.
87) Anne Fagan Ginger and David Christiano, 같은 책, pp. 233-316.

평양까지 공식적으로 확대했다. 한국전쟁 시기에 트루먼은 전 세계적인 규모로 쏘련과 중국을 포위하는 군사기지를 확보했다.

한편, 미국 공산당은 유럽 여러 나라의 공산당들과 연합하여 마샬플랜에 대항해서 단호한 공격을 개시했다. 또한 미국 공산당은 CIO가 마샬플랜에 동의하거나, 투르먼 행정부의 대외정책을 찬양해서는 안 된다고 주장했으나, 이러한 주장은 이미 반공주의로 무장된 CIO 우파 자유주의자들에게 먹혀들지 못했다.88)

② 1950-1952년의 매카시즘

자본가계급과 국가의 반공주의는 1950-1952년의 매카시 선풍으로 그 절정에 달하였다.

1950년 2월 위스콘신 출신의 공화당 상원의원 조셉 메카시(Joseph Raymond 'Joe' McCarthy)는 국무부 안에 205명의 공산주의자들이 있다rh 폭탄선언을 함으로써 정부 안에 공산주의자들이 있으며 정부 안의 이들 반역자들이 미국을 쏘련에 팔아먹고 있다는 공화당의 주장을 공식화하였다. 이 새로운 빨갱이 사냥은 1950년 9월에 공화당이 우세한 의회가 국내보안법(맥카란법, McCarran Act, 전복활동통제법[Subversive Activities Control Act]이라고노 불린다)을 제정함으로써 새로운 국면을 맞았다. 이 법은 모든 공산당원이나 '공산당 전선원'에게 정부에 등록하도록 요구한 것으로서, 정치사찰 대상의 범위를 연방 정부 공무원으로부터 민간단체들과 개인들에게까지 확대한 것이었다. 트루먼은 국내보안법이나 매카시 상원의원의 극단적인 방식을 거부하면서도, 공산주의자들을 영향력 있는 자리에서 몰아내라는 요구에는 동의하였다. 그러므로 민주당 행정부와 공화당 의회는 수단에 있어서만 달랐을 뿐 목적은 서로 같았던 것이다.89)

1951년과 1952년에 매카시 돌풍은 반공주의세력을 더욱 강화시켰다. 1952년의 선거에서 매카시와 공화당의 동일성은 더욱 더 확실해졌다. 그러나

---

88) Harvey A. Levenstein, 같은 책, pp. 233-250.
89) 안윤모, "현대 미국의 사회운동", 김덕호·김연진 엮음, 《현대 미국의 사회운동》, 비봉출판사, 2001.

투르먼이야말로 매카시의 광대놀음판을 마련해 준 장본인이다. 투르먼은 표면적으로는 매카시즘에 반대했지만, 매카시가 공산주의자들을 공격하는 동안에 공산주의자들의 구속과 억압을 강화함으로써 결과적으로는 매카시즘을 지지했다. 매카시에 대한 트루먼 정부의 반대는 모순으로 가득 찼다. 1950년 4월 25일, 트루먼은 미국의 국가안보는 공산주의에 의해 심각하게 위협받고 있지 않다고 선언했지만, 동시에 트루먼 정부는 미국인들의 독서의 자유를 공격하기 시작했다. 1951년 초 정부는 국내로 들어오는 "외국 공산주의 선전물"을 압수했다. 한국전쟁 발발 후 트루먼 정부가 매카시즘을 추종하는 자들에게 외교정책과 관련된 영역을 양보한 것은 특히 주목할 만한 점이었다. 또한 한국전쟁의 여파로 강화된 냉전은 매카시즘과 동일한 동기로 인한 것임이 드러났다. 국가의 반공주의 행보는 이후에도 계속되었다. 예를 들면, 1955년 FBI는 교육자부터 과학자까지 2만6천 명의 명단을 체포해야 할 사람들로 발표했고, 1958년까지 이 중 1만2천 명이 체포대상자, 나머지는 요시찰자로 분류되었다.90)

결국 매카시즘은 전쟁 이후 자본가계급과 국가권력에 의해 피어난 반공주의라는 악의 꽃이었다. 매카시즘은 단지 도를 벗어난 매카시라는 한 개인의 문제가 아니었다. 매카시즘이란 단어는 바로 반공주의를 원했던 세력들의 상징이었고, 대중들을 가장 간단하게 미혹시킬 수 있는 방법이었다. 매카시즘은 미국 공산주의와 연결된 모든 이념과 기관 등의 영향을 파괴하기 위한 가장 편리하고도 간결한 방법이었다.

5. 반공주의와 노동운동 내 우파 자유주의자들의 역할

미국에서 반공주의의 폭압은 자본가계급과 국가권력에 의해서만 자행된 것이 아니었다. 노동운동 내의 우파 자유주의자들과 개량주의자들 역시 자본가계급과 국가의 요구에 따라 공산주의자들을 노동조합들로부터 몰아내는 데에

---

90) Robert Justin Goldstein, *Political Repression in Modern America from 1870 to 1976*, University of Illinois Press, 2001, pp. 287-396.

앞장섰다.

1) CIO의 균열

① 제2차 세계대전 이전

위에서 본 것처럼, 정부와 독점자본가계급의 반공주의 공세가 강화된 것은 1944년 이후였고, 특히 냉전과 함께 그것이 극렬해진 것은 제2차 세계대전이 끝나고 나서였다. 그런데 노동운동 내 우파 자유주의자들에 의한 반공주의 공세는 놀랍게도 그 훨씬 이전부터 시작된다.

이들 자유주의자들은 이미 1939-1940년경에 공산주의자들의 힘을 약화시키려는 시도를 하게 되는데, 이 시기는 바로 1935년에서 1939년까지 공산주의자들이 CIO를 중심으로 노동자들을 조직하는 데 혁혁한 활동을 벌인 직후였다. 말하자면, 이들 우파 자유주의자들의 시도는 공산주의자들의 힘이 커지는 것을 두려워한 그들의 반격이었던 셈이다.

공세의 주역은 존 루이스(John L. Lewis), 시드니 힐만(Sidney Hillman), 필립 머레이(Philip Murray) 등과 같은 CIO의 지도적 인물들이었는데, 이들은 모두 1935년에 AFL이 산업별조직위원회(Committee for Industrial Organization: CIO)를 추방했을 때 AFL로부터 나와 독립적인 산업별노동조합회의(Congress of Industrial Organizations: CIO)를 세우는 데 핵심적인 역할을 한 인물들이었다.

CIO 내에서 공산주의자들의 힘이 커지자 1938-1940년에 CIO 내의 이들 우파는 노동조합에서 공산주의자들을 축출하려고 시도하는데, CIO를 창립하는 데 초석을 놓았고, 초창기에는 공산주의자들과 같이 파시즘에 반대하고 루즈벨트의 정책에 반대하는 공산주의자들과 입장을 같이 했던 루이스가 그 반공주의자적인 본색을 드러내면서 맨 먼저 그 추방을 시도한다.91) 루이스 이후 CIO 의장이었던 시드니 힐만과 필립 머레이도 이 시기에 CIO 내에서 공산주의자들의 활동을 억제하기 시작했고, 이후에는 공산주의자들을 숙청하는 작업에 앞장서게 된다. 예를 들면, 힐만은 미국자동차노동조합(UAW)내에

---

91) Harvey A. Levenstein, 같은 책, pp. 85-94.

서 공산주의자들을 강등시키고 그들의 활동을 억제함으로써 공산주의자들의 힘을 약화시킨다.92) 머레이는 힐만과 함께 1939년 3월 UAW 선거에서 공산주의자들의 지지를 받던 윈햄 모르티머(Wyndham Mortimer)나 조지 애즈(George Addes)의 출마를 막음으로써, UAW 내에서 공산당이 승리할 수 있는 기회를 박탈했다. 그리하여 UAW에서 루이터(Walter P. Reuther)가 승리했는데, 이는 결국 공산주의자들에 대항해서 CIO에서 힘의 관계를 이동시키는 결과를 가져왔다.

이들과 제임스 카레이(James Carey) 등 CIO 내 우파 자유주의자들은 루즈벨트 행정부와 긴밀한 협력관계를 유지해나갔는데,93) 이 당시 루즈벨트 행정부는 유럽전쟁에 직면하고 의회 보수세력의 반대에 부딪혀 뉴딜을 계속 수행하는 것을 포기하고, 연합군 지원을 위해 무기수송을 증대하기 시작했으며 대량의 미군의 참전을 계획하고 있었다.

그에 비해서 공산주의자들의 정책과 태도는 전혀 달랐다. 공산주의자들은 이들 우파 자유주의자들과 달리 1941년에 나찌가 쏘련을 침공하기 전까지는 제2차 세계대전을 제국주의자들의 전쟁으로 간주하여, 연합군에 대한 지지를 강화해가는 루즈벨트의 대외정책을 공격했고, 노동현장에서 노동자들의 생존권 투쟁을 무시하는 CIO의 머레이 등과 충돌했다. 그리고 바로 그 때문에 루즈벨트 행정부와 밀착했던 저들 우파 자유주의자들은 더욱더 그들의 정책을 비판하는 공산주의자들94)을 숙청하려는 생각을 품게 된다.95)

---

92) 그는 미국자동차노동조합(UAW) 의장 마틴(Homer Martin)을 시켜 노조의 힘을 중앙집중화함으로써 사회주의자들과 공산주의자들의 힘을 약화시키고자 했다. 1938년 초에 마틴은 GM 플린트 공장 접거투쟁의 주역이었던 로버트 트레비스(Robert Travis)를 강등시켰다. (Harvey A. Levenstein, 같은 책, p. 81.)
93) 루즈벨트가 3선에 성공하자, 힐만을 비롯하여 루즈벨트 정부에게 우호적이었던 노동조합원들이 루즈벨트를 강력하게 지지하기 시작했고, 미국자동차노동조합(UAW), 강철노동자조직위원회(SWOC), 그리고 고무노동자노동조합(United Rubber Workers)을 융합시키는 데 집중했고, 루이스에게 공산주의자들을 거부하라고 강요했다. (Harvey A. Levenstein, 같은 책, p. 93).
94) 공산주의자들은 머레이, 힐만 등 루즈벨트와 협조하는 이들이 노동자들의 투쟁을 망치는 것에 대해 문제제기를 제기했고, 종종 국가방위중재위원회(National Defence Mediation Board: NDMB)의 명령에 저항할 것을 촉구하기

이 시기에 CIO 내 자유주의자들은 공산주의자들로 하여금 반공주의적 결의문을 받아들이게 함으로써 그들을 굴복시켰다. 이 결의문은 CIO가 "나찌즘, 공산주의, 파시즘과 같은 전체주의, 독재, 외국정책으로부터 유출되는 모든 정책들을 거부한다"고 진술했다. 또한 "나찌즘, 공산주의, 파시즘은 노동복지에 적대적인 것으로써 정부의 형태를 파괴하는 것"이며, "CIO는 산업민주주의와 민주주의 정치의 원리에 반대되는 이상한 외국 정책에 의해 좌지우지 되어서는 안 될 것이다" 운운하고 있었다.96)

공산주의자들은, CIO 자유주의자들과 반공주의자들이 이 결의문이 채택이 되지 않으면 CIO를 깨트리고 AFL에 가입하겠다고 했기 때문에, CIO의 분열을 피하고자 그것을 받아들였다.

② 제2차 세계대전 이후

도 했다. 윈햄 모르티머(Wyndham Mortimer)는 이러한 집단 중에서 가장 유명했고, UAW 내에는 그의 견해를 따르는 많은 좌파들이 있었다. (Harvey A. Levenstein, 같은 책, p. 148).

95) 1941년 봄 CIO 노동조합 내 공산주의자들이 CIO 대표 머레이가 위원으로 속해 있던 국가방위중재위원회(NDMR)의 명령들에 반대하여 파입밀이사 버레이는 파업참가자들을 일터로 돌아가라며 해산시켰다. 머레이는 공산주의자들이 주도하여 새롭게 설립한 농기계·노동자조직위원회(Farm Equipment Workers Organising Committee: FEWOC)를 억압함으로써, 공산주의자들이 독립적인 노동조합을 만드는 것을 방해했다. 한편, 힐만은 방위산업들로부터 공산주의자들을 숙청하기 위해 정부의 도움을 끌어들이는 데에 광분했다. 결국, 정부는 노동운동에서 공산주의자들을 억압하기 위한 첫 발포로서 잉글우드(Inglewood)에 군대를 투입했다. 이때 해군장관(Secretary of Navy) 프랭크 녹스(Frank Knox)는 파업을 분쇄하기 위해 군대를 사용한 것을 변명하고자, "공산주의자들은 나라의 적으로 간주되어야 마땅하다"고 주장했다. 힐만은 행정부에게 방위산업에서 공산주의자 출신의 노동자들을 해고하라고 촉구했다. 머레이는, 공산주의자들을 억압하도록 정부에 촉구하는 데에는 관심을 덜 가졌으나, 그 역시 CIO 조직 내의 공산주의자들을 숙청했다. 그는 SWOC에 남아 있는 공산주의자들을 뿌리 뽑는 일을 했고, 카레이가 25명의 CIO의 공산주의 조직가들을 해고했을 때에도 이를 묵인했다. (Harvey A. Levenstein, 같은 책, pp. 145-155).

96) Harvey A. Levenstein, 같은 책, pp. 213-220.

제2차 세계대전에서 쏘련이 가장 중요한 전승국으로 등장하면서 공산주의의 위신이 더욱 높아졌고, 그 위력이 세계로 떨쳐나가자 독점자본과 미 행정부는 CIO 내의 우파 자유주의자들로 하여금 반공주의를 강화하도록 강요했다. 그리고 전쟁 전보다 더욱더 민주당의 주춧돌 역할을 하면서 국가정책에 참여하게 된[97] 이들 자유주의자들은 자본가계급과 정부의 냉전정책과 반공주의정책을 그대로 따랐고, 그 결과 노동조합 내에 공산주의자들을 숙청함으로써 피 묻은 칼을 손에 쥐고 있는 역사 속의 주인공이 되었다.

특히 1948년 대통령 선거에서 머레이를 포함한 우파 자유주의자들은 자신들이 지지했던 트루먼이 선거에서 승리하자 트루먼 정부와 더욱 긴밀한 협력관계를 유지하게 되었으며, 트루먼 정부가 이들에게 공산주의자들을 몰아낼 것을 요구하자, 트루먼 정부의 막대한 힘을 빌려 공산주의자들에 대한 대대적인 공격을 개시하게 된다.

2) 우파에 의한 좌파 노동조합의 급습

1947년부터 노동운동 내 우파 자유주의자들과 반공주의자들은 태프트-하틀리 선서진술서(Taft-Hartley Affidavits)를 이용하여 공산주의자들을 숙청하기 시작하고, 나아가 공산주의자들의 지도하에 있던 좌파 노동조합들을 급습·약탈하기에 이른다.[98] 예츠에 의하면, 우파 자유주의자들이 자본가계급 및 그 국가와 협정을 맺기 위한 전제조건이 바로 노동운동 내에서 공산주의자들을 폐기처분하는 것이었다고 한다.[99]

반공주의자들의 좌파 노동조합들에 대한 급습과 약탈은 1947-1948년에 좌파 노동조합들이 태프트-하틀리법의 진술서에 서명하는 것을 거부했을 때 본격화되었다. 미국자동차노동조합(UAW)에서 권력을 잡은 루이터가 가장 먼저 좌파 노동조합을 습격하기 시작했다. 루이터는 자신의 분파가 UAW의 지

---

97) Harvey A. Levenstein, 같은 책, pp. 180-185.
98) Roser Keeran, 같은 글, pp. 163-193.
99) Michael Yates, "Can the Working Class Change the World?", http://www.monthlyreview.org/0304yates.htm 2004.

도부를 장악하자마자, 좌파 노동조합들에 대한 급습을 시작했다. 1948년 그는 UAW가 "민주적" 조직으로 변하기를 원하는 공산주의 주도의 어떤 노동조합에 속한 현장노동자들도 받아들일 준비가 되어 있다고 선언했다. 이게 바로 급습의 신호였다. 루이터는 태프트-하틀리 선서진술서에 서명하기를 거부하는 노동조합들에 속한 노동자들에게 나와 UAW에 합류할 것을 강요하기 시작한 것이다.

그는 미국전기노조(UE)를 필두로 운수노조(TWU), 광부노조(Mine), 기계가공노조(Mill), 그리고 농기계노동조합(Farm Equipment Workers Union: FE) 등 전체 지역노조들을 낚아채려는 의지를 표명했다. 태프트-하틀리 선서진술서에 서명을 하지 않은 이들 노동조합들은 UAW에 합류할 것을 제의 받았다. 그러나 Mine이나 Mill 등은 루이터의 공격이 있기 전부터 이미 공격을 받고 있었다. Mine과 Mill에서 공산주의자들의 힘이 강해지자 1947년 3월 초에 이미 10만 조합원 중 3만 명을 포함하는 48개의 지역의 우파 지도자들은 "공산주의자들"로부터 지도받는 것을 거부하고 노동조합으로부터 탈퇴한다고 발표했다. 다만 그들은 CIO에는 남는다고 했는데, CIO의 다른 노동조합들이 자신들을 환영할 것이라는 것이었다. 이렇게 해서 결국, 1948년 봄까지, Mine과 Mill은 다방면으로부터 공격을 받았다. 이들 공격은 주로 철강노동자들이 주도했으나, 미국자동차노조(UAW), GAS, 코크노동자들(Coke workers), CIO 조선노동조합(Shipyard Workers Union) 등도 철강노동자들의 그 뒤를 이어 공격에 참여했다.

UAW는 또한 농기계노동조합(FE)도 습격했다. 우선 1949년 2월 FE 노동조합원들을 UAW로 흡수시키려는 목표 하에 FE의 300회원들과 대접전을 벌였다. 처음에, FE 임원회의는 UAW로 흡수되라는 CIO의 명령에 저항했다. 그러나 5·6월이 되면 사태는 FE의 저항이 용감하다기보다는 어쩌면 허세에 가깝다고 할 수 있는 그런 상황이었다. 더 크고 부유한 UAW가 FE로 거대한 침투를 진행하고 있었던 것이다. 그리고 UAW는 포틀랜드(Portland) 회의에서 받은 승인서를 들고, FE 본거지를 급습하여 부당한 요구를 했다. FE 지도자들은 독립한다는 그들의 맹세를 포기하고 급히 UE와 합병을 협상하게 된다.100)

공산주의 주도하에 있던 더 작은 노동조합들은 더욱 취약했다. 한 예로, 투쟁 중이던 식품담배노동조합(Food and Tobacco Workers: FTA)은 캘리포니아 통조림 공장에 있는 거대한 AFL 소속 트럭운전사노동조합 (Teamsters union)과 경쟁하고 있었다. AFL 트럭운전사노동조합은 그 크기만 따져 봐도 FTA를 압도했을 뿐 아니라, 통조림 제조업자들의 상품 운송을 빠른 시간에 할 수 있는 능력을 겸비함으로써 FTA로서는 도저히 모을 수 없는 그런 힘을 가지고 있었다. 설상가상으로, 노동조합 의장이던 도널드 핸더슨(Donald Henderson)이, 캘리포니아와 살리나스(Salinas) 지역에서 약 3천 명의 노동자들을 대표하는 반공주의자 지도자들의 지역이었던 FTA Local 78을 인수하려고 한다는 소문이 퍼지자, 지역 78 지도자들은 대부분의 회원들을 AFL 트럭운전사노동조합으로 데려갔다. 또한 FTA 지도부가 태프트-하틀리 선서진술서에 서명하기를 거부하자 FTA 노동자들에게 AFL 가입을 강요하는 변명거리를 제공해주었다. 결국, 1948년 중반에서 1949년 2월까지 사면초가에 몰린 FTA는 지역에서 반공주의자들의 급습과 약탈로 약 1만6천 명의 노동자를 잃게 되었다.

태프트-하틀리 선서진술서는 작은 좌파 연합들을 급습에 더 취약하게 만들었고, 공산주의자들이 주도하고 있던 작은 노동조합들이 급습을 당했다. 공산주의자들이 주도하는 작은 노동조합들이 급습당하는 동안, 지도자는 비(非)공산주의자였지만 공산당의 거점이었던 몇몇 작은 노동조합들도 쓸려나갔다. CIO 조선소 노동자들과 가스 및 코크 노동자 연합에서 좌파의 핵들이 쓸려나갔다. 철강 노동자들의 소탕 작전은 평소대로 진행되었다. 소매, 도매 등의 유통 노동자들 사이에서 반공 지도세력과 공산주의자 노동조합원들이 이끄는 뉴욕지역 간에 공공연한 전쟁이 발발하였다. 미국 전역에서 증가하는 반공주의의 흐름에 편승하여, 좌파 노동조합들에 대한 급습이 거대한 파도와 같이 발생했다. 반공주의 이데올로그들은 미국이 존재할 수 없을 정도로 절박한 위험에 직면했다고 악선전을 해댐으로써, 반공주의자들이 좌파 노동조합들을 급습하여 파괴하는 분위기를 아주 효과적으로 조성했다.

1949년 8월, 상황은 절점으로 치닫게 된다. 머레이와 CIO 내 다수를 차지한 우파 자유주의자들은 이제 내놓고 좌파 노동조합에 대한 공격을 하기 시

---

100) Harvey A. Levenstein, 같은 책, pp. 290-291.

작했다. 동시에, 공산주의자들의 지도를 받는 노동조합들은 태프트-하틀리 선서를 거부한 대가로 반공주의자들이 자행한 급습에 의해 심한 타격을 받았다. 태프트-하틀리법에 대항하던 마지막 근거지였던 미국철강노동조합(USW)도 1949년 7월29일 결국 그들의 저항을 포기하고 진술서에 서명하게 된다. 좌파 노동조합들은 우파 노동조합으로 흡수되어 갔고, 공산주의 조합원들의 저항은 거의 효과가 없었다.

3) 1949-1950년 우파에 의한 좌파 노동조합의 숙청

1948년 11월 대통령 선거에서의 트루먼의 승리는 CIO 내 우파 자유주의자들의 힘을 헤아릴 수 없을 정도로 강화시키고, 공산주의자들을 몰락시키는 계기가 되었다. 공산주의자들은 트루먼 정부의 외교정책을 반대하는 등 트루먼을 공격했으나, 이러한 시도는 더 이상 소용이 없었다. CIO 대표 머레이는 트루먼의 승리 이후 매우 대담해져서 공산주의에 대한 전쟁을 가차 없이 진행할 것을 선언했다. 그는 CIO 내로의 공산주의의 침입을 허용하지 않을 것이라고 맹세했다. 공산주의자들은 계속해서 CIO 내에 남아 싸우기로 결정하지만, 머레이는 점점 더 CIO 내에 공산주의자들의 존재를 원하지 않게 된다.

1949-1950년 사이에 우파 자유주의자들에 의한 공산주의자들의 숙청이 본격화되었다. 우파 자유주의자들은 CIO 전국대회를 통해 공산주의자들을 숙청하기 시작했다. CIO 전국대회는 UE와 FE를 CIO로부터 추방하기 시작하여, 대회가 끝난 다음날 이사회는 공산당 노선을 따랐던 10개의 CIO 노동조합들을 추방했다. 추방된 10개의 노동조합은, 미국신문방송협회(American Communications Association), 식품·담배노동조합(Food and Tobacco Workers), 모피·가죽노동조합(Fur and Leather Worerks), 광업노동조합(Mine), 기계제조노동조합(Mill), 사무·전문직노동조합(United Office and Professional Workers), 미국공공노동조합(United Public Workers), 국제항만·창고노동조합(International Longshoremen's and Warehousemen's Union), 항만요리사와노동자들(Marine Cooks and Steward), 국제어업노동조합(International Fishermen's Union), 그리고 가구노동조합(United Furniture

Workers)였다.101) 그리고 이로써 CIO는 40만 명의 UE 조합원102)을 포함하여 약 1백만 명의 조합원들을 잃었다. CIO 전체 조합원의 약 3분의 1에 해당하는 인원이었다.

CIO로부터 추방된 노동조합들은 물론 저항했다. 광업노동조합(Mine)과 기계제조노동조합(Mill) 지도부는 그들을 추방당한 것에 대해 매우 강력하게 CIO를 공격했다. 식품·담배노동조합(FTA)은 CIO 내에 남아서 싸우기로 결의했다. 가장 공개적인 공산주의 노동조합이었던 가죽노동자들 (Fur Workers)도 CIO에 저항했다. 그러나 축출된 노동조합들은 결국 약화되었고, 사라지거나 다른 노동조합들과 합병되었다. 20년 후에는 축출된 노동조합 중 오직 4개만이 살아남았다.103) 모든 반공주의 힘들이 공산주의자들의 상태를 약화시키려는 집중공세를 퍼부어댔다.104)

미국 공산당은 이러한 반공주의자들의 집중공세에 대항하여 새로운 좌파노동조합을 결성하려는 시도를 하였으나, 미국정부기관을 비롯한 모든 반공주의에 의한 집중포격을 받으면서 결국 1955년 미국 공산당은 독립적인 좌파노동조합을 포기한다.105) 결국, 반공주의자들의 공산주의자 소탕작전은 미국의 노동운동에서 공산주의자들을 몰아내는 데에 성공한 것이다. 이후, 공산주의자들이 거의 모두 소탕된 CIO는 1955년 보수적인 AFL과 합병했다. CIO에

---

101) Harvey A. Levenstein, 같은 책, p. 302.
102) Harvey A. Levenstein, 같은 책, p. 294.
103) Roser Keeran, 같은 글, pp. 163-193.
104) Harvey A. Levenstein, 같은 책, p. 309.
105) 1955년에, 미국 공산당은 독립적인 좌파노동조합을 포기했다. 1954년 공산주의자 통제법(The Communist Control Act)은 정부에게 공산주의자 노동조합을 말살하도록 더 많은 권력을 부여했다. 법무장관은 체제전복자 활동통제를 위한 이사회 (Subversive Activities Control Board)를 열어서 공산주의의 지도를 받는 노동조합을 공표할 수 있었고, 그 노동조합들로부터 전국 노사관계법 (NLRA)의 보호를 받을 수 있는 권리를 박탈할 수 있었다. 겨우 20%의 노동조합원만으로도 새로운 비(非)공산주의 지도자 하에서 노동조합을 재결성할 수 있었고, 이 비(非)공산주의 지도자는 전국노사관계법 (NLRA) 및 전국노사관계위원회 (NLRB)와 계약이 가능했다. 그런데 AFL과 CIO에 가입된 노동조합들은 이 법의 효력에서 제외되었다. 이것으로 당 지도자은 이제 독립적인 좌파노동조합이 불가능하다는 것을 확고하게 느끼기 시작했다 (Harvey A. Levenstein, 같은 책, p. 314).

는 이제 보수적인 AFL과 합병될 정도로 보수파만 남은 것이었다.

이러한 광적인 반공주의는 1960년대 초까지 지속되었다. 태프트-하틀리법은 1956년까지 모든 노동조합 간부들로 하여금 비공산주의자임을 진술서에 서명하게 했다. 1954년의 공산주의자통제법(Communist Control Act)은 공산주의 "노선"을 지지하는 노동조합들에서 전국노사관계위원회(NLRB)를 구성하는 것을 금함으로써 이들 노동자들이 임금 등과 관련된 단체협약을 할 수 없도록 했다. 랜드럼-그리핀법(Landrum-Griffin Act)은 공산당원임을 보고하지 않았을 경우 약 1만 달러의 벌금을 부과했고, 1년간 감옥에 가두었다.

1954년까지 59개의 노동조합들에서 공산주의자들이 사무실에 들어오는 것을 막았고, 40개의 노동조합들이 공산주의자들이 조합원이 되는 것을 막았다. 1955년까지 직접적인 학대와 두려움은 노동조합 내에서 공산주의자들의 모든 영향력을 제거했다. 그렇게 해서 발생한 노동운동의 쇠퇴는 지금까지 지속되고 있다.

1949부터 1950년대 초반까지의 기간은 노동운동 내 우파 자유주의자들에 의한 공산주의자들의 추방이 최고조에 달하는 시기였는데, 이 시기는 바로 공화당의 매카시 마녀사냥과 맞물리는 시기였다.

6. 반공주의와 민주주의

미국의 독점자본과 국가권력의, 그리고 그에 편승하고 협조한 자유주의적 노동운동가들의 광적인 반공주의는 당연히 미국 공산당에 가장 심한 타격을 주었고, 노동운동 내의 좌익세력을 전반적으로 파괴하였다.

반공주의가 노동운동에 미친 가장 치명적인 결과는 현재까지도 미국노동운동에서 혁명적 기운이 쇠진된 채 쇠퇴가 이어지고 있다는 것이다. CIO는 공산당원이었던 노동조합원들의 숙청과 함께 조직적 탄력을 잃었다. CIO는 크게는 시민권과 작게는 양성평등을 위해 투쟁했었고, 국제노동자계급 단결의 전통을 가지고 있던 가장 선진적이고 민주적인 노동운동조직이었다. 그런데 그러한 CIO가 치명적인 반공주의를 받아들이게 됨에 따라, 노동자계급은 노동자들이 세계를 인식할 수 있도록 하여 혁명의 전위로 성장할 수 있도록 지도할 수 있는 노동자계급의 이데올로기를 갖지 못한 채로 쇠락하게 되었다. 그리고 노동운동은 성장하는 시민권 운동을 폐기했고, 인종평등 정책을 폐기했으며, 백인남성 관료들에 의해 주도되었고, 노동조합 내에 관료주의가 팽배해지게 되었다.

이후, 미국 노동조합들의 조직은 급격히 쇠퇴하여 미국전역의 노동자들 중 간신히 20%만이 노동조합에 속하게 되고, 꾸준히 쇠퇴한다. CIO와 AFL의 합병 후에, 중요한 유럽 노동운동에서 우익이거나 중용을 지켰던 CIO 자유주의자들이 이제 새로운 AFL-CIO의 '좌파'가 되었으나, 그것은 사회주의 집단이 없는 '좌파'였고, 미국의 노동운동은 세계에서 정치적으로 가장 보수적이게 되었다. AFL-CIO는 심지어 CIA를 위해서 일했고, 전 세계의 민주정부를 전복하는 것을 도왔다.106)

그러나 이 광적인 반공주의의 파괴적 영향은 거기에 그치지 않았다. 그것은 독점자본의 이익에 반하는 사실상 일체의 사회운동을 해체했고, 인민 일반의 정치적 입지를 좁혔다. 반공주의는 가장 혁명적인 집단과 그 운동을 탄압함으로써 계급계층들의 대중들을 독점자본가계급의 이익에 복속시킨 것이다.107)

반공주의 영향은 또한 미국 공산당이 혁명운동에 영향을 미쳤던 모든 것들을 소멸시켰다. 미국 공산주의자들은 여성평등권과 함께 흑인들의 권리를 위해 싸웠고, 인종차별을 없애기 위해 싸웠다. 특히 흑인여성이, 제대로 임금을 받지 못하고 일하는 것을 해결하려 했고, 여성들이 지도자가 될 수 있도록 여성들을 고무시켰다. 공산주의자들은 또한 공황기에 실업자들의 분출하는 투쟁을 조직하기도 하였다. 그런데 반공주의는 이러한 광범위한 저항운동의 흐름들을 멈추게 했다.

그리하여 시민적 평등권 운동 또한 노동운동의 쇠락에 직접적·간접적으로 커다란 영향을 받았다. 진보주의의 쇠퇴는 백인 중산계층 안에서 흑인들을 몰아내게 만들었고, 반공주의 운동은 시민평등권 운동의 주요한 지지원이었던

---

106) Michael Yates, "Can the Working Class Change the World?", http://www.monthlyreview.org/0304yates.htm.
107) David Bacon, "A Radical Vision for Today's Labor Movement — The Importance of Internationalism and Civil Right", www.monthlyreview.org/090216bacon.php.

노동조합들을 파괴시켰다. 이러한 노동조합들의 파괴는 초기 인종평등 운동을 중산계층 운동으로, 그것도 위축된 중산층 운동으로 변형시켰다.

그러나 어느 철학자의 말처럼 세계는 운동하고 유전(流轉)한다. 압도적인 힘의 우위를 배경으로 독점자본이 노동자계급 운동을 분쇄하던 시기는 이미 지난 지 오래다. 세계 어디에서도 이미 자본은 떠오르는 해가 아니라 자신을 주체 못하고 조락해가는, 그러한 존재이다. 특히 2007년 하반기 이후 여전히 지속되고 있는 대공황은 그것을 증명하고 있다. 광적인 반공주의에 의해, 신자유주의에 의해 짓눌려온 노동자계급이 세계 곳곳에서 봇물처럼 투쟁을 벌이며 떨쳐 일어나고 있다. 미국이라고 예외일 수 없다. 조만간 상황은 최근 수십 년의 그것과는 정반대로 전개될 것이다. 이제 공세를 취하는 것은 독점자본가계급, 부르주아 국가가 아니라 노동자계급이다.

다만, 노동운동 내의 우파 자유주의자들, 개량주의자들이 놀았던 파괴적 역할을 경계해야 할 것이다. 결코 그들이 노동자계급의 도도한 역사적 전진을 가로막을 수는 없지만, 그 발걸음을 더디게 할 수는 있을 것이기 때문이다.

<참고문헌>

김덕호, 김연진 엮음, ≪현대 미국의 사회운동≫, 비봉출판사, 2001.
김성윤 엮음, ≪코민테른과 세계혁명≫, I, II, 거름, 1986,
멜빈 듀보프스키 지음, 배영수 옮김, ≪현대미국노동운동의 기원≫, 한울아카데미, 1990. (Melvyn Dubofsky, *Industrialism and the American Workers, 1865-1920*, Arlington Heights, Illinois, 1975.)
백의 편집부, ≪코민테른과 통일전선:코민테른 주요문건집≫, 백의, 1988.
백창재, ≪미국 패권 연구≫, 인간사랑, 2009.
안윤모, "현대 미국의 사회운동", 김덕호·김연진 엮음. ≪현대 미국의 사회운동≫, 2001 비봉출판사
리차드 O. 보이어, 하버트 M. 모레이스 지음, 이태섭 옮김, ≪알려지지 않은 미국 노동운동 이야기≫, 도서출판 책갈피, 1996. (Richard Boyer,

Herbert Morais, *Labor's Untold Story*)

W. Z. 포스터, ≪세계사회주의운동사: 제 1,2,3, 인터내셔널의 역사≫, 동녘, 1987. (William Z. Foster, *History of the Three Internations; The World Socialist and Communist Movement from 1848 to the Present*, International Publishers, 1955)

해리 맥도프, 폴. M. 스위지 지음, 김유원 옮김, ≪미국자본주의의 위기≫, 일월서각, 1986. (Harry Magdoff and Paul M Sweezy, *The Deepening Crisis of U.S. Capitalism*, Monthly Review Press)

양동휴, "미국의 세기: 미국 주도 세계화의 경제적 측면", ≪미국학≫ 28호, 서울대학교 미국학연구소,

양동휴 (공저), ≪세계화의 역사와 패권경쟁≫, 서울대학교 출판부, 2007.

Anne Fagan Ginger and David Christiano, *The Cold War Against Labor: An Anthology in Two Volumes*, Meiklejohn Civil Liberties Inst, 1987.

Books LLC, *Communist Parties in the United States: Revoultionary Communist Party, USA, Communist Party USA, Independent Labor League of America, Progressive Labor Party, Bibliography on American Communism, Freedom Road Socialist Organization, International Workers Party*, Books LLC, 2010.

Ellen Schrecker, "Labor and the Cold War" in Robert W. Cherny, William Issel, and Kieran Walsh Taylor ed. *American Labor and the Cold War-Grass Roots Politics and Postwar Political Culture*, Rutgers University Press. 2004.

Ellen Schrecker, "McCarthyism and the Decline of American Communism, 1945-1960" in Michael E. Brown, Randy Martin, Frank Rosengarten, and George Snedeker ed. *New Studies in the Politics and Culture of US Communism*, Monthly Review Press, 1993.

Harvey A. Levenstein, *Communism, Anticommunism, and the CIO*, Greenwood Press, 1981.

John Gerassi, "The Comintern, the Fronts, and the CPUSA" in Michael E. Brown, Randy Martin, Frank Rosengarten, and George Snedeker ed.

New Studies in the Politics and Culture of US Communism, Monthly Review Press, 1993.

Kim Phillips-Fein, *Invisible Hands: The Making of the Conservative Movement from the New Deal to Reagan*, W. W. Norton, New York and London, 2009.

Mark Naison "Remaking America: Communists and Liberals in the Popular Front" in Michael E. Brown, Randy Martin, Frank Rosengarten, and George Snedeker ed. *New Studies in the Politics and Culture of US Communism*, Monthly Review Press, 1993.

Michael Yates, "Workers of All Countries, Unite: Will This Include the U. S. Labor Movement?", www.monthlyreview.org/700yates.htm, 2000.

Michael Yates, "Can the Working Class Change the World?", www.monthlyreview.org/0304yates.htm, 2004.

Robert Justin Goldstein, *Political Repression in Modern America from 1870 to 1976*, University of Illinois Press, 2001.

Roser Keeran "The Communist Influence on American Labor" in Michael E. Brown, Randy Martin, Frank Rosengarten, George Snedeker ed. *New Studies in the Politics and Culture of US Communism*, Monthly Review Press. New York. 1993.

Robert W. Cherny, William Issel, and Kieran Walsh Taylor, *American Labor and the Cold War: Grassroots Politics and Postwar Political Culture*, Rutgers University Press, 2004.

Theodore Draper, *The Roots of American Communism*, The Viking Press, 1957.

<인물소개>

• 아돌프 거머(Adolph Germer, 1881-1964): 사회당 보수세력의 핵심으로써 사회당 좌파들을 축출하는데 중심적인 역할을 한 인물. 그가 미국사회당(Socialist Party of America)의 전국중역비서(National Executive

Secretary)로 있던 1916에서 1919년까지가 바로 보수주의적인 우파들에 의해 좌파들이 사회당으로부터 축출되어 1919년 공산당을 창당하던 시기였다.
 • 데이비드 더빈스키(David Isaac Dubinsky, 1892. 2. 22.-1982. 9. 17.): 1932년-1966년 국제여성복노동조합(International Ladies' Garment Workers' Union: ILGWU) 대표. 1936년 시드니 힐만과 함께 미국노동당(American Labor Party)을 창당했으나, 이후, 개인적 및 정치적 차이로 힐만과 결별한 후, 뉴욕자유당(Liberal Party of New York)을 창당.
 • 얼 브라우더(Earl Russell Browder, 1891. 5. 20.-1973. 6. 27.): 미국의 공산주의자. 1930년-1945년 미국 공산당 서기(General Secretary)를 역임했으나, 1946년 당에서 추방당함. 1930년에 공산당의 서기(General Secretary)가 되었고, 1932년 윌리엄 포스터가 심장병을 앓자 당의장(Chairman)의 자리를 역임. 얼브라우더는 서기로 일할 때, 인민전선(popular front) 전술을 당의 노선을 채택. 1936년 대통령 선거에서 독자후보로 출마. 1944년 제2차 대전의 종전과 전후(戰後) 미-쏘 간의 긴장 가능성을 간과하고, 공산주의와 자본주의는 공존할 수 있다고 선언하면서 쏘련과 거리를 두려는 시도로서 공산당(CPUSA)을 해체하고 당이 아닌 공산주의자정치연합(Communist Political Association: CPA)를 결성하자고 주장('브라우더주의': Browderism)했으나, 윌리엄 포스터 주도의 공산당은 이를 거부하며 1945년엔 그의 서기직을 박탈하고, 1946년엔 그를 제명했다.
 • 조지 애즈(George F. Addes, 1911. 8. 26.-1990. 6. 19.): 미국자동차노동조합(UAW)의 창립자. 1936년-1947년까지 서기장 및 재정담당.
 • 해리 브릿지스(Harry Bridges, 1901. 7. 28.-1990. 3. 30.): 미국의 공산주의자. 열정적인 노동활동가. 약 40년 동안 호주-미국 노동조합 운동의 영향력 있는 지도자. 미국 서해안, 하와이, 알래스카 지역의 부두하역 및 창고 노동자들의 노동조합인 국제부두하역·창고노조(International Longshore and Warehouse Union; ILWU)의 지도자. 1930년대부터 1950년대에 걸쳐 공산당원으로 활동. 공산당원 여부에 대해 거짓으로 진술했다는 이유로 미국정부에 의해 기소되었으나 1953년 미국 대법원에 의해 무죄판결.
 • 헨리 왈라스(Henry Agard Wallace, 1888. 10. 7.-1965. 11. 18.): 진보적 자유주의자. 루즈벨트 대통령 하에서 제33대(1941년-1945년) 부통령

직에 있었고, 1933년에서 1940년에는 농무부 장관, 1945년에서 1946년에는 통상부 장관을 역임. 1948년 대통령 선거에서 진보당(Progressive Party)후보로 출마.

• 제임스 카레이(James B. Carey, 1911-?): 1930년대 노동자들의 대투쟁의 시기에 공산주의자들과 연합하여 미국전기·라디오연합노조(United Electrical and Radio Workers of America: UE)를 창립했으나, 1941년 UE 전국대회에서 의장선거에서 낙선한 후 공산주의자들과 결별하고, 핍립 머레이와 함께 반공주의자 대열에 합류했다. 1948년에는 공산주의자들이 우세했던 세계노동조합연맹(WFTU)에서 CIO를 탈퇴시켜, 반공주의적인 국제자유노동조합연맹(International Confederation of Free Trade Unions: ICFTU)을 창립했다. '민주주의를 위한 전기노동자들'(UE Members for Democratic Action: UEMDA) 같은 반공주의 단체를 만들어 UE 내에서 공산주의적 지도부에 대항했다. CIO가 UE를 제명하도록 압력을 넣었고, 새로운 반공주의적인 전기노동자노동조합을 설립했는데, 바로 국제전기·라디오·기계노동자노동조합(International Union of Electrical Radio and Machine Workers Union: IUE-CIO)이 만들어진 시기였다.

• 제이 러브스톤(Jay Lovestone, 1897. 12. 15.-1990. 3. 7.): 미국사회당 당원이었고, 1927년-1929년 사이에 미국 공산당의 사무총장(Executive Secretary)을 역임했으나, 1929년 공산당을 탈당한 후 공산당 반대파를 결집하여 반공주의 정당을 결성하여 중앙정보국(CIA)을 돕는 등 반공주의 운동을 벌였다.

• 존 브로피(John Brophy,1883-1963): 1920년대에는 미국광산노동조합(United Mine Workers of America: UMA)에서 활동했고, 1930년대와 1940년대에는 CIO에서 활동. 1941년 존 루이스가 대표직을 사임한 후, CIO의 핵심지도자가 된다.

• 존 프레이(John Frey): AFL의 보수주의자. CIO 내부의 공산주의자들을 공격하기 위해 제이 러브스톤처럼 1920년대 말에 공산당(CPUSA)을 탈당하거나 그로부터 축출당한 사람들과 협력했다.

• 존 루이스(John Llewellyn Lewis, 1880. 2. 12.-1969. 6. 11.): 1920년-1960년까지 미국광산노동조합(the United Mine Workers of America: UMW) 의장. 1936년 AFL에서 CIO를 분리시키는 데 앞장섰고, 1930년대에

미국철강노조(United Steel Workers of America: USWA)를 설립. 1941년 CIO 대표직 사임 후, 1942년에 광산노조를 CIO로부터 탈퇴시켜 1944년 AFL로 옮겼다. 1936년 루즈벨트를 도왔으나, 1940년에는 루즈벨트의 외국정책에 반대했다. 루이스는 노동자들의 임금인상투쟁을 위해서 매우 공격적인 투사였으나, 제2차 대전 시기와 그 이후에는 반공주의자. 필립 머레이, 시드니 힐만, 월터 루이터 등과 함께 1947년 이후 트루만 정부의 냉전과 반공주의 정책에 발맞추어, CIO 내에서 공산주의자들을 숙청한 대표적인 인물의 하나.

· 필립 머레이(Philip Murray, 1886. 5. 25.-1952. 11. 9.): 강철노동자 조직위원회(Steel Workers Organizing Committee: SWOC)와 미국강철노동자(United Steelworkers of America: USWA)의 첫 회장. CIO와 SWOC 양쪽에서 책임을 맡고 있었다. 1940년 존 루이스(John Lewis)가 CIO의 회장직을 퇴임하자 그 뒤를 이어 1952년까지 CIO 회장을 역임. 루즈벨트 행정부와 제2차 대전 동안 전쟁에 대한 노력을 강력하게 지지했다. 모든 CIO노동조합들을 대신하여 '무분규협약'을 채택하고, 월터 루이터와 함께 생산 증대를 위한 산업노조(Industry Union Councils)을 만들어 전시생산체제를 재정비했다. 시드니 힐만, 월터 루이터, 존 루이스 등과 함께 1947년 이후 트루만 정부의 냉전과 반공주의 정책에 발맞추어, CIO 내에서 공산주의자들을 숙청한 대표적인 인물의 하나.

· 로버트 트레비스(Robert Travis): 미국 공산당원. 노동활동가. 1933-37년 GM 플린트 공장 파업을 승리로 이끈 주역의 하나.

· 사무엘 곰퍼스(Samuel Gompus, 1850-1924): 1850년 영국 런던 출생, 1881년 미국 및 캐나다 노동조합연맹(Federation of Organised Trades and Labour Unions of the U. S. and Canada)을 조직하는 데 기여했고, 5년 후 이 조직이 노동기사단을 탈퇴한 몇 개 직종별 노조와 결합하여 미국노동연맹(AFL)으로 발족할 때 의장직을 맡아 1895년을 제외하고는 1924년에 사망할 때까지 의장으로 재임.

· 시드니 힐만(Sidney Hillman, 1887-1946): 1935년 CIO(Committee for Industrial Organization)의 창립 멤버. 1937년 AFL로부터 독립한 CIO(Congress of Industrial Organizations)의 부의장(Vice-President)을 역임. 1942년 창립된 CIO-PAC(CIO's Political Action Committee)의 첫 대

표. 루즈벨트와 민주당, 마셜정책을 지지. 1936년 더빈스키(Dubinsky)와 함께 미국노동당(American Labor Party)을 창당. 이 미국노동당은 사회당이나 민주당에 소속되어 있지 않은 좌파들로 구성되어 있었다. 1940년 루즈벨트는 힐만을 국가안보자문위원회(National Defense Advisory Committee)에, 1941년에는 생산관리사무소의 부국장(associate director of the Office of Production Management)으로 임명했다. 1942년 전시생산국(the War Production Board)이 창립되었을 때, 루즈벨트는 힐만을 노동계 대표로 일하도록 지명. 1947년 이후 트루만 정부의 냉전과 반공주의 정책에 발맞추어, 필립 머레이(Philip Murray)와 함께 CIO 내에서 공산주의자들을 숙청한 대표적인 인물의 하나.

· 월터 루이터(Walter Philip Reuther, 1907. 9. 1.-1970. 5. 9.): 미국자동차노동조합(United Automobile Workers: UAW)와 민주당에서 왕성하게 활동했다. 1930년대에는 뉴딜정책을 지지했고, 제2차 대전 이후 1946년에 UAW 의장으로 당선된 후 1947년부터 CIO 노동조합들에서 공산주의자들을 숙청하는 데 앞장섰다.

· 윌리엄 그린(William Green): 1952년까지 AFL의 지도자. 그린과 그 집단은 1936년 AFL에서 CIO가 분리될 때, 새로운 CIO노동조합들에서 공산주의를 진압했다.

· 윌리엄 포스터(William Z. Foster, 1881. 2. 25.-1961. 9. 1.): 미국의 공산주의자. 노동활동가. 1929-1934년엔 미국 공산당 서기(General Secretary), 1945년-1957년엔 미국 공산당 의장(Chairman)을 역임. 미국사회당과 세계산업노동자동맹(Industrial Workers of the World: IWW)의 일원이었으며, 1919년 강철노동자 파업을 주도.

· 윈햄 모르티머(Wyndham Mortimer): 미국 공산당원. 클리브랜드 TUUL 자동차노동조합 지도자. 로버트 트레비스(Robert Travis)와 함께 1937년 GM 플린트 공장에서 노동자들의 공장점거 투쟁을 승리로 이끌었다.

한국 사회주의 변혁의 전망

문영찬 ㅣ 노동사회과학연구소 연구위원장

1. 머리말

지금 우리 운동은 심각한 위기에 직면해 있다. 노동운동의 위기가 회자된 지가 오래되었으나 여전히 그러한 위기를 타개할 전망이 명확히 보이지 않고 있다. 최근에는 선거에서 민주노동당이 민주당과의 연합전술을 구사하여 진보민중진영의 독자성을 크게 훼손하고 있고 8·90년대 운동의 성과를 무화(無化)시키는 상황이 연출되고 있다.

이러한 상황은 사회주의 진영의 정치적 무능력에서 비롯되고 있는데 이는 근본적으로 한국에서 사회주의 변혁의 전망이 확보되지 않고 있는 것과 무관하지 않다. 작년 6·2 지방선거와 올해 4·27 보궐선거는 한국에서 사회주의 변혁의 전망이 확보되지 않는다면 운동의 전진은 단 한치도 가능하지 않다는 것을 보여주었다. 모든 운동이 부르주아적 전망을 넘어서지 못하고 있는 현실, 거기에 더해 사회주의 세력은 선전집단 이상의 모습을 보여주고 있지 못한 현실, 이러한 현실은 노동자계급이 사회주의 변혁의 전망을 확보하여 그러한 전망 하에 자신의 모든 활동을 배치하고 투쟁을 조직해야만 새로운 전진이 가능하다는 것을 말하는 것이다.

지난 80년대의 투쟁이 광주민중항쟁에 대한 진압 이후로 다시 거세게 타올랐던 것은 바로 변혁의 전망을 제기했었기 때문이다. 70년대의 운동과 다르게 단순한 반정부운동이 아니라 한국사회의 현실에 대한 총체적 인식에 기초하여 사회변혁의 전망을 제기하고 변혁운동으로 거듭났기에 80년대는 투쟁의 시대, 진보의 시대가 되었던 것이다. 지금 2010년대의 현실이 투쟁의 시대, 진보의 시대, 변혁의 시대가 되지 못하고 후퇴의 시대, 반동의 시대, 개량주의의 시대가 된 것은 바로 변혁의 전망을 확보하지 못했기 때문이다. 그리하여 이론적 수준과 정치적 활동에서 과학성과 건강성이 급속하게 쇠퇴하고 있는 것이다.

이러한 상황의 원인은 크게 보아 쏘련의 붕괴와 무관하지 않다. 쏘련 붕괴 후로 불어닥친 청산주의를 아직 제대로 극복하지 못하고 있고, 그에 따라 변혁을 꿈꾼다는 것이 지극히 어려운 상황이 계속되고 있고, 변혁을 꿈꾸는 사람조차 올바른 방향을 찾지 못하고 뜨로츠끼주의의 신기루에 휩싸여 있거나 아니면 민주적 사회주의 정도의 수준을 벗어나지 못하고 있다. 따라서 새로운 변혁의 전망을 찾기 위해서는 20세기 사회주의, 특히 쏘련에 대한 평가가 필수적이다. 이를 기초로 21세기 초 한국 사회에서 변혁의 전망이 현실적으로 어떻게 가능한지를 밝히는 것이 중요하다. 사회주의가 과연 무엇인지, 노동자계급이 새로운 사회의 건설의 주역인지, 변혁의 성격과 동맹의 문제, 전술의 문제 등을 총체적으로 제기하는 것이 필요하다.

2. 20세기 사회주의에 대한 평가와 21세기 사회주의의 전망

한국 사회에서 사회주의 변혁의 전망을 확보하기 위한 필수조건은 먼저 사회주의 자체가 과연 무엇인지를 확인하는 작업이다. 이것이 필요한 이유는 쏘련의 붕괴, 중국의 자본주의화로 인해 착취의 폐지가 사회주의라는 것에 대해 의문을 표하거나 소유의 변경은 중요하지 않다거나 아니면 계획이든 시장이든 생산력만 발전시키면 그것이 사회주의라거나 그리고 결정적으로 쏘련은 아예 사회주의가 아니라 자본주의였다고 하는 혼란된 주장들이 판치기 때문이다. 이러한 현실에서 과연 사회주의가 무엇인지를 다시 정립하고 20세기 사회주의의 역사에 대해 엄정히 평가하고 그로부터 실패의 원인과 교훈을 끌어내는 것은 사회주의 변혁의 전망을 확보하기 위해 사활적인 것이다. 왜냐하면 사회주의는 단지 논리로만 구성되는 것이 아니라 역사적 현실이었고 따라서 논리와 역사를 통일시키는 것을 통해 사회주의가 과연 무엇인지를 확인할 수 있기 때문이다.

맑스주의가 과거의 사회주의와 다른 점은 사회주의를 단지 공상적으로 꿈꾸는 것을 넘어서고 사적 유물론에 입각하여 사회의 현실적 변혁의 전망과 경로를 제기했기 때문이다. 맑스주의 운동의 최고 강령에 해당하는 ≪공산당 선언≫에서는 자신들의 목표를 단 한마디로 제기한다. 즉, "사적 소유의 철폐!"가 모든 요구를 집약시키는 핵심 요구로 제기되었던 것이다. 이러한 요구는 사적 유물론에 입각하여 사회의 변혁은 관념의 변화가 아니라 물질적 삶의 변혁이 핵심이라는 것, 물질적 삶의 변혁은 생산관계의 변혁을 의미한다는 것, 자본주의에서 그것은 생산수단에 대한 사적 소유를 철폐하고 노동해방을 이루고 생산수단 앞에서 만인의 평등을 이루는 것이라는 의미에서 맑스와 엥겔스는 사적 소유의 철폐를 핵심 강령으로 내세웠던 것이다. 노동자계급에 대한 착취의 근원은 사적 소유라는 것, 따라서 사적 소유의 철폐를 통해 노동자계급의 해방의 달성이 가능하다는 점에서 그 요구가 최고 강령으로 제기되었던 것이다. 바로 이러한 점 때문에 맑스주의 운동은 과거의 사회주의와 다르게 사회주의를 공상에서 과학으로 전화시켰던 것이다.

그리고 쏘련을 비롯한 20세기 사회주의는 이러한 ≪공산당 선언≫의 강령과 정신을 충실히 수행하고 착취의 폐지, 노동해방을 달성했었다. 뿐만 아니라 해방된 생산력은 거대하게 발전하였고 무상의료, 무상교육, 주택의 보장, 문화혁명을 통한 문화와 예술의 신장, 각 민족의 평등, 파시즘의 분쇄, 식민지체제의 붕괴 등을 끌어내었다. 이는 20세기가 쏘련을 비롯한 사회주의 진영에 의해 추동되었다는 것을 말한다. 즉 20세기의 인류사는 사회주의 진영 대 제국주의 진영의 대립과 모순에 의해 규정되었던 것이 엄연한 현실이었던 것이다.

그러나 쏘련의 붕괴, 중국의 자본주의화로 인해 지금 세계의 진보는 멈추어 있고 세계사는 반동의 시기를 경과하고 있다. 그러면 쏘련은 왜 붕괴했고, 중국의 사회주의 시장경제는 과연 사회주의인지 자본주의인지를 검토할 필요가 있다.

쏘련은 10월 혁명 후 어려움을 겪었으나 곧 극복하고 자본주의에 포위된 가운데 사회주의를 건설하기 시작했다. 그 과정에서 농업 집단화의 경우 자발성의 원칙이 제대로 지켜지지 않아서 농민의 반발이 있었으나 이러한 오류를 빠르게 시정하고 극복하여 1930년대 말까지 사회주의 건설에 성공한다. 이 시기에 착취가 전면 폐지되었고 계획경제의 우수성으로 인해 거대한 경제건설이 이루어졌고 실업이 일소되고 문맹이 일소되었다. 그리고 무상교육, 무상의료 등 각종의 사회복지제도가 도입되었다. 뿐만 아니라 계획경제가 정착되기 시작한 1930년대 후반과 1940년대 후반, 1950년대 초반에 소비재의 가격이 체계적으로 인하되어서 인민의 구매력을 높여주었는데 이는 노동생산성 향상의 결과가 자본가의 이윤으로 귀결되는 것이 아니라 인민 전체의 복지에 기여한다는 것으로서 사회주의 생산관계가 착취를 폐지하고 사회주의 공동체를 건설한다는 본질을 보여주는 것이었다.

특히 쏘련은 히틀러의 나찌의 침공을 받아서 2,000만 명 이상이 희생되는 가운데에서도 전인민이 단결하여 결사항전을 하였고 이는 인민전쟁의 성격을 띠는 것이었다. 이러한 전쟁에서 쏘련의 승리는 파시즘의 궤멸을 가져왔고, 쏘련은 동유럽을 해방하고 중국혁명을 지원하여 2차 대전 후 사회주의 세계체제가 성립하는 데 결정적인 공헌을 한다. 이리하여 역사는 전반적인 진보의 시대로 접어든 것이었다. 그러나 이에 대해 제국주의 진영은 냉전을 개시하여 반공노선을 강화한다. 그 결과 발생한 한국전쟁에서 우리 민족 전체가 막대한 피해를 입고 휴전선 이남에서 반공체제가 성립하였다. 그러나 세계사의 흐름을 막을 수는 없어서 50년대와 60년대에 걸쳐서 식민지 체제가 붕괴하였고 베트남 전쟁에서 미제국주의는 결정적으로 패배한다.

그런데 이렇게 세계사가 진보의 시대를 경과하고 있을 때 사회주의 진영 내부에서 수정주의가 발생하여 세계사의 역전이 시작되었다. 수정주의의 최초의 발생은 흐루쉬쵸프에 의한 스딸린에 대한 비판, 정확히 말하면 탄핵이었다. 이에 대해 중국이 반발하고 이는 중-쏘 국경에서의 무력충돌로까지 발전한다. 이후 쏘련과 중국은 각자의 길을 가고 세계 사회주의 진영은 분열되고 프롤레타리아 국제주의는 파탄을 맞게 된다.

쏘련은 흐루쉬쵸프, 브레즈네프 하에서 수정주의의 길을 걷는데 흐루쉬쵸프 하에서 정치와 사상에서 수정주의를 보인다. 전인민당, 전인민국가라는 노선이 그러한 수정주의를 집약한 것인데 이는 과학적 노선을 보증하는 노동자계급의 당이라는 성격을 폐기한 것이었고 또 전인민국가는 프롤레타리아 독재를 왜곡하여 변질시킨 것이었다. 이를 통해 쏘련 내에서는 시장경제를 도입하자는 견해, 생산관계는 중요하지 않고 생산력 발전이 중요하다는 생산력주의 등 수정주의가 거세게 자라났다. 후루시쵸프 하의 이러한 수정주의는 브레즈네프 하에서 경제에서의 수정주의로 확대된다. 1965년 수상 꼬쉬긴의 주도로 경제개혁이 실시되는데, 국유기업에 자본주의적 이윤제도의 도입, 기업의 독립채산제, 상여금 등 물질적 유인의 강화 등이 핵심이었고 이러한 '개혁'을 기초로 1967년 도매가격이 일제히 인상된다. 이러한 일련의 경제개혁은 사회주의 생산관계에 위배되는 자본주의적 경제개혁이었고 이를 통해 쏘련 경제는 서서히 침몰하여 브레즈네프 말년인 1970년대 후반에는 경제가 완전히 균열하게 된다. 꼬쉬긴 개혁은 개별기업으로 하여금 자본주의적으로 운영하라는 지시에 다름 아니었고, 그리하여 사회주의 생산관계와 개별기업의 자본주의적 운동이 끊임없이 충돌했던 것이었다. 1980년대에 등장한 고르바쵸프는 개혁을 내세웠으나 문제의 원인을 잘못 찾고 '인간의 얼굴을 한 사회주의'라는 구호 아래 자본주의적 인간형을 내세워 쏘련을 붕괴시킨다.

한편 중국의 경우 쏘련의 수정주의에 반발하여 1960년대에 문화대혁명을 일으킨다. 프롤레타리아 독재 하의 계속혁명 노선을 대중노선과 결합시킨 문화대혁명은 국제적으로 수정주의에 대한 비판운동이었고, 국내적으로는 자본주의의의 길을 걷는 주자파(走資派)에 대한 투쟁이었다. 나아가 사회주의 사회의 주요모순인 정신노동과 육체노동의 대립의 해결을 도모한 것이라는 점에서 당시 세계사회주의 운동의 명운을 좌우한 사건이었다. 그러나 중국노동계급의 미성숙, 문화대혁명 과정에서의 좌편향 등이 겹치면서 모택동 사후 권력 전체가 등소평 등 주자파에게 넘어가고 이후 중국은 자본주의의 길을 걷는다.

중국의 자본주의화는 크게 4단계로 나누어진다. 먼저 1978년 주자파가 권력을 장악한 중국공산당 11기 3중전회부터 1980년대 초까지 쏘련의 꼬쉬긴 개혁과 유사한 개혁을 하는데 이는 사회주의 생산관계를 유지하는 선에서 자본주의적 요소를 절충하는 것이었다. 2단계는 1980년대를 말하는데, 농업에서 사회주의 생산관계를 해체하고 농업을 다시 소농체제로 복귀시킨다. 이때 농·공·상·학·병을 통일시킨 공동체였던 인민공사를 해체한다. 인민공사는 농촌에서 시작한 중국혁명의 특성과 맞아떨어지는 것이었고 농업과 공업을 결합시킨 일종의 농공복합체로서 사회주의 건설의 기본단위였는데 이를 타격한 것이었다. 이후 3단계는 1990년대로서 사회주의 시장경제를 선언하고 공업과 도시에서 사회주의 생산관계를 해체하고 국유기업을 자본주의적 주식회사로 전환시킨 것이었다. 이를 통해 노동자계급은 다시 피착취자로 전락하고 1990년대에 걸쳐 수천만 명의 국유기업 노동자가 해고된다. 4단계는 2000년대를 말하는 것으로서 이때 중국은 WTO에 가입하여 명실상부하게 자본주의 사회로 공인받고 이후 중국의 무역이 급성장한다. 그리고 2007년 사유재산 보호법이 시행되어 중국의 자본가계급은 경제적 지배계급에서 정치적 지배계급으로 발돋움한다.

이러한 중국의 자본주의화 과정은 사회주의라는 위장막을 가진 채 진행된 것이었는데 이것을 합리화한 것이 등소평 이론이라 불리는 것이었다. 사회주의를 폐기하고 자본주의로 전화함에 있어서 등소평은 실용주의, 절충주의를 끊임없이 시도하였다. 그 결과 심지어는 사회주의의 본질을 바꾸기도 했는데 등소평은 '공동부유'를 사회주의의 본질로 파악했다. 그러나 이는 철저히 잘못된 생산력주의자의 사고를 보여주는데, 맑스에 의해 공산주의가 '각 개인의 개성의 발전이 사회전체의 발전의 조건이 되는 사회'라고 정식화되었던 것과 비교하면 확연한 차이가 드러난다.

이와 같이 20세기 사회주의는 20세기 초중반에 힘차게 진보의 길을 걸었으나 내부에서 수정주의가 발생하고 프롤레타리아 국제주의가 붕괴하면서 사회주의 건설이 장벽에 부딪히고 끝내는 붕괴와 변질로 귀결되게 되었던 것이다. 그리하여 1990년대 이후 세계사는 다시금 전면적인 반동의 시대로 접어들게 되었고, 세계는 이른바 신자유주의 시대로서 노동자와 민중에 대한 공격, 약소민족에 대한 제국주의의 공격으로 점철되게 되었던 것이다.

그러면 이러한 20세기 사회주의의 실패로부터 어떠한 교훈을 이끌어내야 하고 또 어떻게 21세기 사회주의의 전망을 끌어내야 하는가? 이것은 왜 사회주의 사회에서 수정주의가 발생하는가, 사회주의 사회의 주요모순은 무엇인가라는 문제와 직결되는 것이고 또한 21세기 사회주의를 전망하기 위해서 20세기 사회주의에서 계승되어야 하는 것은 무엇이고 극복해야 하는 것은 무엇인가를 찾아내는 것이기도 하다.

쏘련에서 수정주의가 발생한 근본원인에 대해 그리스 공산당의 테제는 2차 대전 후 생산력이 급속하게 발전하는 가운데 사회주의적 생산관계를 발전하는 생산력에 걸맞게 계속하여 개선하지 못했다는 것을 들고 있다. 사회주의적 생산관계를 개선한다는 것은 국유기업과 국가의 관계, 국유기업과 국유기업의 관계, 국유기업과 집단농장의 관계 등을 개선한다는 것과 같은 말이다. 여기에 더해 사회주의 사회의 주요모순으로서 등장하는 정신노동과 육체노동의 대립 문제를 예민하게 포착하고 이의 해결에 혼신의 힘을 쏟아야 하는데 쏘련에서는 이를 정확히 포착하지 못했고 공장경영층, 전문가층, 관료들을 중심으로 수정주의의 토대가 쌓여갔던 것이다. 이러한 내부적 문제에 더해 냉전을 개시한 제국주의의 압력이 쏘련 내에 작용하여 제국주의와의 힘겨운 대결을 회피하고 타협적 노선을 유발했을 가능성도 얼마든지 있다.

쏘련 붕괴의 원인 혹은 20세기 사회주의의 실패 원인을 보면, 직접적으로는 1965년의 꼬쉬긴 개혁으로 말미암아 이후 쏘련 경제가 파탄에 직면했다는 것을 들 수 있다. 여기서 얻을 수 있는 교훈은 사회주의 원리와 자본주의 원리는 절충의 대상이 아니라는 것, 그리고 사회주의 생산관계는 상품-화폐관계가 전면화되는 것을 허용하지 않는다는 것, 상품-화폐관계가 전면화되면 그것은 사회주의 생산관계와 충돌하여 사회주의 사회를 파탄으로 이끈다는 것 등이다. 꼬쉬긴 개혁은 상품으로서 성격이 없는 국유기업의 생산물에 상품적 성격을 의식적으로 부여한 것이었고 그에 따라 모든 사람들이 이윤을 중심으로 움직이게 되고 불법적인 사영경제, 지하경제가 대규모로 발생하고 결국은 파탄을 불러왔던 것이다.

이러한 경제적 측면에 더해 흐루쉬쵸프의 전인민당, 전인민국가론이 비판될 필요가 있다. 무당파적인 전인민당이라는 것은 노동자계급의 당, 무산계급의 당이라는 공산당의 전위적 성격을 부정하는 것이었고 이에 따라 쏘련의 사회주의 건설은 나침반을 잃게 되었던 것이다. 따라서 높은 단계의 공산주의사회로 이행의 과정에서 국가가 소멸하고 당이 소멸하기 전까지는 무산계급의 당, 노동자계급의 당으로서 공산당이라는 성격이 유지되어야만 한다는 것을 알 수 있다. 또한 전인민국가는 완전히 잘못된 것인데 착취계급이 소멸되어 더 이상 억압이 없다는 의미로 전인민국가를 내세운 것이지만 이는 타당하지 않다. 계급사회의 잔재, 정신노동과 육체노동의 대립, 도시와 농촌의 대립이 존재하고 또 상품-화폐관계가 존재한다는 것은 프롤레타리아 독재가 유지되어야 하는 이유이다. 프롤레타리아 독재는 국가의 필요악적 성격을 완전히 승인하는 데 반해 전인민국가는 국가의 필요악적 성격을 부정하는 것으로서 따라서 국가의 소멸을 준비하는 것을 불가능하게 하고 나아가 관료주의의 토대가 되는 이론이 되는 것이다. 실제로 전인민국가 노선의 쏘련에서 국가기구는 대규모로 팽창했다.

끝으로 중요한 교훈의 하나는 프롤레타리아 국제주의가 견지될 때 세계사회주의 운동과 국가는 진보의 길을 걸었지만 프롤레타리아 국제주의가 파탄되었을 때 세계사회주의 진영은 분열되고 쇠퇴의 길을 걷게 되었다는 것이다. 따라서 21세기 사회주의 운동이 성공하고 사회주의 건설이 순조롭기 위해서는 프롤레타리아 국제주의가 반드시 엄격하게 견지되어야 한다는 것을 알 수 있다.

이러한 관점에 기초하여 21세기 사회주의의 전망 혹은 상(像)을 그려본다면 자본주의적 사적 소유를 철폐하는 혁명을 통해 사회주의 생산관계가 확립된 후로는 기본모순은 여전히 생산력과 생산관계의 모순이지만 주요모순은 정신노동과 육체노동의 대립이라는 것을 정확히 할 필요가 있다. 정신노동자도 대접받지만 육체노동자도 평등하게 대접받아야 하고 정신노동이 고도화되고 육체노동이 고도화되고 나아가 정신노동과 육체노동이 끊임없이 상호침투하는 과정을 통해 정신노동과 육체노동의 대립은 서서히 극복되는 것이고 이 과정에서 사회주의 건설의 기본동력을 얻을 수 있는 것이다.

여기서 사회주의 사회에서 관료주의의 문제를 검토할 필요가 있다. 뜨로츠끼주의자들은 스딸린 관료주의를 반대하는 정치혁명의 필요성에 대해 말하지만 이것은 완전히 잘못된 것이다. 왜냐하면 자본주의 사회에서 관료주의와 사회주의 사회에서 관료주의는 뿌리가 다르고 따라서 해결방법이 다를 수밖에 없기 때문이다. 자본주의에서 관료주의는 자본가계급의 지배, 특히 독점자본들의 지배로 인해 발생하는 것이다. 국가 자체가 독점자본가의 이해의 도구에 불과하기 때문에 관료주의가 발생하는 것이고 따라서 관료주의를 극복하기 위해서는 자본가계급을 타도하는 사회혁명이 필요하다. 그러나 사회주의 사회에서 관료주의는 성격이 다르다. 사회주의 사회에서 관료주의의 뿌리는 정신노동과 육체노동의 대립이 국가라는 상부구조에 반영된 것이다. 따라서 사회주의에서 관료주의를 극복하는 것은 정신노동과 육체노동의 대립을 극복하는 것을 통해 가능하다. 이는 뜨로츠끼주의자들의 주장처럼 정치혁명의 문제가 전혀 아닌 것이다. 레닌은 일찍이 사회주의에서 관료주의에 대해 정치혁명이 아니라 문맹의 퇴치, 인민대중의 국가 관리에의 참여 등이 이루어질 때 해결이 가능하다고 보았다. 이는 점진적인 길을 택하는 것으로서 뜨로츠끼의 주장과는 대립되는 것이다.

이러한 것과 더불어 도시와 농촌의 대립도 서서히 사라질 것이다. 도시와 농촌의 대립의 극복은 사회주의 사회를 재편할 수밖에 없다. 농업과 공업의 결합이 이루어지고 그에 따라 농공복합체가 사회의 기본단위로 성장할 것이다. 쏘련에서도 1950년대에 농공복합체가 광범하게 출현했었고 중국에서도 인민공사는 일종의 농공복합체였던 것이다.

한편 낮은 단계의 공산주의 사회인 사회주의에서 높은 단계의 공산주의로의 이행은 한편으로 생산력의 발전을 기초로 하면서 다른 한편으로는 공업과 농업에서 생산관계의 개선과 재편의 과정을 통해 이루어질 것이다. 즉 농업에서 생산력 발전의 결과 협동조합적인 집단농장이 공업과 같이 국유, 즉 전인민소유로 전화하고 다른 한편에서 공업에서 생산력 발전의 결과 제품의 가격이 체계적으로 인하되는 경향이 지속되면서 상품-화폐관계는 사회주의에서 높은 단계의 공산주의로 이행의 과정에서 최종적으로 소멸할 것이다. 그리고 상품-화폐 관계의 소멸과 더불어 상품교환의 법칙인 가치법칙도 최종적으로 소멸할 것이다.

3. 세계체제의 현 단계

이와 같이 20세기는 세계사회주의 진영과 제국주의 진영 간의 대립이 규정했다고 해도 과언이 아니다. 즉, 진영 대립이 20세기 세계사를 규정하는 근본요인이었던 것이다. 그러나 쏘련의 붕괴와 중국의 자본주의화로 인해 세계사는 역전되었고 지금은 반동의 시대를 경과하고 있다. 그리고 이러한 세계체제에 대해 신자유주의 세계화라는 규정이 제시되기도 했다.

그러면 1990년대 이후 세계체제의 근본적 성격은 무엇이고 그 특징은 무엇인가를 밝히는 것이 필요하다. 무엇보다 두드러지는 특징은 진영 대립이 사라졌다는 것이다. 그리하여 진영대립의 한 축이었던 제국주의적 지배만이 세계를 규정하는 요인이 되었다는 것이 특징이다. 즉 남아 있는 이북과 쿠바 등 극소수 사회주의 국가의 존재는 이미 세계사를 규정하는 지배적 요인이 아닌 것이다.

둘째, 현 단계 세계체제는 노동자계급과 민중에 대한 공격, 약소민족에 대한 제국주의의 공격을 특징으로 한다. 제3세계는 물론이고 제국주의 국가 내부에서까지 노동자계급과 민중의 정치적, 경제적 권리는 극도로 공격받고 있다. 이러한 공격을 뒷받침하는 이데올로기로서 신자유주의가 설명된다. 신자유주의는 케인즈형 국가독점자본주의가 파산한 후에 자본주의의 구원자로 등장한 것으로서 국가독점자본주의의 후기형태라 할 수 있다. 19세기 자유경쟁 자본주의가 자유주의를 이데올로기로 했지만 일면 진보적 성격을 가졌다면, 20세기 후반에 등장한 신자유주의는 전형적인 반동적 이데올로기이고 심지어 계급타협을 주장하는 사회민주주의와도 배치되는 이념이다. 현재 세계대공황으로 인해 국가의 경제 개입이 극도로 강화된 상황에서 신자유주의는 그 타당성이 의심받고 있지만 여전히 자본주의 세계의 지배적 이데올로기이다. 또한 현 단계 세계체제는 약소민족에 대한 제국주의의 공격을 특징으로 한다. 1990년대 초 이라크에 대한 미국의 공격, 발칸 민족들에 대한 NATO의 공격, 아프가니스탄과 이라크에 대한 미국의 공격, 팔레스타인에 대한 이스라엘의 공격, 이북에 대한 미국의 압박 등 쏘련 붕괴 뒤의 세계체제는 제국주의 전횡의 무대가 되었던 것이다. 이러한 경향을 한 마디로 정리하면 극심한 반동의 시대라는 것이다.

셋째, 현 단계 세계체제는 불안정성을 특징으로 한다. 물론 자본주의 자체가 항구적으로 불안정한 시대이지만, 1990년대 이후의 세계는 특히 극도의 불안정성을 보이고 있다. 이는 지배적 이데올로기인 '무한경쟁'이라는 표어에서도 잘 드러난다. 자본주의, 제국주의 이데올로기가 강요하는 세계화 속에서의 무한경쟁은 현 단계 세계체제의 불안정성을 잘 보여준다. 특히 노동자계급과 민중에 대한 공격을 통해 그 소비능력이 급격히 위축되고 반대로 자본의 착취의 자유는 고삐가 풀려서 과잉생산 경향이 심화됨으로써 결국 소비와 생산의 모순이 극대화된 결과 발생한 최근의 세계대공황은 현 단계 세계체제의 불안정성을 압축적으로 보여주고 있다. 최근의 유럽 재정위기는 유럽연합체제 자체, 유로화 체제를 붕괴위기로 몰아넣고 있는데 이는 지역적으로 발생하는 불안정성의 하나의 표지이기도 하다.

넷째, 현 단계 세계체제는 빠른 변동성을 특징으로 한다. 세계무역기구인 WTO가 결성되어 미제국주의의 세계패권을 세운지 얼마 되지 않아 그에 대한 저항이 심해져서 WTO가 급격히 약화되는 현상, 그리고 미국의 패권이 세계를 지배하고 미국의 신경제가 소리 높이 외쳐지다가 일순간 거품처럼 무너지는 현상, 미국에 대항하는 세력으로서 중국의 급격한 부상, 유로화 체제가 성립한 지 얼마 되지 않아 유로화 체제 자체가 붕괴위기로 몰리는 현상 등 현 단계 세계체제는 매우 빠른 변동성을 보이고 있는데 그 기초는 중국의 부상에서 보여지듯이 자본주의의 불균등 발전이다. 사적 소유로 인해 생산의 무정부성이 불가피한 자본주의에서 세계적 차원에서 그것이 빠른 변동성으로 나타나고 있는 것이다.

이러한 세계체제에 대해 그동안 신자유주의 세계화라는 개념이 많이 언급되었다. 그러나 신자유주의 세계화는 현 단계 세계체제를 정확히 드러내지 못한다. 신자유주의라는 지배 이데올로기와 세계화라는 또 하나의 이데올로기를 결합한다고 해서 현 단계 세계체제의 본질이 드러나지는 않는 것이다. 이는 케인즈주의가 20세기 당시의 세계체제의 본질을 드러내지 못한 것과 같은 이치이다. 또한 세계화라는 것은 현실적으로 자본의 자유로운 이동을 의미하는 것 이상이 아니며 실제적으로는 이데올로기적 성격이 강하고 현 단계 세계체제를 규정하는 과학적 지표가 되지는 못한다.

따라서 진영대립의 소멸, 극심한 반동적 성격, 불안정성, 빠른 변동성 등을 포괄하는 세계체제 규정이 새롭게 이루어져야 하는 것이다. 이에 대해 '제국주의 단일체제'라는 규정의 도입이 필요하다. 이는 진영대립의 소멸을 담고 있고 제국주의 '단일'체제로 인한 극심한 반동성을 설명할 수 있고 제국주의의 전일적 지배로 인해 발생하는 불안정성과 빠른 변동성을 담지할 수 있다.

1990년대 이후의 세계체제는 초기에 미제국주의의 거의 전일적인 지배로 시작되었다. 이를 알리는 것이 미제의 이라크에 대한 공격이었다. 이후 우루과이라운드의 결과로 성립한 WTO의 결성이 있었다. 그러나 사회주의 진영이 붕괴했음에도 미제국주의에 대립하는 세력들이 상대적으로 성장했는데 무엇보다도 EU의 결성이 그러했다. 그리고 중국의 부상이 빠르게 이루어졌고 남미 국가들의 미제에 대한 반대도 심화되었다. 그리고 중동에서 미제에 반대하는 반미운동도 여전히 거세다. 이와 같이 아직까지는 미제가 세계전체에 대해 헤게모니를 행사하고 있으나 그에 대립하는 힘들이 상대적으로 성장하고 있는 것이 특징이다.

한편 지금의 세계체제는 세계화가 소리높이 외쳐지지만 반대로 블록화의 경향이 심화되고 있기도 하다. 미국, 캐나다, 멕시코의 NAFTA 결성, EU의 결성, 그리고 각종 FTA 협정의 체결이 그러하다. 이러한 블록화의 경향은 겉으로는 세계화와 대립하는 것으로 보이지만 제국주의의 이익이라는 점에서는 통일되어 있다. 그리하여 블록화와 세계화는 제국주의 단일체제의 각각의 구성요소가 되는 것이다.

이러한 점들이 사회주의 변혁을 추진해야 할 한국 운동의 대외적 조건이다. 이러한 세계체제에 조응하는 투쟁을 벌일 때만, 세계체제와의 연관성 속에서 한국자본주의의 현실을 이해할 때만 과학적인 변혁노선의 수립이 가능한 것이다.

4. 한국자본주의의 발전과정

한국자본주의는 태생적으로 세계체제에 의해 규정된 것이었다. 대한민국이라는 국가 자체가 분단의 결과 생겨난 것이었고 이에는 미제국주의의 영향이 압도적이었고 이는 한국전쟁에서 다시 한 번 입증되었다. 1950년대에는 미제의 한국에 대한 원조가 한국경제를 지탱하는 힘이었고, 이는 1960년대에 차관이라는 형태로 변경되었지만 이를 통한 예속성의 고리는 본질적으로 변한 것이 아니었다.

한국자본주의는 1970년대에 주요한 변화를 겪는데, 세계적 차원에서 석유위기와 두 차례의 경제공황의 결과 재래식 중화학 공업이 한국에 이전되어 한국의 산업구조가 변모를 겪게 된 것이다. 그러나 이러한 산업구조의 변화는 국내의 연관에 기초한 것이 아니라 수출을 목표로 하는 것이었고, 그리하여 1979년 세계공황의 결과 수출이 저조하자 한국자본주의 자체가 위기에 처하고 이는 부마항쟁과 박정희 정권의 몰락으로 귀결된다. 이와 같이 한국

자본주의는 미제에의 예속이라는 세계체제와의 연관 속에서 이해할 때만 정확한 파악이 가능하다.
　1980년대의 한국경제는 초반에는 공황의 뒤처리에 매달리다가 1986-88년의 3저 호황을 계기로 위기를 넘긴다. 그전까지 외채위기에 시달리던 한국경제는 3저 호황을 통해 외채위기를 극복하고 비약한다. 그리하여 산업구조는 다시 한 번 변모를 겪는데, 경공업 위주에서 중공업 위주로, 그리고 재래식 중공업이 고급화되고 첨단산업인 전자산업을 하청받아 생산하는 상황이 된다. 이는 국제분업구조에서 한국자본주의의 한 단계 상승을 의미하는 것으로서 외채위기 속에서 IMF의 지배를 받아 몰락의 길을 걸은 중남미와 차별되는 것으로 이 시기를 통해 아시아 NICS는 중남미와 차별되는 분화의 길을 겪는다.
　그리고 한국은 OECD에 가입하게 되고 자본자유화 등을 단행하는데 이로 인해 1997년 외환위기의 싹이 자라게 된다. 자본이 자유화되자 독점자본들은 종금사 등을 통해 해외의 단기자본을 차입하여 투자를 확대하게 되는데 90년대 중반 수출이 침체하게 되자 급격히 무너지는 상황이 연출되었던 것이다. 외환위기는 투자과잉의 상태에서 수출이 어려움을 겪자 주요 독점자본이 부도에 몰리고, 그것이 금융위기로 확대되어 원화가치가 급락하고 국가의 통제력이 상실되면서 발생했던 것으로서 일종의 과잉생산 공황이었던 것이다. 이러한 상황은 한국경제, 즉, 신식민지 국가독점자본주의의 축적양식의 취약성을 극명하게 폭로한 것이기도 했다. 예속의 심화를 통해 축적의 고도화를 이루어온 한국자본주의가 그 논리 자체의 결과로 무너졌던 것이다.
　그러나 한국의 지배계급은 내수를 강화한다거나 중소기업을 육성한다거나 하는 정책을 펴는 것이 아니라 예속의 가일층 심화의 길을 간다. IMF의 구조조정으로 금융이 전면 자유화되어 미제 금융자본의 지배하에 놓이게 되고 주요 독점자본들은 외국자본 특히 미국자본의 영향력 하에 놓이게 되고 이는 외국자본의 국내 독점자본의 주식 지분 보유로 나타난다.
　여기서 예속의 문제를 조금 더 고찰하면 한국자본주의가 그 경제적 토대에서 제국주의에, 특히 미제국주의와 일본제국주의에 예속되어 있다는 것, 그리고 예속의 심화를 통해 축적의 고도화라는 길을 걸은 것이 여러모로 확인된다. 즉 자본의 재생산과정, 다시 말하면 자본, 시장, 기술의 면에서 한국자본주의의 예속성이 두드러진다. IMF로 인해 자본의 면에서 예속성은 가일층 심화되었고, 시장의 면에서 예속성은 한국의 무역의존도가 국내총생산의 90%에 달하는 것으로 나타난다. 그리고 기술의 예속성에서는 자본재의 수입비중이 갈수록 확대되는 것을 통해 드러나는데, 특히 일본으로부터 자본재의 도입이 갈수록 확대되고 있다. 이는 한국자본주의가 일부 독점자본을 중심으로 고도의 기술을 실현하고 있지만 전체적으로는 중위의 기술을 특화하는 상태에서 예속의 심화를 통해 축적의 고도화를 도모한다는 것이다. 더구나 현재는 한국자본주의의 미국 경제에의 통합을 의미하는 한미 FTA가 비준을 앞두고 있는데, 이는 신식민지주의의 완결판이며 예속의 심화를 통한 축적의 고도화라는 한국자본주의의 발전법칙을 확증하는 것이다.

이와 같이 한국자본주의는 미제와의 연관, 세계체제와의 연관 속에서 고찰할 때만 그 운동법칙을 올바로 파악할 수 있다. 그러나 예속성 혹은 신식민지라는 규정과 한국자본주의의 발전을 통일시켜서 파악하는 것이 필요함에도 불구하고 한국의 운동세력은 이에 대해 통일된 입장을 갖고 있지 못하다. NL파는 예속성이라는 점만 파악하고 한국자본주의의 발전이라는 측면을 무시한다. 이는 민족감정을 앞세워 반제투쟁이라는 점만 강조하는 것으로 나타나는데, 한국자본주의의 발전의 결과 성장하는 노동자계급과 자본가계급의 대립, 예속독점자본과 전 민중의 대립이라는 계급대립을 외면하는 것이다. 한편 이와 정반대로 한국자본주의의 발전이라는 현실만 천착하고 예속성이라는 세계체제와의 연관을 무시하는 경향이 있는데 전국노동자정치협회(노정협)가 그러하다. 이들은 혁명을 규정하는 것은 일국 내의 자본주의 발전 정도라는 일반론에 치우쳐 예속 혹은 종속의 강화냐 약화냐는 것은 중요하지 않다고 보고 있는데 이는 스스로 우물 안 개구리라는 것을 실토하는 것이다. 레닌은 ≪제국주의론≫에서 자본주의가 제국주의 단계에 들어선 이후로는 일국내의 자본주의 발전 정도에 의해 직접적으로 혁명이 규정되는 것이 아니라 '약한 고리'에서 혁명이 발생한다는 것을 말했다. 이러한 레닌의 문제의식은 일국 내의 혁명을 세계체제와의 연관 속에서 파악할 것을 요구하는데, 노정협은 이러한 레닌의 문제의식을 무시하고 여전히 일국내의 자본주의의 발전 정도에 의해 직접적으로 혁명이 규정된다고 사고하는 것이다. 이렇게 예속성을 무시하면 한국자본주의에 대한 미제국주의의 규정성을 외면하고 정치적 상부구조에서 미제의 문제, 한국의 현실적 지배구조를 무시하게 된다. 나아가 노정협은 정치와 군사에서 예속성은 인정하지만 경제적 토대에서 예속성은 인정할 수 없다고 한다. 그러나 이는 중대한 오류이다. 눈에 보이는 군사동맹, 정치적 예속은 어쩔 수 없이 인정하더라도 경제적 예속을 인정하지 못한다는 것은 한국자본주의의 발전 법칙 즉, 예속의 심화를 통한 축적의 고도화라는 것을 무시한다는 것이다. 더욱더 중요한 것은 이러한 노정협의 논리를 따를 때 한국에서 미제국주의의 축출은 경제적 토대에서의 변혁, 즉 사회혁명을 통하지 않고서도 가능하다는 논리가 된다. 즉 미군이 철수하고 정치에서 불평등조약을 일정하게 수정하면 그것 자체가 미제국주의를 축출한 것이 되는데, 이는 매우 안이한 태도이며 현실을 무시하는 것이다. 나아가 노정협은 경제에서의 예속을 부정한 결과 경제에서의 혁명, 즉 사회주의 혁명이 제국주의 축출을 위해 필요하다는 것을 부정하게 된다. 이는 제국주의에 반대하는 모든 세력을 사회주의 변혁으로 끌어들이는 것을 부정하는 것으로 귀착된다. 따라서 전략적인 측면에서 노정협은 사회주의 혁명의 막대한 동맹군을 상실하는 것으로 된다.

따라서 우리는 예속성의 고리, 신식민지의 인정, 세계체제와 연관 속에서 한국자본주의를 파악해야 하고 나아가 예속성과 한국자본주의의 발전을 통일시키는 변혁론을 세워야 하고 그것은 80년대 운동의 성과로 정립된 신식민지국가독점자본주의론을 지금의 시대에 맞게 적용하는 것이다. 신식민지국가독점자본주의는 구식민지와 신식민지의 차이로서 신식민지에서는 자본주의 발전의 길이 일정하게 열려 있다는 것을 말하고 있고 나아가 한국자본주의의 발전의 길로서 '예속의 심화를 통한 축적의 고도화'라는 정식을 제출하고 있는 것이다. 이렇게 예속성과 한국자본주의 발전을 통일시키는 것이 좌편향과 우편향으로부터 벗어날 수 있는 유일한 길이다.

5. 한국계급투쟁의 역사와 변혁의 성격의 전환

여기서 한국에서의 변혁에 보다 구체적으로 접근하기 위해 우리는 한국자본주의 발전에 기초하여 한국사회에서 이루어진 계급적 지형의 변화에 주목해야 한다. 왜냐하면 계급대립이 어떻게 변화했는가에 따라 변혁의 성격이 변화하기 때문이다. 이를 위해 먼저 한국에서 계급투쟁의 역사를 개괄하는 것이 필요하다. 왜냐하면 계급대립지형의 변화는 계급투쟁에 의해 규정되기 때문이다.

한국전쟁 이후 한국의 역사는 계급투쟁에 의해 규정되었다고 해도 과언이 아니다. 4·19 항쟁과 5·16 쿠데타, 그리고 이어지는 신식민지국가독점자본주의의 성립, 한-일 협상 반대투쟁, 3선 개헌 반대투쟁, 유신 반대투쟁, 그리고 부마항쟁과 박정희 정권의 몰락, 광주항쟁과 전두환 정권의 폭압, 6월 항쟁 등까지, 즉 1980년대까지 기본적인 계급대립은 군사파쇼를 내세운 예속독점자본가계급과 노동자계급을 중심으로 하는 민중의 투쟁의 역사였다. 여기에 중간에서 반파쇼 투쟁을 하며 권력의 분점을 요구하는 자유주의 부르주아지가 있었다. 노동자계급과 민중은 반제반파쇼 민족민주변혁을 추진하고 있었는데 이 변혁은 자유주의 부르주아지의 배신과 반동부르주아지와 자유주의 부르주아지 간 보수대연합의 성립으로 유산된다. 이후 김대중, 노무현 등의 자유주의 부르주아지는 집권에 성공하였고 이를 계기로 자유주의 부르주아지는 중소자본의 대표자에서 독점자본의 한 분견대로 변신한다.

여기서 중요한 것은 계급대립지형의 문제이다. 80년대와 90년대 초반까지 반동부르주아지와 노동자계급 및 민중을 한편으로 하고 중간에 자유주의 부르주아지가 있던 지형에서 90년대 후반부터 새로운 지형으로 변화되었는데, 즉 반동부르주아지와 자유주의 부르주아지의 연합을 한편으로 하고 노동자계급과 민중 블록을 한편으로 하는 대립적 지형이 창출되었고 그 중간에 소부르주아 상층을 중심으로 하는 개량주의 블록이 자리 잡게 되었던 것이다. 이러한 지형에서 노동자계급과 민중은 사회주의 변혁, 착취와 수탈의 종식을 요구하고 있고, 반동부르주아지와 자유주의 부르주아지의 연합은 반혁명을 공통분모로 하고 있고, 참여연대 등의 시민운동 세력으로 대표되는 소부르주아 상층 혹은 소부르주아 우파는 체제 내 개량을 요구하고 있다.

이렇게 계급대립지형이 근본적으로 변화되었다는 것은 변혁의 성격이 변화되었다는 것을 의미하는 것이다. 지금은 더 이상 민족민주변혁의 시대가 아니다. 자본가계급 전체에 대항하는 투쟁, 반자본주의 투쟁이 지금 투쟁의 성격인 것이다. 이는 사회주의를 말하지 않으면, 사적 소유를 공격하지 않으면 변혁의 동력이 생기지 않는다는 것을 의미한다.

여기서 노동자계급 이외의 민중 부분에 대한 고찰이 필요하다. 노동자 이외의 민중 부분은 소부르주아지일 수밖에 없는데, 소부르주아 상층은 자본주의 하에서 계급적 상승을 꾀할 수 있지만 소부르주아 하층은 고통스럽게 몰락의 길을 걷고 있고 프롤레타리아트의 대열로 편입되거나 프롤레타리아트의 입장에 동조하는 것이다. 빈농과 소농, 나아가 중농으로 구성되는 농민들, 도시빈민들, 영세상인들이 바로 이러한 소부르주아 하층으로서 민중을 구성하는 부분들인 것이다. 이들은 소부르주아적 성격이 있으나 사회주의의 전망이 주어진다면 기꺼이 사회주의 변혁에 동참할 수 있는 세력이고 사회주의 건설에서 민중으로서 기꺼이 참여할 세력들이다. 그러나 이들에게서 사회주의 변혁과 사회주의 건설의 지도적 역할을 기대할 수는 없다. 왜냐하면 그 의식에서 소부르주아성이 있고 또 현실적 단결의 정도에서 노동자계급에 못 미치기 때문이다. 오직 노동자계급이 지도할 때만 이들은 사회주의 변혁에 동참할 수 있는 것이다.

당면 변혁이 사회주의 변혁이라는 점에서 민중에 대한 태도에 있어서도 이렇게 변화가 필요하다. 즉 과거 8·90년대에는 민중들이 반제반파쇼 의식으로 조직되기만 해도 충분했지만, 이제는 민중들을 변혁에 동참시키기 위해서는 이들에게 사회주의적 의식을 전달해야만 하는 것이다. 민중들의 고된 삶의 근본원인은 자본가계급의 지배라는 것, 우선적으로 가장 강대한 자본가인 독점자본가들을 타도하고 민중권력을 세워야 한다는 것을 이들에게 설득해야 하는 것이다.

이렇게 계급대립구도의 변화는 당면 변혁의 성격을 바꾸고 있고 이제는 사회주의 변혁에 걸맞게 이념, 조직 등에서의 변화가 필요하다. 여기서 운동진영의 다수파인 NL파의 인식에 대해 비판할 필요가 있다. NL파는 위와 같은 계급대립구도의 변화 자체를 부정한다. 이들은 미제를 축출하는 반제 투쟁을 일차적으로 사고하기 때문에 미제가 축출되지 않은 현실에서 계급대립구도가 변화되었다고는 사고하지 못하는 것이다. 그에 따라 김대중, 노무현 등 자유주의 부르주아지의 집권이 갖는 계급대립구도 변화의 의미를 이들은 간과하는 것이다. 다만 6·15 선언 등 민족적 과제에서 일정한 진전이 있었다는 등의 의미를 두고 있을 뿐이다. 이렇기 때문에 이들은 여전히 당면의 변혁을 미제를 축출하는 민주주의 변혁으로 사고하고 있고 이는 민주노동당의 진보적 민주주의론으로 표현되고 있다. 이에 따라, 즉 이들의 사고의 비현실성, 비과학성으로 말미암아 이들은 8·90년대의 변혁성을 상실하고 실천적으로 개량주의 세력으로 전락하고 있는 것이다. 이러한 점은 한 사회의 변혁을 파악함에 있어 계급대립구도의 파악이 갖는 중요성을 보여준다. 변화되는 계급대립구도를 정확히 파악할 때만 올바른 전략의 설정이 가능하며 변혁의 과제를 구체화할 수 있는 것이다.

6. 변혁의 단계 설정의 필요성

이와 같이 8·90년대와 달라진 계급대립구도는 당면 변혁의 성격을 사회주의 변혁으로 규정짓는다. 그러나 여기서 주목해야 하는 것은 계급대립구도를 하나의 도식으로 파악하는 것이 아니라 구체적 역사에 근거하여 역동적으로 파악하는 것이다. 추상적으로는 자본주의인 한 사회주의 변혁의 가능성은 존재하는 것이다. 그러나 8·90년대 변혁의 성격이 사회주의 변혁이 아니라 반제반파쇼 민주주의 변혁이었던 것은 현실적인 지배세력이 반동부르주아지였기 때문이다. 그에 따라 사회주의적 과제의 실현은 일정하게 유보되고 반동부르주지의 타도, 이들의 권력인 파시즘의 타도에 집중했고 이를 실현하여 사회주의 변혁으로 성장전화하는 길을 걷고자 했던 것이다. 따라서 계급대립구도의 파악을 단지 하나의 도식을 설정하는 것으로 보아서는 안 되며, 구체적인 역사적 현실을 정리하는 것으로 파악해야 한다.

이러한 관점을 기초로 사회주의 변혁을 추진하는 우리사회의 특수성을 고려한 접근이 필요하다. 우리 사회에서 사회주의 변혁과 이를 위한 새로운 계급대립구도의 설정은 8·90년대의 민족민주변혁이 유산되고 부르주아 민주주의로 이행이 불철저하게 개량의 방식으로 이루어졌다는 것에 기초해야 한다. 이것은 매우 중요하고도 관건적인 것인데 왜냐하면 계급대립에서 중요한 계급적 역관계, 전략 설정에서의 특수성의 문제를 내포하기 때문이다. 즉 한국사회에서 부르주아 민주주의로 이행이 불철저하게 개량의 방식으로 이루어졌다는 것은 파시즘이 혁명적 방식으로 제거되지 못했다는 것이고, 그 결과 파쇼적 악법인 국가보안법이 여전히 살아있고 파시즘의 후계세력이 광범하다는 것을 말한다. 그리고 사회주의 변혁이 민주주의의 확장으로서만 가능하다고 보면 사회주의 변혁을 추진할 민주주의적 토대가 매우 취약하다는 것을 말한다. 바로 이러한 점이 한국사회에서 사회주의 변혁의 특수성을 규정하는 것이다. 그에 따라 당면 변혁의 성격이 사회주의 변혁임에도 불구하고 일거에 사적 소유를 철폐하고 프롤레타리아 독재를 세우는 것은 불가능하고 따라서 사회주의 변혁에서 단계를 나누어야 함을 알 수 있다. 즉 1단계의 사회주의 변혁은 자본가계급 전체를 타도하는 것이 아니라 현실적 지배세력이고 가장 강대한 자본가인 예속독점자본들을 타도하는 것에 집중해야 한다는 것이다. 예속독점자본을 타도하고 몰수하여 국유화하고 민중에게 의료, 교육, 주택 등을 보장하는 것을 목표로 하는 것으로서 일종의 사회주의 혼합경제를 창출하는 것이다. 이를 위해 현재의 자본가권력을 타도하고 민중권력을 세워야 하는 것이다. 이 민중권력은 더 이상 자본가의 권력이 아니라는 점에서 사회주의적 성격을 띠지만, 프롤레타리아 독재 자체는 아님을 주목해야 한다. 따라서 1단계의 사회주의 변혁에서 노동자계급의 헤게모니가 매우 중요하고 민중권력에서 노동자계급의 헤게모니를 강화함을 통해 2단계 사회주의 변혁의 과제를 수행하고 프롤레타리아 독재로 전화시켜야 하는 것이다. 2단계의 사회주의 변혁에서는 중소자본가를 포함한 생산수단에 대한 일체의 사적 소유를 철폐하고, 농업에서(그리고 또한 영세상업의 상당부분에서) 협동조합화를 달성하여 집단적 농업(상업)을 건설해야 한다.

이렇게 사회주의 변혁의 단계를 나누는 것은 우리 사회 계급투쟁의 역사를 반영하는 것이고 부르주아 민주주의로 이행의 특수성을 반영하는 것이다. 변혁의 단계 설정은 전략의 문제인데 이는 계급간의 관계를 기초로 엄정하게 판단되어야 하는 것이다. 이는 도식과 교조주의를 거부하는 것, 구체적 역사를 기준으로 판단해야 함을 말한다.

7. 민주적 과제, 민족적 과제의 해결 전망

한국 사회주의 변혁의 특수성은 1단계와 2단계로 나누어진다는 것만이 아니다. 1단계의 한국 사회주의 변혁은 유산되었던 지난 시기의 민족민주변혁이 해결하지 못했던 민주적 과제와 민족적 과제를 사회주의 변혁을 통하여 해결하는 것이다.

우리 사회에서 아직 파시즘의 후계세력은 광범위하게 존재하는데 파시즘의 세력이었던 반동부르주아지 세력은 여전히 한나라당에 집결되어 의회의 다수파, 행정부 수장의 위치를 점하고 있다. 그리고 파쇼적 악법인 국가보안법이 엄존하고 있어서 사회주의 세력의 정치적 진출을 구조적으로 가로막고 있다. 그리하여 노동자계급의 전위당은 여전히 건설되지 못하고 있고 사회주의 세력은 정파의 상태로 산개되어 있는 것이 현실이다.

여기서 민주적 과제의 의미를 보다 분명히 할 필요가 있다. 과거 민족민주 변혁의 시대에 민주적 과제의 의미는 파쇼권력을 타도하고 민중의 정치적 자유를 확보하고 이를 위해 민중권력을 세우는 것이었다. 그런데 지금 사회주의 변혁을 추진함에 있어서 부딪히는 민주적 과제는 좀 더 정교화될 필요가 있다. 레닌은 사회주의는 민주주의를 필요로 한다고 했다. 이는 사회주의 변혁은 오직 민주주의의 토대 위에서만 가능하다는 것이다. 그런데 레닌은 민주주의 자체에 대해 다수 민중의 지배라든가 혹은 다수결 같은 것으로 파악하지 않았다. 오히려 다수 민중의 지배를 가능하게 하는 강제력 즉, 국가라고 민주주의를 파악했던 것이다. 이러한 레닌의 인식을 따를 때 우리는 민주주의가 권력의 문제라는 것을 알 수 있다. 민주주의의 본질은 노동자계급과 민중의 정치적 힘의 신장의 문제이고 그것은 권력의 문제로 수렴된다는 것이다. 불철저하지만 부르주아 민주주의로 이행한 한국사회의 현실에서 민주적 과제의 의미를 사회주의적 과제와 연관하여 파악할 필요가 있다. 민주적 과제와 사회주의적 과제는 어떠한 관계인가? 민주주의는 지금 사회에서 현실적으로 부르주아 민주주의이다. 즉 부르주아적 틀 내에서의 민주주의이고 자본주의 생산양식을 유지하기 위한 민주주의이다. 그런데 문제는 그러한 부르주아 민주주의의 확대가 노동자계급과 민중의 정치적 힘의 신장으로 귀결된다는 것인데, 바로 이 점 때문에 자본가계급은 대부분 반동적인 입장을 취하는 것이다. 따라서 우리 사회에서 더 이상의 민주주의의 신장은, 설령 그것이 부르주아적인 것이라 할지라도, 노동자계급과 민중의 투쟁을 통해서만 가능하다는 것이다. 여기서 노동자계급은 부르주아 민주주의의 확대를 지지하고 투쟁해야 한다는 것을 알 수 있다. 그러나 민주주의의 양적 확대만이 아니라 부르주아 민주주의 자체의 프롤레타리아 민주주의로의 전환이라는 질적 과제를 또한 동시에 제기해야 한다. 그리고 중요한 것은 프롤레타리아 민주주의는 오직 프롤레타리아 독재를 통해서만 가능하다는 것인데 여기서 다시 한 번 민주주의와 국가권력의 긴밀한 통일을 알 수 있다.

이렇게 노동자계급과 민중은 민주주의의 진전을 위한 혼신의 노력과 투쟁을 통해 차츰 해방의 길로 접근할 수 있다. 여기서 민주주의와 독재를 대립시키는 견해가 속물적이라는 것은 말할 나위가 없다. 또한 혁명의 길이 아니라 민주적 길을 통해 사회주의로 접근해야 한다는 소리도 낡아빠진 닳고 닳은 구호라는 것도 새삼 지적할 필요가 없다. 노동자계급의 기치는 독재와 민주주의의 변증법이고 독재를 통한 민주주의 확보이다. 왜냐하면 노동자계급이 민주주의를 확보한다는 것은 노동자계급이 지배계급으로 조직된다는 것이고 이는 자본가들의 반혁명에 대한 진압과 독재를 필수적으로 요구하는 것이기 때문이다.

이렇게 당면 변혁에서 민주적 과제는 과거 민족민주변혁의 유산이 남긴 과제를 해결하는 것임과 동시에 사회주의를 위한 토대를 닦는 것이다. 노동자계급은 부르주아 민주주의의 확대를 향해 싸워야 할 뿐만 아니라 부르주아 민주주의의 프롤레타리아 민주주의로의 전환을 제기해야 하고 그를 위해 변혁이라는 질적 전환이 있어야 함을 한시도 잊어서는 안 된다.

한편 과거의 민족민주변혁의 유산은 당면의 사회주의 변혁에 민족적 과제의 해결을 부과하고 있다. 민족문제가 해결된다면 우리 민중이 겪는 고통의 상당 부분이 해결될 수 있다는 점에서 민족적 과제의 해결은 사활적인 것이다.

민족적 과제로서는 미제에 의한 한국 민중에 대한 신식민지 지배를 종식시키는 것이다. 이를 위해 미군을 철수시키고 각종의 불평등하고 예속적인 조약을 폐지해야 하며, 이러한 군사, 정치적인 과제와 더불어 한국에서 지배적인 제국주의 자본을 몰수하고 국유화하여 민중의 것으로 돌려야 한다. 또한 미제의 신식민지 지배로 인해 발생한 남과 북의 분단이라는 문제를 제국주의 반대, 민족적 이익의 수호라는 관점에서 해결해야 한다.

이러한 민족문제의 해결의 핵심은 미제국주의를 한국 민중의 힘으로 축출하는 것이다. 과거 민족민주변혁의 시대에는 미제를 축출하고 민중권력을 수립하는 것이 핵심이었다. 여기에서 필요했던 것은 반제의식이었고 여기에는 민족부르주아지도 동참할 수 있는 것이었다. 그러나 지금은 민족부르주아지가 거의 존재하지 않는 상황이 되었다. 즉 이 사회를 현실적으로 지배하는 예속독점자본에 대해 중소자본의 대부분이 하청계열화되어 있어 중소자본의 민족적 성격은 상당부분 잠식된 상태이다. 나머지 중소자본들도 해외에 진출한다든가 수출에 의존한다든가 하여 중소자본 중에서 민족자본가라 불릴 수 있는 부분은 극히 미미한 것이 현실이다. 예속의 심화를 통한 축적의 고도화라는 한국 자본주의의 발전법칙은 이제는 중소자본가에게까지 관철되고 있어서 민족자본가는 NL파의 소망과는 달리 거의 무시해도 좋을 상황이 된 것이다. NL파는 중소자본가 대부분을 민족자본가라고 보고 심지어 현대와 같이 이북과 교류하는 독점자본가까지 민족자본의 범주에 넣고 있지만 이는 현상만 보고 본질을 보지 못하는 것이다. 현실적으로 현대의 경우 독점자본의 이북 사회주의에 대한 능동적 작용으로, 민족자본으로서가 아니라 독점자본으로서의 자신감의 발로라고 보아야 할 것이다.

이러한 것이 민족문제를 해결하는데 있어서 계급적 지형의 문제이다. 따라서 민족적 과제의 해결은 더 이상 민족부르주아지라는 자본가계급에게 의존할 수 없고 오직 노동자계급과 민중의 힘으로 해결하는 수밖에 없다. 여기서 주목할 것은 과거 민족민주변혁 시대와 달리 이제는 민족적 과제의 해결을 위해서는 사회주의 변혁이 필요하다는 것이다. 민족적 과제의 해결은 미제국주의를 축출하는 것이 핵심인데 이를 위해서는 정치, 군사, 경제의 총체적 영역에서 변혁이 필요한 것이고 이것은 사회주의 변혁을 의미하는 것이다. 즉 이제는 민족적 과제의 해결을 위해서라도 사회주의 변혁이 필요한 것이다. 거꾸로 당면의 사회주의 변혁은 민족적 과제의 수행 없이는 불가능하다. 민족적 과제의 수행을 당면 사회주의 변혁의 과제로 설정하는 것의 정치적 의미는 광범한 민중, 나아가 민족적 역량을 당면 변혁에 동참시킬 수 있는 가능성을 말하는 것이다.

이러한 민족적 과제의 수행을 통하여 한국사회의 근본적 변화의 하나가 가능하다. 즉 신식민지국가독점자본주의의 축적구조 자체가 변경되는 것이다.

예속의 심화를 통한 축적의 고도화를 끝장내고 민족적 자립과 프롤레타리아 국제주의에 기초한 경제의 건설이 과제로 되는 것이다. 즉 민족문제의 해결은 경제에서의 변혁으로 궁극적으로 달성되는 것이다.

이와 같이 당면 변혁에서 민족적 과제와 민주적 과제는 한편으로 지난 민족민주변혁의 유산이 남긴 과제를 실천하는 것이지만 동시에 당면의 사회주의적 과제를 실현하는 것이기도 하다. 이렇게 한국 사회에서 민족적 과제와 민주적 과제를 당면 사회주의적 과제와 통일적으로 파악하는 것이 당면 변혁의 특수성을 정확히 인식하고 그를 위해 조직하고 동원할 역량을 광범하게 획득하는 길이기도 하다.

8. 노동운동과 농민운동의 강령수립을 위하여

이렇게 당면 사회주의 변혁의 성격과 과제를 구체화하고 통일적으로 파악하는 것을 기초로 우리는 주체에 대한 판단의 문제로 넘어갈 수 있다. 가장 핵심적인 것은 노동자계급의 상태와 농민의 상태, 노동운동의 문제와 농민운동의 문제이다.

지금 노동운동은 위기에 처해 있다. 아니 위기라는 말이 나온 지도 벌써 몇 해가 지나가고 있지만 그러한 현실을 타개할 방책은 제출되고 있지 못하다. 이러한 노동운동의 위기를 당면한 사회주의 변혁의 관점에서 어떻게 이해하고 해결책을 제시해야 하는가가 중요한 문제이다. 지금 노동운동 위기의 현상은 무엇이고 그 원인은 무엇인가? 노동운동의 위기에서 가장 극적인 것은 부패의 문제이다. 노조운동 상층부가 썩어가면서 부패 현상이 나타나고 있는 것이다. 뇌물수수 문제, 성 문제 등이 그러한 부패의 문제이다. 여기에 더해 본질적으로 중요한 것은 노동운동의 전투성이 사라지고 노동운동 전체가 거대한 이권운동으로 변질되어가고 있다는 것이다. 노동자와 자본가의 화해할 수 없는 적대의 문제, 착취의 폐지 문제, 노동해방의 문제는 뒷전으로 밀린지 오래이며, 단지 당장의 교섭에서 얼마나 실리를 따낼 것인지가 주된 관심사가 되었다. 이러한 상황이 지속되고 주체가 약화되자 자본과 이명박 정권의 공세 앞에서 속수무책으로 밀리고 있는 것이 지금의 현실이다. 파업을 했다고 만 명이 넘는 조합원을 징계한 철도공사는 노동자에게 있어서 지금이 전두환 시절보다 더 혹독한 독재의 시대임을 말하고 있다. 최근의 타임오프 공세로 인해 노조운동의 기본대오가 무력화되고 있는 현실, 또 민주노총은 이에 대해 이렇다 할 투쟁을 하기는커녕 최소한의 방어태세도 갖추지 못하고 자본의 공세에 대해 노동자대중을 방치하는 배신적인 존재로 전락하고 있는 현실이 모두 노동운동 위기의 현주소이다.

그러면 이러한 노동운동의 위기의 원인은 무엇인가? 진보신당과 전진은 정규직과 비정규직으로의 분할을 그 원인으로 꼽고 그에 따라 정규직이 임금을 양보하여 비정규직에 나누어주자는 사회연대전략을 내세운 적이 있다. 이는 정규직과 비정규직의 분할 원인을 노동자계급에게 돌리는 것으로서 실은 자본가계급의 관점과 일치하는 것이다. 이러한 접근으로 노동운동의 위기를 타개하는 것은 불가능하다. 그러면 노동운동 위기의 진정한 원인은 무엇인가? 무엇이 노동운동을 이토록 고통스럽게 하고 전투성을 갉아먹고 있는가? 기존 노동운동이 3파로 구성되어 있다는 것은 공공연한 비밀이다. 국민파, 중앙파, 현장파로 나뉘어 노동운동의 지도부, 민주노총의 지도부 자리를 놓고 경합한 것이 벌써 10여년이 넘고 있다. 따라서 노동운동 위기의 원인은 이들 3파를 분석하는 것으로부터 나올 수 있다.

노동운동의 다수파인 국민파는 사회적 합의주의를 들고 나왔다. 그리고 '국민과 함께 하는 노동운동'이라는 기치를 들고 나왔다. 이들의 문제는 자신들의 노선 자체에 있다. 사회적 합의주의 자체가, '국민과 함께 하는 노동운동'이라는 기치 자체가 자본가들이 용인하는 한도 내에서만 노동운동을 하겠다는 선언에 다름 아니었다. 이들은 노동운동 내의 부르주아 세력이라 할 수 있다. 개량주의의 진원지인 이들을 타격하지 않고서는 노동운동의 재건은 불가능하다. 그러면 중앙파는 어떠한가? 중앙파는 전노협의 전통을 계승하고 나름대로 전투성을 보이고 건강한 활동을 한 적이 있다. 그러나 중앙파는 국민파와 비타협적으로 투쟁하는 것이 아니라 국민파와 타협하는 길을 택했다. 그 결과 중앙파 또한 개량주의 세력으로 전락하였고 이들이 바로 사회연대전략이라는 허황된 노선을 들고 나온 것이었다. 중앙파가 이렇게 타락한 것은 스스로 사회변혁의 전망을 확보하지 못했기 때문이다. 그리하여 사회구성체라는 접근 자체는 이제 의미가 없다는 둥, 생태 사회주의를 해야 한다는 둥

사회주의의 본질을 치고 들어가지 못하고 개량주의의 아류로 전락한 것이 이들의 현실이다. 그러면 마지막 남은 현장파는 어떠한가? 이들로부터 그간 전투적 조합주의의 기풍이 흘러나왔고 이들을 구성하는 선진노동자들이 그동안 노동운동을 그나마 지탱해온 힘이었다. 그러나 전투적 조합주의만으로 버티는 것은 당연히 한계에 부딪힐 수밖에 없었는데 이들 또한 사회변혁의 전망을 찾지 못한 것이다. 그에 따라 현장파 또한 실리주의로부터 자유롭지 못하였고 현장파를 구성하는 현장조직들이 과거의 투쟁부대에서 이제는 조합집행부 장악을 위한 디딤돌로 변질된 것이 현실이다. 따라서 현장파의 한계는 전투적 조합주의에 머물고 사회변혁의 전망을 찾지 못했다는 것이라 할 수 있다.

그러면 이들 3파가 공통적으로 내포하고 있는 한계는 무엇인가? 그것은 사회변혁의 전망을 제출하고 있지 못하다는 것이다. 그에 따라 노동운동 전체가 자본주의를 넘어서는 전망을 갖고 있지 못하고 노동운동 자체가 부르주아 민주주의의 덫에 걸린 것이 노동운동의 위기의 진정한 원인인 것이다. 그에 따라 노동운동의 전투성이 급속히 사라지고 개량주의가 판을 치면서 노동해방의 기치가 내려지고 있는 것이다.

이러한 상황이 빚어진 사태는 사회주의 변혁의 전망이라는 문제와 어떠한 관련이 있는가? 노동운동을 하는 3파가 모두 한계에 부딪히고 있다는 것은 이들이 구성하는 노동운동 전체가 한계에 부딪히고 있다는 말과 같은 말이고 이는 지금까지의 민주노조운동 전체가 한계에 부딪히고 있다는 것이다. 여기서 문제를 보다 근본적으로 보아야 한다. 문제의 핵심이 부르주아 민주주의의 덫에 걸려 빠져나가지 못하고 있는 것이라면, 문제의 해결은 부르주아 민주주의를 넘어서는 사회주의적 전망을 확보하는 것이 된다. 이는 노동운동의 이념 전체가 변경되어야 한다는 말과 같다. 즉 민주노조라는 이념, 민주주의를 토대로 하는 전투적 노동운동의 수명은 다한 것이고 이제는 노동운동 전체가 사회주의 노동운동으로 재편되어야만 활로가 열린다는 것이다.

그러나 사회주의 노동운동으로의 전환은 민주노조운동을 청산하는 것을 의미하지 않는다. 민주주의적 노동운동이라는 질은 사회주의 노동운동에 계승되어야 한다. 즉 민주노조라는 이념과 역사성, 투쟁성은 사회주의 노동운동으로 발전되어야 하는 문제이지 기존의 노동운동을 청산하는 문제는 전혀 아닌 것이다.

끝으로 민주노조운동이 사회주의 노동운동으로 전환되기 위해서는 전위조직의 존재가 필수적이다. 사회주의 이념을 끊임없이 개발하고 보급하고 노동자계급의 몸체에 혼을 불어넣는 전위조직 없이 민주노조운동의 사회주의 노동운동으로의 전환은 불가능하다. 따라서 현재의 노동운동의 돌파구는 전위조직 건설에서 찾아야 하는 것이다.

이러한 점을 기초로 노동운동의 강령으로서 노동해방의 의미를 정교하게 다듬고 철저한 민주주의의 달성, 프롤레타리아 국제주의 등을 세울 때 노동운동은 자신의 깃발을 정확히 들 수 있을 것이다.

한편 노동자계급과 더불어 당면 변혁의 주력으로서 농민들을 꼽을 수 있다. 농민 전체가 당면한 사회주의 변혁의 주체는 아니지만 한국에서 농민들은 대부분 빈곤한 소농, 즉, 빈농이라는 점에서 이들의 변혁성은 강하다. 빈농의 입장에서 지금의 자본주의는 착취와 수탈의 체제에 불과하다. 농민의 해방은 빈농의 해방을 말하며 그것은 사회주의 변혁을 통해서만 가능하다.

지금 한국농업의 현실은 참담하다. 농민 자신들이 버려진 존재라 자조하고 있고 한국의 농업은 시장 개방, 식량자급율의 저하, 높은 생산수단 가격과 낮은 생산물 가격, 농민의 고령화 등 참담하기 그지없다. 이러한 농업현실에 대해 농민들은 80년대에 농민운동의 고양으로 맞섰다. '토지를 농민에게'라는 혁명적 구호가 제기되기도 했고 지배계급은 농민운동이 혁명적으로 발전하는 것을 저지하기 위해 수십조 원의 농촌살리기 정책을 펴기도 했으나 모두 실패했다. 정부의 농업정책 중 유일하게 성공한 것은 시장개방이었고 농업구조조정, 즉 농업에서 자본주의 발전 정책은 다 실패했다. 그에 따라 농민들은 농업자본가와 농업노동자로 분화되는 것이 아니라 탈농하여 노동자 혹은 도시빈민이 되는 길을 택할 수밖에 없었다. 이 점은 한국농업의 특수성을 말하는 것인데, 한국농업은 자본주의적 발전이 이루어진 것이 아니라 농업생산력의 정체를 겪고 있고 나아가 시장개방으로 인하여 몰락의 경향을 띠고 있다는 것을 말하는 것이다.

여기에서 우리는 사회주의 변혁의 동맹자로서 농민을 살펴볼 필요가 있다. 농민은 단일한 계급이 아니다. 부농, 중농, 소농, 빈농으로 농민을 엄격히 나누어서 보아야 한다. 부농은 자본가적 농민으로서 사회주의 변혁의 동맹자가 될 수 없다. 그리고 빈농은 사회주의만이 해방을 의미한다는 점에서 사회주의 변혁의 확고한 동맹자이다. 중농과 소농은 토지를 일정 정도 보유하고 있고 가족 노동력에 의존하여 생계를 꾸리는 계층인데 이들의 특수성은 작지만 토지에 대한 소유자라는 점이다. 이들을 고려하고 이들을 사회주의 변혁의 동맹으로 끌어들이기 위해서 농업강령이 신중하게 채택되어야 한다. 이들의 존재 때문에 토지국유화 강령은 수정되어야 하는데 농지를 제외한 토지의 국유화를 제기해야 하고 농지에 대해서는 '토지를 농민에게'라는 구호를 제기해야 한다. 그리고 이와 더불어 농업의 협동조합화를 제기하여 부농을 제외한 농민 전체를 사회주의 건설의 길로 끌어들여야 한다.

신식민지국가독점자본주의 하에서 농업을 발전시키는 것은 불가능하다. 오직 자본주의를 타도하고 노동자계급과 농민의 동맹을 기초로 할 때만 농업의 재건이 가능하다. 한편 그간 농민운동의 주력이었던 전국농민회총연맹(전농)은 민주노동당과 함께 하고 있다. 그래서 전농은 농민해방과 혁명적 방식으로 농업의 재건을 이루는 것을 채택하는 것이 아니라 시장 지배에서 벗어난 농업을 꿈꾸면서도 자본주의 타도를 주장하지 않는다. 그리하여 자본주의 시장에서 고립된 섬으로서 자족적인 농업을 꿈꾸는데 이는 공상적인 것이다. 따라서 노동자계급은 농민운동에 대해 '토지를 농민에게'라는 구호와 함께 농업의 협동조합화를 제기하고 이를 위해 자본주의를 타도하는 사회주의 변혁에 동참해야 함을 설득해야 한다.

9. 반독점동맹의 결성문제

당면의 1단계 사회주의 변혁에서 노동자계급과 민중의 최대의 적은 예속독점자본가계급이다. 이 사회의 현실적 지배자인 이들을 고립시키고 약화시키고 결국은 타도하여 자본을 몰수하고 민중에게 돌리기 위해 반독점동맹을 결성할 필요가 있다.

그러나 반독점동맹의 결성이 20세기를 통하여 성공한 사례가 없다는 점에서 이 과제는 매우 지난한 과제임을 알 수 있다. 반독점동맹이 주요 제국주의 국가에서 성공하지 못한 가장 큰 이유는 이들 나라의 공산당들이 개량주의화 되어 반독점동맹을 부르주아적인 반독점운동으로 변질시켰기 때문이다. 일본 공산당의 경우가 전형적인데, 이들은 독점자본가들의 타도와 몰수, 국유화를 제기하기는커녕 고작 대기업의 전제(專制)에 대한 통제와 대기업의 사회적 책임을 강조하고 있다. 나아가 일본 공산당은 중소자본가를 인민에 포함시키고 당연히 반독점동맹 세력으로 파악한다. 이것은 일본 공산당이 부르주아화될 대로 부르주아화되었기 때문이다. 유럽의 경우도 반독점동맹이 추진되었으나 혁명이 성공한 사례가 없다. 다만 영국공산당(CPB)의 경우 반독점동맹을 추진하면서도 일본공산당과 같이 개량주의적 성격을 띠고 있지 않다. 영국 공산당은 독점자본의 전횡에 시달리는 제 부문의 운동의 결집으로서 반독점동맹을 추진하고 있다. 여성운동, 성소수자운동, 소수인종운동, 환경운동 등 제반 인민운동의 결집으로서 반독점동맹을 상정하는 것이다. 그리고 그러한 동맹의 조건으로서 노동운동의 지도적 역할을 꼽고 있다. 상대적으로 건강한 노선이라 할 수 있다.

국가독점자본주의 하에서 사회의 현실적 지배세력은 독점자본이다. 국가의 역할 혹은 국가독점은 사적 독점의 이윤을 떠받치기 위해 존재하는 것이다. 따라서 독점자본을 타격하고 이들을 고립시키고 나아가 몰수하고 국유화하는 것만이 현실적인 변혁의 경로이다. 이를 위해 기존의 자본가국가를 분쇄하고 민중권력을 수립해야 한다.

반독점동맹이 부르주아적 반독점운동으로 용해되는 것을 저지하기 위해서는 노동자계급의 헤게모니가 필수이다. 이를 기초로 운동으로서 인민들의 결집이라는 사상이 중요하다. 독점자본은 사회의 기생충이라는 것, 이들의 이윤에 대한 탐욕으로 전 사회가 고통받고 있다는 것, 이들을 타도하는 것만이 사회의 제반의 문제를 해결하는 지름길이라는 것 등의 내용을 구체화하여 반독점동맹의 강령으로 삼아야 한다.

10. 결론

21세기 초반이라는 반동의 시대에 사회주의 변혁의 전망을 논한다는 것은 어려운 일이다. 왜냐하면 반동의 힘이 변혁을 꿈꾸는 것조차 강하게 가로막고 있기 때문이다. 오직 자본주의의 무한경쟁 속에서 살아남기 위해 발버둥치라는 것이 자본의 인민에 대한 요구이고 명령이다. 이러한 삶을 단호히 거부하고 해방을 꿈꾼다는 것은 자신의 삶에서 도약을 감행하는 것이다. 철저하게 노동자계급과 인민의 편에 자신의 위치를 두고 이들의 이익을 위해 투쟁하는 것을 통해 해방세상으로 전진하고 나아가 자신의 발전을 도모하는 것이 운동하는 삶이다.

억압이 강할수록 반작용의 힘도 커지는 것이다. 이는 반동의 시대가 심화될수록 새로운 세상을 여는 변혁의 시대가 가까워짐을 의미한다. 20세기 사회주의의 실패라는 세계사적인 격동을 겪은 인류는 이제 다시 새로운 사회를 꿈꾸고 있다. 지금의 세계대공황이라는 현실이 인류로 하여금 새로운 사회주의를 꿈꿀 것을 강제하고 있다. 앞으로 닥칠 변혁의 시대, 그리고 21세기 사회주의 건설은 20세기 사회주의의 실패를 교훈삼아 고도의 수준을 구현할 것이다.

한국사회의 현실 또한 반동의 시대라는 특징을 온몸으로 보여주고 있다. 한반도에서 높아지고 있는 긴장은 그러한 시대의 특징이다. 따라서 우리는 변혁의 시대가 가까워짐을 인식하면서 새로이 변혁을 꿈꾸고 준비해 가야 한다. 이는 20세기 사회주의에 대한 철저한 반성과 교훈의 도출, 8·90년대와 달라진 한국사회의 계급대립구도에 따른 사회주의 변혁에 대한 준비, 노동운동과 제반의 민중운동, 부문운동의 혁신을 준비하고 이 모든 것을 위해 프롤레타리아 전위당 건설을 준비하는 것이다.

8·90년대 새롭게 시작된 한국의 사회주의 운동은 많은 성과를 내었고, 파시즘을 물리치고 운동의 성장을 가져왔으나 쏘련의 붕괴로 인해 맥없이 힘을 잃고 말았다. 이는 한국의 사회주의 운동이 사회주의의 역사에 대해 일천했고 프롤레타리아 국제주의에서 불철저했다는 것을 말한다. 그리고 지난 운동은 프롤레타리아 전위당 건설에 실패했다. 수많은 정파들이 프롤레타리아 전위당 건설을 시도했으나 실패했다. 따라서 8·90년대의 운동을 넘어 전진하는 길은 프롤레타리아 전위당 건설을 성공시키는 것임을 알 수 있다. 노동자계급의 양심과 지성, 단결과 전투성을 결집하여 반드시 프롤레타리아 전위당 건설을 성공시켜야 한다. 이를 위해 그 길에 필요한 조건들을 하나하나 착실

하게 준비하는 것이 지금의 운동의 위기를 타개하는 참된 길이다. 원대한 전망을 갖되 운동의 일보전진을 위해 혼신의 힘을 다하는 것! 이것이 현재 한국 사회주의 운동의 전위를 꿈꾸는 사람들의 과제이다.

대담:
노동자 문예 창작 과정에서의 형식의 문제
— 박현욱, 최상철

정리 | 최상철(노동사회과학연구소 운영위원)

    본문은 "노동자 문예 창작 과정에서 형식의 문제"를 주제로 <노동자 문화예술단 선언 "몸짓 선언">(이하 <선언>으로 표기) 박현욱 동지와 진행한 대담을 풀어서 재구성한 것이다. 대담은 한 차례에 끝난 것이 아니며, 화제를 바꾸어가며 수차례 이어진 것이다. 정리 과정에서 되도록 실제 발언을 살렸으나 논리적 흐름에 따라 재구성했다. 부족한 부분은 박현욱 동지를 비롯한 <선언>동지들과 협의하여 재서술하였다.
    본 주제는 이런 식의 대담으로 다루기에는 너무나 광범위한 내용을 포괄하고 있다. 따라서 본문은 실제 문예 운동 과정에서 부딪치는 몇몇의 쟁점에 관해서만 다룰 수밖에 없었고, 분명한 한계점을 내포하고 있다. 그럼에도 문예 운동가들이 당면하는 고민을 정리한 글이 많지 않기에 이 주제에 대해 고민하는 많은 이들에게 최소한 타산지석이 될 수는 있으리라 생각한다. 새로운 문예 운동론을 작성하기 위한 시론이 될 수 있기를, 또 부디 다른 곳에서도 이런 식의 논쟁이 생산적으로 이루어져서 실제 운동의 밑거름이 될 수 있기를 바란다. (본문에 담긴 사진은 박현욱 동지께서 직접 보내주신 것이다.)

박현욱(이하 욱): 동지가 문예운동에 관심이 많은 것은 알고 있지만 대담을 통해서 드러내고자 하는 것이 무엇인지 구체적으로 말해주면 좋겠다.

최상철(이하 철): ≪정세와 노동≫과 이론지 ≪노동사회과학≫을 통해서 습작과도 같은 글을 써보고 또 부족한 솜씨로 번역도 해오고 있는데, 이는 나름대로 맑스-레닌주의적 예술론의 재구성의 길을 찾아보기 위한 것이다. 그런데 현재까지 내 작업은 자족적인 것에서 크게 나아가지 못했기에 자기반성을 하고 있다. 이론이 중요하지만 자칫 담론의 형성에만 목을 매다보면 정작 중요한 것을 놓칠 수 있다. 문예를 매개로 실천활동을 하는 동지들과 괴리될 우려도 크다. 현실 투쟁의 일보전진을 근거로 하여 논쟁이 펼쳐져 온 것이 운동의 역사인데, 거꾸로 가는 작업이 되지 않을까 우려도 많았다.

원래 이번 ≪노동사회과학≫ 제4호에는 1980년대 소위 '뽕짝 논쟁'을 재조명하여 그 한계를 조명하고 그 이후 민중가요에 록음악 도입에 대한 논쟁을 거론하며 글을 이어가려 했다. 그래서 현재의 사실상 무논쟁의 시대, 다시 말해 노동자 계급적 문예 운동이 자본주의 상업대중음악의 압도적인 힘에 눌려 있는 상태에 대해 분석해 보고 싶었다. 단순히 연대기적으로 추적하는 것이 아니라 실제 노동자 문예창작에 있어 형식의 문제를 논쟁적으로 제기하고 싶었다. 하지만 활동가의 현실적인 욕구를 충족시킬 수 있을지 회의가 들었다. 그래서 이 문제에 대해서 현장에서 구체적으로 실천하고 있는 동지와 대담을 하는 것으로 방향을 바꾸었다. 따라서 이론적인 내용보다는 실천과정에서 직접 대면하는 문제들을 중심으로 이끌어가고자 한다. 대담이라고는 하지만 많은 부분에서 내가 묻고 동지가 답하는 방식으로 진행될 것 같다.

욱: 노동자계급 문예 창작에 있어서 형식의 문제를 다루고자 한다는 것을 이해했다. 이론작업은 분명히 유의미한 것이고 필요한 것이라고 생각한다. 하지만 애초 동지의 구상대로 집필을 하였다면 아마도 <선언>의 실제 활동에는 큰 반향을 주기는 힘들었으리라 생각한다. 그런데 이런 식의 대담을 이론지에 싣는 것이 적절한지 의문이다. 잘 어울리지 않는 것 같다. ≪정세와 노동≫이라면 어떨지는 몰라도.

철: 이론지 편집회의를 통해 집필이 아닌 대담 형식의 구성으로 바꾸어 보는 것은 어떨지 동의를 구했다. ≪노동사회과학≫에 대담이나 인터뷰 형식의 글이 실린 적이 없기에 다소 파격적인 제안일 수는 있지만 편집진들이 동의했다. 이론지에 실리는 글이 의미가 있기 위해서는 실제 운동을 긴밀하게 반영하여 다시 실천활동에 반향을 줄 수 있어야 한다. 이를 위해 노동자 문예창작 문제에 관해 자기 정리도 필요했고 문예 활동가의 직접적인 조언도 필요했다. 이는 한 두 차례의 대화로 해결될 수 있는 문제도 아니기에 이번 대화에서는 그저 문제를 꺼내는 수준에서만 다루는 내용도 많을 것이다. 그래도 처음부터 배부를 수는 없는 노릇이니 시작을 해보았으면 한다.

욱: 음악 형식을 화두로 꺼내자면 특정한 음계나 조성 혹은 장르에 계급성이 있는 것은 아니라 생각한다. 부르주아 상업문화에서 먼저 적합한 형식을 가져다 쓰기 때문에 문제가 되는 것이지 계급적 문예 창작이 형식 그 자체에 의해 제한받아서는 안 될 것이다.

철: 기본적인 판단에 동의한다. 민족어에 계급성이 없는 것과 마찬가지일 것이다. 그러나 한국 노동자 계급에게 특정 장르가 수용되어 온 역사성이 있고, 특히 그것은 제국주의의 지배에 의해 왜곡된 바가 크다. 특히 뽕짝에 대해 언급한 것은 청산되지 않은 일제시대라는 조건이 있고, 한국사회 지배계급이 뽕짝의 체념적인 또 현실에 안주하려는 정서를 적극적으로 우민화(愚民化)에 이용해왔기 때문이다. 마찬가지로 록 음악도 미제국주의의 정치적 영향력과 미군의 주둔과 떼어놓고 생각할 수 없다. 그러나 어떤 특정 형식을 절대로 쓰지 말자는 식으로 접근해서는 안 된다는 것에 동의한다.[1]

---

1) 얼마 전에 <남북의 창>이었나, 우연히 텔레비전 프로그램을 보는데 북에서도 브라스 밴드가 재즈 형식을 도입해서 연주하는 것을 보았다. 경직화된 방식의 민족적 표현 양식을 고수하는 것으로 알려졌던 그곳에서도 형식 수용에 있어서 유연성 있는 전환을 하고 있음을 간접적으로 확인할 수 있었다.
   진보적인 노동자계급의 형식에 있어서 원천적인 금기가 있다면 곤란할 것이며 이는 두 대담자 모두 공통적으로 찬성하고 있는 바이다.

욱: 내가 음악 전문가가 아니기에 제한된 발언이 될 수밖에 없지만 우리의 문예 창작은 상당히 목적의식적인 것이다. 민중가요에도 록음악, 트로트 아니면 복음성가적인 곡들이 굉장히 많다. 중요한 것은 사람들의 감성이나 생각을 움직이려는 방향으로 특정한 형식이 설정되었으리라는 것이다. 트로트의 체념적이며 현실에 안주하려는 정서에 대해 말했지만, 트로트 내부에도 세부적인 갈래가 있기에 모든 트로트가 다 그렇다고 일반화할 수는 없다고 본다.

철: 동의한다.

욱: 우리의 운동에서 문예는 상당히 감성적인 특성이 있다. 그러함에도 역사발전에 조응하는 과학성을 충분히 담지해야 한다. 이를테면 록음악에는 장점이 있지만 형식적인 특성에서 몰과학성을 강조할 수 있는 측면이 있다.

철: 이를테면 반지성주의와 같은 것을 말하는 것인가?

욱: 그렇다.2) 형식적인 측면에서 우려할 지점이 있기에 고민이 되는 점도 있다. 동지와는 달리 트로트나 록이 가진 장르의 역사성에 대한 부분을 고찰하면서 우려되는 지점을 고민하기보다는, 지금 당장 그 형식으로 창작을 하거나 시연을 할 때 그 형식이 대중에게 미치는 영향에 대한 고민을 우선시한다.

철: 여기서 창작의 문제에 직접적으로 직면하는 현욱 동지와 나 사이에는 각자의 처지에 의해 규정되는 입장에 차이가 있는 것 같다. 1980년대 뽕짝논쟁을 화두로 꺼낸 것은, 당시 이영미 선생을 비롯한 젊은 논자들이 이끌어 낸 이른 바 '민중문화'에 대한 담론의 유의미성을 지적하기 위해서이다. 이 논쟁은 '민족문화' 대 '외래문화'라는 다소 도식적인 구도 하에서 진행되었지만,

---

2) 트로트의 경우에서와 마찬가지로 '록 음악 일반이 반지성주의적이다'라고 하는 것은 아니다. 상당히 지적인 감상을 요구하는 록 음악도 많이 찾아 볼 수 있다. 대화에서 두 참여자가 공통으로 인지하는 기본적인 전제가 생략되는 경우가 있기 때문에 이에 유의하면서 흐름을 따라가 주길 바란다.

외래의 대중예술 형식 수용 문제를 제기하며 큰 반향을 불러왔다. 또 트로트의 기원을 조명하며 이것이 전통적 형식이 아님을 밝혀내며 '왜색문화'에 대해 비판한 것도 의의가 있다.3) 하지만 '뽕짝' 형식에 대해 비판적인 논자들은 상당히 엘리트주의적인 관점에서 논쟁에 임하기도 했다. 똑같은 비판의 잣대가 서양의 것, 클래식은 말할 것도 없고 록이나 재즈 같은 것에 대해서는 거의 적용되지 못했다. 그래서 어떤 이들을 '왜색문화'를 몰아낸다는 이름으로 '양키문화'로 획일화시켜 놓았다고 혹평한다. 당시 논쟁 참여자 중에서 이영미 선생의 논지가 상당히 균형감각을 가지고 있다고 본다. 일본 제국주의의 침략의 역사와 트로트 형식의 유입에 대해서 설득력 있게 밝히면서도 감정적인 비판에서 그치지 않고 다른 외래문화 수용에 있어서도 비판적인 접근을 시도하였다. 그럼에도 이 논쟁은 노동자 계급적인 입장에서 진행되지 못했다는 점에서 근본적인 한계가 있다고 하겠다.

욱: 과거 역사에서 어떤 형식이 지배계급의 의도에 따라 굴절된 바에 대해 당연히 고민한다. 그런데 거기에 구애받아서 형식 수용을 경직된 방식으로 하고 싶지 않다. 지배계급의 의도는 의식적으로 배척하면서도 형식이 지니는 강점은 취하고 재해석해내는 노력이 필요하다. 왜색문화, 양키문화에 대한 비판이 있지만 문화에서 국제주의(internationalism)적 보편성을 추가해야 한다고 본다.

철: 사회주의자는 국제주의자이어야 하며 문화에서도 국제주의자가 되어야 한다. 다만 그 국제주의라는 것이 이른바 코스모폴리타니즘(cosmopolitanism)이 된다면 현재에 있어서는 할리우드와 팝음악으로 대변되는 압도적인 자본력으로 지배하는 미제국주의 문화로의 평균적 수렴이라는 결과에 이를 수 있다. 1930년대 사회주의 리얼리즘 담론이 등장하던 시기에 민족적인 형식으로 계급적인 내용을 담는 방식을 취한 것은 당대에 분명한 유의미성을 지니는 것이었다. 쏘련에서 그 이후에도 상당기간 동안 재즈와 록 음악

---

3) 물론 일부의 논자들은 아직도 트로트의 한국적 특징을 강조하면서 '왜색성'을 부정하기도 한다.

에 반대했던 것은 경직된 방식이라 비판받을 수는 있고, 또 지금도 그 방식을 그대로 고수하는 것은 불가능하다. 하지만 민족적인 것에 계급적인 내용을 담는다는 명제는 여전히 유효한 측면이 있다. 각 민족적 형식이 지닌 국제적인 보편성을 밝혀내는 작업도 중요하다. 그리고 국제적으로 용인될 수 있는 노동자 계급의 형식은 산술적인 평균이 아니다. 그것은 오히려 각국의 노동자 계급의 특성을 적극적으로 반영할 수 있는 것이어야 한다.

욱: 각 문화의 상대성을 포기하고 주류에 쏠리는 식을 취하는 것은 아니다. 또 보편성만을 강조하여 개별자들의 개별적 특수성을 무시하는 것이 아니다. 다만 보편성을 취하는 특정한 형식이 있을 때 그 형식이 적이 아니라는 것이다. 우리의 적은 형식이 아니라 지배계급임을 강조하고 싶은 것이다.

철: 그렇다. 민족적 형식이라는 것도 새롭게 고민이 되어야 한다. 자본주의는 끊임없이 세계를 통합해내고 있고, 이전 같으면 각국의 고립적이며 개별적인 현상에 그쳤을 것들이 세계적인 반향을 일으키고 있다. 문화에 있어서 민족적 형식 그리고 세계적 보편성이라는 것도 새롭게 고민되어야 한다는 점을 지적하고 싶다.

욱: 지배계급이 제국주의와 결탁하여 문화를 이데올로기적으로 이용했던 것은 분명하다. 하지만 러다이트 운동처럼 기계를 적으로 설정한 오류를 되풀이해서는 안 된다. 물론 지배문화에 휩쓸리지 않을 자신이 있느냐고 묻는다면, 문예운동은 그것을 피하지 않고 직접 대면하여 당당히 맞서 싸우는 투쟁이라 말하고 싶다.

철: 어찌되었든 현재는 형식 논쟁 혹은 형식 수용의 논쟁이 과거와 거의 단절되어 있다.

욱: '논쟁'이 단절되었다는 것인가?

철: 물론 이 논쟁은 실천에 의해 규정되는 것이다. 뽕짝논쟁과 같은 것은

1990년대 잠깐 있었던 록 음악 수용논쟁을 제외하면 거의 없었다고 봐도 무방할 것이다.

욱: 그렇다. 1993년도 <천지인>이 등장했을 때 상당히 많은 논란이 있었다.

철: 그런데 대중음악 사전심의제도 철폐가 대중적 화두로 오르고 나서 상황이 많이 바뀌었다. 1995년도에 한양대학교 노천극장에서 <메이데이> 같은 민중 지향적 록밴드를 포함하여 <시나위>, <블랙홀> 록밴드와 <조국과 청춘>과 같은 민중가요 팀이 "자유"라는 주제 하에 모여 대중음악 사전심의제 철폐를 주장하며 공연을 했다. 이 시기를 분기점으로 록음악은 민중가요 내에서도 일종의 '시민권'을 획득했다고 본다. 심지어 과거 민중가요가 거의 군가풍의 행진곡이었던 것에서 이제는 많은 경우 록음악 풍으로 바뀌어 버렸다. 그런데 80년대에는 '하드록=미제의 함성소리' 식으로 상당히 경직된 비판이 있었고, 반면에 90년대 중반을 넘어서면서부터는 록음악을 비롯한 대중음악 형식 수용에 있어 상당히 무비판적이다. 논쟁도 별로 없고 창작도 답보 상태에 있는 것으로 보인다. 단적인 예로 음악을 들고 있지만 이는 현재의 노동자계급의 상태와 집회 문화의 단상을 그대로 보여주고 있는 것 같다. 공격적인 발언이지만 현재 집회 문화는 실용적인 방식으로 그때 그때 대처하는 식으로 구성되는 것 같다. 직면하는 상황에 대한 대처도 물론 중요하지만 보다 장기적인 전망이 필요하리라 생각한다.

욱: 공격적일 수 있다고 조심스럽게 말씀하는데 공격적인 질문이나 발언 환영한다. 문제의식에 공감은 하는데 이런 부분에 있어서는 나보다는 음악 창작을 실제로 하는 동지들과 깊이 있는 이야기를 하는 것이 맞을 것 같다.
그래도 주제넘게 이야기하자면 창작물이 많이 나오지 않은 것은 논쟁이나 고민의 지점이 풍부하지 않다는 것 이전에 운동의 토대, 운동 전체적인 지형 변화와의 관계가 보다 일차적인 것임을 분명히 해야 한다. 80년대에도 그렇고 90년대에도 여전히 자유주의적인 부르주아 운동과 노동계급의 운동이 병존하는 가운데 문화에서는 양쪽의 당파성이 뭉뚱그려진 형태로 함께 존재했

다. 이런 것이 당시의 민중문화였다. 르네상스 시기라 할만한 87년 노동자 대투쟁에서 90년대 초반에 이르는 당시 문화를 가능하게 했던 노동자 운동의 폭발성은 지금과 비교하기 어렵다. 그러한 근본적인 조건의 변화 때문에 논쟁의 주체도 별로 없고, 치열하게 전개할 여건도 충분치 않다. 각개약진하는 상황은 비단 <선언>에만 해당하는 것은 아닌 것 같다.

농담 삼아 나 스스로를 순리주의자라고 부른다. (허허.) 혁명도 순리에 따르는 것이다. 문예 활동가들의 비주체적인 측면이라고 비판할 수도 있겠지만 만약 논쟁이 절박한 상황이었다면 치열한 담론이 전개되었을 것이다. 문예 활동과 관련된 단 한 번의 제대로 된 토론회나, 표현이 좀 우습지만 공개적인 학술제가 없었다. 이런 것과 함께 실제 문예 주체들의 정책적인 접근이 상당히 절실할 수밖에 없는데 아직까지 큰 의식변화가 없다. 노동법 개악, 비정규직, 노동 유연화, 신자유주의 등의 주제에 대해서는 계속해서 토론회가 이어진다. 나는 문예에 대해서도 토론회를 해야 한다고 주장한다. 현장을 다니면서 계급문화, 민중문화의 중요성에 대해서 강연을 하고 주로 그런 것들을 교육하지만, 공개적인 토론회 등의 조직적인 논의는 현재까지는 뒷전으로 밀려 있는 것이 사실이다. 이것이 현재의 수준이라 보는 것이 좋을 것 같다.

철: 문예에 대한 고민은 현실 운동과 따로 떨어져 독자적으로 될 수 있는 것이 아니며 현실운동의 전진과 문예 활동의 전진은 함께 상호작용해야 하는 것이다. 이 한 번의 대화로 큰 변화를 기대할 수는 없지만 적어도 누군가가 올라설 수 있는 디딤돌이 될 수 있기를 바란다.

그런데 이야기가 자칫 추상적인 수준에서만 전개될 우려가 있으니 좀 더 구체적으로 들어가 보고 싶다. 개인적인 질문일 수도 있지만 실제 창작 과정에서 부딪치는 고민에 대해서 이야기를 이끌어 가보자. 뽕짝 이야기를 다시 꺼내자면 <선언>이 집회판에서 음악을 매개로 한 대중 선동을 할 때 트로트 풍의 곡조를 활용하는 것을 종종 보았다. 이에 대한 고민을 듣고 싶다.

욱: [기름밥 청춘], [사람이 태어나][4], [동지의 길]과 같은 곡들이 대표적

---

4) 이 곡은 가사는 기존의 봉건적인 격언인 '남자는 세 번만 운다'를 뒤집어 '사

이다. 사실 트로트는 개인적으로 썩 좋아하는 장르는 아니다. (웃음) 그러함에도 부르고 있다.

[사진 1] 2010년 여름 양재동 동희오토 농성장에서.

철: (웃음) 그렇다면 왜 불러야 한다는 것인지 구체적으로 말해 달라.

욱: 우리가 능력이 부족해서 그런 것일 수는 있지만, 대중 집회 공간에서는 대단히 자세하고 섬세한 문예적 표현을 해내기가 상당히 힘들다. 이 공간은 문예 공연을 보러온 사람들이 아니라 집회와 투쟁을 위해 온 사람들의 열린 공간이다. 몸짓 공연을 할 때와 다르게 이런 곡들을 활용하는 것은, 집회에 참여하는 대중들을 수동화·대상화하는 집회 문화에 대한 고민에서 비롯한다. 집회는 참가자들이 주인이며 이들이 만드는 것인데, 그렇지 않은 경우도 많지만 조직 노동자들이 명령을 통해 동원되는 경우도 많다. 그래서 동원되어 앉아 있다가 무대 위에서만 이뤄지는 모든 것을 '구경'만 하다가는 집회를 벗

람'으로 바꾸어 젠더(gender)적인 관점에서 문제제기를 하였고, 그것을 또다시 노동자의 시각에서 재해석해는 두 번의 극적인 도약을 이루어 냈다. 노동자 계급적 관점에서 새로운 보편성을 획득할 수 있도록 재구성한 가사는 상당히 훌륭한 것이라고 평하고 싶다.

어나고자 한다. 어떤 식으로든 참여를 유도하려 한다. 문예팀은 공연자가 되고 집회 참여자들은 일방적인 수용자가 되는 구조를 어떻게든 깨고 싶다. 무대 위에서 모든 예술이 이뤄지는 것이 아니라 모인 군중의 예술을 지향하는 전제 속에서 거의 대부분의 경우에 함께 할 수 있는 것들을 배우고, 전달하고 같이 만들어 내려 하고 있다.

그랬을 때 집회 중에 그 한 꼭지를 위해 주어진 시간은 길어도 겨우 5분이다. 그 5분 안에 할 수 있는 문예적 표현을 위해서는 일단 곡 길이가 짧아야 하며, 멜로디와 리듬도 쉬워야 한다. 음계를 매우 복잡하게 써서 변조가 된다거나, 박자도 변박을 쓴다거나 하면 곤란하다. 음역도 넓지 않아야 하고 부르기에 불편함이 없어야 한다. 집회에 참여하러 온 사람들은 전문적인 공연에 참가하러 온 이들이 아니다. 그런 이들이 수용할 때 부담이 없는 형식을 갖춘 장르를 선택하게 되는데, 아직까지는 뽕짝이 대세다.

철: 질문을 던져 보겠다. 스스로 별로 좋아하지 않는 형식을 시연해야 한다면 창작자 혹은 공연자의 주체성이 퇴행된다고 보지는 않는가? 예술성이 훼손된다고 생각해 보지는 않았는가?

욱: 그렇게 보지는 않는다. 내가 예술적으로 깊이 있는 활동가가 아니어서 그럴 수도 있지만.

철: 그렇다면 달리 질문해 보겠다. 실제로 창작자 공연자가 좋아하면서도 대중들이 쉽게 따라할 수 있으면서도 대중들의 능동성을 불러일으킬 수 있는 교육적인 효과도 담아 낼 수 있는 형식이 있다면 가장 바람직하지 않겠는가?

욱: 그렇긴 하다. 당연히 아쉬움이 있다. 언급한 곡들보다 더 풍부하고 나은 곡이 있다면 당연히 그런 곡들을 선택하고 싶다.

철: 적절한 예가 아닐 수 있지만 서양 대중음악의 예를 들어보고 싶다. 초창기 재즈의 경우 쉽게 몸을 움직이며 춤을 출 수 있으며 수용자들이 주체가 될 수 있는 음악이었다. 그러던 재즈 음악이 발전을 하면서 연주자 중심의 상

당히 복잡하고 어려운 감상음악이 되었다. 그러면서 재즈 연주자들은 클래식 연주자처럼 학구적이 되어 갔고 점점 대중들과 유리되었다. 이러던 시기에 브라질에서 건너온 보사노바가 상당한 반향을 일으켰는데 이는 화성과 박이 단순하지 않으면서도 대중들이 쉽게 흥얼거릴 수 있는 선율의 음악을 제시할 수 있다는 것이 주된 이유였다. 보사노바는 연주자와 수용자를 동시에 만족시킬 수 있었기에 남아메리카뿐만 아니라 전 세계적으로 선풍적으로 유행하게 되었다. 우리의 경우와 다른 이야기지만 창작자들의 욕구도 만족시키며 대중들의 능동성을 불러일으키는 효과도 같이 있는 형식을 찾아간다면 더욱 폭발적인 영향력을 발휘할 수 있으리라는 생각에서 이야기를 꺼내 보았다.

욱: 맞다. 문제의식에 공감한다. 우리 팀도 가끔 기타를 치면서 노래를 부를 때가 있는데, 보사노바 편곡을 많이 하는 편이다. 이것도 좀 그런데, 트로트와 마찬가지로 보사노바도 개인적으로 그다지 좋아하지 않는다. 이건 취향의 문제다. (웃음) 한국의 대중들에게 보사노바는 흥이 막 난다거나 받아들이기 쉬운 형식은 아닌 것 같다.

다시 집회 문화 이야기로 돌아가겠다. 실제로 표현해야 하는 대중의 입장에서 본다면 편한 것이 가장 좋은 것이다. 어린 시절부터 익숙한 음계 같은 것들... 아직까지는 대중들에게 뽕짝이 제일 쉽고 시연하기 용이하다. 아니면 준트로트 혹은 세미뽕짝 형태가 전문적이지 않은 대중들이 같이하고 부르기에는 익숙하고 편한 곡들이 좋다.

철: 그 자체를 부정하지는 않는다. 이를테면 <전국 노래자랑>의 막강한 위력을 보아하면 그렇다. 어떤 이는 이를 세계적으로 유래를 찾기 힘든 프로그램으로 꼽기도 한다. 또 얼마 전의 3·8 여성의 날 집회에서 여성 청소용역 노동자들이 무대에서 '노가바(노래 가사 바꿔 부르기)'로 스스로의 현실을 풀어내었는데 역시나 뽕짝의 가사를 바꾸어서 부르기도 하는 것을 보았다. 매향리 투쟁에서 [소양강 처녀]의 가사를 바꾸어 부른 것도 그렇고 콜트-콜텍 노동자들도 그랬고, 사례는 찾아보면 훨씬 더 많다. 그러나 한편으로 노동자 대중이 주체가 되는 문화판이 트로트 곡을 소재로 한 '노가바'에서 한 걸음 더 나아가길 바라는 점에서 큰 아쉬움이 있다.

그런데 앞서 언급한 뽕짝 풍 투쟁가요 [기름밥 청춘], [사람이 태어나], [동지의 길]같은 곡들은 남성 노동자들이 많은 사업장에서 부르기 좋은 곡들인 것 같다.

욱: 그것도 고민이다. 이것들은 다 예전 곡들이다. 김호철 동지의 경우를 제외한다면 요즘엔 뽕짝 풍의 창작이 많지 않다. 김호철 동지 같은 경우 대단히 남성적인 곡들을 많이 써왔다. 그런데 대단히 섬세한 감성이 담겨있는 [들불의 노래]와 같은 예외도 있다. '꽉꽉 쓸어버리자'5), '포크레인 삽날로'6), '해골 두 쪽 나도'7) 그런 가사를 쓰던 사람이 '밤새 내렸던 빗물에 젖어'로 시작하는 [들불의 노래]와 같은 곡을 만들어서 모두를 놀라게도 했다. 아무튼 민중가요가 목적의식적으로 많이 불려지게 된 것은 1987년 이후 대공장 남성노동자들의 투쟁이 전면에 등장하는 역사적인 조건 때문임을 부정할 수 없다. 그런 조건 때문에 김호철로 대표되는 남성적 목소리의 민중가요들이 여전히 힘을 발휘하고 있다. 지금 향유하고 있는 민중문화도 이 시기에서 크게 바뀌지 않았다. 조직화된 중화학공업 대공장 남성 노동자들은 엄청난 물적토대를 갖고 있다. 그런데 지금 시기 그들은 운동적으로 지탄도 받고 있고, 특히 많은 투쟁가의 동기가 되었던 현대 중공업 노조 같은 경우에는 어용화되기도 하였다. 당시 투쟁가는 그것이 창작되던 시기의 운동의 지형에서의 한계를 담고 있다. [단결투쟁가]도 정말 노동 현장에서 많이 부르는 곡인데 작사를 한 백무산은 최근 우경화된 정치 행보를 걷고 있기도 하다.

남성 사업장 정서의 곡들을 일부러 고르는 것은 절대로 아니다. 현재 <선언>은 그런 정서를 극복하면서도 사람들에게 호소할 수 있는 노래나 문예를 새롭게 만드는 것이 아니라 기존의 곡들을 활용하다보니 그런 문제가 발생한다. 그래서 경우에 따라 곡을 바꾸는 식으로 대응한다. 이를테면 젊은 노동자들이 많은 사업장에서는 [가야하네]8) 그리고 상대적으로 여성적인 목소리도

---

5) [쓰레기 청소가].
6) 같은 곡.
7) [파업가].
8) 한국외국어대 <새물결>이 만든 이 곡도 등장한 지 20년 가까이 되었다. 현재도 투쟁의 현장에서 노래 창작이 이어지고 있지만 이전과 같은 대중적인 폭발

낼 수 있는 [동지의 길] 같은 곡들을 활용한다.

철: 노래에 있어서는 실제 창작을 하는 것보다 기존에 있는 곡들을 활용한다고 하였지만 현욱 동지는 몸짓 말고도 작사와 같은 창작활동을 하고 있다. 이런 것들이 <선언>활동과 분리된 것이 아니라 본다. 다소 개인적인 이야기가 될 수도 있지만 동지가 직접 작사를 하고, 지민주 동지가 노래를 부른 [길 그 끝에 서서]에 대해서 말해보고 싶다. 형식적으로만 본다면 이른 바 캠페인 송 같은 느낌이 있어서 개인적으로 선호하는 형태는 아니라고 이전에도 이야기 한 바 있다. 그런데 가사를 쓸 때는 가사에 맞는 곡조를 당연히 염두에 두면서 작업을 했으리라 예상한다. 이 곡이 나온 배경에 대해 좀 더 자세히 알고 싶다.

욱: 가사를 쓸 때는 당연히 곡 형식도 염두에 둔다. 빠르기는 미디엄 템포를 예상하고 가사를 쓴 것이다. 그러나 결과물이 나오는데 개인적인 구상이 그대로 반영된 것은 아니다. 여럿이 창작한 것이기 때문이다.

철: 그렇다면 집단 창작으로 만들어졌다는 것인가?

욱: 그렇게 보기는 힘들다. 작사를 하면서 이 곡은 대강의 멜로디가 이랬으면 좋겠고, 미디엄 템포(모데라토 정도)로 갔으면 좋겠다는 정도의 이야기만 전했다. 실제 미디엄 템포의 멜로디 라인을 만든 것은 지민주 동지가 하신 거고, 실제 편곡은 다른 밴드9)가 했다. 집단 창작이라고 부를 수 있으려면 함께 모여서 머리를 맞대고 착상에서부터 전체의 의견을 모으고 해야 하는데 그렇지 않았다. 편곡하는 동지들에게 의뢰를 했는데 생각했던 것보다 비트가 강하게 나왔다.

철: 그렇다면 일종의 분업화의 방식으로 창작된 것으로 봐야 하는가?

력을 담은 곡이 많이 나오지 않는 현실을 하루 빨리 극복해내야 할 것이다.
9) 편곡은 마구리 밴드가 맡았다.

욱: 그렇게 보는 것도 괜찮겠지만... 창작이 팀 내에서 이루어지는 것이라면 그 내부의 여러 논의를 거쳐서 했을 것이다. 이 곡은 지민주 동지의 곡이고 프로듀싱은 또 다른 팀에서 담당했다. 작곡을 했다고 할지라도 편곡의 영역이 있고 이는 어느 정도 존중해야 한다고 본다.

철: 앞에서 이 곡을 캠페인 송 갔다고 했는데 아무래도 나도 어린 시절에 80년대를 겪어보았기 때문에 정수라의 [아 대한민국] 같은 곡들에 대한 거부감이 강하게 있다. 그래서 개인적으로 그리 선호하는 곡은 아닌데, 장기투쟁 사업장 동지들이 [길 그 끝에 서서]를 좋아한다는 이야기를 듣고 다소 갈등을 하기도 했다.

욱: 딱 [아 대한민국] 같은 곡을 의도한 것이다. 아니면 80년대를 겪은 사람이 알만한 [은하철도 999] 주제가 같은 것들. 사실 [길 그 끝에 서서]는 예상보다 반응이 많이 좋았다. 특히 전교조 선생님들이나 공무원 노동자들에게서 좋은 반응을 많이 봤다. 물론 생산직 노동자들에서도 반응이 좋다. 가슴 아픈 일이지만 민주당 놈들이 노래 너무 좋다고 이 노래 써도 되냐고 물어오기도 했단다. 그래서 가사를 쓴 입장에서 불쾌했다. 어쨌든 상철 동지는 왜 사람들이 이 곡을 좋아할까 의문이라고 하는데 동지의 정서는 대중적인 것보나는 독특한 것 같다.

철: 그렇다. 인정한다. (웃음)

욱: [아 대한민국]을 염두에 두었다는 말은 캠페인 송이 가지는 장점을 고려했다는 것이다. 즉 곡을 불렀을 때 이를 듣는 사람들에게 곡조나 가사가 직접적으로 전달되어야 한다. 화성이 급격하게 바뀐다거나, 멜로디 라인이 낯설지 않아야 하며 엄청나게 실험적이면 곤란하다. 사실 [길 그 끝에 서서]는 직접 부를 때 그리 쉬운 곡은 아니다. 잘 부르려면 어려운 노래지만 적당히 부르려면 누구나 부를 수 있는 노래, [아 대한민국]이 딱 그런 곡이다. 그런 곡들이 흥얼거리기도 좋고 널리 퍼진다.

[길 그 끝에 서서]에는 구체적인 당파성을 담은 어휘가 없다. 일부러 다

뺐다. 노동자, 철거민, 장애인 등등 투쟁하는 민중 누구나 자신의 문제로 공감할 수 있기를 바라는 의도에서 그랬다.

철: 장기투쟁 사업장에서 이 곡에 대해 좋은 반응이 나온다는 이야기를 듣고 개인적으로 반성을 하기도 했다. 아마도 꽉 막혀 있는 현실에서 어떻게든 길을 찾고 싶어하는 동지들의 열망과 잘 호응했기 때문이라고 생각한다.

욱: 이 곡의 가사를 쓴 것은 지금 활동하고 있는 친구에게 해 주고 싶었던 편지를 가사로 쓴 것이다. 그 자리에서 해 주고 싶은 말을 전하지 못하고 곡으로 썼다. 이 친구는 정치적으로 올곧은 노선을 견지하려는 노동운동 활동가로 소수파라는 어려움에 힘겨워 했다. 굳건한 계급 해방적 관점을 지니고 민주노조 운동에 대한 전망을 고민하던 동지였는데, 현장이나 속한 조직에서는 어려움을 겪었다. 또 옳은 투쟁이어서 이를 끝까지 밀고 나갔지만 물적인 조건이 뒷받침이 되지 않아 시련도 많이 겪었다. 비정규직화 반대한다고 노동조합을 만들기 위한 싸움을 조직하고 독려했지만 심지어 어떤 경우는 손배가압류 때문에 패륜아로 낙인찍히고, 구속되고는 노동자의 반응 때문에 상당히 힘겨워했다. 옳은 것을 사람들에게 설득하자니 현실의 벽에 부딪치고, 그렇다고 적당히 타협한다면 운동하는 자신의 원칙에 맞지 않는 딜레마에 빠져 매우 힘들어하고 절망에 빠졌다. "아, 다 포기하고 그냥 떠나고 싶다" 그 말을 들으면서 그 친구에게 그 자리에서는 아무 말도 못했다.

장기 농성장에 가서 앉아 있다 보면 내가 외계인 같은 적이 있었다. 옳기 때문에 천 일을 넘게 싸우고 있는데, 그렇게 싸워도 안 되는 현실을 보면, 내 생각이 틀린 것이었나 하는 고민을 하게 된다. 이런 고민을 현장 활동가들이 정말 많이 한다. 젊은 대공장 정규직 활동가의 이야기다. 선배 운동가들의 헌신적인 모습을 보면서 비정규직 투쟁에 앞장서야 한다고 결심을 했고 실제로 비정규직 투쟁을 조직하기 위해서 헌신하고 몸으로 옹호했다. 그런데 이 활동가가 같은 조합원 정규직에게 맞는다. 예를 들어 비정규직 식당 노동자의 파업을 사수할 때가 그렇다. '비정규직 파업 좋지만, 밥을 안 주는 것은 누구를 위한 파업이냐' 식으로 나왔다. 물론 구사대도 있겠지만 친한 노동자가 그렇게 쳐들어 왔을 때 휘두르는 주먹을 맞아야 하고 욕설을 그대로 들어야 한다. 옳다고 생각해서 하는 것인데, '내가 뭐 하는 것인가' 고민하는 사람이 많다. 그런 이들에게 '네가 맞는 것이다'는 이야기를 해주고 싶었다. 정말 현장을 보면 답이 없을 때가 많다. 뭐라고 건네줄 말이 없다. 그래도 답은 없지만 '네가 하는 일이 맞다' 그리고 '답이 없다'해도 운동이란 원래 없던 답을 뚫어내는 것이다. '길이 안 보인다'는 그 친구에게 '길이 안 보여서 틀린 길을 온 것이 아니라, 오히려 맞는 길을 온 것일 것이다.' 이 말을 해주고 싶어서 쓴 가사이다. 여러 현장에서 이런 정서를 직접 확인했기 때문에 어느 정도 이 노래를 통해서 활동가들이 위로를 받겠구나, 심기일전하겠구나 하는 소박한 마음에서 곡을 쓴 것이다. 이 곡을 예상 외로 좋아하는 사람이 많다는 것은 주변에서 봐왔던 모습이 보편성을 가지고 있다는 것을 반증하는 것이라 생각한다.

철: 이제 음악이 아니라 동지가 구체적으로 표현하고 있는 몸짓에 대한 이야기로 화제를 바꾸어 보겠다. 개인적인 질문이 될 수도 있지만 몸짓을 매개로 한 실천활동을 하게 된 계기에 대해서 이야기 해 달라.

욱: 학생운동을 하던 1992년, 93년 <전대협>에서 <한총련>으로 넘어가던 시기는 한국 학생운동의 역량이 최고조에 딜했던 시기났다. 학생운동과 노동자계급 운동이 동일한 것은 아니지만, 학생운동이 노동계급 운동으로 전환하는 주요한 인자를 제공하는 역할을 한다고 보았을 때 당시의 물적인 토대는 대단한 것이었다. 단일 조직이 10만 명을 모아 놓고 출범식하는 것은 세계적으로 유래가 없는 것이었다. 고려대에서 1기 <한총련> 출범식을 할 때는 자리가 없어서 나무를 뽑아다가 다시 심었던 해프닝은 유명하고. 당시에는 학생 몸짓패가 과별로 하나씩 많은 경우 학년 별로 하나 씩 있었다. 그러한 당시 학생 운동의 토양은 문예 활동가들을 자연스럽게 배출해낼 수 있는 구조였다.

사실 학생 때에는 문예활동만 한 것이 아니라 학보사 기자, 학생회 대표자 등의 역할이 오히려 주된 것이었다. 그런데 졸업할 무렵 '너는 문예 활동을 해야 한다'는 선배들의 권유가 있었다. 이에 대해 당시에는 "춤추는 게 무슨 운동이에요?"라고 대답했었지만 잘못된 판단이었다. 선배를 따라 어느 공장에 노동자 몸짓패가 연습하는 곳을 우연히 갔다가 그들의 척박한 현실에 정말 깜짝 놀랬다. 그곳에 있던 한 노동자 동지의 이야기가 생각을 바꾸게 한 직접적인 계기였다. "현장 노동자들의 문예적인 갈망이 있는데, 아무리 해도 기계 만지고 일만하던 사람들은 떠오르질 않는다. 너같은 활동가 한 명이 정말 목마르다." 당시에는 민중가수도 많았고, 노래 운동을 하는 동지들이 많았으나, 매우 효과적인 매체인 선동무(舞)를 전업적으로 담당하는 활동가가 적었다. 그렇게 현장 문화패를 조직하는 활동을 시작한 것이 지금에까지 이어진 것이다.

[사진 2] 2006 공공연맹 수련회

철: <몸짓 선언>과 관련한 보다 구체적인 이야기를 해보자. 선언의 몸짓에 배경으로 쓰는 곡들은 많은 부분 10년도 더 된 곡들이다. 동작도 바뀌는 부분도 있지만 그 이전에서 크게 차이가 나지 않는 것도 같은데.

욱: 잘 못 느낄 수도 있지만 지금도 여전히 창작하는 동작들을 계속 바꾸고 있다. 이것을 설명하자면 상당히 기술적인 내용을 되는데 이 자리에서는 적절치 않은 것 같다.

철: 선언의 동작은 때로는 무예(Martial arts)를 연상시키기도 한다.

욱: 맞다. 그렇다면 동지는 무예와 비슷한 동작에 대해서 어떻게 판단하는가?

철: 자본의 강고한 전열에 맞서 싸우기 위해서는 우리의 전투부대가 필요한 것이며 당연히 우리의 전투부대를 형상화하는 방식이 필요하다고 본다. 그래서 무예 비슷한 동작이 노동자 계급의 투쟁을 형상화하는데 적합하다면 그 동작이 들어가는 것 자체를 부정적으로 보지는 않는다.

욱: 이화여자대학교 몸짓패 <투혼>에게 한 활동가가 써준 시가 있다. 요약하자면 우리의 춤, 무(舞)는 싸움, 무(武)이어야만 한다. 만약 그렇지 않으면 무(舞)는 무(無)가 된다는 것이었다. 형식적으로 보았을 때 무예와 춤은 뿌리가 같다. 무예냐 무용이냐는 질문은 잘못된 것이다. 무예이면서 무용이다. 그러나 정형화되어 있는 무술동작은 지양하고 싶다.

철: 2002년 캡스 노동조합 문예패 <불사조>와 같은 경우인가?10)

욱: <선언>은 캡스 노동조합 문예패의 강사이기도 했는데, 그들의 노동은 그 자체로 무예와 떨어질 수 없다는 것을 이야기해야만 한다. 그 노동의 긍정성의 표현이 무예라는 형식으로 드러난 것이기에, 캡스 노동조합 <불사조>는 그 자체로서 분명한 의미가 있다는 점을 지적하고 싶다. 어찌되었건 정형화되어 있는 무술동작은 싫지만 일맥상통하는 무예와 무용의 접점을 동작으로 표현해내고자 한다.

철: <선언> 동지들은 여러 형식을 표현하지만 주요한 선동무에 있어서는 록 음악과 같이 드럼 비트가 명확한 곡이라든지, 행진곡 풍의 투쟁가가 주된

---

10) 이남경, "[캡스]경찰이 파업을 했다?!", ≪참세상≫, 2002년 10월 9일,
    http://www.newscham.net/news/view.php?board=news&id=23087

배경곡이 된다. 이런 점에서 다른 자유주의적 경향의 문예팀과 갈등이 있을 수 있을 것 같다.

욱: 현재에는 '너무 무예풍이다'는 비판을 많이 받을 수도 있다고 본다. 그런데 그런 비판을 할 만한 이들과 접점이 많지 않기에 직접적으로 부딪힐 일은 그리 많지 않다. 굳이 찾는다면 <선언>을 '문예 도구주의'라고 비판하는 이들이 있다. 이에 대해 '부디 문예가 혁명의 도구로 쓰일 수 있기를 바랄 뿐'이라고 답한다. 오히려 과거에 선언은 오히려 덜 전투적이다는 평을 받았다. 선언의 몸짓은 '투쟁하는 노동자들의 몸짓을 형상화한 것이 아니다'는 비판이었다. 보다 전투적인 동작을 담아내야 한다는 것이었다.

철: '문예 도구주의'라는 표현은 도구에 대한 비변증법적인 이해에서 나온 속류적인 비판으로 보인다.
과거에 <선언>에 가해졌던 비판에 대한 감을 대충 잡아보자면, 아주 예전 80년대 풍의 문선이 떠오른다. 직선으로 쭉쭉 뻗고 내리치고 하는 것들.

욱: 그렇다. '나서서 주먹을 뻗고, 손으로 치고 하는 것들이 노동자 문화다'라는 식의 반응들이었다.

철: 이에 비해 선언의 몸짓에는 돌고, 도약하고 하는 멋들어진 동작들이 있다.
그렇다면 구체적으로 동작을 창작할 때 무엇에서 영향을 받고 영감을 받는가?

욱: 여러 가지 요소들이 있다. 선언의 동작은 기본적으로 억눌린 이들이 해방을 지향하는 몸짓이다. 그래서 앞서 언급한 무예풍의 전투적인 동작을 많이 담고 있다. 그 외에도 상당히 많은 것들을 참고하게 되는데 탈춤, 사냥을 나갈 때 추는 남태평양, 아프리카 원주민의 춤, 한국무용, 현대 무용, 탱고에서 심지어 재즈댄스도 참고한다. 몸짓을 할 때 기본적인 서는 자세가 있는데 이 자세가 탱고와 상당히 비슷하다.

철: 잠깐, 탱고는 남아메리카의 하층민의 음악에서 유래한 것이기는 하지만 상당히 세속적이며 속류적인 문화와 많이 연관되어 있다. 특히 한국에서는 이른 바 사교춤의 형태로 수용되고 있기에 부정적인 영향을 줄 수도 있을 것 같은데.

욱: 세속적이며 속류적이라는 것은 인민적이라는 것의 다른 표현일 수 있다. 유럽에 건너가 부르주아의 사교춤이 된 것과 달리 탱고의 원류는 다르다. 탱고에는 하층민의 사랑에 대한 정열이 직접적으로 드러나며, 그 강렬한 비트는 인민들의 고된 삶 및 저항정신과 긴밀히 결부되어 있다. 그런 면에서 탈춤하고도 비슷한 측면이 있다고 본다.

철: 몸짓이라는 표현 방식은 언어가 달라도 통할 수 있다. 그래서 외국의 동지들도 <선언>의 몸짓에 좋은 반응을 보이는 경우를 종종 봤다.

욱: 잘 몰랐는데, 그런 동지들이 있다는 이야기도 들었다. 네팔, 일본에서 공연하면서 실제 경험하기도 했고. 동지가 직접 경험한 것도 있다면 이야기해 달라.

철: 한 히피적인 미국인 친구가 있었는데, 그 친구가 이주노동자 문화제에서 <선언>의 공연을 보더니 저 팀 뭐냐고 훌륭하다(cool)고 했다. 이에 대해 영어로 'Manifesto'라고 하는 팀이라고 이야기해 주었다.

욱: 보통 히피적인 생각을 가진 이들은 <선언>을 그다지 좋아하지 않는데...

철: 이 친구는 한국의 집회에는 왜 이렇게 성난 연사(angry speaker)가 많냐며 투덜댔다. 이에 비해 <선언> 같은 문예팀은 달리 보였던 모양이다. 한국의 집회 연사들이 분노하는 이유에 대해서 그 역사적인 맥락부터 차근차근 설명해주었다면 그 친구가 조금은 이해할 수도 있었겠지만.

욱: 그렇게 말하면 <선언>은 성난 춤꾼(angry dancer)이다.

철: (웃음). 그렇다면 다른 외국 동지들은 어떤 지점에 좋은 반응을 보이는가?

욱: 정확히 말하자면 좋아하는 분이 있고, 싫어하는 분이 있고, 의아해 하는 분이 있을 것이다. 의아해 하는 분들도 제법 있다. 연도는 정확히 기억나지 않지만 <남반구 노조 연대회의>11) 대회가 한국에서 열린 적이 있다. 그때 <선언>의 몸짓 공연을 보고 특히 남아공 활동가들이 이해가 안 된다는 반응을 보였다고 전해 들었다. 저렇게 무서운 춤을 추는 집회를 하면 도대체 누가 오겠냐는 반응이었다. 그런 반응도 이해할 수는 있지만, 바로 앞에 자본가들의 군대가 총을 쏘는데 총에 맞아가면서도 흥겹게 춤을 추는 아프리카 동지들을 다큐멘터리에서 보았기에 나 역시 의아했다. 내 앞에서 나의 적이 총을 쏜다면 난 절대로 그렇게 신나게 춤을 추지 못한다. 여기에는 정서상의 차이도 있는 것 같다. 내가 접한 경험은 상당히 한정되고 제한된 것이지만 유럽 쪽 문화의 영향이 강한 곳의 나라 동지들은 상대적으로 신기해 하는 경향이 있는 것 같다. 동양의 마셜 아츠에 대해 신비함을 느끼는 것 같은 반응이다.

이렇게 의아해 하는 정서와는 달리 아시아 쪽에서는 아무래도 동양의 무예의 전통 때문인지 공감대가 있는 것 같다. 네팔로 강제 추방된 이주노동자 동지들이 <선언>을 네팔에 초청했던 적이 있다. 말도 안 통하고 노래를 알아 듣는 것도 아닌데 <선언>을 초청한 이유는 '우리도 저렇게 힘차게 싸워야 한다'는 것이었다. '저들과 맞서 싸우는 힘있는 문화를 보여주고 싶다'고 했다.

일본의 도로치바12) 동지들이 주최하는 집회, 그 이후 건설노조 집회 등에 갔었다. 그 집회에는 온갖 정파들이 모이지만 주로 일본 좌파들이 많이 참여한다고 한다. 일본 동지들이 <선언>이 처음 방문한 2005년도 공연을 잘 기

---

11) Southern Initiative on Globalisation and Trade Union Rights. 약칭 SIGTUR.
12) 일본 치바 현 국철노동조합에서 운전하는 노동자들이 분리되어 만든 복수노조.

억한다더라. 그 전에 일본에서는 '집회 때 노래를 부르고 춤을 추는 행위는 투쟁을 회피하려는 불순한 의도를 지닌 것이다'는 인식이 있었다고 한다. 이는 <일본공산당>에 대한 반편향 때문이었다. 그런데 문화가 투쟁을 회피하게 하는 것이 아니라 투쟁을 강화하는 것으로 기능할 수도 있다는 것을 느꼈기 때문에 잊지 않고 기억한다고 했다. 한국의 농민들이 WTO 반대 투쟁을 위해 홍콩에 가서 보여주었던 전투적 역동성에 현지인들이 감화받았다. 거기에는 한국 민중문화의 전투성·역동성이 한 몫을 하고 있지 않았나 하는 식으로 인식했던 것 같다. 또 <선언>의 직접적이고 전투적인 형태의 몸선(線)은, 이런 것에 목말라 하는 동지들에게 좋은 인상을 준 것이 아닐까 생각한다.

[사진 3] 2005년 11월 6일 일본 전국노동자 총궐기대회

철: <선언>의 동작은 상당히 전문적이고 오랫동안 연습을 해야 시연할 수 있는 것들이다. 개인적인 경험인데 학생 문선패 활동을 하던 한 후배가 한 때 <선언>과 같은 숙련된 동작만 좋아했었던 편향을 보였던 적이 있었다. 잘하지는 못하더라도 직접 문예 활동을 하면서 느끼는 성취감과 희열감도 상당

히 중요한데 그 후배는 이를 간과했었다. 계급 대중이 직접적으로 시연하면서 느끼는 해방감이 보다 일차적인 것인데 동작의 완성도만 높이 평가한다면 또 다른 형태의 왜곡이 될 수도 있을 것이다. 실제 대중들이 표현할 수 있는 쉬운 동작에서부터 시작하는 것은 그냥 부차적인 것으로만 생각하면 문제가 심각해진다. <선언>의 동작이 '현장 노동자들이 시연하기에 지나치게 어렵고 전문적인 동작이다'라는 반응에 대해서는 어떻게 생각하는가?

욱: 이 역시 고민이 많이 되는 지점이다. 선언 활동이 구체화되기 이전에는 '노동자 문화는 생산의 현장에 있는 노동자들이 자기 목표를 가지고 스스로 창작하면 되는 것 아니냐, 전업 활동가들이 옆에 붙으면 변질되는 것 아니냐'는 생각을 했었다. 그 조차도 어떻게 보면 교조적인 생각이었다는 판단을 현장에 들어가면서 하게 되었다. 옆에서 너희들 왜 그렇게밖에 못하냐는 식으로 이야기하면 얼마나 무책임한 말인가. 30년, 40년을 스스로 원해서가 아니라 문화적으로 자본주의 문화의 비주체적인 수용자가 될 수밖에 없었던, 체제내화 될 수밖에 없었던 이들에게 왜 이렇게 체제내화 되었냐고 비판한다면 말이 되지 않는다. 그러할 때 내용적이며 형식적인 측면에 심도있는 고민을 함께 할 수 있는 사람이 필요하다면 내가 그 역할을 해보겠다고 현장 문예패 교육사업·조직사업을 시작하게 되었다.

그러던 중 실제 <선언> 또한 실제 문선 공연을 해야하는 경우가 생겼고, 연행·공연도 담당하게 되었다. 현장 문예패 문선 활동이 한계가 많은데 능력적인 부분이라기보다는 시간이 가장 제약이었다. 그러다 보니 동작들이 '너무 어렵지 않느냐'는 반응이 나왔다.

그래도 노동자들이 다리를 쫙 벌리고 서서, 팔을 어색하게 펴고, 손을 쭉쭉 뻗고 그것도 면장갑을 끼고, 머리띠는 허리에까지 치렁치렁하게 하는 것은 싫었다. 그런 문선이 싫어서 만든 것이 [파도 앞에서] 문선이었다. 그게 나올 당시 논란이 많았다. "저건 백댄서들 추는 춤이다. 저게 무슨 노동자 문예냐" 그런 논란에도 불구하고 생각하는 방식대로 하고 싶었다. 비판에도 불구하고 좋은 반응이 있었다. 비슷한 경험이 또 있었다. 학생 때 1학년 말에서 2학년 올라가는 아무 것도 모르는 시절 [동지]의 문선을 만든 적이 있었다. 직각적인 선과 주먹을 뻗는 동작들은 "사랑 영원한 사랑~" 부분에서는 어울리지 않왔다. 그래서 그 부분에 한국 고전 무용의 곡선적인 동작을 넣었더니 반응이 양극단으로 나뉘더라.

'어렵다'는 반응에 대해서 두 가지로 대답하고 싶다. 하나는 어려울 필요가 있다는 것, 두 번째로는 어렵지 않다는 것이다. 노동자 문예패니까 '진정성'만 가지고 하던 대로 하면 대중들이 따라 올 것이라는 것은 한가한 생각이며 착각이다. 대중들의 눈높이는 TV를 틀면 나오는 젊은 댄스팀의 기교있는 춤에 익숙해진 상태다. 이런 상태에서 '진정성'만으로 관성적인 동작들만 반복해서 대중들이 선동의 내용에 감화될 것이라 기대할 수 없다. 어려울 필요가 있다는 것은 이제까지의 '한가함'에 대한 반경향이다. 어렵지 않다는 것은 <선언> 활동 초기 '절대로 노동자가 할 수 없는 동작'이라는 반응이 있었지만 이제는 현장 노동자 문예패도 그 동작들을 어려워하긴 하지만 다 하고 있다는 것이다. <선언>은 체대 출신도 아니고, 무용을 전공하지도 않았고, 학교 다닐 때 춤 동아리에 있지도 않았다. 그 때도 '우리도 하는데 현장 노동자들이 못한다고 할 수 없다'고 반박했다. <선언>이 볼쇼이 발레단처럼 인체를 이용한 아름다움을 극한까지 이용해 사람들에게 감동을 줄 수도 없고, 그렇게 하는 것이 바람직하지도 않다고 생각한다. 사실 볼쇼이 발레단에 나는 크게 감동을 받거나 하지는 않는데 다만 기술적으로 잘하네 이런 느낌만을 받는다. 우리의 방식대로 현장 노동자들은 교육했고 실제로 그 결과물을 나타냈다.

철: '어렵다'는 반응에 대해 답하면서 문예패 활동에 있어서 의식성과 자생성의 융합이라는 문제에 대해서도 부분적으로 답변을 한 것 같다.
자본주의 상업 대중문화에 맞서기 위해 전문 문예패는 동작에 있어서 기술적 완성도를 추구해야 하며 숙련성을 갖추어야 한다는 지적에 적극 동의한다.

욱: 문예활동을 하는 사람은 당연히 자신의 무기를 갈고 닦아야 한다. 총에 기름칠 하고, 칼날을 가는 것과 마찬가지다. 그게 연습이고 기술적인 고민이다.
정확히 기억나지 않지만 아마 1994년도였나, 공장에 갔을 때 야간 집회를 하는 중에 비가 확 내렸다. 수염이 덥수룩하게 난 '형님' 노동자들이 빗속에

서 한 손에는 죽창을 들고 손을 한 번 쫙 뻗던 그 때 보이던 노동자의 팔뚝 그리고 얼굴의 주름... 별 다른 동작이 없었지만 모든 게 너무나 감동적이어서 눈물이 났다. 그래서 여전히 지금도 방방 뛰고 하는 기술적인 부분을 소화해낼 수 있는 젊은 사람만이 문선을 할 수는 있는 것은 절대 아니라는 것이 지론이다. 그런데 그렇게 강조는 하지만 실제 <선언>공연은 안 그렇지 않느냐는 지적이 있다. 이에 대해서는 '이것만 있어서도 안 되고, 그것만 있어서도 안 된다'고 답하고 싶다.

철: 방금 말한 사례와 비슷한 경험을 많이들 이야기 하더라. 조선업종에서 일하던 한 노동자도 파업 투쟁 조직에 성공하여 모두가 한 손에는 쇠파이프, 한 손에는 라이터를 들고 한 번 '쿵'하고 내려치고 라이터로 불을 켰는데, 그 때 그 감동으로 아직까지 운동을 하고 있다고 이야기했었다.

욱: 그런데 단결하고 하나 됨을 강조하는 것은 외형상 파쇼적인 문화와 닮아 보일 수 있다. 집단화되고 하나가 됨을 강조하고 그 힘을 분출해내기 위한 문예적 요소를 쓰게 되면 파시스트들이 쓰는 표현과 모양새가 똑같이 진다. 여기서는 외양상의 유사점이 문제다. 가령 군부독재와 싸우던 시절에 앞에서 선동문선을 하는 것을 보면 군인들의 군무(群舞)와 전혀 다르지 않다. 혹은 천 명 만 명을 <선언>이 같은 몸짓을 시킬 때를 봐도 그렇다. 그래서 앞서 언급한 자유주의적 경향에서의 비판이 있을 수도 있다.

철: 단 외형상의 유사성 때문에 차이를 간과해서는 안 된다. 그것이 보편을 위해 개별을 희생하는 방식인지, 아니면 개별이 지니는 생명력을 살리며 그것을 보편화하여 더 큰 힘을 발휘하게 하는 방식인지를 구분해야 한다. 특히 노동자 계급 문예는 노동자 계급 내에 존재하는 다양한 차이를 획일화하는 것이 아니라 적극적으로 드러내고자 노력한다는 측면에서 파쇼적인 문예와 노동자 계급의 문예는 분명히 다른 것이다.
　그런데 두 사례는 모두 남성 노동자들의 경우인데 여성 노동자들의 사례도 있다면 말해 달라.

욱: 여성노동자들도 상당히 전투적인 모습을 보였던 사례가 많이 있다. 단적으로 이야기하자면 1998년 현대자동차에서 식당 여성노동자들이 "밥주걱 사수대"를 조직해 내서 싸웠던 장면이 떠오른다. 냄비 등을 비롯한 식기를 두드리던 여성노동자들의 소리의 일체감이 주었던 감흥은 대단한 것이었다.13)

철: 초기 장애인 이동권 투쟁이 벌어질 때 <선언> 동지들의 무대를 본 적이 있다. 대략 2002년도 경으로 기억한다. 당시에 휠체어에 탄 장애인도 할 수 있는 동작 배우기 시간을 갖기도 하는 것을 보았다. 장애인 동지들의 투쟁에 연대하면서, 또 그 투쟁에서 문화 공연을 하면서 많은 고민이 있었을 것 같다. 그런데 <전국장애인차별철폐연대>를 비롯한 장애인 동지들이 <선언>에 대해 상당히 우호적이며 좋은 평가를 내리는 것을 보면서 왜 그럴까 하는 의문이 들었다. 실제 중증 장애인 동지들이 그 동작을 따라 하는 것은 거의 불가능한데도.

욱: 처음에는 정말 고민이 많았다. 우리의 동작들이 오히려 장애인들에게 좌절감을 주는 것은 아닌지 걱정도 되었다. 그런데 장애인 동지들이 무대를 좋아하는 것은 현실을 깨고 해방을 지향하는 그 몸짓이 전달하는 그 메시지에 온 몸으로 공감하기 때문이라고 생각한다.

철: 현재는 장애인 운동가들이 스스로 몸짓패를 만들고, 그 외에도 노래패, 연극패도 만들며 주체적인 문예역량을 갖추고 있기에 당시의 고민은 이미 낡은 것이 되어 버린 것 같다.

욱: 그렇다. 장애인 몸짓패의 활동에도 <선언>은 연대하고 있다. 장애인 문예활동과 관련한 보다 구체적인 의견교환은 해당 주체들과 직접 나누는 것이 맞을 것 같다.

---

13) 안타깝게도 당시의 "밥주걱 사수대"는 정리해고의 희생양이 되었다. 자세한 것은 임인애 감독의 다큐멘터리 영화 [밥·꽃·양]을 보라.

철: 최근에 대중 집회 때 문화 공연은 많은 경우 생략되거나 있다고 해도 앞서 언급한 '노가바'라든지 상업 대중문화의 패러디에서 크게 나가지 않는다. 생산적인 문예활동을 처음 접하는 이들에게 있어서 패러디라는 방법은 유효하지만 전문 문예패의 경우 패러디라는 방식은 적합하지 않은 것 같고 동지도 이에 동의할 것 같다. 최근 보신각에서 열린 한반도 평화집회14)에서도 한 문예팀이 군사훈련 반대와 한반도 평화에 대한 내용을 만담과 대중가요, 코메디 프로그램 같은 것들을 패러디해서 공연하더라. 나는 이런 것들이 영 내키지가 않지만 대중들은 좋은 반응을 보였다. 대중문화의 형식을 그대로 쓰는 것이 아니라 자기 형식으로 정치적 내용을 담아내야 하며, 패러디라는 방식은 1차원적인 것이라는 것이 개인적인 생각이지만 현 상태의 대중 의식을 보니 고민이 들었다.

욱: 민감한 내용이 될 수 있을 것 같다. 언급한 문예패 역시 나름대로 진정성을 지니고 자신들의 활동을 하고 있고 이에 대해서는 기본적으로 존중한다. 그것과는 별개로 패러디에 대해서만 말해 보겠다. 패러디는 절대로 안 된다는 입장은 아니다. 누가, 어떻게, 어떤 목적으로 하느냐에 따라 다르다고 생각한다. 패러디는 실제 생산 현장 동지들이 자생적으로 쉽게 체험하는 문화로 자신의 내용을 풀어내기에 괜찮은 것이라고 본다. 그런데 문예를 전업으로 하며 현장의 문예를 끌어가는 이들은 패러디는 지양할 필요가 있지 않을까 생각한다. 이것은 패러디라는 형식은 절대 안 된다는 생각이 아니라 그것을 넘으려는 노력이 필요하다는 측면으로 이해되었으면 한다.

'좋은 반응'이라고 하는 것을 그냥 익숙한 대중매체물을 시연함으로써 사람들이 웃고 박수 치는 것만을 의미한다면 조금 문제가 있다. 사람들로부터 패러디를 보며 웃긴 웃지만 참 허탈하다는 이야기를 듣는 경우가 많다. 실제로 패러디물의 시연을 보면서 사람들이 더 좋아했던 것은 패러디 그 자체라기보다는 그것을 시연한 연행팀이 해당 사람들이 처한 상황을 토론하고 고민해서 극에 반영한 점이 더 크게 와 닿았다는 이야기를 많이 들었다. 그리고 이런

---

14) 3월 5일 5시에 열린 "한미연합전쟁연습 중단, 한반도 평화수호 대회". 집회의 정식 명칭에는 '국민대회'라는 이름이 붙었지만 목적의식적으로 '국민'은 삭제한다.

것들을 '새로운 형식'이라고 하는 이들은 닳고 닳은 전업 활동가들이라고 본다. 직업적으로 하루에 집회 3-4회 씩 참여하는 이들과 달리 대중들은 대중문화에 상당히 많이 노출되어 있다. 대중들이 단지 재미있고 웃긴 것들을 보고 싶어 한다면 그 시간에 차라리 [개그 콘서트]를 보지 왜 집회를 나오겠냐고 반문하고 싶다. 경직된 형식을 추구하는 것은 아니지만 단순히 재미를 원하는 욕구를 충족시켜주는 것이 아니라 감동을 주는 형식이 필요하다. 대중들에게 다가가는 방식은 끊임없이 고민해야 하지만, 대중에게 접근한 이후에 무엇을 어떻게 할 것인가에 대한 고민이 보다 구체적으로 있어야 한다. 편하게만 생각하면 발전이 없다.

철: 무식하게 질문해 보겠다. 전문 문예패의 패러디에 대해 비판적으로 견해를 표명한 것은 동지가 쉬운 뽕짝풍의 민중가요를 활용하는 것과는 배치되는 것이 아닌가?

욱: 두 가지는 다르다. 집회에서 뽕짝풍의 민중가요를 도입할 때는 대개 행위의 주체가 대중이며, 그 과정에서 트로트라는 특정한 양식을 활용하는 것이다. 그리고 패러디로 만들어진 꽁트는 보여주는 장르인데다가 이미 완성된 극 형태다. 즉, 자본주의 상업문화가 매체를 통해 보여진 완성품을 재활용하는 것이다. 대체로 전문 문예패가 패러디물을 시연할 때 대중은 수동적이 된다. 이에 반해 우리가 무대에 오를 때 사회자가 "잠시 쉬어가는 시간입니다" 하고 소개하면 바로 나와서 마이크를 잡고 우린 쉬러 나오지 않았다고 반박한다. 보면서 쉬는 것이 아니라. 집회라는 공간을 통해 쉬운 형태의 집단 예술이라도 만들어 나가는 것이다.

철: 앞에서 언급된 '새로운 형식'이라는 것에 대한 이야기를 보다 구체적으로 해보자.

욱: 새로운 형식은 늘 고민해야 하는 것이다. 하지만 '기존에 늘 하던 것이기 때문에 사람들이 더 이상 감동을 받지 않는다'라는 편견에는 반대한다. 그래서 <선언>은 집체극을 만들 때도 늘 다루던 스토리와 형식이라 할지라도,

그것을 우리가 얼마나 **제대로** 표현했는지를 고민한다. <선언>이 연출하는 집체극은 어떻게 보면 뻔히 스토리도 보이고 결말도 보이는 신파극이라고 볼 수 있을 것이다. 그러나 자본의 폭력으로 죽어가는 노동자들이 조직하여 바리케이드를 치고 자본과 공권력에 맞서 싸워 끝내 승리한다는 내용으로 2007년 상암동에서 열린 노동절 전야제 집체 문선을 완성했던 적이 있다. 이를 본 어느 동지가 자신의 블로그에 그 뻔한 내용에 '진심의 힘'을 느끼며 눈물을 흘렸다는 글을 보았다. 우리는 잠깐의 웃음과 박수가 아니라 대중의 감동과 실천적인 변화를 원한다.15)

[사진 4] 2008 노동절 집회문선, <선언> 연출.
이랜드 동지가 줄을 꼭 움켜쥐고 다른 동지들이 줄을 다시 잡으러 가는 모습.

---

15) 이 주제와 관련해서 보다 자세한 논의는 다음 글을 참고하라. 정은진, "2010년 메이데이 집회와 노동자 문화에 대한 고민(1)", ≪정세와 노동≫ 제59호(2010년 7/8월 합본호); 정은진, "2010년 메이데이 집회와 노동자 문화에 대한 고민(2)", ≪정세와 노동≫ 제60호(2010년 9월).

철: 자칫하면 '낯설게 하기'와 '카타르시스'를 양자택일적인 것으로 상정하여 후자를 보다 주요한 것처럼 여기는 것처럼 비칠 수도 있을 것 같다.

욱: 아니다. 낯설게 하기는 <선언>이 문예창작 행위를 하면서 중요하게 사용하는 창작 기법이다. 음악을 끊어서 흐름을 단지 편하게 흘러가도록 내버려 두지 않는 등 기술적으로 '낯설게 하기'는 많이 활용한다. 또 카타르시스를 추구하는 것도 단순한 감정적 배설과 자기 정화의 과정을 넘어선 것이다. 즉 전망을 제시하고 교훈을 제시하는 사회주의 리얼리즘의 방법을 담아내려 하는 것이다. 여기에서는 이중성을 지적해야 한다. 집회에 참여하는 대중은 문예전문가가 아니며 이들을 불편하게 할 필요가 없다는 것이다. 대중이 편하게 향유하면서도 해방감을 느낄 수 있도록 구성해야 한다. 단 선동문예이기 때문에 무대의 시연자들은 대중을 편하게 느끼게 해서만은 안된다는 이중성이 있다는 것이다. 해방에 이르는 진실은 불편한 경우가 많다. 어쩔 수 없이, 우리는 집회에 참여한 대중을 불편하게 한다. 해방감으로서의 카타르시스, 혁명적 낙관성과 함께 혁명의 과정에서의 고난이라는 불편함의 양측을 변증법적으로 담아내야 할 필요가 있다.

철: 이 대답은 카타르시스와 '낯설게 하기'를 이분법적으로 사고하는 것에 대한 현장 운동가의 답변으로서 상당히 훌륭한 것으로 보인다. 많은 경우 양자를 딜레마적인 것으로 인식하는데 그쳐, 속류적으로 절충시켜 버리고 만다.
　이제는 집체문선이라는 형식으로 노동자 계급의 자기해방을 표현하는 과정에 대해 보다 구체적으로 이야기 달라.

욱: 나는 집체문선이 현재로서는 상당히 유효한 방식이라 생각한다. 현재 조건에서 대중 집회는 분명히 한정된 공간이다. 일상 생활을 하기 때문에 전문화된 연기를 배우기 힘든 조건을 고려한 상태에서 집체극을 도입한 것이라는 점을 강조하고 싶다. 그 조건에서 <선언>은 문예를 통해 대중을 선동하여 투쟁하게 할 수 있는 일종의 기름의 역할을 하려 한다. 집체 문선을 통해 <선언> 뿐만 아니라 여러 문예 활동가 동지들, 현장 노동자 동지들이 한 무대에 설 수 있다. 그 과정에서 주체 스스로 감화가 된다는 것은 상당히 의미

가 크다. 처음 무대에 오르는 이들은 데면데면 하니까 일종의 연기지도, 동선지도 같은 것들은 한다. 그러나 그 다음부터는 알아서 자기 스스로의 내용을 표현하기 시작한다.

철: 그것은 주체들에게 가능성을 열어두고 원하는 것을 스스로 발언하게 한 결과인가?

욱: 그거보다는 표현양식이 서투른 부분에 대한 도움을 주는 정도로 한정해야 한다. 전반적인 모든 과정은 토론을 거치고 다만 연출자로서의 의견을 제시하고, 똑같은 주체로서 입장을 나누는 과정을 거친다.
집체문선의 또 다른 효과는 무용 즉, 마임이 가져다주는 해방감이다. 그것은 연기라는 구체적인 동작과는 달리 한 단계 추상화되어 있는 동작이 가져다 줄 수 있는 것이다. 그 추상화의 과정은 피상적인 알레고리가 아니라 구체적인 현실 속에서 나온 것이다. 그러한 추상화의 과정을 거친 동작들이 오히려 접근성이 더 좋다고 할까.

철: 왜냐면 각자의 경험이 다른 것인데, 추상화 과정을 거친 것이기 때문에 타인의 경험을 자기화하는데 보다 용이하기 때문이 아닐까 싶다. 다양한 노동자 계급의 투쟁 내에 있는 여러 양상과 갈등을 획일화하지 않기 위해서 추상화라는 방법을 사용한다는 의미에 대해서 이해할 수 있을 것 같다. 추상화 단계를 거친 집체문선이 계급적 당파성, 집단성, 자기해방의 체험에 유효한 기제라는 맥락에 대체로 공감할 수 있을 것 같다.

욱: 맞다. 단 하나 지적하자면 답이 있어서 집체문선을 하는 것이 아니라 답을 찾아가는 과정이라는 것을 말하고 싶다.

[사진 5] 2006 공공연맹 수련회 집체문선, <선언> 연출.

철: 다른 이야기로 넘어가 보자. <선언>은 높은 기술적인 완성도를 추구하면서도 동영상을 보면서 동작을 배우려 하는 것은 극단적으로 싫어하는 반응을 보이는 것으로 알고 있다.

욱: 극단적으로 싫어하는 것까지는 아니지만 창작자로서 활동가로서 기본적으로 반대한다. 몸짓은 노래와 달라서 그 형태가 매우 추상적이다. 노래는 가사가 있어 매우 구체적이고 악보가 있어서 음계, 멜로디, 리듬을 전달할 수 있다. 춤에도 무보가 있긴 하지만 쓰지 않고 있다. 춤은 추상화를 거친 동작들이다. 창작자로서 보자면 동영상을 통해 창작자의 의도와 무관하게 동작이 퍼지는 것이 싫다. 별거 아니라고 생각할 수도 있지만 동작이 하나하나 창작되는 데에는 다 그 의미가 있다. 그 의미가 곡해되어서는 안 된다는 것이 일종의 창작관이다. <선언>은 현장 문예지도와 긴밀하게 결부되어 있는 팀이다. 언제든지 배우고 싶다면 연락을 달라는 것이다. 직접적인 접촉을 과정을 통해서 창작의 의도와 그에 대한 해석을 전달할 준비가 되어 있다. 활동가로서 현장에서 그런 직접적인 접촉을 통해 선진노동자를 조직하는 것에 방점을

두고 있기에, '몸짓'은 현장 노동자들과 만나 들어가는 매개체다.

<선언>은 아무에게나 문선을 가르쳐 주지 않는다. 문선은 선동의 무기다. 선동은 얼마나 무서운 것인가? 한 젊은 남성 동지가 선언의 무대를 보고 음료수를 가져다 주면서 말했다. "나는 노동조합이 뭔지도 모르고, 다만 선배를 따라 처음으로 집회를 왔다. 그런데 아까 무용이라고 해야 하나 그 춤추는 것을 봤는데 바로 도로에 뛰쳐나가고 싶은 느낌이 들었다" 그 이야기는 선동을 하는 사람에게는 최고의 칭찬이다. 문선은 선동을 잘하기 위한 구체적인 기술이다. 선동 때문에 그에 감동을 받고, 감화가 되어 길거리에 났다가 방패에 찍혀 죽을 수도 있다. 가문의 패륜아가 될 수도 있다. 그렇게 위험한 선동을 전혀 그럴 의도가 없는 이들에게 가르칠 수 없다. 그런 의도가 없는 이들이 영상을 보고 따라 하는 것은 죄악이라고 말하고 싶다. 그 죄악에 창작자로서 일조한다는 것은 참을 수 없다.

특히 <선언>은 당파적인 팀이다. 당파적으로 적이라고 규정하고 있는 어용노조라든가 한국노총이 내 창작물을 가져다 그 어용 짓거리에 쓰는 것은 견딜 수 없다. 영상에는 창작자의 의도도 없고, 영상을 보면 손짓 발짓을 제외한 아무것도 안 보인다.

철: 의도는 충분히 알았다. 그러나 복제를 통해 아우라를 소멸시켜가는 대중매체가 일반화되어 있는 시대가 아닌가? 이제는 영화의 시대를 넘어 대중들의 직접적인 생산에의 욕구가 발현되는 UCC[16]의 시대인데, <선언>의 방식은 수공업적인 도제 시대의 방식이 아닌가? 직접적인 접촉을 통한 교육만으로는 대중적으로 널리 전파하는 데는 분명한 한계가 있다.

욱: 맞다. 그것이 우리의 한계다. 출판을 하는 연구소와는 차이가 있다.

철: 연구소는 재정에 문제가 있어서 그렇지 적극적으로 출판하는 것은 목표로 하고 있다. 또 내용물을 복제해 가려 한다면 오히려 적극 권장한다. 왜

---

16) user created contents. 생산물의 수용자로 머물던 사용자가 직접 제작한 창작물.

곡이 되어도 좋다고 생각한다.

욱: 연구소의 매체는 문서화되어 있고 매우 구체적인 글로 서술되어 있다. 실제로 영상 제작을 권유하는 동지들이 주변에 있다. 현장에서 변혁적인 노동자들이 몸짓을 배우고 싶어하는데, 이를 충분히 채워주지 못하는 경우도 많다. 하지만 그 때문에 원래의 원칙을 훼손해서는 안 된다는 생각이다. 이에 대해서는 <선언>이 모든 것을 다 담당할 수는 없는 것이다고 답한다. 무책임하다고 볼 수도 있겠지만.

철: 무책임이라기보다는 '자족'에 가까운 것이라고 말할 수도 있을 것이다.

욱: 대중과의 접점을 넓히지 못하는 것은 우리의 한계이지만 그것을 극복하자고 원칙을 훼손하는 것은 악화가 양화를 구축하는 것이다. 우리의 방법상의 한계는 분명히 있지만 변화되는 상황에서 원칙을 지키되 동영상이나 기타 더 많은 대중접점을 만드는 것에 대해 좀더 열린 사고를 할 필요가 있다는 팀내의 고민이 있다.

철: 좋다. 새로운 매체를 활용하면서도 정치적 동기를 훼손시키시 않는 새로운 창작을 기대해 보겠다.
앞서 동지가 '민중문화'라는 이름으로 노동자 계급 문화와 자유주의적인 문화가 미분화된 상태로 공존했던 것을 언급했는데 이제는 그것이 분명히 분화가 되어야 하는 시대다. 이를 테면 민주노조 운동에서 사회주의 노동자계급 운동으로 분명한 전환이 필요한 시기라 본다. 잘 알다시피 1987년 노동자 대투쟁 이후의 곡으로 안치환의 [철의 노동자]가 있는데, 이 곡은 노동자가 인간으로서의 자기 선언을 하면서 민주노조 운동의 시대적인 사명을 밝힌 곡이다.17) 그런데 이제는 그간의 민주노조 운동이 새로운 돌파구를 찾아야 할 시기다. 안치환은 더 이상 노동자 계급을 중심에 놓는 창작을 하지 않고 있기도

---

17) 문영찬, "민주노조운동에서 사회주의 노동운동으로!", ≪정세와 노동≫ 제36호(2008년 6월), p. 82.

하고. 노동조합을 버리자는 이런 식의 이야기를 하는 것은 결코 아니다. 노동조합 운동에 분명한 사회주의적인 내용을 명확히 담아내어 운동의 장벽에 뚫고 갈 돌파구를 열어내야 한다는 것이다.

비정규직 투쟁도 그렇다. 개량의 여지가 사라져가고 있을 정도로 자본주의 체제 자체의 위기를 맞고 있다. 이런 상황에서 비정규직 철폐의 요구는 경제투쟁의 요구에서 그치는 것이 아니라, 자본주의 체제를 넘어설 것을 요구하는 것이다. 따라서 현장 투쟁과 사회주의가 더 긴밀히 결합될 것이 요청되고 있으며, 여기에 문예패가 견지해야 할 당파성이 더욱 강조되어야 한다. 그래서 미분화된 '민중문화'에서 명확한 노동자 계급의 당파적인 문화로 나아가야 하리라 생각한다. 이와 관련해서 현장에서 고민하는 동지의 생생한 이야기를 듣고 싶다.

욱: 민중문화가 당파적으로 분화되어야 한다는 것은 분명하다. <선언>은 민주노조 운동을 주요한 거점으로 복무하며 당파성을 담지해내려 하고 있다. 조직화된 민주노조의 상층부의 관료화와 달리 기층 현장의 정서는 또 다르다. 또 아예 조직화되지 않은 수많은 대중이 운동을 경험할 수 있는 것은 민주노조이다. 구체적으로 이야기하겠다. <선언>은 문예팀이기 때문에 친근하게 현장 노동자들에게 다가다는데 용이하다. 그런 현장의 노동자 한 명을 만나서 사회주의적인 전망을 제시하고 학습을 하자는 이야기를 하고 이를 그 동지가 받아들이는 데까지는 4년에서 5년이 걸릴 때도 있다. 사회주의적 전망을 제시하고 그것을 노동자 계급의 자기 전망으로 가져다주는 기초단위로서 민주노조는 유효하다.

그런데 국가권력에 맞서 처절하게 싸우던 투사들도 당면 투쟁이 끝나고 나면 소멸하거나 소수의 활동가만이 남게 되는 경우가 종종 있다. 투쟁이 끝난 이후의 노동자들이 혁명투사가 되고 사회주의자가 되는 것이 아니라 체제내화 되고 엄청난 애국주의자가 되는 것을 많이 본다. 해고당하고 국가 폭력에 치를 떠는 경험을 1년, 2년 하게 되더라도 사회주의적 변혁을 자기전망으로 가지는 노동자는 많지 않다. 그럼에도 불구하고 <선언>은 가능한 모든 수단을 동원해서라도 우리의 무기를 가지고 단 한 번 소통의 기회를 얻고자 끊임없이 노력한다.

철: 이것은 <선언> 동지들이 민주노조 운동에서 사회주의적 전망을 찾아가는 방식이기도 하겠지만, 어쩌면 반동기에 대처하는 방식이기도 한 것 같다.

욱: 그래서 하나의 싸움을 이기기 위한 것에 집중하는 것보다는 하나의 소모임이라도 조직해서 그 싸움이 끝난 이후에도 운동의 자기 전망을 갖게 하는 것이 필요하다고 본다.

철: 동지의 말을 들으니 우끄라이나 출신 쏘련 감독 알렉산드르 도브젠꼬의 1929년 영화 [무기고][18])가 생각난다. 1차 대전 과정에서 우끄라이나의 병사와 노동자의 투쟁이 급진화되는 과정을 그린 영화로 1916년이 시대적 배경이다. 노동자들이 무기를 만드는 공장, 즉 병기고를 점거하는 것에서 이야기는 절정으로 치닫는다. 그러나 영화는 승리로 끝나지 않는다. 그럼에도 패배에 굴하지 않는 노동자의 모습을 형상화하며 마무리된다.[19]) 그것은 그러한 패배를 딛고 1917년 혁명이 승리하였음을 암시하며, 지금 우리가 쓰러지더라도 투쟁의 다음 세대는 우리의 패배를 보고 배울 것이며 마침내는 승리할 것이라는 의도를 담고 있다.

욱: 영화는 아직 못 보았다. 그런데 벌써 마무리하는 분위긴가? 아직 창작과 형식과 관련한 문제는 하지 못한 것이 너무도 많고 진짜 하고 싶은 이야기는 하지도 못한 것 같은데.

철: 마지막으로 노동자계급 문예 창작의 형식과 내용의 문제에 대해 정리해보도록 하자. 개인적으로 이 문제에 대해서 많이 고민했는데 그전에는 형식과 내용은 변증법적인 관계이므로 이런 식으로 추상적으로만 생각했다. 그러나 그럴 때는 자칫하면 변증법이라는 혁명의 무기를 절충적인 것으로 잘못 이해하게 되는 위험성이 있을 수 있다. 그리고 노동자계급 운동의 현재라는

---

18) Арсенал. 국내에서는 [병기고]라는 이름으로 DVD로 출시되었다.
19) 자세한 이야기를 하면 요즘 표현으로 '스포일러'가 되므로 생략한다.

구체적인 조건이 생략된 피상적인 파악이 된다. 따라서 지금은 '발전하는 노동자계급 운동의 내용이 노동자 계급 문예의 형식을 규정해야 한다'고 결론을 내리게 되었다.

욱: 동의한다. 이 문제는 더욱 치열하게 고민해야만 하는 것이다. 어느 노동조합에 현장 문예패가 연대 공연을 간 일이 있다. 밤을 새는 문화제였는데, 투쟁가에 문선을 하는 문예패에게 왜 재미도 없는 '투쟁가를 하느냐 신나는 거 해봐'라는 식으로 이야기 했다는 것을 들은 적이 있다. 문예를 투쟁의 적극적인 도구로 생각하기 보다는 없으면 허전하니 문예를 배치하는 것으로 생각하고, 문예활동가들도 대중에게 쉽게 다가가는 것만 고려하여 상업문화를 패러디하는 것만 생각하는 현실을 깨 나가야 한다. 변증법은 끊임없는 질문을 통해 본질과 진리에 다가가는 방식으로 탄생한 것이다. 상업 문화에 익숙해진 대중의 현 상태에 절충하는 것은 변증법과 아무런 상관이 없다. 대중이 왜 그렇게 체제내화되었는지 질문하고, 그렇게 고정화된 현실과 형식에 대한 싸움이 문예패의 과업이다.

끝으로 이 말은 꼭 하고 싶은데 연배가 높으신 청소 용역 노동자들의 투쟁에 연대할 일이 있었다. 이분들이 <선언> 같은 록비트에 활동적으로 움직이는 복잡한 춤을 과연 좋아할 지 의심스러웠던 적이 있었다. 차라리 뽕짝에 맞추어 하는 것이 어떻겠냐고 우스갯소리를 했었는데, 전혀 그렇지 않다는 것이었다. [파도 앞에서]를 꼭 해달라는 요청에, 그리고 실제 청소 용역 노동자들의 반응에 깜짝 놀랐다. 이를 통해 문예패 활동의 형식은 결코 고정불변한 것이 아님을 다시 한 번 깨달을 수 있었다.

철: 동지의 이야기를 들으니 이야기가 끝나는 것이 아니라 다시 시작되는 것 같다. 한 번의 대담으로 주요한 쟁점들을 다루는 것은 불가능함을 다시금 느낀다. 이번에는 이 정도로 하고 다음 번에는 다른 방식으로 진일보한 내용을 다루었으면 한다.

욱: 좋다. 그렇다면 다음에는 개인 대 개인의 대담이 아니라 <선언> 모두와 이야기 할 수 있는 자리를 마련해 보는 것도 좋을 것이다. 언급했지만 문

예 관련한 토론회 같은 것을 조직해서 서로 입장이 다른 사람들이 한 번 진하게 토론해보는 것이 꼭 필요하다. 그런데 도통 이런 것들을 하려는 사람이 없더라.

철: 긴 시간 좋은 말씀에 감사드린다. 이제는 <선언> 동지들을 비롯한 문예 활동가 동지들이 역으로 토론을 제안한다거나 문서로 자기정리를 하는 모습을 기대해 보겠다. 정리한 결과를 보고 다시 이야기를 나누었으면 한다.

다중 물신론 비판*

박석삼 | 진보전략회의

이택광과 조정환 논쟁

2009년 4월 조정환은, 2009년 1월에 발간된 ≪그대는 왜 촛불을 끄셨나요?≫란 책의 일부 필자에 대하여 "논술의 기초조차 파탄 난 이 사고전개 위에 기초한 '무조건적 단어들'의 나열"(조정환, 2009: 38) 운운하면서, "지금 촛불은... 사회(민주)주의자, 노동자주의자, 급진주의자 등을 포함하는 사회의 모든 영역으로부터 전방위의 공격을 받고 있다. 물대포, 경찰기동대, 전경, 방패, 방망이를 동원한 지난해의 기나긴 촛불사냥에 이어 이제 한국의 온갖 정치세력이 신성동맹을 구축하여 이론의 물대포를 앞세우고 촛불 잔불을 끄고자 총출동하고 있는 시간이 지금이다."(같은 책, 6)는 참으로 황당한 내용의 글을 ≪미네르바의 촛불≫이라는 책으로 발간했다.

이에 대해 2009년 5월 ≪그대는 왜 촛불을 끄셨나요?≫의 필자 중의 한 사람인 이택광이 자신의 블로그에 올린 <조정환의 촛불론 책읽기>라는 글을 통해, "조정환 선생의 <미네르바의 촛불>을 읽었다. ... 좀 실망스러웠다. 정교한 분석이라기보다, 그냥 정치팸플릿을 읽는 느낌이랄까. 누구는 거대한 농담을 듣는 것 같다고 했는데, 그런 면도 다분했다. ... <그대는>에 대한 비판은 함량 미달이라는 느낌밖에 들지 않았다. ... 결국 책을 관통하는 문제의식

---

* 이 글은 박석삼, ≪배반당한 개미떼들의 꿈(2008년 촛불항쟁)≫, 문화과학사, 2010에 보론으로도 실려 있다.

이 '자율주의 최고'라는 말로 결론이 나는 것 같아서 아스트랄(황당)했다."1) 라면서 소위 이택광과 조정환 간의 촛불논쟁이 시작되었다.

한 달여를 끈 논쟁 끝에, 조정환은 학술적 논쟁에서는 보기 드물게 '현실감각을 분석해보고 싶다'는 까마득한 후배로부터 '뇌내 망상'증 환자로 씹히면서도, 끝내 '왜 촛불이 다중인가?'라는 질문에 답을 못한 채로 논쟁은 끝이 났다.

한편 참세상에 ≪미네르바의 촛불≫에 대한 서평이 실리자, "어이가 없네", "처음부터 끝까지 헛소리만 나열해 놓은 책", "노빠를 다중이라고 생각하는 남한의 자율주의자들의 해괴한 행태가 노무현의 죽음으로 적나라하게 고발되는 모습을 보게 되네요." 등의 댓글이 달렸다.

그러나 이러한 논쟁과 댓글은 촛불이 다중이 아니라는 데만 초점이 맞춰져 있지, 촛불이 다중이고 다중이어야 한다는 주장이 얼마나 황당하고 반동적인 것인지를 인식하지 못하고 있는 것 같다. 조정환의 '촛불 다중론' 혹은 '다중 물신론'(=예찬론)을 분석하기 위해서는 그가 기반하고 있는 네그리의 핵심주장에 대한 검토가 필요하다. 그들은 존재하는 세계가 국민국가가 각축하는 제국주의 시대가 아니라 제국의 시대이기 때문에 국민이나 민중이 아닌 다중이라고 부른다. "촛불봉기의 주체들은 누구인가? ... 이들은 국가로부터 쫓겨난 망명자들이며... 국가 없는 국민은 더 이상 국민이 아니며 새로운 유형의 권력을 창출함으로써만 해방될 수 있는 다수의 사람들인 다중이다."(조정환, 132) 이처럼 다중론은 국민국가쇠퇴론 즉 제국론과 밀접한 연관을 가지고 있다. 이하에서는 네그리의 ≪제국≫, ≪다중≫ 그리고 조정환의 ≪미네르바의 촛불≫을 중심으로 그들의 핵심 개념과 주장들을 살펴볼 것이다.2)

---

1) 이택광, "조정환의 촛불론 책읽기", ≪논쟁≫, 2009.05.05.
2) 네그리의 ≪제국≫과 ≪다중≫에 대한 자세한 논의는, 김광석(2008)을 참조하라. 필자가 필명으로 쓴 이 글이 나온 후에 서관모 선생이 동지적인 애정에 입각하여 참으로 소중한 비판을 해준 바 있다.

제국론의 허구

미친 소, 미친 교육 등에 분노한 촛불은 '고시철회'와 '명박퇴진'을 외치며 청와대로 가고자 했다. 그런데 이러한 촛불들의 투쟁을 해롭고 반동적이라고 주장하는 사람들이 있다. 우선 네그리의 말을 들어보자.

> 국민국가들—심지어는 가장 지배적인 국민국가들의 주권적 권위는 쇠퇴하고 있으며 그 대신 하나의 초국적 주권형태 즉 전지구적 제국이 출현하고 있다. (《다중》, 27)
> 오늘날 다음과 같은 '국지적인' 좌파전략의 다양한 형태의 핵심에서 작동하는 추론은 완전히 반동적인 것 같다. 즉 자본주의적 지배가 훨씬 더 지구적으로 되고 있다면, 자본주의에 대한 우리의 저항은 국지적인 것을 방어해야 하고 자본의 가속화하는 흐름에 장애물을 건설해야 한다는 것이다. … 오늘날 이러한 국지적인 입장이 잘못되고 해롭다고 주장한다. (《제국》, 81)
> 제한된 국지적 자율성을 겨냥하는 기획으로 제국에 저항할 수는 없다. … 들뢰즈와 가타리는 우리가 자본의 전지구화에 저항하기보다는 오히려 그 과정을 가속화해야만 한다고 주장했다. (《제국》, 276-77)
> 우리는 국민에 의거하는 모든 전략을 그러한 근거에서 거부해야 한다. (《제국》, 434)
> 더 이상 민중이 기초로서 가정되지 않으며, 더 이상 주권적인 국가구조의 권력을 잡는 것이 목표가 아니다. (《다중》, 118)

이러한 네그리의 주장은, 지구화로 인하여 국민국가가 쇠퇴하고 제국의 시대가 도래하고 있으며, 국지적인 기획으로는 제국에 저항할 수 없으니 자본의 전지구화에 저항하지 말고 가속화해야 하고, 국민에 의거하는 전략 혹은 민중에 기초하여 국가권력을 잡는 국지적인 기획은 목표가 아니고, 잘못되고 해롭고 반동적이라는 것이다.

어머나 세상에! 국민국가가 쇠퇴하고 제국의 시대가 도래했다니… 그렇다면 G20에 모인 중국, 러시아, 브라질, 일본 등은 국민국가가 아니고 제국인 미국의 식민지나 제후국이고, 각국의 정상들은 오바마가 임명한 똘만이들이란 말인가?

한 가지만 예로 들어보자. 2008년 촛불의 도화선이 된 광우병 쇠고기의 수입은 한미 FTA의 4대 선결조건 중의 하나였다. 미국의 사료자본과 축산자본의 이익을 위해 한국국민에게 미친 소를 먹이기 위한 것이 광우병 협상이다. 즉 자본의 이익을 위한 전지구화이다. 여기에 저항하여 한국국민은 이명박에게 재협상과 퇴진을 요구했다. 즉 국민국가에 기반한 국지적 기획이다. 그리고 촛불시민들이 이명박의 퇴진을 외치며 거리로 나섰을 때 국민국가의 공권력의 탄압을 받았다.

그럼에도 네그리와 조정환은, "한국국민 여러분! 국민국가는 쇠퇴하고 있습니다. 미친 소 수입과 같은 자본의 전지구화에 저항해서는 안됩니다. 촛불시민들이 국민에 의거하거나 민중에 기초하는 전략인 '재협상'을 요구하거나 명박퇴진의 투쟁을 하는 것은 참으로 잘못되고 해롭고 반동적인 것입니다."라고 말하고 있는 것이다.

촛불시민들이 국민국가의 공권력인 이명박의 경찰들에게 짓밟히고 있을 때, 혹은 노무현 시절 농산물수입개방을 반대하다가 농민들이 두 명이나 경찰들의 방패에 찍혀 죽을 때, 고매하신 네그리와 조정환은 촛불시민과 농민들이 반동적인 투쟁을 하다가 짓밟히고 맞아 죽었다고 말하는 것이나.

국민국가가 시퍼렇게 살아 있음에도, 국민국가가 쇠퇴하고 존재하지도 않은 제국의 시대3)가 도래했다면서 국민국가와 싸우는 짓은 반동이라는 이 허무맹랑한 주관적 관념론이 바로 네그리주의의 실체이다. 이러한 네그리의 주장을 조정환은 어떻게 표현하고 있을까?

---

3) 네그리가 주장하는 제국은 실체로서의 제국이 아니라 관념으로서의 제국이다. "제국주의적 권력들 사이의 갈등 또는 경쟁이었던 것"은 하나의 현실이었음에도, 이 현실이 '단일한 권력이라는 관념'으로 대체되어 왔다고 주장하면서, 제국으로의 이행이 주권의 '내재성의 평면'으로의 이행(《제국》, 430), 즉 근대 주권의 '홈패인 공간'으로부터 제국주권의 매끈한 공간'으로의 이행(《제국》, 257)이라고 주장하여, ... 제국 장치를 '내재적 장치'로 규정함으로써 초국민적 권력장치들에 대한 유효한 공격을 위한 이론적 수단을 제거했다" (서관모, 2009: 140-41).

광우병 사태는 국민국가가 전 지구적 자본의 단순한 관리기구로 축소되는 한편에서 미국 같은 국가의 경우에는 영토를 넘어서 주권을 행사하는 제국 질서의 모순적 양상을 보도록 만든다. (조정환, 53)

신자유주의 세계화 속에서 국민국가가 초국적 금융자본, 지구제국의 마디로 형해화되고, … 그러면 다시 와해된 공화국의 재건, 국가재건을 주장해야 되는 것일까? … 오늘날 지구화하는 생산, 삶정치적 생산의 국면에서 와해되는 국가형태의 재건을 통해서 안전보장을 추구하는 것은 가능하지 않다. … 다중은 민중, 인민, 국민이라는 주체성들이 구성했던 안전보장 장치인 국가와는 다른 형태의 공동체를 발명하지 않으면 안 된다. (조정환, 61-62)

이처럼 조정환은 "국민국가가 지구제국의 마디로 형해화되고, 지구화하는 생산의 국면에서 와해되는 국가형태의 재건을 통해 안전보장을 추구하지 말고, 다중은 민중, 인민, 국민이라는 주체성들이 구성했던 (국민)국가와는 다른 형태의 공동체를 발명하자"는 네그리의 핵심적인 주장을 앵무새처럼 반복하고 있다.

그런데 그들이 즐겨 인용하는 사파티스타 선주민 공동체마저도 "반군이 장악한 지역조차… 커피, 수공업제품, 노동력, 목재, 천연자원 시장에서 고립될 수는 없었다. 그들이 살고 있는 지역에서 재배되는 옥수수로는 3개월밖에 연명할 수 없었기 때문이다. 음식, 의약품, 옷 같은 다른 물건들은 시장에서 돈을 내고 구입할 수밖에 없었다. 멕시코 군대는 숲으로 이어지는 도로를 순찰하면서 사실상 선주민 공동체를 감금하고 있다."(하먼, 2009: 16) 사파티스타는 제국으로부터의 탈출은커녕 멕시코 정부와의 협상과 선거개입으로 국민국가 내에서 생존을 꾀하고 있는 중이다. 사파티스타마저도 잘못되고 해롭고 반동적이라는 '국지적 기획'에 몸부림치고 있는 것이다.

2001년 12월 아르헨티나 민중들이 한국의 촛불항쟁처럼 자발적으로 들고 일어나 독재자를 몰아내었을 때, 자율주의자들은 조직되지 않고 뭉치지 않은 자생성(자발성)이 위대하다고 칭송했지만, "급진좌파의 상당부분은 사회운동의 자율성이란 미명 하에 대통령 선거를 무시하였다. 그 때문에 페론주의를 앞세운"(캘리니코스, 2009: 242) 신자유주의자들에게 정권을 갖다 바친 적이 있었다. 존재하는 국민국가와 국가의 변혁을 무시하는 자율주의자들의 이론이 전 세계인의 비웃음거리가 되는 순간이었다.

네트워크 투쟁

온갖 비정규직과 파견직을 양산하고 구조조정을 강요하는 신자유주의적 공세에 대하여, 노동자계급은 단결하여 싸워야 한다. 그런데 노동자들이 민주노총의 총연맹과 같은 조직으로 뭉쳐서 통일된 투쟁을 해서는 안된다고 주장하는 사람들이 있다. 네그리의 얘기를 들어보자.

> 더 이상 민중이 기초로서 가정되지 않으며, 더 이상 주권적인 국가구조의 권력을 잡는 것이 목표가 아니다. 게릴라 구조의 민주적 요소들은 한층 더 네트워크 형식으로 확장되며, 조직은 점점 더 수단이 아니라 목적 그 자체가 된다. (《다중》, 118)
> 중앙집중적 동일성 아래 통일된 투쟁인가 아니면 우리의 차이들을 긍정하는 독립된 투쟁인가 사이에서 하나를 확연히 선택하도록 한다. 다중의 새로운 네트워크 모델은 이러한 선택들 둘 다를 대체한다. … 새로운 전지구적 투쟁순환은 개방적이고 분산된 네트워크 형식을 취하는 공통된 것의 기둥이다. (《다중》, 267-68)

조정환의 얘기도 들어보자.

> 민중에서 다중으로, 당에서 네트워크로, 국가에서 코뮌으로. (조정환, 7)
> 복수적인 다중들이 그 환원할 수 없는 복수성 속에서 하나의 다중으로 행위할 수 있게 만드는 방법은 이제 이념적 당이 아니라 횡단적 네트워크의 형태에서 찾아지기 시작했다. (조정환, 43)
> 네트워크주의는 그 특이한 힘들의 어떤 것도 희생하지 않으면서 그 힘들이 공통의 목표를 위해 협력할 수 있는 방법을 찾는 것이다. (조정환, 269)

이처럼 네그리와 조정환은 "중앙집중적 동일성 아래 통일된 투쟁"을 하는 민주노총 같은 조직을 해체하고, 탈모던하게 "개방적이고 분산된 네트워크 형식"을 취하는 메신저질이나 하자고 선동하고 있는 것이다.

자율주의자들이 즐겨 인용하는 '아우또노미아' 운동이란 노조를 통하지 않는 '살쾡이 파업'과 같은 것으로 '대장없는 오합지졸'들이 자본가들을 곤혹스럽게 하여 임금인상에 기여하였다는 것이다. 하지만 자율주의자들은 그처럼 훌륭한 투쟁이 이탈리아 자본주의에 대하여 손톱만큼의 상처도 주지 못하였다는 역사적 사실에는 함구하고 있다.

노조가 관료적이고 비민주적으로 타락했다면 그 노조를 바꾸면 된다. 자신들이 만든 노조조차 민주화할 수 없으면서 어떻게 세상을 바꿀 수 있겠는가? 뭉치면 위계와 억압이 발생한다는 '과두제의 철칙'을 운운하며 '중심없는' 네트워크질이나 하자는 것은 자본가들과 제국주의자들의 이익을 위해 네그리가 고안해낸 참으로 악의적인 요설일 뿐이다.

미네르바의 촛불

조정환이 《미네르바의 촛불》을 쓴 목적은 첫째는 촛불과 진보적 지식인들간의 이간질이다. 둘째는 촛불에 빌붙기 위한 것이고, 궁극적인 목적은 자율주의와 네그리주의를 끼워 파는 것이다. 이 점들을 하나씩 살펴보자.

만약에 누군가가 "지금 남조선에서는 헐벗고 굶주린 촛불이라고 부르는 다중들이 미제의 괴뢰인 이명박 도당에 반대하여 떨쳐 일어났습니다. 촛불다중은 제국과 자본의 세계를 끝장내고 공산주의의 과업을 완수할 창조적 역능을 가진 존재로 무정부주의와 공산주의에 호감을 가지고 있다고 합니다."라고 한다면, 정신병자라고 할 것이다. 그러나 이런 주장은 김정일 위원장이 한 말이 아니다. 조정환의 말을 들어보자.

맨 위에 신자유주의 제국의 군주국 미국이 있다... 이때의 미국은 단순한 국민국가가 아니다. 그 아래에 신자유주의 우파, 그 아래에 신자유주의 좌파가 있다.

그 아래에 사회민주주의 우파... 그 아래에 사회민주주의 좌파가 있다. 사노련, 노동자의힘, 노동해방실천연대 등이 이에 속한다. ... 이상의 대의주의 정파들에 의해 대의되지 못하거나 혹은 그러한 대의를 거부하는 사회적 존재들이 있다. 이들은 사회학적 차원에서 노동의 공통되기에 기초한다. 이들의 이념은 주권, 자본, 국가, 민족, 사회학적 의미의 계급 등에 묶이지 않는다. 오히려 생명, 삶, 자유, 사랑 등이 이들의 이념을 더 잘 표현한다. 앞서의 대의 정치세력에 의해 대의되지 못하는 여성, 아이, 청소년, 노인, 다수의 네티즌 등은 물론이고 촛불봉기에 참가했던 이름 없는 무수한 사람들(이른바 '나홀로파') 중의 상당수가 자각적이든 무자각적이든 이러한 감성에 따라 움직였다. 직접행동주의적 아나키즘과 코뮤니즘은 이러한 경향을 정치화하려는 노력으로 나타났다. (조정환, 192-95)

미국과 한국이 단순한 국민국가가 아닌 제국의 군주국이나 제후국이라는 표현이 얼마나 황당한 수작인지는 앞서 애기했다.
그런데 세상에! "촛불봉기에 참가했던 이름 없는 무수한 사람들(이른바 '나홀로파') 중의 상당수가 대의되지 못하거나 대의를 거부"했다니... 사회민주주의 좌파에게도 대의되지 못했다면 사회주의나 공산주의에 호감을 보였다는 말인가? 아니면 정상배들을 싹 쓸어버리고 혁명정부라도 세우려고 했다는 말인가? 촛불은 '명박퇴진'을 열망한 것은 사실이지만, 자본주의 체제를 부정한 적도 없고, 부르주아 대의제 민주주의를 부정한 적도 없다.
촛불의 정치성향은 노사모라고 불리는 노무현 지지자들이나 의료민영화를 굳게 밀어붙인 유시민과 열린우리당으로 대표되는 신자유주의 좌파부터 민주노동당이나 진보신당 등 사회민주주의까지 다양하였지만, 그것은 어디까지나 자본주의나 부르주아 정치체제를 부정하고 이루어질 수 있는 혁명적 대중의 직접통치는 아니었다. 이 점은 촛불 속에 나타난 무수한 민족주의와 애국주의적 담론이나 노무현 서거 시에 드러난 관대한 통치자에 대한 흠모만 보아도 잘 알 수 있는 일이다.
그런데도 조정환은 "여성, 아이, 청소년, 노인, 다수의 네티즌 등은 물론이고 촛불봉기에 참가했던 이름 없는 무수한 사람들(이른바 '나홀로파') 중의 상당수"가 대의주의 정파에 의해 대의되지 않거나 대의를 거부하고 아나키즘과 코뮤니즘의 지향을 드러냈다는 것이다.

　용산투쟁과 쌍차투쟁에서 사노준(사회주의노동자당건설준비위원회)을 비롯한 좌파들이 중심적 역할을 한 것은 잘 알려진 사실이다. 비제도 투쟁정당론과 대체권력론에 입각한 '노동자의힘'의 후신인 사노준은 최근에 사노련(사회주의노동자연합)의 일부와 합하여 사노위(사회주의노동자당건설 공동실천위원회)를 발족한 바 있다. 이런 변혁추구세력을 체제 내에서 활동하는 사회민주주의 세력이라고 하는 것은 참으로 모욕적이고 악랄한 모략중상이다. 모략과 중상은 단결할 줄 모르는 소부르주아 개인주의자들의 고유한 특성이다.
　그리고 무슨 직접행동주의적 아나키즘 운운하는데, 2006년 가을 한미 FTA 반대투쟁 때, 시위대가 동대 후문에서 차벽에 막혀 있었다. 그 때 검정 옷 입은 몇 사람이 대오 근처에서 얼씬거린 적이 있었는데, 한국에서 아나키스트가 대중들 앞에 얼굴을 비춘 것은 그때가 처음이고 마지막이었다. 물론 쇠파이프는커녕 결코 전투적이지 않은 모습으로…

　"촛불은 가난한 사람들의 삶정치적 자기표현이다."(조정환, 324) "다중은 모두 가난하다."(≪다중≫, 173) 이처럼 촛불이 다중이고 다중의 정체성이 빈자(가난한 자)라는 것은 네그리와 조정환의 핵심주장이다. 결국 이 말은 촛불이 분노와 정의감 때문이 아니라 가난해서 거리에 나섰다는 얘기다. 기륭의 비정규직은 자본의 부당한 처사 때문에 싸운다. 단지 가난 때문이라면 노점상이나 식당 종업원으로 취업을 하면 되지, 월 80만원도 안 되는 일자리의 회복을 위해서 1,000일이 넘게 노숙투쟁을 할 필요가 없다. 촛불도 가난 때문에 춥고 배고파서 거리에 나선 것이 아니다. 이명박정권의 부당한 처사에 분노하고 항의하기 위해 싸운 것이다. 모든 투쟁은 이기주의적인 목적이 아니라 부당함에 대한 정의로 싸우는 것이다.
　제국의 지배하에 있는 다중인 촛불이, 가난 때문에 거리에 나왔고, 무수한 '나홀로파'의 상당수가 혁명적 봉기를 일으켜 부르주아 대의제 정당체제와 정상배들을 쓸어버리고 혁명적인 대중의 자기지배 즉 직접민주주의인 아나키즘과 코뮤니즘를 갈구하는 감성을 가지고 움직였다는 이 황당함!

이 문장을 양심적으로 쓰려면, "촛불은 가난 때문이 아니라 이명박정권에 대한 분노와 정의감 때문에 거리로 나섰지만, 형식적 민주주의인 87년 체제의 회복을 바랐을 뿐 부르주아 대의제 민주주의를 벗어나려는 꿈을 꿔본 적이 없었다. 촛불은 신자유주의 좌파와 사회민주주의 사이에 있었다. 친미반공도 제대로 극복하지 못한 채, 입으로만 반자본과 코뮤니즘을 외치면서도 세계화와 제국주의 침략전쟁을 찬양하는 자율주의자들은 이명박이나 노무현과 같은 신자유주의 우파나 신자유주의 좌파와 가까웠지만, 착취제도를 부정하고 투쟁하기보다는 보장소득이나 운운한다는 점에서는 사회민주주의 우파에 가까웠다. 실천적 변혁세력인 노동자의힘과 사노련 등은 자신의 깃발을 들고 촛불과 함께 싸웠다. 그러나 조정환 등의 자율주의자들은 국가권력과 싸우는 촛불들의 투쟁이 해롭고 반동적이라고 생각했기 때문에, 뒤에서 구경이나 하면서 변혁세력들을 모략중상이나 하기에 바빴다"라고 써야 한다.

그러고 보면 이간질과 모략중상질은 자율주의자들의 특성인 모양이다. 사실상 ≪그대는 왜 촛불을 끄셨나요?≫의 필자들은 촛불 속에서 열심히 싸운 사람들이다. 그들은 촛불을 '운동의 정치'라는 측면에서 "촛불의 주체를 정치적 주체로서 반성하는 작업"(서동진, 2009: 9) 즉 촛불이 넘지 못한 지점을 분석해 보려고 했다. 분석과 비판은 완벽하지 못할 수도 있고 실패할 수도 있다.
그러나 조정환이 "지금 촛불은... 사회(민주)주의자, 노동자주의자, 급진주의자 등을 포함하는 사회의 모든 영역으로부터 전방위의 공격을 받고 있다. ... 한국의 온갖 정치세력이 신성동맹을 구축하여 이론의 물대포를 앞세우고 촛불 잔불을 끄고자 총출동하고 있는 시간이 지금이다."(조정환, 6)고 한다든지, "억압, 냉소, 기만, 환멸을 넘어 촛불이 승리한다"면서 자신만이 촛불의 편이고, 좌파 지식인들이 마치 촛불에 대해 "억압, 냉소, 기만, 환멸"을 보인 것처럼 매도하는 것은 참으로 염치없는 수작이고 명백한 이간질이다. 이런 점들은 <논쟁>에서 이미 거론된 바이다. 투쟁 속에서 이간질만큼 나쁜 짓은 없다. 그러나 이 정도는 약과다.

동일성과 특이성 그리고 공통성

　기륭전자와 성모병원의 비정규직은, KTX 여승무원과 이마트의 비정규직과 결코 단결하면 안 되고 차이로 남아 있어야 된다고 주장하는 사람들이 있다.
　네그리 등 자율주의자들의 얘기를 들어보자. "탈근대의 사회에서 비물질노동이 질적인 면에서 헤게모니적"(≪다중≫, 146)이 되었으며, "산업노동자들, 비물질적 노동자들, 농업노동자들, 실업자들, 이주자들 등등은 다중이며"(≪다중≫, 199) 그리고 "다중은 특이성들의 집합이고, 특이성은 그 차이가 동일성으로 환원될 수 없는 사회적 주체, 차이로 남아있는 차이를 뜻한다."(≪다중≫, 135)고 주장한다.
　이 나라는 전체 봉급생활자의 절반이 넘는 840만명이 월 평균 123만원의 저임금을 받는 비정규직인 참으로 야만적인 자본주의 사회이다. 일터의 광우병이라고 부르는 비정규직의 철폐를 위해선, 비정규직 노동자들이 단결해서 싸우는 것은 당연한 일이다. 비정규직이 단결해야 한다는 것은, 그가 어느 회사 어느 공장에 다니든 혹은 산업노동에 종사하든 비물질노동에 종사하든, 비정규직이라는 처지의 동일성에 기초하여 단결한다는 것을 의미한다. 그런데 네그리의 주장에 따르면, 이마트의 비정규직 판매원들과 성모병원의 비정규직 간병인들은 비물질노동자들이고, 기륭전자의 비정규직과 동희오토의 파견노동자들은 산업노동자들이다. 즉 "동일성으로 환원될 수 없는 특이성들의 집합인 다중"이기 때문에 차이로 남아 있어야 한다는 것이다.
　노동자들은 단결해야 한다. 정규직이든 비정규직이든 노동자라는 처지의 동일성과 통일성을 기초로 하여 단결해야 한다. 그럼에도 네그리는 산업노동자와 비물질노동자를 가르고 차이와 특이성으로 남아 있어야 한다고 주장한다. 바로 이 주장이야말로 노동자계급의 단결을 해치는 참으로 범죄적인 이간질이다. 단결해도 시원찮을 판에 분열과 이간질을 한다. 이것이 바로 노동자계급을 이간질하기 위해 분열주의자인 네그리와 비르노 등 자율주의자들이 비물질노동과 다중론을 제기한 반동적 목적이다. 탈근대의 특수성으로 비물질노동을 강조하는 것은 자본주의 체제가 변함이 없음에도 혁명의 주체와 성격이 바뀌었다는 주장을 뒷받침하기 위해서이다.
　물론 조정환도 네그리를 본받아 "20세기 중 후반... 제국주의에서 제국으로의 주권의 변화를, ... 대중노동자에서 사회적 노동자로의, 민중에서 다중으로의 주체성의 변화를 가져왔다. 촛불은 지구상황 속에 편입된 한국에서 산업노동과 대중노동이 주도했던 투쟁의 한 순환이 종결되고 비물질노동의 헤게모니 하에서 기존의 산업적 공간적 지역적 세대적 경계를 넘어 구성되는 다중이 새로운 정치적 주체성의 형상으로 등장하고 있음을 보여주는 사건"(조정환, 58)이며, "다중은 그 환원할 수 없는 특이성 속에서는 다중들이며, 그것의 공통되기 속에서는 다중이다."(조정환, 42)고 말하고 있다.

비물질노동자와 산업노동자가 차이와 특이성을 고이 간직한 채 결코 노동자라는 동일성으로 단결해서는 안 된다면 무엇으로 단결할 것인가? 네그리의 주장을 들어보자.

> 다중은 서로 모순적인 '동일성-차이'의 쌍을 서로 보완적인 '공통성-특이성' 쌍으로 대체한다. ... 새로운 전지구적 투쟁순환은 개방적이고 분산된 네트워크 형식을 취하는 공통된 것의 기둥이다. (《다중》, 267-68)
> 특이성들이 공통적으로 공유하고 있는 것을 기초로 해서 행동하는 다중은 능동적인 사회적 주체를 나타낸다. 다중의 구성과 행동은 정체성이나 통일성에 기초하지 않고 자신이 공통적으로 가지고 있는 것에 기초한다 (《다중》, 136)

결국 처지의 동일성으로 단결하지 말고, 착취와 피착취라는 적대의 관계 속에서 투쟁하는 노동자로 단결하지 말고, "노동자와 빈자들 사이의 분할의 선을 넘어, 다중이 공통적으로 가지고 있는 가난"(《다중》, 173)이라는 정체성으로 단결하자는 것이다.4) 그리고 이 가난이라는 문제의 해결을 위해 "만일 모두를 위한 보장소득의 요구가 국가의 영역을 넘어 전지구적 요구로 확

---

4) 가난 혹은 빈자란 그것을 낳는 사회경제적 처지가 아니라 그 결과만을 나타내는 몰역사적 개념이다. 노동자가 가난한 것은 자본가 때문임을 알 수 있지만, 누군가가 빈자인 것은 부자 때문이라고 할 수가 없다는 뜻이다. 결국 다중이 빈자이고 촛불이 가난하다는 소리는 국가권력과 자본과의 투쟁을 불가능하게 만든다. 이 점은 "다중에는 적대하는 타자가 없어서 투쟁이 불가능하다"는 서관모의 앞의 글을 참조하라.

대된다면, … 부의 분배를 위한 이러한 공통적인 기획은 빈자들의 공통적인 생산성에 상응할 것이다."(≪다중≫, 175)고 주장한다.

네그리의 이런 주장을 받아들여 조정환은, "무조건적 소득보장 요구는 비정규직의 생명불안의 문제를 해결하는 수단일 뿐만 아니라 정규직의 해고불안을 해소하는 수단일 것이며, 정규직/비정규직의 분할을 통해 지배하는 자본의 통치를 파괴하는 방식일 것이다."(조정환, 166-67), "노동기본권에 기초한 고용안정이라는 방어적이고 복고적인 주장을 넘어설 수 있도록 준비해 나가야 한다. 그 디딤돌은 무조건적 보장소득 요구이다. … 이것은 촛불의 취지와 완전히 일치한다."(조정환, 204)고 말하면서, 기룡과 쌍차 노동자들이 방어적이고 복고적인 잘못된 투쟁을 하지 말고, 정규직이든 비정규직이든 특이성들로서의 다중이니까 빈자라는 노동의 공통되기를 통해서, 탈모던한 첨단투쟁인 보장소득 운동을 해야 한다고 준엄하게 꾸짖고 있는 것이다.5)

---

5) 무조건적 보장소득론=기본소득론은 교육, 의료, 보육과 같은 공적 분야나 주택, 전기, 수도 등 공공재를 탈시장화/탈상품화하는 방향이 아니라, 화폐의 분배를 통해 복지를 상품으로 소비하게 한다는 점, 안정적인 재원확보를 위해 결국에는 소비자인 민중의 부담으로 돌아갈 화폐주조 이익세나 탄소배출 거래세나 네이버iN 등에 참여하는 네티즌들의 나눔을 무슨 '그림자없는 노동에 대한 대가' 운운하며, 자본을 부정하고 투쟁하는 것이 아니라, 조세에 의존하여 자본과의 동반성장론을 편다는 점, 한국의 2009년 총생산=총소비는 약 1,000조인데, 총투자 29.9%, 정부지출 15.6%는 피할 수 없다면, 민간지출은 55.5%인데, 1인당 50만원의 기본소득은 263.9조원(26.4%)으로 추산되는 바, 개개인의 소비적 지출 혹은 화폐적 지출의 절반에 가까운 금액이 민간지출에서 이루어져야 하기 때문에 (이런 점은 독일과 같은 유럽의 사정도 마찬가지다), 그 부담의 대부분은 결국 자본이 아니라 급여생활자가 지게 된다는 점, 무상이어야 할 교육과 의료, 주택 등 공적 복지를 심각하게 제약한다는 점 등 수많은 문제점을 안고 있다. 또한 북유럽 복지국가의 GDP의 50%가 넘는 조세는 기본소득과 같은 무차별적인 복지가 아니라 교육, 의료, 보육, 질병, 노후보장, 실업수당과 같은 보편적이거나 선별적인 복지에 지출되고 있다. 결국 기본소득론은 사회적으로 존중되어야 할 공동체적 가치를 해체하는 데에 이른다(박석삼a, 2010 참조). 한편 자본의 부담을 늘리거나 공적의료를 실현하는 방향이 아니라, 가입자가 의료보험금을 더 내서 보장률을 높이자는 건강보험 하나로 운동은, 노무현 정권 5년 동안 1인당 보험료가 79% 인상되었어도 의료자본과 제약회사의 탐욕 때문에 보장률은 59%에서 64%로 겨우 5% 증가한 것을 보면, 조선일보의 칭찬을 받을만한 운동임을 알 수 있다. 기본소득론 역

비정규직, 파견제, 구조조정 등 불안정 노동은 노동자들이 단결해서 비정규직이나 파견제를 허용하고 양산하는 법과 제도를 바꾸면 된다. 그럼에도 이들 자율주의자들은 쌍차 노동자들이 '해고는 살인이다'며 쇠파이프를 들고 피터지게 싸우고 있을 때 자본의 노예되는 투쟁이라고 빈정대면서, 노동자라는 이름을 버리고 가난한 빈자라는 다중의 공통되기를 통해서 자본가들에게 부를 분배해 달라고 하자는 것이다.

이 세상이 지옥 같다면, 인구의 3%도 안 되는 자본가들의 착취 때문에 노동자들의 절반 이상이 동물적 삶을 강요당하는 이 야만적 자본주의에 분노한다면, 국가권력이나 정권을 장악해서 변혁하면 된다. 하지만 국가 혹은 국가권력으로부터의 자율을 외치는 자율주의자들은 국가권력을 장악해서는 결코 안된다고 주장한다.

비물질노동을 들먹이면서 차이로 남자며 노동자들을 이간질하더니, 이제는 동일성이 아닌 공통성을 주장하면서 노동자가 노동자로서 투쟁해서는 안 된다는 것이다. 세상을 바꾸려는 노동자들의 투쟁에 대한 끊임없는 이간질과 훼방 그것이 바로 자율주의의 본질이다. 자율주의자인 조정환이 촛불과 (노동)운동과의 결합과 연대를 얘기하는 ≪그대는 왜 촛불을 끄셨나요?≫의 좌파 필자들을 매도하고 이간질해야만 하는 그 뿌리도 여기에 있는 것이다.

공적인 것과 공통적인 것

국가란 공적 영역의 가장 완성된 형태이다. 그런데 국가와 권력으로부터 회피하고 싶은 네그리는 공적 영역을 부정할 수밖에 없다. 그대신 등장한 것이 '공통이익'이다.

> 공통된 것의 생산은... 사적인 것과 공적인 것 사이의 전통적인 분할을 제거하는 경향이 있다. (≪다중≫, 250)

시 노동자들이 100년도 넘게 투쟁하여 쟁취한 여러 가치들을 자본보다 앞장서서 부정하는 희한한 주장이다.

공동체(community)라는 용어는 종종 인구들 및 인구들의 상호작용 위에 주권적 권력으로서 군림하는 도덕적 통일체를 지칭하는 데 사용된다. 공통된 것은 공동체나 공적인 것이라는 전통적인 개념들과 관계가 없다. … 공동체의 통일성 속에서 개별적인 것(개인적인 것)이 용해되는 반면, 공통된 것 속에서 특이성들은 사라지지 않고 스스로를 자유롭게 표현한다. (≪다중≫, 252)

일반이익 또는 공공이익 개념을, 이러한 재화와 서비스들의 관리에 공통적인 참여를 허용하는 틀로 대체하는 것이다. … 오히려 공공이익에서 특이성들의 공통적인 틀을 향해 전진한다는 것을 믿는다. … 즉 그것은 관료의 수중에 있지 않고 다중에 의해 민주적으로 관리되는 일반이익이다. 이것이 공적인 것에 기반을 둔 국가에서 공통된 것에 기반을 둔 코뮌(communis)으로의 이행을 이루어낼 것이다. (≪다중≫, 254)

조정환 역시 "다중이 자신의 생명과 삶의 안전보장을 추구할 수 있는 방법은 무엇인가? … 다중은 민중, 인민, 국민이라는 주체성들이 구성했던 안전보장 장치인 국가와는 다른 형태의 공동체를 발명하지 않으면 안 된다"(조정환, 62)고 주장한다.

자, 우리의 생명과 삶의 안전보장을 위협하는 30개월 이상 쇠고기 수입문제를 예로 들어보자. 이것은 공적 업무를 관장하는 국가가 재협상이나 검역주권의 문제를 통해서 해결하는 것이 상식이다. 그럼에도 우리의 존경하는 이명박 각하께서는 "다중은 민중, 인민, 국민이라는 주체성들이 구성했던 안전보장 장치인 국가와는 다른 형태의 공동체를 발명하지 않으면 안 되고, 공적인 것에 기반을 둔 국가가 아니라, 공공이익에서 특이성들의 공통적인 틀로"라는 조언에 따라, 국가가 나서서 해결하지 않고(관료의 수중에 맡기지 않고) 민간수입업자의 자율규제에 맡기셨다. 쇠고기 수입업자나 판매상이나 소비자들은 자신들의 특이성을 간직한 채 다중의 자율공동체를 건설하여 소통과 협력을 통해서 참으로 훌륭하게 이 난관을 극복할 수 있을 것이다. "공적인 것에 기반을 둔 국가의 시대는 끝났다. 결코 국민이나 민중이란 정체성을 가지고 세계화에 반대하지 말고 국가를 변혁시키려고 하지 마라! 그것은 해롭고 반동적인 것이다." 이상이 위대한 네그리 사마와 조정환 사마의 말씀이시다.

쇠고기 수입문제가 공적인 문제인 것은 상식이다. 공적인 영역을 아무리 부인하고 싶어도 로빈손 크루소처럼 무인도가 아닌 사회 속에 있는 인간들에게는 공적인 영역이 있을 수밖에 없다. 그리고 그것은 이해관계나 이익으로 따질 수 있는 문제가 아니다. 공적인 것은 정의의 영역이다. 촛불이 거리에 나선 것은 정의감이었다. 공적인 영역인 국가와 정권의 배신에 대한 분노이고 정의감이었지, 예비군과 유모차가 서로 다른 이해관계를 가지면서 공통의 이익이 될 미친 소 수입반대에 일시적으로 함께한 것이 아니었다. 일제 식민지 시절 조선의 노동자와 농민들이 식민지 민중으로 단결한 것은, 노동자와 농민이라는 정체성 이전에 식민지 민중이라는 더 큰 처지의 동일성을 기반으로 한 정의의 투쟁을 위한 것이었지, 이익의 충돌에도 불구하고 공통의 이익으로 단결한 것이 아니었다.

물론 차이로 남아 있으면서 공통의 이익을 추구하는 집단이 있다. G20이 바로 그 좋은 예이다. 한국, 중국, 러시아, 미국, 일본 등등의 국가는 서로 국익이 충돌한다. 하지만 자본이 야기한 경제위기의 부담을 자국의 민중들에게 돌리는 데는 공통의 이해관계가 있다. 이것은 정의에 기초한 모임이 아니다. 정부에 대한 재벌들의 이해관계를 대변하는 전경련도 공통이익에 기반한 조직이다. 현대와 삼성은 각자의 이해관계가 다르기 때문에 "일자로 환원될 수 없는 다양성이며 복수성이고 특이성이다."(≪다중≫, 141) 또한 "공통적으로 행동하는 특이성들"이다.

하지만 전쟁을 수행하는 보병과 포병은 차이에 기초한 서로 다른 이익이 없다. 그들은 한 나라의 군대일 뿐이다. 공통의 이익이 없어지면 차이로 돌아가야 하지만, 유모차와 예비군 역시 차이에 기초한 서로 다른 이익이 있는 것이 아니라, 자본의 지구화와 신자유주의에 유린당하는 민중이라는 통일성으로 투쟁한 것이다.

정의감에 기초한 도덕적 통일체는 공동체이고 그것을 추구하는 운동을 코뮌주의6)라고 부른다. 그러나 특이성으로 남아있으면서 즉 각자의 이익을 추구하면서 공통의 이익을 조절하고 따지는 것은 도적적 공동체가 아닌 야만이 지배하는 이익단체협의회다. 도덕적 공동체를 추구하는 코뮤니스트와, "다중의 공통체, 다중의 코뮌만이 다중의 삶을 무조건적으로 보장해 줄 수가 있다."(조정환, 355)라면서 '공통체'라는 이익단체협의회를 추구하는 네그리주의자들과의 차이점이 여기에 있다. 그들은 공동체주의자(communist)가 아니라 '공통이익체주의자'(commonist)들이다.

"관료의 수중에 있지 않고 다중에 의해 민주적으로 관리되는 일반이익"은 얼핏 보아 맞는 말처럼 들리지만, 국가가 사멸한 후에도 혹은 대중의 자기지배가 실현되는 코뮤니즘 사회에서도 공적 업무는 있을 수밖에 없다. 5,000만이 검역업무에 매달릴 수는 없지 않은가? 소수나 일부가 맡을 수밖에 없는 공적 업무를 일부의 시민에게 위임하고 민중의 통제 하에 두던지 혹은 시민들이 번갈아 가면서 맡을지는 업무의 성격에 따라 다를 것이다. 그러나 차이로 남아있기를 바라는 다중들의 이익을 관리하는 공통업무는 아니다.

민중, 대중, 다중 그리고 엑소더스

네그리와 비르노가 스피노자에게서 빌려온 '다중'이란 개념은 '민중'과 대립되는 주체성이고, 맑스의 '프롤레타리아트'를 대체하기 위한 개념이다. 국가를 구성하는 국민과는 다른 민중이란 먼저 권력으로부터의 피억압의 정체성이다. 일제 때 '식민지 민중'이란 용법이 그것을 보여준다. 대중이란 동일한 처지나 동일한 요구와 감정을 가진 집단이다. 노동자대중 혹은 농민대중이라고 할 때 보여지는 용법이다. 이에 비하여 다중은 일자로 환원되기를 거부하는 특이성의 집합인 다양성이다. "국가라는 일자(one), 국가라는 중심으로 구심력 운동을 하는 것이 민중 개념이라면 다중은 국가로부터 멀어지는 원심력 운동을 하는 개념이다."(이득재, 2008: 102) 그리고 계급은 정치적 사회적 경제적 처지의 동일성을 기반으로 한다.

예를 들어보자. 식민지 조선의 노동자 대중과 농민 대중은 강도 일본과 투쟁하기 위하여 신간회를 구성하였다. 노동자와 농민의 차이와 특이성을 앞세

---

6) 공산주의라는 번역은 잘못된 것이다. 공동체주의가 적절할 것이다.

우지 않고 일본 제국주의에 맞서는 식민지 민중이라는 통일성으로 뭉쳤다. 만약 일제가 식민지 민중이라는 처지의 동일성에 기반한 공동의 적이 아니라 노동자와 농민이라는 상이한 이익을 갖는 공통의 적이었다면 일제를 몰아내고 난 다음에는 흩어져야 한다. 그러나 그들은 단결하여 정의가 실현되는 새로운 나라를 만들려고 했다. 식민지 조선의 노동자와 농민의 처지의 동일성은 식민지 민중이라는 더 큰 처지의 통일성으로 뭉쳤다.

이승만 독재나 전두환 독재와 한마음이 되어 싸운 학생과 시민과 노동자는 대중이면서 독재정권에 억압당하는 민중이었다. 촛불예비군과 촛불유모차와 안티엠비는 차이를 고집하면서 미친 소 반대라는 공통이익을 추구한 것이 아니라, 신자유주의 경찰독재 하에 고통받고 억압받는 처지의 동일성에 기반한 민중으로서, 즉 하나의 통일성인 촛불시민으로서 싸웠다. 이명박과 싸우는 촛불의 정체성은 하나였지, 특이성으로 남아있는 복수성인 다중이 공통의 문제로 싸운 것이 아니었다. 촛불은 "무수히 많은 계급들이 하나의 공통의 의제 앞에서 정치적으로 결집된 무리라는 점에서 다중"(조정환, 133)이 아니다. 촛불은 하나다!!!

이처럼 동일성과 통일성은 단결의 정체성이다. 그러한 단결 속에 하나된 민중들이 자기 내부의 어느 집단을 억압하거나 노동자계급이 농민에 대한 억압은 있을 수 없다. 이익이 충돌하지도 않는다. 예비군의 이익과 유모차의 이익이 따로 있기 때문에 복수의 특이성과 환원할 수 없는 다양성으로 남아 있어야 했던가? 이명박 앞에서 촛불은 하나였다. 제발 차이와 다양성 운운하며 분열을 조장하지 마라!

보통의 사람들은 현실이 힘들더라도 적응하고 산다. 권력의 횡포가 아무리 심하더라도 떠날 수 없는 사람들은 불만스럽고 고통스럽더라도 적응하면서 당하고 살기도 하고, 때로는 권력에 저항하고 투쟁하면서 처지를 개선하거나 세상을 변혁하려고 하기도 한다. 즉 떠날 수 없는 사람들은 정치적 경제적 현실의 개선과 변혁에 관심을 갖는다. 정책을 반대하거나 정권교체를 바라거나 체제를 변혁하려고 하는 사람들은 그 중앙정치 즉 권력에 관심을 갖는 구심력적인 존재이다.

이에 비하여 양반의 수탈을 피해 지리산 속에 들어간 화전민이나 산적들은 때로는 관군과 싸울지라도 세상의 변혁을 바라지 않는다. 체제에 대한 애정이나 관심이 없는 집시나 유목민 역시 권력의 횡포에 저항은 하지만 세상을 바꾸는 데는 관심이 없다. 그들은 중앙(권력)에 관심이 없고, 떠나는 사람들이고 원심력적이다. 마적들, 마약 재배자들, 깡패들, 룸펜들, 군벌, 해적 등등은 그들을 핍박하는 정치권력의 희생자이면서도 세상을 바꾸는 데는 관심이 없다. 떠날 수 있는 사람들 그리고 관심이 없는 사람들이 바로 다중이다. 그들은 권력에 맞서 세상과 정치를 바꿀 의사가 없는 뜨내기인 유목민과 같은 존재이다.7) 그들은 체제와 정권과 싸우기 위해서 단결해야 할 이유가 없다. 차이로 남아 있어야 한다. 자율주의자들이 숭배하는, 권력과 체제로부터의 도주와 탈주란 바로 이런 정체성이다. 떠나고 싶지만 못 떠나는 사람들이 아니라, 떠날 수 있고 떠나야 할 사람들이기 때문에 차이를 넘어선 단결을 외칠 필요가 없다.

다중에게는 타자(他者)가 없고 투쟁의 대상이 없다. 노동자에게는 자본가라는 대상(타자)이 있지만, 빈자에게는 부자가 투쟁 대상이 아니다.(서관모, 2009: 156-57) 즉 투쟁의 대상이 없으므로, 그들은 해방되기 위해서 떠나야만 한다. 투쟁이 아닌 도주와 탈주 바로 이것이 자율주의자들의 실천론이다. 그리하여 그들은 이주노동을 극찬한다.

여기에서 우리는 다시 한번 첫 번째 층위의 공화주의적 원칙을, 즉 도주, 탈출, 유목주의를 본다. 훈육시대에는 사보타주가 저항의 기본관념이었던 반면, 제국의 통제시대에는 도주가 저항의 기본관념일 것이다. 근대에서의 대항은 종종 직접적인 그리고/또는 변증법적인 힘의 대립을 의미했던 반면, 탈근대에서의 대항은 애매하거나 삐딱한 자세에서 가장 효과적인 것은 당연하다. 제국에 대항하는 전투는 삭제와 태만을 통해서 승리할 수 있을 것이다. 이러한 도주는 어떤 장소를 갖지 않는다. 그것은 권력의 장소를 철거하는(비우는) 것이다. (≪제국≫, 282-284)

---

7) 자율주의자인 들뢰즈는 현대인이 유목민적 심성을 가졌다며 노마디즘이란 단어를 퍼뜨린 바 있다.

하지만 신자유주의 세계화 속에서 신음하는 전 세계 민중 가운데 더 나은 삶을 위해서 떠날 수 있는 사람들이 몇이나 될까? 못사는 사람들이 탈주를 한다고 해서 그 나라가 바뀔 수 있을까? 이주노동이라는 게 결국은 선진국의 3D업종에 취직해서 돈 버는 것이다. 한 개인에게는 보다 나은 소득을 얻는 일이겠지만 결국은 선진국 자본주의에 포섭되는 것이다.

비르노는 "미국의 동부 노동자들이 토지를 얻을 수 있는 서부로 대탈주해서 자본가들에게 타격을 주었다"고 말한다.(비르노, 2004: 122) 그래서 동부의 자본주의가 망했던가? 미국의 자본주의가 망했던가? 단지 남겨진 노동자들의 일시적인 임금상승에 조금 기여했을 뿐이다.

그럼에도 조정환은 "이주에 대한 네그리와 하트의 긍정은 이 유목적 운동이 갖는 역사적 세계사적 의미에 대한 진단에 기초한 것으로서 비참에도 불구하고 이주가 갖는 변형의 힘을 강조하고자 하는 것이다."(조정환, 229) "이주하는 다중의 유목적 운동은 그것이 비참에 의해 조건지워진 것이라 할지라도 인류인들의 국경을 넘는 혼종과 새로운 주체성의 탄생에서 빼놓을 수 없는 계기이며 코뮤니즘을 새로운 수준에서 구축할 잠재력의 축적이라고 보아야 한다."(조정환, 230)고 주장한다.

그들은 현대의 대중이 떠나는 자의 정체성이라면서 대탈출을 감행하여 자본의 세계를 무너뜨리자고 주장하다 하지만 삶이 힘들이도 떠날 수 있는 사람은 많지 않다. 새롭게 찾아갈 곳도 무한정한 것이 아니다. 그리고 그 새로운 곳도 자본이 지배하는 세계이다.

분명히 말하지만 촛불은 재협상을 바라고, 이명박이 물러나기를 바라는 정권퇴진운동이었다. 이것은 정치를 바꾸고자 하는 전형적인 민중의 모습이다. 결코 자율규제나 믿는 원심력적인 다중이 아니었다. 유모차부대와 예비군과 소울드레서는 차이를 앞세운 다중이 아니라, 이명박과의 싸움에서 촛불로 하나가 된 민중이고 대중이었다. 촛불이 다양한 부류의 사람이었고 조직되지 않은 자발적 창의력을 발휘했다는 것은 다중과는 아무 상관이 없다. 광우병, 의료민영화 등등의 문제는 차이를 넘지 못하는 공통의 문제가 아니라 신자유주의 경찰독재정권의 횡포에 시달리고 있다는 처지의 동일성에 기초한 통일된 민중들이 제기한 의제였다.

오직 단결을 죽기보다 싫어하고 뭉칠 줄 모르는 자율주의자들만이 외견상의 차이에 매달리는 것이다. 또한 대부분의 혁명적 사건이 그러하듯 계획적이고 조직적인 봉기란 오히려 드문 것이다. 그리고 대중의 자발성은 고양기에는 언제나 일어나는 현상이다. 광주항쟁 때 양동시장의 아주머니들이 김밥을 만들고, 전남대 병원의 간호원들이 시민군을 숨겨주고, 야학 노동자들이 전단을 뿌리고, 택시 운전사들이 무기고를 턴 것은 차이 즉 특이성으로 남아 있었기 때문에 가능한 것이 아니라, 전두환의 공수부대의 학살 앞에서 하나로 뭉쳐야 한다는 통일성에 기반한 민중이고 대중이었기 때문이다. 다양한 부류의 사람들이 자발적이고 창조적이었다는 것은 다중의 특성과는 전혀 상관없는 운동의 고양기에 나타나는 대중과 민중의 특성이다.

홉스에 따르면 다중은 정치적인 통일(단일성)을 기피하고, 복종을 거부하며, 지속가능한 협정을 체결하지 않는다. 또 다중은 자신의 고유한 권리를 주권자에게 결코 양도하지 않기 때문에 법적 인격의 지위를 획득하지 못한다. 말하자면 다중은 (다원적 특성이라는) 자신의 존재양식과 행동양식에 의해 이러한 양도를 금지한다. 위대한 저술가였던 홉스는 다중이 얼마나 반-국가적인가를, 그러나 바로 그 때문에 얼마나 반-민중인가를 존경스러울 정도로 세련되게 강조했다. ... 말하자면 민중이 있다면 다중은 없다. 또한 다중이 있다면 민중은 없다. (비르노, 2004: 41)

이처럼 비르노가 흐뭇한 심정으로 인용한 홉스의 주장이야말로 다중에 대한 참다운 정의이다. 물론 탈모던한 현대사회에도 이러한 정의에 딱 맞는 존재들이 있다. 소말리아 해적이나 중남미의 마약 재배자나, 이라크의 군벌들이나, 양은파와 같은 깡패들이 바로 홉스가 올바르게 파악한 전형적인 다중이다. 국제인신매매단이나 국제마약밀매단 역시 "정치적인 통일(단일성)을 기피하고, 복종을 거부하며, 지속가능한 협정을 체결하지 않으며, 자신의 고유한 권리를 주권자에게 결코 양도하지 않기 때문에 법적 인격의 지위를 획득하지" 못한 채로, 제국의 기관인 인터폴과 싸우는 전형적인 다중이다.

A가 인간이 아니라 원숭이라고 주장하려면, A에게 포유류와 영장류의 특성이 있다는 것은 전혀 증명이 되지 못한다. 촛불이 민중이 아니라 다중이라고 주장하려면 촛불이 대중이나 민중은 가질 수 없는 다중만의 고유한 특성

이 있다는 것을 증명하지 않으면 안 된다. 그런데 그 다중의 고유한 특성이란, 정치를 바꾸고 세상을 바꾸는 데에 관심이 있는 구심력적인 것이 아니라, 특이성을 고집하면서 일자로 환원되지 않고 떠나는 유목민과 같은 원심력적인 특성이다. 그러나 촛불은 그런 특성이 없었다. '명박퇴진'과 '재협상'을 요구하는 촛불이 어떻게 원심력적일 수 있는가? 그것은 국가와 중앙정치에 관심을 갖고 변혁시키려는 전형적인 구심력적인 운동이었다. 촛불을 다중이라고 하는 것은 모욕이다! 자본의 지구화에 맞서 자국의 신자유주의 정권과 싸우고 있는 전 세계 민중을 다중이라고 하는 것은 모욕이다! 촛불이 국가권력과 싸우고 국가권력을 변혁시킬 민중이 아니라 싸우지 않고 떠나야 하는 원심력적인 다중이 되어야 한다는 것은 반동적 주장이다. 자본의 전자구화에 저항하는 것이 반동적이 아니라 국가라는 형태를 통해 안전보장을 축구해야만 하는 전 세계 민중에게 다중이 되라고 말하는 것이 반동이다!

공통으로 생산한 비물질적 형태의 부

노동자계급을 이간질하기 위해 '비물질노동'을 강조하는 자율주의자들은 비물질노동의 결과물인 지식재와 정보재 그리고 금융산업이 올리는 부를 중시한다.

> 비물질노동의 중심성은 그것이 생산하는 비물질적 형태의 재산이 갖는 중요성이 증가하는 데 반영되어 있다. … 최근에 사유재산으로서 보호받을 수 있는 자격을 얻게 된 특허권, 저작권, 그리고 다양한 비물질적 재화…. (≪다중≫, 152)
> 우리는 금융자본이 또한 또 다른 얼굴, 즉 미래를 가리키는 공통적인 얼굴을 가지고 있음에 주목해야 한다. 실제로 금융은 일부 사람들이 주장하듯 다른 형태들보다 덜 생산적이지 않다. 자본의 모든 형태들처럼 그것도 화폐로 재현될 수 있는 축적된 노동일뿐이다. … 금융자본은 다른 말로 하면 우리의 미래의 공통된 생산능력들의 일반적 재현으로서 기능하는 경향이 있다. (≪다중≫, 337)

엄청난 추상의 힘을 갖고 있는 금융의 세계가 다른 공통적인 사회적 부뿐만 아니라 미래의 잠재력까지 훌륭하게 표현해준다. (≪다중≫, 371)

이어서 조정환이 네그리 사마의 말씀을 암송한다.

오늘날 부의 지배적 형태는 비가시적이며 비물질적인 형태로, 또 금융자본의 형태로 존재한다. 금융자본은 개별적 노동시간의 응축을 넘어 생산자들 사이의 사회적 보편적 협력이 가치형태로 표상되고 있는 것이다. 즉 생산자들의 공통되기가 가치로 재현되고 있는 것이다. 소통과 신용이 금융사회에서 가치실현의 핵심적 전제가 되고 있는 것은 이 때문이다. 금융자본의 유통이 필요로 하는 확대하는 부채관계(대부와 원리금 상환)는 비물질적 사회적 노동협력이 필요로 하는 확장하는 소통과 신뢰관계의 가치적 재현이다. 탈근대의 부는 절대적으로 사회적 생산자들의 협력에 의존하고 있을 뿐만 아니라 그것에 근거한다. 금융자본의 파생성(파생상품의 가능성)은 사회적 협력의 창조성과 풍부성에 의지한다. (조정환, 326)

결국 금융이 부의 지배적인 형태이고 그것은 비물질적으로 그리고 공통적으로 생산되고 있다는 것이다. 공통으로 생산된 공통의 부의 분배를 위해 소수의 통제에서 다중의 공통되기로! 바로 이것이 공통체주의자들의 핵심적인 기획이다.

세상에! 특허권, 저작권 특히 금융이 얻는 부가 다중이 공통적으로 생산한 창조적인 부라니! 2008년 가을 전 세계 민중들의 삶을 도탄에 빠뜨렸던 경제위기의 주범인 파생상품이 사회적 협력의 창조성과 풍부성에 의존하는 탈근대적 부라니! 에이즈 치료제의 독점적 특허와 지적 재산권은 아프리카의 가난한 사람들이 이 약을 값싸게 이용할 수 있는 길을 막았다. 마이크로소프트의 독점적 특허권은 전 세계의 사용자들에게 불법복제의 잠재적 범죄자라는 위협을 가하면서 천문학적인 이윤을 챙겼다. 그들의 이윤은 개발비보다 10배, 100배를 넘는 판매가를 강요하여 민중의 부를 약탈한 강도짓으로 얻어진 것이었다. 그것은 결코 연구자들이 공통적으로 생산한 부가 아니라 범죄적인 약탈이다. 그들이 올리는 이윤은 분배의 대상이 아니라 부정되어야 할 범죄적 부당이익이다. 금융산업이 올리는 막대한 이윤 역시 금융산업 종사자들이 협력과 소통을 통해 공통적으로 창출한 부가 아니다. 그들이 올리는 이윤은 서브 프라이머들과 같은 민중들을 재물로 삼아 얻어진 것이다.

네그리주의자들의 이런 수작은 가령 깡패 조직원 30명이 시장의 상인들로부터 자릿세를 부당하게 뜯어 막대하게 부를 축적했을 때, 그들이 얻은 화폐적 부가 깡패들이 소통하고 협력하면서 공통적으로 생산한 부라고 찬양하면서, 공통으로 생산한 것이니 깡패두목님만 가지지 마시고 졸개들에게도 나눠주라는 말과 무엇이 다른가? 모든 공동체주의자들이 범죄적 부를 부정과 금지의 대상으로 보고 있을 때, 오직 자본주의에 찌들은 공통이익체주의자들만이 이런 범죄적 부를 찬미하면서 공통으로 생산했으니 보장소득으로 나눠 갖자고 하는 것이다. 바로 이것이 네그리가 말하는 '공통적인 정치적 기획'(≪다중≫, 277)의 핵심이다. "이른바 분배를 가지고 야단법석을 떨고 거기에 중점을 두는 것은 도대체 잘못된 것이다."[8]

절대적 민주주의

네그리는 다중의 민주주의 혹은 절대적 민주주의를 주상한다. 하지만 명료한 정의는 없다. "다중의 민주주의는… 민주주의를 위해 주권을 파괴하는 것이다. 주권은 그것이 어떤 형태를 띠건 불가피하게 권력을 일자의 지배로 제시하고, 완전하고 절대적인 민주주의의 가능성을 침식한다."(≪다중≫, 419) 그리고 "다중의 민주주의가 전통적으로 이해되어 온 직접민주주의와 거의 아무런 유사성도 가지고 있지 않고, … 경제적 생산과 정치적 생산은 일치하며, 생산의 협동적 네크워크들은 사회의 새로운 제도적 구조를 위한 틀을 제시해 줄 것이다. 우리 모두가 삶 정치적 생산을 통해 협동적으로 창출하고 유지하는 이러한 민주주의를 우리는 절대적이라고 부른다."(≪다중≫, 416)는 네그리의 주장은, 네트워크란 말이 거슬리기는 하지만 맑스주의도 국가사멸론을 얘기하고 대중의 자주관리 등을 얘기하니까 시비 걸지 말자. 그런데 네그리

---

8) 맑스, ≪고타강령 비판≫.

는 그 다중의 절대적 민주주의에 대해 "공통된 것에 기초한 다중의 이 새로운 과학은 다중의 어떠한 통일화도 또는 차이들의 어떠한 종속화도 포함해서는 안 된다."(≪다중≫, 421)고 말하는 것이다.

맑스가 "개개인의 자유로운 발전이 만인의 자유로운 발전의 전제조건이 되는 사회"9)라고 할 때에는 개인과 공동체의 조화와 통일이 있다. 하지만 "다중의 어떠한 통일화도 또는 차이들의 어떠한 종속화도 포함해서는 안 된다"고 할 때에는, 개개인의 권리와 이익은 결코 양도되거나 제약되지 않는다. 결국 개인은 공동체와 필요한 한에서만 소통하는 극단적 개인주의이고 이기주의자일 뿐이다. 뭉치기를 죽기보다 싫어하는 자율주의자들은 통일성을 인정할 수 없다. 소부르주아의 절대적이고 극단적 이기주의에 기반한, 그리하여 차이(개인)에 대한 어떠한 억압도 없는 민주주의가 바로 네그리가 선동하는 이상사회다. 그러나 그 세계는 개인주의자들과 이기주의자들로 넘쳐나는 야만적인 사회일 수밖에 없다.10) 결국 네그리가 말하는 절대적 민주주의란 전경련민주주의 혹은 아파트 값을 올리기 위해 무슨 짓이든 하는 부녀회민주주의인 것이다. 그것은 정의와 사랑에 기반한 공동체가 아니라 개인주의와 이

---

9) 맑스, ≪공산주의자 선언≫.
10) "여기서, 네그리가 이야기하는 절대적 민주주의의 작동이 곧 권력관계의 한 변용태라는 점이 아주 확실하게 드러난다. 절대적 민주주의는 직접민주주의처럼 주권의 영역을 통하여 일어나는 것이 아니다. 절대적 민주주의는 특이성들이 극한까지 발현되어 공통적인 것을 구성하는 상태를 가리키므로 주권의 영역을 통해 매개된 개인의 계약에 의해 작동되는 직/간접 민주주의 모델과는 큰 차이를 보일 수밖엔 없다. 그동안 난 네그리가 근대 주권의 형식이라고 매개를 엄청 강조했기에 매개, 매개 이러기만 했지 그것을 제대로 이해하지는 못했는데, 이런 식으로 정의를 하게 되니 매개라는 기제가 무엇인지 아주 정확히 눈에 들어온다. 주권적 권력의 작동이 곧 매개라는 기제이다. 이것이 제거되어야지만 민주주의는 그 논리적 극한으로 나아갈 수 있다. 직접적으로 세계 경제, 비물질적 경제라는 공통성을 형성하고 있는 특이성들의 극한에 이르는 발현을 민주주의라고 부를 수 있지, 매개에 의해 통합되고 억제되는(되어야 하는) 개인이 극한에 이르는 발현을 통해서는 모순에 이를 뿐이다. 즉 자유로운 개인이 그 극한에 이르게 되면 홉스의 전쟁상태가 나타날 따름이며, 이는 민주주의의 기본 전제인 자유가 그 모순에 빠지게 되는 상황을 나타낼 뿐이다." (저련, <주권, 권력관계, 절대적 민주주의>, http://cafe.naver.com/abcde1.cafe?iframe_url=/ArticleRead.nhn%3Farticleid=368.)

기주의에 기반한 공통이익체인 것이다.

관념과 몽상의 세계

이상으로 살펴본 바와 같이 "네그리를 지금까지 15년째, 그리고 맑스를 30년째 읽고 있다"는 조정환은, 소부르주아 반동철학자인 네그리의 주장을 마치 암송경연장에 출전한 것처럼 앵무새처럼 반복하면서 촛불이 다중이고 다중이어야 한다고 우기고 있다. 그러면서도 "'네그리주의자'나 '다중주의'란 말은 사양하고 싶습니다. 나로서는 금시초문이고 앞으로도 쓸 생각이 없다"11)며, 사정을 아는 사람들은 누구나 비웃을 수밖에 없는 참으로 썰렁한 개그를 하고 있는 것이다.

촛불은 국민을 배반한 정권이 물러나길 바랐다. 위정자가 잘못되면 그 위정자를 몰아내고, 체제가 민중을 배반하면 체제를 바꿔야 한다. 이것은 상식이다. 그러나 국가권력을 혐오하고 국가권력의 장악과 변혁론을 부정하는 자율주의자들, 특히 친미반공주의조차 제대로 극복하지 못한 채 금융자본이 약탈하는 재화마저도 창조적 부라고 찬양하는 네그리는, 존제히는 국민국가를 부정하면서, 노동자라는 처지의 동일성이나 민중이란 통일성으로 단결하지 말고, 위계적인 민주노총과 같은 낡은 조직도 만들지 말고, 자본의 노예되자는 비정규투쟁도 하지 말고, 촛불도 노동자도 노점상도 비정규직도 모두 가난한 사람들이니까 공통의 이익을 위해 자본가들에게 빌붙어서 보장소득을 나눠주기를 간청하자고 한다. 다중에겐 적대하는 타자가 없다. 그러므로 지금 여기서 세상을 바꾸기 위해 투쟁을 해야 할 대상이 없다. "타이밍이 결정적이다. … 삶정치적 다중의 무한한 노력의 오랜 시기가 지난 후에, 엄청나게 축적된 불만들과 개혁제안들이 어느 시점에선가 강력한 사건에 의해, 급진적인 반란의 요구에 의해 변형될 것임에 틀림없는"(≪다중≫, 424) 그날을 기다리며, 절대로 뭉치지 말고 '중심 없는 투쟁'이나 찬미하면서, 민주노총도 해체하

---

11) 조정환, ≪논쟁≫, 2009.05.11.

고 네트워크로 뭉쳐서 메신저질이나 하자고 선동하고 있는 것이다.

그들에겐 투쟁이 없고 실천이 없다. 그러므로 그들이 자기 존재를 나타내는 유일한 방법은 피터지게 싸우고 있는 변혁적인 실천좌파들을 씹고 이간질하는 것뿐이다. 네그리가 뉴라이트 게시판 수준에도 못 미치는 반공의 열망에 불타올라 ≪제국≫과 ≪다중≫에서 맑스주의를 씹는 것이나, 조정환이 좌파 지식인과 촛불을 이간질하는 이유도 여기에 있다.

하지만 그들에게도 장점이 있다. 현대사회가 개인주의화하고 이기주의적으로 되면 될수록, 특이성을 양보하지 않고 끝까지 차이로 남자는 극단적 개인주의는 호소력을 지닐 수밖에 없다. 적대적 투쟁은 낡은 것이라며 비대칭 투쟁을 찬양하고, '중심 없는 투쟁'과 운동의 '자생성'과 '떼지성'을 찬양할 때, 유구(唯口)좌파는 입만 놀리며 폼만 잡으면 된다. 지휘자가 없어도 오케스트라는 떼지성을 발휘해서 훌륭하게 연주될 것이다.

2009년 3월, 네그리는 런던대학교에서 열린 컨퍼런스의 발제문에서 "공산주의자가 된다는 것은 국가에 대항한다는 것을 의미한다"[12]며 제국으로의 이행 테제 등을 포기했다.(서관모, 2009: 142) 2000년 ≪제국≫을 발간하여 세계화를 찬양하고 미제국주의의 침략전쟁까지 제국의 경찰작용으로 칭송하면서 전쟁광 부시와 월스트리트의 기쁨조 역할을 하던 네그리의 대사기극이 9년 만에 막을 내리던 순간이었다. 허무맹랑한 제국론에 기초하여 신자유주의 세계화에 유린당하는 전 세계 민중들이 국가와 관련한 정체성인 국민과 민중이 아니라, 제국과 자본에서 벗어나기 위해 대탈주를 감행할 다중이라는 반동적인 헛소리도 금이 가는 순간이었다.

지금까지 자율주의자란 '코뮤니즘의 모자를 쓴 자유주의자'로 알려져 왔다.

---

[12] 여기서 오해하지 말 것은, 네그리가 마치 communist(공동체주의자)인 것처럼 얘기하고 있지만, 그는 실은 communism과는 전혀 상관이 없는 commonist(공통이익체주의자)라는 점이다. 또한 국가권력을 장악하여 변혁시키자고 주장하는 것이 아니라, '국가에 대항하자(be against)'고 말하고 있다는 점이다. 이명박 등의 신자유주의 정권을 몰아내고 민중적인 정부를 수립하자는 것이 아니라 그냥 대항만 하자는 얘기이다.―적대적 투쟁대상이 없는 대항(자본가 계급과 투쟁하는 것이 아니라 착취에 대항하자는 것과 같은 얘기)에 대해서는 서관모의 앞의 글을 참조하라.

그러나 네그리주의를 학술적으로 엄밀하게 정의하면, 코뮤니즘과는 아무런 상관이 없는 '공통이익체주의'라는 외투를 입은, 극단적인 개인주의와 이기주의에 찌들은 소부르주아지들의 반동적 요설이라고 해야 할 것이다. 오늘도 네그리는 비물질노동에 종사하면서 연봉 수십만 달러가 넘는 마이크로소프트의 프로그래머와 월가의 투자상담사와 같은 혁명전위들이 소통과 협동을 통해 창조적으로 '공통되기'를 하면서 새로운 미래를 건설할 그날을 기다리고 계신다.

채만수 소장이라면, 이런 네그리주의자들의 수작에 대해 무조건적 보장소득을 주장하는 기본소득론자들에 대해 말했던 것처럼, "진보적임을 자처하는 지식인들이여, 제발 사기 좀 작작 처라! 그리고 부끄러워할 줄 알라!"(채만수, 2010)고 말하겠지만, 필자는 이들 '공통이익체주의' 판매업자들이 더 이상 노동자계급이나 변혁세력들에 대해 이간질이나 중상질만 하지 않기를 바랄 뿐이다.

<참고논문과 저작>

김광석, 2009. "네그리와 자율주의 비판", ≪노동사회과학≫ 제2호, 노동사회과학연구소 (김광석은 필자의 필명 중 하나이다).
네그리·하트, 2001. ≪제국≫, 윤수종 옮김, 이학사.
네그리·하트, 2008. ≪다중≫, 조정환 외 옮김, 세종서적.
맑스, ≪고타강령 비판≫.
맑스, ≪공산주의자 선언≫.
빠올로 비르노, 2004. ≪다중≫, 김상운 옮김, 갈무리.
박석삼a, 2010. "기본소득을 둘러싼 쟁점과 비판", ≪노동사회과학≫ 3호 (2010.5), 노동사회과학연구소(이 글은 참세상에 축약본이 실려 있고, 필자의 블로그 blog.jinbo. net/rnp에서도 볼 수 있다).
서관모, 2009. "네그리와 하트의 다중의 기획에 대한 비판", ≪마르크스주의 연구≫ 16호 (2009년 겨울), 126-161. 경상대학교 사회과학연구원.
이득재, 2008. "촛불집회의 주체는 누구인가", ≪문화/과학≫ 55호 (2008

년 가을), 90-109.

이택광a, 2009. "이택광의 블로그에서 이택광이 조정환 등과 벌인 논쟁", wallflower.egloos.com. 2009.5.5-2009.6.1.

조정환, 2009. ≪미네르바의 촛불≫, 갈무리.

채만수, 2010. <과학에서 몽상으로 사회주의의 발전·발전·발전!>, 참세상. 2010.02. 22. http://www.newscham.net/news/view.h?board=news&nid=55677

캘리니코스, 2009. ≪좌파의 재구성과 변혁전략≫, 최일붕 옮김, 책갈피.

크리스 하먼, 2009. "자발성, 전략, 정치", ≪마르크스21≫ 2호 (2009년 여름), 다함께.

충격(IMPACT) 2002-2006
― 우리의 사상적 방침

벨기에 노동자당
번역: 편집부

[편집자 주] 벨기에 노동자당(Partij van de Arbeid van België, Parti du Travail de Belgique)은 한국에 소개된 적이 드물다. 그러나 벨기에 노동자당은 유럽의 한 복판에 있는 작은 나라에서 존재하는 맑스-레닌주의 당으로서 창조적 고민과 노력이 돋보인다. 일국사회주의를 재검토하면서 벨기에 혁명을 유럽혁명과 연관지어 사고하는 것이나, 현대의 발달된 생산력과 통신수단들을 혁명운동에 어떻게 활용할 것인가에 대한 고민이 돋보인다. 그리고 아마추어리즘을 극복하고 선문석인 혁명운동을 모색하고 당의 재건과 발전을 위해 가능한 모든 노력을 기울이고 있는 것이 두드러진다. 이 글에는 사회주의 사상에 대한 재검토는 들어있지 않다. 그리고 20세기 사회주의에 대한 평가도 들어있지 않다. 그에 대한 벨기에 노동자당의 입장은 ≪스딸린에 대한 다른 시각(Another view of Stalin)≫이라는 책자에 담겨 있다. 그럼에도 이 글을 소개하는 것은 서유럽이라는 상황에서 그 조건에 맞게 창조적인 혁명적 전망을 모색하고 있다는 것 때문이다. 벨기에 노동자당의 고민은 한국에서 전위당이 건설될 경우 똑같이 부딪히게 될 수밖에 없는 문제들이다. 이 글을 통해 한국 사회주의 운동과 당건설에 있어서 독자들이 많은 영감을 얻기를 기대한다. 원문은 (http://www.wpb.be)에서 확인할 수 있다.

벨기에 노동자당 7차 대회에서 채택됨
2002년 3월

1. 벨기에 노동자당의 7차 대회는 전당을 위하여 5개년에 걸친 방침을 수립했다. 그것들은 당의 전체적인 활동을 꼭대기로부터 밑에까지 지도하기 위하여 2002년 1월 1일부터 실행에 들어갔고, 이를 2006년 12월까지 5년 동안 활용할 것이다. 정치적 방침은 "세계화에 대한 테제들" 그리고 "유럽에 대한 테제들", "충격 2002-2006"에 있는 사상적 방침에서 발견할 수 있다. 이 사상적 방침은 향후 시기 당의 세계관을 설명한다. 그 지시에 따라 중앙위원회는 이 방침을 실행할 것이고 이 문제에 대해 규칙적으로 보고할 것이다.

2. 이 방침은 1995년의 5차 당대회에서 시작되어 1997년의 6차 당대회에서 4년 동안 확장되었던 교정(rectification)의 시기에 종지부를 찍는다. 교정의 시기는 지도부를 혁명화하고, 견고한 지도적 핵을 건설하며, 4개의 축을 따라 당을 교정하는 목표를 가졌다: 4개의 축은 지도부의 책임성을 증대시키는 것, 정치를 장악하는 것, 관료주의와 싸우고 대중과의 관계들을 강화하는 것, 개인주의와 싸우고 통제를 재강화하는 것이다.

3. 충격 2002-2006의 방침은 당을 건설하고 계급투쟁을 지도하는 새로운 시기의 시작이다. 우리는 5차 대회의 ≪혁명의 당≫1)에서 세운 모든 원칙의 적용을 가속화하기를 원하며, 이 새로운 시기는 우리에게 그렇게 할 수 있는 수단을 제공하고 있다. 이 책은 당을 건설하고 계급투쟁을 지도하기 위한 우리의 근본적인 지침(guideline)으로 남아 있다. 당의 과거 오류에 대해 한탄하는 시기는 끝났고, 근본적인 새로운 국면으로 넘어가야할 때가 왔다.

4. 이 전략적 방침을 획득하는 것은 우리가 계급투쟁의 새로운 환경에 당

---

1) 루도 마르땡(Ludo Martens)와 나딘 로자-로쏘: ≪혁명의 당(The Party of the revolution)≫ PTB 발행 277페이지, 브뤼셀, 1996. 프랑스어로 볼 수 있다. 컴퓨터로 인쇄된 버전은 스페인어와 영어로 이용할 수 있다.

을 적용시켜야만 한다는 것을, 그리고 우리가 당을 미래를 향하여 급진적으로 예각화해야만 한다는 것을 의미한다. 세계화에 반대하는 대중운동은 당으로 하여금 새로운 정치적 현실 즉, 유일한 사회적 모델로서 자본주의를 거부하고 대안을 찾고 있는 광범한 투쟁의 운동들에서 공산주의를 방어할 것을 배워야 한다는 과제와 직면하게 하고 있다. 대중의 수준으로부터 효과적으로 시작하는 방식(《젤자트2)와 에르스딸3)에서 교정에 대한 평가(*Evaluation of the rectification in Zelzate and Herstal*)》, 2000년)과 높은 정치적 및 사상적 수준의 논쟁(《스딸린에 대한 다른 시각》4), 《티엔안먼(天安門, 천안문)에서 티미쇼아라5)까지》6))에서 당이 획득한 경험은 마찬가지로 매우 유용할 것이다.

5. 사상적 방침은 총체적이며 그리고 임무 진술의 성격을 띤다. 그것은 당과 혁명을 향후 5년 동안 전진시키기 위한 방편으로 작용할 것이다. 그것은 모든 당원들과 당의 단위에 스스로 창조적이며 야심차며 현실주의적인 적용을 찾을 것을 호소하고 있다. 새로운 중앙위원회는 이 방침을 구체적 계획과 5개년 계획으로 전환할 것이다.

6. 당의 사상적 방침은 머리부터 발끝까지 우리의 모든 활동들에 영감을 주는 중심적인 슬로건으로 요약되어 있다. 그 슬로건은 "2002-2006년에 당은 충격(IMPACT)을 겪게 될 것이다"이다.

---

2) [역자 주] Zelzate. 벨기에 북부 동플랑드르 주에 속하는 중소도시.
3) [역자 주] Herstal. 벨기에 동부 리에(Liege)주에 있는 공업 도시. 프랑스어 사용 지역.
4) 루도 마르땡: 《스딸린에 대한 다른 시각》, EPO 발행, 브뤼셀 1994년, 350페이지. 프랑스어, 독일어, 영어 및 그리스어로 이용될 수 있다. 컴퓨터로 인쇄된 버전은 스페인어이다.
5) [역자 주] Timişoara. 루마니아 서부 도시로, 헝가리계, 세르비아 접경지역. 1989년 12월 16일 반(反)차우쉐스쿠 운동의 발생하였다.
6) 루도 마르땡: 《천안문으로부터 티미소아라까지(From Tian An Men to Timisoara)》 PTB 발행, 브뤼셀, 1994년, 292페이지. 프랑스어로 이용할 수 있고 부분적으로는 영어와 스페인어로 번역되었다(컴퓨터로 인쇄됨).

7. 이 6개의 방침은 우리 작업의 모든 측면과, 활동의 장에서 함께 적용되고 있다. 그것들은 기억하기 쉽게 "IMPACT"라는 단어로 요약되어 있다. 이 모든 방침은 분리할 수 없고 똑같이 중요하다.

>   I   Internationalise(국제화하라)
>   M   Modernise(현대화하라)
>   P   Professionalise(직업적이 되라)
>   A   Augment(증가시켜라)
>   C   Communicate(교통하라)
>   T   Together(함께 하라)

국제화하라(Internationalise)

8. 공산주의자들은 언제나 그들의 과제를 세계적 수준에 놓는다. 노동자와 혁명적 운동이 경험이 적고 소부르주아적인 경향들로 분열되어 있었을 때, 맑스와 엥겔스는 제1인터내셔널을 수립하고 맑스주의의 확산을 위하여 이 조직에서 투쟁하는 데 많은 시간을 보냈다. 레닌은 그가 기회주의와 국수주의에 굴복하지 않고 싸웠던 제2인터내셔널에 참가한 후에 제3인터내셔널을 수립했다. 그 강령에서 제3인터내셔널은 다음과 같이 진술하고 있다: "공산주의 인터내셔널은 모든 부문에 유효한 강령, 프롤레타리아트의 세계적 독재를 위한 전투적 강령을 가진 프롤레타리아트의 단 하나의 유일한 중앙집중화된 국제적 당이다. 공산주의 인터내셔널은 프롤레타리아 세계혁명의 조직자로서 공공연하게 행동한다."7) 맑스와 엥겔스는, 그리고 뒤를 이어 레닌과 스딸린은 언제나 개별 나라에서 프롤레타리아트의 혁명적 과제를 세계혁명을 위한 과제보다 열위의 것으로서 판단했다.

---

7) ≪공산주의 인터내셔널의 강령(Programme of the Communist International)≫, 1928년 9월 1일 6차 대회, 새로운 번역은 ≪맑스주의자의 연구(Etudes marxistes)≫, 40호, 1997, p. 23.

9. 하나의 세계시장 내에서 새로운 기술의 거대한 발전, 특히 통신기술, 자본의 더욱 가속화된 운동, 생산수단과 노동력은 혁명의 과제를 명확하게 세계적 규모로 배치한다.

10. 우리 당은 설립 이후 당원들을 국제주의의 정신과 실천으로써 고양시켜왔다. 인도차이나, 팔레스타인에서의 혁명적 투쟁, 영국 광부들의 파업, 콩고 독립을 위한 투쟁, 그리고 10년 동안 브뤼셀에서 국제공산주의 협의회의 조직함에 있어서, 우리는 언제나 국제적인 노동자공산주의 운동의 방법으로 임했다.

11. 5차 대회에서 우리는 국제주의로 귀결되는 적용을 가로막고, 혁명을 위한 과제의 전망을 제한하는 모든 협소한 관점에 반대하는 전투를 시작했다. 6차 대회는 일국 사회주의 테제의 교조적인 해석을 비판했다: "모든 맑스주의적 테제는 그 구체적인 역사적 맥락으로부터 벗어나면, 엉터리가 되고 기회주의적 테제가 된다. 일국에서 사회주의를 건설하는 가능성에 대한 테제도 그러한 경우이다. 매우 많은 투사들에게 이것은 어떤 역사적 맥락도 넘어서는 '공식'이 되고 있다. 그들은 세계혁명과 일국에서 혁명에 대한 모든 논쟁을 1914년에서 1926년 사이에 볼쉐비끼들이 했던 방식으로 연구하지 않는다. 우리가 일국에서 사회주의를 말할 때 우리는 이 '일국'이 거대한 쏘비에뜨 연방이었다는 것을 기억해야만 한다. (...) 이 역사적 사례로부터 언제나 그리고 어디에서나 하나의 단일한 나라에서, 심지어 그것이 룩셈부르크라 할지라도 사회주의 혁명을 성취하는 것이 가능하다는 관점을 뽑아내는 것은 어리석을 것이다."

12. "미래의 사회주의 혁명은 제국주의 세계체제의 경제적, 재정적, 정치적 및 군사적 위기로부터 발생할 것이다. 러시아 혹은 인도같이 확장된 지역들 혹은 대륙적 나라들(country-continents)의 수준에서만 승리할 수 있을 것이다. 어디에서 승리할지라도 그것은 세계혁명의 산물일 것이며, 그들의 공통된 적들에 대한 모든 노동자와 모든 피억압자의 혁명적 투쟁의 산물일 것이다. (...) 벨기에에서 사회주의 혁명은 세계적 수준에서, 유럽과 서유럽의 수준에

서 혁명 과정의 밖에서 이해할 수 없다. 모든 서유럽의 나라들은 침식되어야 할 것이고, 그들의 경제적 및 정치적 구조는 어떤 유럽의 나라의 노동계급이 권력을 장악할 수 있을 정도로 파괴되어야 할 것이다. (…) 지금부터 우리는 프롤레타리아 국제주의를 대중을 향한 우리의 정책과 일치시켜야 한다. 우리는 노동계급의 국제적 투쟁 경험의 정수를 노동자와 다른 피억압 인민의 의식 속으로 가져가야 한다. 우리는 더 많은 발상과 혁명적 입장을 노동계급이 국제적 영역에서 볼 수 있는 것으로부터 시작하여, 노동자 계급 속으로 가져가야 한다: 우리의 현재의 실천으로부터 직접적으로 떠오르지 않는 발상과 입장."

13. 국제 공산주의 운동, '벨기에 밖에서의' 투쟁 운동에 대한 당 지도부의 이해가 결여되어 있기 때문에, 그리고 우리의 분석들과 전략에 국제적 성격을 부여하려는 노력이 너무나 제한되었기 때문에, 우리들 중 일부는 "이 문제들 중 어느 것도 우리와 관계없다"라는 생각을 했다. 그럼에도 불구하고 노동자들은 '작은 벨기에'의 틀 내에서의 투쟁 운동은 다국적 기업과 그들에게 봉사하는 국가의 절대적 권력에게 패배할 운명에 처해있다는 것을 너무 잘 깨닫고 있다. 6차 대회의 결의에도 불구하고 국제적 사업은 여전히 "너무 많은 과제를 떠맡고 있는 한 두 간부들의 영역으로 보인다". "국제적 사안에 더 많은 관심을 두어야 한다" 혹은 "더 많은 이들이 국제 연대사업에 종사해야만 한다"는 것은 해결책이 아니다. 아니다, 제일의 그리고 근본적인 문제는 우리가 머리부터 발끝까지 모든 활동을 혁명을 위한 과제에 관한 국제적 전망으로 다루는지 여부이다.

14. 벨기에서 사회주의 혁명은 세계적인 그리고 유럽적인 수준에서 혁명과정과 무관할 수 없다. 그런 점에서 우리 스스로를 더 이상 벨기에 공산주의자, 혁명가로써 간주하는 것은 그릇된 것이다.

15. 지금부터 모든 당 부문들은 머리부터 발끝까지 국제적 전망으로부터 자신의 투쟁 계획들을 발전시킨다. 우리가 하는 모든 것은 국제적 프롤레타리아트에, 국제적 공산주의 운동에 봉사하는 것이다. 우리는 너무나 자주 오

직 지역적 혹은 민족적 투쟁만이 승리에 도움이 되는 것처럼 행동하지만, 동일한 과제들로부터 출발하여 우리는 국제적인 혁명적 조류의 발전에 기여할 수 있다.

16. 유럽통합의 진전과 유럽의 수도로서 그리고 북대서양조약기구(NATO)의 본부로서 브뤼셀과 벨기에의 위치는 우리로 하여금 대륙의 규모로 우리의 활동들을 정교화할 것을 요청하고 있다. 현대적인 통신수단은 우리에게 모든 필요한 가능성을 제시한다.

현대화하라(Modernise)

17. 지난 기간 동안 생산수단은 경이적으로 빠른 속도로 발전했다.

18. 새로운 기술이 전 사회를 철저히 바꾸고 있다: 생산과 노동의 조직, 노동자들 간의 관계, 통신수단. 그것들은 노동에 대한 착취를 실제로 강화시키고 있다. 그것들은 더욱더 인간의 유연성을 요구한다. 자본은 그 속도를 유지하기 위해 젊은 사람들을 필요로 한다. 그들은 필요한 유연성과 에너지를 처분한다. 그러나 마치 《공산당 선언》의 시대처럼, 부르주아지는 자본을 타도할 수 있는 세력을 창출한다: 젊은 프롤레타리아트.

19. 자본은 초과착취할 수 있는(hyper exploitable) 청년들을 필요로 한다. 우리는 고도로(hyper) 혁명적인 청년들을 필요로 한다. 당 간부들은 나이를 먹고 있으며, 특히 오직 청년들만이 모든 기술적 혁신에 완전히 정통할 수 있고 그것들 혁명을 위하여 적용할 수 있기 때문이다. 오늘날의 젊은 프롤레타리아트로부터 얀 까프(Jan Cap)와 로베르토 도라지오(Roberto D'Orazio)같은 새로운 지도자들이 올라올 것이다. 그 새로운 지도자들은 우리가 당의 설립 이후 경험했던 모든 것들보다 더욱 심각한, 제국주의의 위기의 심각한 정세를 마주해야 할 것이다.

20. 당내에서 청년들을 향한 태도에서 표현에서 발견되는, 혁신에 대한 많은 저항이 있다. 제 5차 당대회 동안에 컴퓨터, 현대적 관리 그리고 통신수단에 대한 모든 테제에 반대하는 반발이 이미 있었다. 예를 들면 당의 통신을 위해 멀티미디어를 사용하는 것에 대한 저항은 당에서 이 반동적인 경향을 잘 설명해준다. "생산력은 생산의 가장 동적이고 혁명적인 부분이다." 우리의 태도를 근본적으로 바꾸지 못한다면, 또 우리 사업의 모든 부문에서 생산력의 거대한 진화에 주의를 기울이지 않는다면, 시종일관한 혁명적인 전통에도 불구하고 반동적인 세력이 될 운명에 처하게 될 것이다. 우리는 원하는 만큼 많은 청년들을 모집할 수 있지만, 맞지 않는 구속복(straitjacket)을 강제한다면 창조성을 억누르고 틀림없이 그들을 실망시킬 것이다.

21. 세계화에 대항하는 운동에서 청년들은 또한 전위를 구성한다. 청년들은 인터넷을 이용한 새로운 결집의 방법을 획득했다. 그들은 씨애틀, 예테보리, 제노바 그리고 라켄에서 시위를 이끈 추진력이었다.

22. 제3인터내셔널은 청년들이 언제나 프롤레타리아트 중에서 가장 착취받고 억압받는 부분이라고 강조했다. 오늘날 계약직과 임시직의 발전은 이 테제를 완전히 확증한다. 부르주아지는 청년들을 대규모로 생산에 결합시키지 않을 수 없지만, 동시에 그들을 나이든 노동자들보다 훨씬 더 착취하고 억압하지 않을 수 없다. 그리하여 객관적으로 볼 때, 부르주아지는 스스로 혁명적 그룹을 창출한다. 이러한 생산 방식의 혁명적 발전에 관한 편견과 후진성 때문에 우리는 이 그룹의 거대한 혁명적 잠재력을 보지 못한다. 노동자들 사이에서 우리의 활동은 단호히 젊은 노동자들을 향할 것이고, 특별한 계획이 그들을 위해 정교화될 것이다.

23. 우리 당의 역사를 포함하여 지난 세기의 노동자 및 공산주의 운동의 역사를 21세기의 새로운 환경에 통합시키는 것은 도전이다. 청년들을 결집한다면, 또 경험있는 간부들이 사상적 및 정치적 갱생의 치료를 받는다면 우리는 성공할 것이다.

24. 1995년 이래로 우리는 많은 젊은이들을 모집했다. 그들의 교육과 훈련을 위한 많은 특수한 방책들 덕분으로 우리는 당과 혁명에 헌신하는 한 그룹의 젊은 간부들을 보유하고 있다. 그들 중 많은 이들은 100% 보장된 부르주아적 경력을 포기했고, 스스로를 당에 봉사하는 고되게 일하고 적게 버는 길을 택했다. 그들 중 많은 이는 다수의 맑스주의 저작을 공부했고, 어떤 이는 전투적 운동에서 두드러졌고, 어떤 이는 대공업 혹은 공공의 관심사에 종사하기 시작했으며, 다른 이들은 스스로 당 혹은 그것의 대중조직들의 주도권을 수립하는 데서 일했다.

25. 그럼에도 내부의 분파주의로 인해 청년들에게 당을 혁명화하고, 젊은 이들을 끌어들일 수 있도록 근본적으로 변화하도록 할 수 있는 공간을 제공하지 못하고 있다. 한 젊은 간부는 완전히 새롭고 독창적인 전선 주도권을 세우는 도전에 부딪혔다. 우리가 이 주도권의 모든 있음직한 '순수하지 못한'측면을 흠잡기 전에, 우리는 그로부터 배울 수 있는 것에 보다 경탄해야만 한다.

26. 지난 30년간의 우리의 작업은 세계의 객관적·주관적 환경에 대한 답을 주었다. 본질적으로 그것은 온바랐고 그것은 확고한 혁명적 당을 건설할 기회를 제공했다. 그러나 맑스주의는 변증법적 유물론과 프롤레타리아트의 계급적 이익에 대한 분석의 수단에 따른, 구체적인 문제들에 대한 구체적인 답변이다.

27. 그런 의미에서 우리는 강한 이미지를 사용하여 오늘날은"20세기의 페이지를 넘기는"때라고 진술할 수 있다. 그것에는 세 가지 측면이 있다:
  - 이 세기의 전환에 대한 모든 객관적 및 주관적인 혁명들을 철저히 연구하고, 그것으로부터 당을 위한 새로운 접근을 뽑아낼 것.
  - 잘 무장된 새로운 세기의 혁명적 전략과 전술을 결정하기 위하여, 더 강도높게 지난 두 세기 동안의 노동자 및 공산주의 운동의 역사, 우리 당의 30년의 경험을 그리고 맑스-레닌주의를 연구할 것.
  - 나이가 들었던 젊든, 경험이 있든 신입당원이든 모든 이들에게 당에서

그/녀의 자리를 발견할 기회를 주는 것, 모든 이들의 정치적, 사상적, 조직적 그리고 기술적 능력들을 최적으로 활용할 것.

28. 다양한 세대의 간부들은 우리 당을 이끌어온 맑스주의, 변증법적 유물론 그리고 혁명적 정신에 기초해 단결하여 21세기의 새로운 도전에 대처할 수 있을 것이다.

전문화 하라(Professionalise)

29. 지난 30년 동안 우리 당은 굳건한 하부구조를 건설했고 사람과 자원에 투자해왔다. 인쇄 매체, 두 개의 언어로 나오는 주간 신문, 높은 수준의 발행물, 우리의 문화 센터, 전국 당사와 많은 건물 그리고 전국에 걸친 의료그룹의 실천을 위한 투쟁과 같은 야심있는 실현은 우리에게 건설하는 것과 관리하는 것을 가르쳤다. 그동안에 우리의 활동영역은 강력하게 다양화되었고 우리는 대중조직들과 전선조직들을 건설했고 다양한 주도권을 행사했다.

30. 그러나 우리는 사업의 아마추어리즘과 수공업적 방식 때문에, 대자본가들에 의해 발전된 관리의 과학을 연구하고 그것을 노동자들을 위하여 활용하는 것을 우리가 거부했기 때문에, 젊은이들이 이러한 연구를 하도록 자극하는 것을 우리가 거부했기 때문에, 유익하고 올바른 정치적·조직적 주도권들을 형성하는데 성공하지 못했다. 또한 이 영역에서 생산력의 진보(기술적 수단 및 그것과 관련된 과학)와 관계되는 저항이 있다. 아마추어리즘, 그것은 개인주의, 구획나누기, 자유주의 및 야망의 결여에 그 기원을 두고 있고 그것들을 초래한다.

31. 우리당과 그것의 모든 기관 그리고 대중조직들은 중간 규모의 기업과 비교될 수 있다. 그리하여 우리는 필요한 수단을 획득하고 이것을 과학적 방식으로 관리할 필요가 있다. 그럼에도 우리는 이것을 하지 않거나 혹은 단지 가끔 할 뿐이다. 이 때문에 정치적·조직적으로 현실화되지 못한 것이 매우 많

다. 아마추어리즘은 또한 커다란 재정적 낭비를 초래하며 인간의 잠재력과 자원을 낭비한다. 우리는 여전히 전자시대의 거대한 가능성들을 평가하는데 실패하고 있고, 이것들은 아마추어리즘에 대한 강력한 무기임에도 불구하고 여전히 당에서 충분히 활용하지 못하고 있다.

32. 부르주아지는 새로운 기술을 자신의 관리·의사소통 방법을 검토하기 위해 전유하고 있다. 부르주아지는 그들의 이윤을 10배로 증가시키는 관리·의사소통 영역을 위해, 교육받고 있는 전문적인 인력을 능동적으로 찾고 있다. 부르주아지는 자신의 기업을 더 역동적으로 만들기 위해 많은 젊은 임원들을 모집하고 있다.

33. 당내에서 전문성(professionalism)이 결여되어 있기에 젊은이들이 관리, 영업, 통신, 재정적 통제, 비서직, 번역 등과 같은 영역들을 연구하도록 고무하지 못한다. 이 연구는 종종 프롤레타리아트가 필요로 하지 않는 '부르주아적 과학'으로 간주된다. 이 또한 과거로부터 물려 내려온 '좌파적'인 태도로서 당의 발전과 변혁을 가로막고 있다. 노동자들은 현대적 기술 없이 권력을 장악을 위해, 사회주의 사회를 건설하기 위해서 효과적으로 투쟁할 수 없다.

34. 당은 그 내부적인 조직을 과학적으로 실체화할 것이다. 당은 자신의 계획과 기획을 직업적으로 정교화하고 실행할 것이다. 허위의 불길로부터 떨어져라! 전망 혹은 계획이 없이는 우리는 수공업적 스타일의 아마추어로 남아 있을 것이다. 관리의 과학에서 선택을 하고 우선점을 두는 것이 본질적이다. 선거 운동 기간에 시범(pilot) 기획과 전략적인 시범 사업들은 좋은 사례들이다.

35. 부유한 나라에서 일하는 공산주의자들은 아마추어리즘에 대한 어떤 변명도 할 수 없다. 그들은 전문적인 접근을 배우기 위해 마음대로 할 수 있는 하부구조, 기술, 교육과 훈련 센터를 가지고 있다. 그들은 또한 필요한 재정적 수단을 구할 수 있다. 세계의 다른 나라에 있는 많은 공산주의자들과 비교

할 때 얼마나 특권적인 상황인가! 때문에 우리는 이 모든 가능성들을 낭비없이 이용할 책임이 있다. 우리가 더욱 전문적으로 일할 때 동일한 수단을 갖지 못하는 모든 이들에게 직접적으로 도움을 줄 수 있기 때문이다.

증가시켜라(Augment)

36. 25년 동안 우리 당은 간부들의 당으로 건설되어 왔다. 그것이 오늘날, 우리가 맑스-레닌주의로 교육받아 왔고 계급투쟁에서 경험을 획득한 한 무리의 직업적 혁명가들을 보유하고 있는 이유이다.

37. 5차 대회에서 우리는 간부의 당이라는 관점을 거부할 것을 결정했고, 당의 기초의 확대를 위한 두 가지 운동에 착수했다: '단순화된 기초 세포'의 운동과 '등급(level) 3' 당원을 위한 운동[8]. 5년이 지나자 우리는 절대적인 숫자에서 5배가 넘는 당원을 증가시켰다.

38. 지역 간의 차이에서 우리가 모든 곳에서 최선의 수준에 도달할 때 그 숫자들이 첨예하게 진화할 수 있다는 것을 볼 수 있다. 젤자트와 호보켄[9]에서의 활동은, 1999-2000년 교정의 시기 전위적 경험을 통해 최선의 수준에 도달했다. 당은 우리를 진보적 세력과 분리시키고 그들이 우리와 결합하는 것을 막는 분파주의, 교조주의 그리고 '순수 관점'을 제거하기 위한 '정신적 재전환'을 계속해야 한다. 간부의 숫자와 평당원의 숫자 사이의 관계는 근원적으로 뒤집어져야만 한다. 우리는 간부 한 사람에 20명의 당원의 관계를 만

---

8) 1996년에 당은 '단순화된 기초 세포'를 위한 운동에 착수했다. 노동자가 공산주의 기초 세포에서 완전히 날개짓할 수 있는 당원으로서 협력하는 것은 더 쉬워졌다. 1999년 선거 후에 당은 더 많은 노동자들이 조직된 방식으로 협력할 수 있도록 당원의 3번째의 등급을 도입하는 새로운 조치를 내렸다. '등급 3' 당원은 이미 존재하는 투사 대오와 그룹 당원들과 대등한 조직화의 세 번째의 형태를 가리킨다.
9) [역자 주] Hoboken. 안트베르펜 시에 위치한 지역으로 플랑드르 문화권에 속한다.

들기를 원한다.

39. 이 문제에 있어서 새로운 세대의 세포 지도자들을 훈련시키는 우리의 능력은 결정적이다. 그 문제를 다루는 것은 전국적 그리고 지방적 간부의 참모부의 첫 번째 주안점이다. 젤자트와 에르스딸의 경험에 대한 자료와 개별 집단과 공동체를 위한 모형 계획은 이 문제를 위한 기본적인 도구이다. 낮은 수준의 간부에 대한 훈련은 더욱 명확하게 방법과 경험의 교환을 목표로 할 것이다. 세포 지도자들을 위한 학교가 발전하여 평당원의 교육에서 중심적 역할을 할 것이다.

40. 세포 지도자의 기능이 재평가되고 있다. 세포 지도자가 된다는 것은 새로운 당원들의 경력에서 의무적인 부분에서 그치지 않는다(그리고 그것은 젊은이들의 당경력 사례에서 뿐만이 아니다). 세포 지도자의 기능은 특히 당의 기본 구조를 발전시키고 뿌리내리는데 본질적이다. 모든 전국적, 지방적 간부들은 세포 지도자들을 알고 있다. 그들(간부들—역자)은 그들(세포지도자—역자)의 교사가 되어야 하고, 그들(간부들—역자)이 그들(세포지도자—역자)의 교육을 준비할 때 그들(세포지도자—역자)의 필요와 능력들을 고려해야 한다.

41. 우리는 대중들과 당의 결속을 구체화하는 세포 지도자들이 그 활동의 영역에 대한 문제들을 독립적으로 풀고 그/녀의 창조성을 완전히 발전시킬 수 있도록 전체 당 활동을 단순화시키려 노력하고 있다. 우리는 더 이상 내부자들을 위해서만 기획된 당활동을 원하지 않는다.

42. 지역에서 당의 기초 구조는 공장이나 여타의 기업체 그리고 지역 공동체에 기초하고 있다. 그것은 단순하고, 공개되어 있고, 새로운 생활조건과 작업조건에 적합하게 되어 있는데, 그 조건은 끊임없이 가용성과 인민의 육체적·정신적 에너지를 경감시키고 있다.

43. 우리는 당 대열을 확대하는데 투자하고 있다. 그 때문에 내부적 분파

주의와 싸우고 수천의 당원들을 교육시키는 효율적인 방법을 발전시키고 있다. 우리는 수천의 반세계화주의자들, 작업장, 학교 혹은 이웃에서 활동적인 수백의 청년들과 노동자들을 우리의 대열로 인입시킬 준비가 되어 있다.

44. 우리는 당을 알 수 있는 기회를 새로운 집단과 목표 대중에게 부여하기 위해 대중조직을 엄격한 필요성으로 제한하고 있다. 지금 우리는 젊은이들을 1순위에 놓고 있다. 우리는 오늘날의 젊은이들을 발견할 수 있는 모든 정치적 전선들—사회적이고, 국제적이며, 반인종주의적이고, 민주주의적인—에서 활동적인 하나의 통합된 그리고 활동적인 청년 조직을 원하고 있다.

교통하라(Communicate)

45. 이 지구상에서 부정의가 60억 인민에게 점점 더 명백해지고 있는 세계에서, 부르주아지는 그 지배의 야만적 성격을 감추고, 대중들을 기만하며, 그들을 모든 혁명적 투쟁에서 배제하기 위해 더욱더 통신 전략을 정교화해 왔다. 그들은 이라크에 대한 제국주의적 침략을 '외과수술적 전쟁'으로서 그리고 유고슬라비아의 계획되고 조직된 분할을 '인종적 분쟁'으로서 제시하는데 제법 성공해왔다.

46. 부르주아지는 통신의 과학을 열정적으로 연구한다. 사유화 계획들은 '전략적인 공고화'로 제기되고, 모든 사회적 성취의 청산은 '능동적인 복지국가'로서 제기된다 등등. 부르주아지는 그 모든 형태의 거짓말과 허위정보를 선전하는데 수십억을 소비한다. 광고예산은 가장 큰 세계적 규모의 소비이며, 심지어 군비와 의약품보다 더 크다.

47. 시애틀의 활동가들은 통신에서 거대한 발전을 다국적 기업들과 제국주의 정부들에 반대하는 무기로 전화시키는데 성공했다. 그들은 새로운 통신 수단들을 장악하여 베트남 전쟁 이후 처음으로, 그와 동일한 문제와 동일한 우선순위를 지니며 새로운 국제적 투쟁의 물결의 원천이 되는 완전히 새로운

운동을 주도할 수 있었다.

48. 우리의 공고한 당 기구는 부르주아지가 대중의 정신세계에 영향을 미치기 위하여 발전시킨 새로운 형태의 통신과 다른 수단을 발본적으로 적용하고 이용해야만 한다. 여기에서 또한 당내에서 그리고 당의 주변에서 전문가들의 도움에 의존하는 직업적인 접근을 옹호한다.

49. 또한 우리는 이 영역에서 주변적이고 불리한 위치에 몰린 입각점으로부터 출발한다. 그럼에도 불구하고 5개의 시범적인 자치정부를 장악하기 위해 교정을 수행한 결과, 인구의 13%를 획득하는 것이—비록 우리가 작은 규모의 경험을 이야기하고 있는 때조차—가능함을 보여주었다. 우리는 <독립매체(Indymedia)>의 '매체(media)를 증오하지 말고 매체가 되라'는 공세적인 슬로건의 사례를 따를 수 있다. 이 슬로건은 제국주의적인 다국적 통신기업들을 향한 체념을 극복하게 한다.

50. 어느 정도 대중의 지지를 획득하지 않고 혁명을 하는 것은 불가능하다. 따라서 우리는 이 영역에서 모든 부르주아적 지식에 기초한 통신기구와 통신 방법을 발전시키고, 그것이 인민과 공산주의자들에게 공헌할 수 있기를 원한다. 이것은 당의 대열과 개별 당원을 통해서 노동자 및 젊은이들과 소통하는 방식이며 우리의 중앙통신 기관만큼이나 중요하다.

51. 우리는 다면적이고 집중화된 방식으로 통신에 접근하고, 청년들로부터 유래하는 새로운 기술과 새로운 형식의 문화가 성취한 모든 것을 이용하기를 원한다. 그것은 틀림없이 당에서의 '문화혁명'이 발생하는 영역이다. 정치적 메시지는 정치적으로, 전술적으로 매우 올바를 수 있지만, 그것이 뒤늦게 퍼지고, 나쁘게 적용되고 부적절한 통신수단으로 퍼진다면 이 메시지는 들리지 않거나, 너무 늦게 들리거나 혹은 나쁜 방식으로 들릴 것이다.

52. 우리는 당조직과 청년 조직을 위하여 자신의 가정과 같은 형식(house-style)을 창조하기를 원하는데, 그것은 식별할 수 있으며 오랫동안

지속될 수 있다.

53. 우리는 광범한 규모의 여론조사 덕분에 인민의 지혜로써 정치적 제안들을 확장할 수 있고, 그 기초 위에 이것들을 교정할 수 있다. 우리에게는 부르주아지가 모르는 마음대로 할 수 있는 과학적인 수단이 있다: 대중 속에 살고 있고 그들이 어떻게 반응하는가를 판단할 수 있는 노동자들의 네트워크. 우리는 이 전진기지를 공고화하고 그들에게 규칙적으로 의견을 물어야 한다.

54. 시드마르10)에서의 디르크 고에마르(Dirk Goemar)와 같은 인지도 있는 인물을 확보하고, 인민들이 당과 인격적 유대를 갖게 하는 것은 중요하다. 우리는 최신 통신 형태들에 대한 전문가가 되기를 원하지만 '가장 오래된' 형태, 즉, 음성 언어를 잊지 않기를 원한다. 우리는 로베르또 도라지오와 얀 까프 같은 노동계급의 지도자들의 언어 기술과 신념의 힘을 필요로 하고 이 기술을 일반화하기를 원한다.

함께하라(Together)

55. 우리는 정치적 반동기인 90년대에 중요한 전선을 이끌거나 혹은 그것들에 활동적으로 참여할 수 있었다. 특히 극우들의 약진, 90년대 초의 제국주의의 공세에 반대하는 투쟁과 일자리를 위한 투쟁에서 그러했다(평등한 권리를 위한 청원 '목표 479.917'에 100만 명의 서명, 금수조치(embargo)와 이라크에 대한 전쟁에 반대하는 동원 및 뜌비즈11)에서 7만의 노동자들과 함께한 일자리를 위한 행진). 여러 당원들은 인내심있고 끈질기게 일하여 작업장과 조합에서 모든 종류의 전선 사업을 이룩했다. 그것이 그들이 사회적·민주주의적 요구를 위한 전투적 운동에서 지도적 역할을 할 수 있었고, 광범한 대중을 그들 주위에 모을 수 있었던 이유이다.

---

10) [역자 주] Sidmar. 벨기에의 철강 기업. 현재는 ArcelorMittal Ghent.
11) [역자 주] Tubize. 벨기에 남부 프랑스어 사용권인 왈롱 지역에 속하는 도시로 벨기에 중부에 위치.

56. 공황(crisis)은 인구의 점점 더 많은 부분을 '프롤레타리아화한다'. 최근에 사베나12)가 파산했을 때, 그것은 아르헨티나에서는 물론이고 벨기에서도 명백하게 되었다. 개별적인 사회적 계급들과 계층들을 둘러싼 저항이 있는데, 대공업 기업의 프롤레타리아트에서부터, 새로운 임시직·계약직들의 프롤레타리아트, 사유화의 물결에 의해 타격을 받는 공무원 노동자들, 제 3세계와 유럽의 농어민들 등이며 독점자본의 집적(concentration)에 의해 숨이 막히고 혹은 파산하고 있는 소고용주와 자영업자들을 포함한다. 이들 층이 현존하기에 많은 진보적인 지식인들이 급진화되고 있다.

57. 오늘날 사회에서 새로운 전투적인 물결을 본다. 그것은 베트남 전쟁과 위대한 노동자·학생운동이 벌어지던 60년대 말의 운동과 비교할 수 있다. 이 새로운 운동은 그 자신의 특수한 성격을 갖고 있는데, 그것은 우리의 전선 사업을 국제주의적 견지에서 그리고 노동계급을 둘러싼 계급들의 동맹으로서 보도록 강제한다.

58. 새로운 운동은 많은 부분에서 그것에 공공연한 성격을 부여하는 젊은 이들에 의해 생겨나고 있다. 이 운동에 대한 노동계급의 지도력에 의해 사업하는 것은 우리의 과제이다.

59. 우리는 국제 공산주의 운동에서 국제 노동계급이 다국적 기업에 의해 착취받고 억압받는 모든 계급과 부문들에 대한 지도력을 가질 수 있도록 하는 투쟁 강령들을 발전시키기를 원한다. 우리는 운동의 정치적 수준 및 운동의 전형적인 방법과 행동방식에 조응하는 조직화의 형식을 제시해야 한다. 우리는 공산주의 간부들과 전사들이 이러한 전선을 이끌 수 있도록 훈련시켜야 한다. 우리는 이런 방식으로 이 체제와 싸우기를 원하는 모든 사람들을 단결시키고, 그들에게 사회주의만이 그들의 문제에 대한 답을 줄 수 있다는 것을 끈기있게 확신시킬 수 있게 될 것이다. 공산주의자로서 하나의 전선에서 어떻게 올바르게 사업하는가를 배우는 것은, 특히 젊은이들에게 있어 대중을

---

12) [역자 주] Sabena. 벨기에 국영 항공사로 2001년 파산했다.

지도할 수 있도록 스스로 준비하는데 있어 필수적이다.

60. 노동계급이 승리하기 위해서는 공산당의 지도력을 즉각적으로 승인하지 않는 인민의 다른 계급들 및 부문들과의 동맹을 필요로 한다. 우리는 당을 건설하면서 가지고 있는 것과 동일한 승리자의 정신으로써 전선의 설립에서 역할하기를 원한다.

61. 우리는 결국 실제로 어느 전선을 확장하려는지를 결정해야 하고, 우리의 가장 훌륭한 간부들이 일을 맡게 하고, 가장 훌륭한 젊은이들을 이들 전선을 위하여 훈련시켜야 한다. 존재하는 전선 조직들을 반자본주의 운동으로 끌어들이는 것 또한 우리의 과제이다. 이 전선에서 활동하는 우리의 당원들은 반자본주의 및 급진적-민주주의 강령의 기초 위에서 사업을 해야만 한다. 그들은 가장 진보적인 전선들과의 단결하여 일하고, 대중을 사회민주주의(녹색당을 포함하여) 지도자들로부터 분리시킨다.